城乡建设法规及案例分析

李志生 主编

中国建筑工业出版社

图书在版编目（CIP）数据

城乡建设法规及案例分析/李志生主编．—北京：中国建筑工业出版社，2013.12
ISBN 978-7-112-16276-5

Ⅰ.①城… Ⅱ.①李… Ⅲ.①城乡建设-法规-案例-中国 Ⅳ.①D922.181.5

中国版本图书馆CIP数据核字（2013）第313518号

本书根据社会经济发展的趋势和国家最新的建设政策与法律法规情况，结合土木工程类、建筑规划类、市政建设类本科专业的建设法规课程教学大纲编写。全书内容包括正文12章和6个附录，内容取舍具有针对性，工程案例丰富，语言通俗易懂，注重理论与实践的结合。

本书主要介绍了我国现行城乡建设法律法规的实施与应用，包括绪论、城乡工程建设程序法规、城乡建设规划法规、城乡建设工程招投标法规、城乡建设工程勘察设计法规、建设工程施工与监理法规、建设工程安全生产管理法规、建设工程质量管理法规、建设工程合同管理法规、城镇房地产管理法规、城乡建设工程其他法规、建设工程执业资格法规等。每章附有案例分析、习题和思考题，以方便教师教学和帮助读者巩固所学知识。

本书内容全面，具有较好的系统性、逻辑性、科学性、可读性和实用性，可作为高等学校工程管理专业、土木工程专业、市政工程专业、建筑与城规专业、房地产专业、道路桥梁专业及相近专业建设法规课程的教材，也可供从事工程建设和管理的技术人员和政府部门管理人员学习和参考，还可作为建设工程相关专业注册工程师职业资格考试的参考用书。

* * *

责任编辑：封　毅　张　磊
责任设计：董建平
责任校对：李美娜　党　蕾

城乡建设法规及案例分析

李志生　主编

*

中国建筑工业出版社出版、发行（北京西郊百万庄）
各地新华书店、建筑书店经销
北京红光制版公司制版
北京市书林印刷有限公司印刷

*

开本：787×1092毫米　1/16　印张：20¾　字数：513千字
2014年5月第一版　2014年5月第一次印刷
定价：**46.00**元
ISBN 978-7-112-16276-5
（25014）

版权所有　翻印必究
如有印装质量问题，可寄本社退换
（邮政编码100037）

前 言

随着我国新农村建设和城乡一体化战略的实施，很多工程建设项目具备城乡建设的特点。加强城乡建设领域的法规约束和指导，对维护城乡建设市场秩序、保障工程质量和安全、促进国民经济健康有序发展具有十分重要的意义。

市场经济，本质上是法治经济，城乡工程建设管理人员与技术人员掌握建设法律法规是完全必要和十分重要的。城乡工程建设各主体只有提高建设法律法规的法律意识，运用其法律武器，才能做到在现代社会依法行政和维护自身合法权益，争取立于不败之地。

对建设领域和土木行业的技术和管理人员来说，如注册建筑师、注册建造师、注册招标师、注册设备工程师等各种资格考试，建设法律法规是必考的内容之一。选择一本合适而优秀的教材和参考书，对顺利通过这些考试能起到事半功倍的效果。

当前，我国城乡建设发展很快，城乡建设法规也在不断地更新和完善。为反映城乡建设法律法规最新的条文实施、国家政策和学术成果，便于读者系统而全面地了解城乡建设法规的现状，本书以建设法律法规完整的知识体系为出发点，浓缩建设领域的主要法规，并精选大量生动翔实的工程建设案例进行深入浅出的综合分析，以突出对建设法律法规基础理论知识的掌握和培养，对实践能力的应用和提高。

本书作者有长期在高校从事建设工程教育科研和在政府部门从事工程管理监督的丰富工作经验，对我国城乡建设法律法规的制定和实施理解颇深。本书的特色是力求知识体系完整，章节内容衔接紧密、逻辑性强，工程案例丰富实用，习题设计参照职业资格考试，基础与应用并重，理论与创新兼顾，试图将管理、法律、社会、工程等各方面理论和知识融入本书内容，既不失建设工程法规教科书的深度和规范，又独树一帜与众不同。

本书由广东工业大学土木与交通工程学院李志生担任主编，相关富有工程经验的科研人员参编。全书共12章，具体分工为：第1章、第2章、第4章、第5章、第8章、第9章和第12章由李志生编写；第3章和第10章由李斌编写；第6章和第7章由曾涛和李志生共同编写；第11章由郭初和李志生共同编写；全书由李志生统稿。

本书内容全面，具有较好的系统性、逻辑性、科学性、可读性和实用性，可作为高等学校工程管理专业、土木工程专业、市政工程专业、建筑与城规专业、房地产专业、道路桥梁专业及相近专业建设法规课程的教材，也可供从事工程建设和管理的专业人员和管理人员学习和参考，还可作为注册工程师职业资格考试的参考用书。

由于编者水平有限、精力有限、时间有限，书中难免有所错漏，不妥之处敬请各位读者批评指正，具体意见和建议可以发至 Chinaheat@163.com（李志生），我们将充分吸收读者的批评和建议，在以后的修订工作中，不断充实完善。

目 录

第1章 绪论 ... 1

1.1 城乡建设工程法律法规的地位和作用 ... 1
- 1.1.1 城乡建设工程法律法规的地位 ... 1
- 1.1.2 城乡建设工程法律法规的特征 ... 1
- 1.1.3 城乡建设工程法律法规的调整对象 ... 2
- 1.1.4 城乡建设工程法律法规的作用 ... 3

1.2 城乡建设工程法律法规体系 ... 3
- 1.2.1 城乡建设工程法律法规体系的概念 ... 3
- 1.2.2 城乡建设工程法律法规体系的构成 ... 3
- 1.2.3 城乡建设工程法律法规体系的内容 ... 4

1.3 城乡建设工程法律法规体系的发展历史和现状 ... 5
- 1.3.1 城乡建设工程法律法规的发展历史 ... 5
- 1.3.2 城乡建设工程法律法规体系的发展现状 ... 7

1.4 城乡建设工程法律法规的立法 ... 7
- 1.4.1 城乡建设工程法律法规立法的基本原则 ... 7
- 1.4.2 城乡建设工程法律法规的法律关系 ... 9
- 1.4.3 城乡建设工程法律关系的特征 ... 9
- 1.4.4 城乡建设工程法律法规立法的趋势 ... 10

1.5 城乡建设工程法律法规的实施与执法 ... 10
- 1.5.1 城乡建设行政执法 ... 10
- 1.5.2 城乡建设行政司法 ... 11
- 1.5.3 城乡建设法规的遵守 ... 11

1.6 城乡建设法律法规的学习 ... 11
- 1.6.1 学习的目的和意义 ... 11
- 1.6.2 学习的方法和方式 ... 12

1.7 本章案例 ... 12
- 1.7.1 案例背景 ... 12
- 1.7.2 案例分析 ... 12

习题与思考题 ... 13

第2章 城乡工程建设程序法规 ... 15

2.1 概述 ... 15

2.1.1　城乡建设工程概念 ·· 15
　　2.1.2　城乡工程建设程序概念 ··ered·········· 15
　　2.1.3　城乡工程建设程序有关法规 ··· 16
2.2　工程建设一般程序 ··· 17
　　2.2.1　我国工程建设程序具体步骤 ··· 17
　　2.2.2　工程建设程序内容 ·· 19
2.3　本章案例分析 ·· 22
　　2.3.1　案例背景 ··· 22
　　2.3.2　案例分析 ··· 23
　　习题与思考题 ·· 24

第3章　城乡建设规划法规 ··· 26

3.1　概述 ·· 26
　　3.1.1　城乡一体化 ·· 26
　　3.1.2　新型城镇化 ·· 28
3.2　城乡规划 ·· 31
　　3.2.1　城乡规划的分类 ·· 31
　　3.2.2　城乡规划管理部门 ··· 32
　　3.2.3　城乡规划的编制和审批 ··· 33
　　3.2.4　城乡规划的修改 ·· 39
3.3　《城乡规划法》 ·· 41
　　3.3.1　《城乡规划法》立法的基本原则 ··· 42
　　3.3.2　《城乡规划法》的实施 ··· 43
3.4　城乡建设规划法律法规具体制度 ·· 47
　　3.4.1　建设项目选址意见书 ·· 47
　　3.4.2　建设用地规划许可证制度 ·· 49
　　3.4.3　建设工程规划许可证制度 ·· 50
　　3.4.4　乡村建设规划许可证制度 ·· 52
3.5　本章案例分析 ·· 53
　　3.5.1　案例背景 ··· 53
　　3.5.2　案例分析 ··· 53
　　习题与思考题 ·· 55

第4章　城乡建设工程招投标法规 ··· 57

4.1　概述 ·· 57
　　4.1.1　建设工程招投标制度 ·· 57
　　4.1.2　建设工程招投标相关法规 ·· 59
　　4.1.3　《招标投标法实施条例》对建设工程招投标的新规定 ············· 60
4.2　建设工程招标 ·· 61

  4.2.1 招标人 …………………………………………………………… 61
  4.2.2 招标方式与招标条件 …………………………………………… 64
  4.2.3 招标要求 ………………………………………………………… 65
 4.3 建设工程投标 ………………………………………………………… 67
  4.3.1 投标人 …………………………………………………………… 67
  4.3.2 投标要求 ………………………………………………………… 68
 4.4 开标、评标与中标 …………………………………………………… 68
  4.4.1 开标 ……………………………………………………………… 68
  4.4.2 评标 ……………………………………………………………… 69
  4.4.3 中标 ……………………………………………………………… 70
 4.5 城乡建设工程招投标管理机构与招投标监管 ……………………… 71
  4.5.1 行业主管部门 …………………………………………………… 71
  4.5.2 纪检监察部门 …………………………………………………… 72
  4.5.3 国家工作人员 …………………………………………………… 72
  4.5.4 投诉与处理 ……………………………………………………… 72
 4.6 本章案例分析 ………………………………………………………… 73
  4.6.1 案例背景 ………………………………………………………… 73
  4.6.2 案例分析 ………………………………………………………… 73
 习题与思考题 ……………………………………………………………… 74

第5章 城乡建设工程勘察设计法规 ……………………………………… 76

 5.1 概述 …………………………………………………………………… 76
  5.1.1 建设工程勘察设计的概念 ……………………………………… 76
  5.1.2 建设工程勘察设计有关法规的立法概况 ……………………… 76
  5.1.3 建设工程勘察设计法规的调整对象 …………………………… 77
 5.2 工程建设标准与勘察设计标准 ……………………………………… 77
  5.2.1 工程建设标准的内容与特点 …………………………………… 77
  5.2.2 工程建设勘察设计标准 ………………………………………… 79
  5.2.3 工程建设标准化法规 …………………………………………… 79
  5.2.4 工程建设标准的制定与实施 …………………………………… 79
 5.3 工程建设勘察设计文件 ……………………………………………… 81
  5.3.1 工程建设勘察设计任务的获取 ………………………………… 81
  5.3.2 建设工程设计的原则和依据 …………………………………… 82
  5.3.3 勘察设计文件的编制 …………………………………………… 83
  5.3.4 工程设计阶段的任务和内容 …………………………………… 83
  5.3.5 建设工程的抗震设防设计 ……………………………………… 84
  5.3.6 工程设计文件的修改 …………………………………………… 86
  5.3.7 工程设计文件的审批 …………………………………………… 87
 5.4 建设工程施工图设计文件审查 ……………………………………… 87

5.4.1　施工图设计文件审查意义与概念 ·············· 87
　　5.4.2　施工图设计文件审查机构 ·················· 88
　　5.4.3　施工图设计文件审查范围与内容 ·············· 89
　　5.4.4　施工图设计文件审查程序 ·················· 90
　　5.4.5　施工图设计文件审查各方责任 ················ 91
　5.5　建设工程勘察设计的监督与管理 ················ 92
　　5.5.1　监督管理机构 ························· 92
　　5.5.2　监督管理内容 ························· 92
　　5.5.3　中外合作建设工程设计企业的有关规定 ··········· 92
　　5.5.4　建设工程勘察设计的收费与罚则 ················ 93
　5.6　本章案例分析 ·························· 94
　　5.6.1　案例背景 ··························· 94
　　5.6.2　案例分析 ··························· 95
　习题与思考题 ····························· 96

第6章　建设工程施工与监理法规 ················ 98

　6.1　建设工程施工的法律法规 ···················· 98
　　6.1.1　概述 ······························ 98
　　6.1.2　建筑施工许可制度 ······················ 98
　　6.1.3　申请施工许可证的条件 ···················· 98
　　6.1.4　施工许可证的办理程序 ···················· 99
　　6.1.5　不需要申请领取施工许可证的情况 ·············· 99
　　6.1.6　施工许可证的管理 ······················ 100
　6.2　建设工程监理的法律法规 ···················· 100
　　6.2.1　概述 ······························ 100
　　6.2.2　建设工程监理法规的发展 ··················· 101
　6.3　建设工程施工监理制度 ····················· 102
　　6.3.1　建设工程监理的原则 ····················· 102
　　6.3.2　强制监理的范围 ······················· 103
　　6.3.3　工程建设监理程序 ······················ 104
　　6.3.4　工程建设监理工作内容 ···················· 104
　　6.3.5　外资、中外合资和国外贷款、赠款、捐款建设的工程监理 ····· 105
　6.4　工程建设监理各方的关系 ···················· 105
　　6.4.1　建设单位与承包单位之间的关系 ················ 105
　　6.4.2　建设单位与监理单位之间的关系 ················ 106
　　6.4.3　承包单位与监理单位之间的关系 ················ 106
　6.5　监理单位的权利、责任与义务 ·················· 106
　　6.5.1　监理单位的权利 ······················· 106
　　6.5.2　监理单位的义务 ······················· 107

  6.5.3 监理单位的职责 ··· 108
 6.6 建设工程监理机构及监管职责 ·· 108
  6.6.1 工程监理的管理与监督机构 ·· 108
  6.6.2 监管职责 ··· 108
 6.7 本章案例分析 ·· 109
  6.7.1 案例背景 ··· 109
  6.7.2 案例分析 ··· 110
 习题与思考题 ··· 110

第7章 建设工程安全生产管理法规 ·· 113

 7.1 概述 ·· 113
  7.1.1 建设工程安全生产管理的概念与意义 ································ 113
  7.1.2 建设工程安全生产管理法规现状 ···································· 113
 7.2 建筑施工企业安全生产许可证管理规定 ···································· 114
  7.2.1 安全生产许可证主管部门 ·· 114
  7.2.2 安全生产许可证的申请与颁发 ······································ 115
 7.3 建设工程安全生产管理机构 ·· 115
  7.3.1 建设行政主管部门的安全监管机构 ·································· 115
  7.3.2 企业内部建设工程安全生产管理机构 ································ 116
  7.3.3 企业安全生产管理机构的设置 ······································ 116
 7.4 建设工程安全生产管理各方的责任 ·· 116
  7.4.1 安全生产责任管理制度 ·· 116
  7.4.2 建设单位的安全责任 ·· 117
  7.4.3 监理单位的安全责任 ·· 118
  7.4.4 施工单位的安全责任 ·· 118
  7.4.5 勘察单位的安全责任 ·· 119
  7.4.6 设计单位的安全责任 ·· 120
 7.5 建设工程安全生产管理方针和基本制度 ···································· 120
  7.5.1 教育培训管理制度 ·· 120
  7.5.2 检查和监督管理制度 ·· 120
  7.5.3 劳动保护管理制度 ·· 120
  7.5.4 市场准入与奖惩制度 ·· 122
  7.5.5 生产安全事故的应急救援与调查处理制度 ···························· 122
 7.6 本章案例分析 ·· 123
  7.6.1 案例背景 ··· 123
  7.6.2 案例分析 ··· 124
 习题与思考题 ··· 127

第8章 建设工程质量管理法规 ·· 130

 8.1 概述 ··· 130

  8.1.1 建设工程质量的概念 …………………………………………………… 130
  8.1.2 建设工程质量标准的概念与分类 ………………………………………… 131
  8.1.3 建设工程质量标准体系 …………………………………………………… 132
  8.1.4 建设工程质量法规现状 …………………………………………………… 134
 8.2 各方对建设工程质量管理的责任与义务 …………………………………………… 134
  8.2.1 政府主管部门 ……………………………………………………………… 134
  8.2.2 建设单位 …………………………………………………………………… 135
  8.2.3 勘察设计单位 ……………………………………………………………… 136
  8.2.4 施工单位 …………………………………………………………………… 138
  8.2.5 监理单位 …………………………………………………………………… 139
  8.2.6 材料与设备供应单位 ……………………………………………………… 139
 8.3 政府对建设工程质量的监督管理 …………………………………………………… 140
  8.3.1 工程质量监督与检测制度 ………………………………………………… 140
  8.3.2 工程质量验评与奖励制度 ………………………………………………… 143
  8.3.3 企业质量体系与产品质量认证制度 ……………………………………… 147
  8.3.4 建材使用许可制度 ………………………………………………………… 148
 8.4 本章案例分析 ………………………………………………………………………… 149
  8.4.1 案例背景 …………………………………………………………………… 149
  8.4.2 案例分析 …………………………………………………………………… 149
  习题与思考题 …………………………………………………………………………… 150

第9章 建设工程合同管理法规 ……………………………………………………………… 152
 9.1 概述 …………………………………………………………………………………… 152
  9.1.1 合同定义与特征 …………………………………………………………… 152
  9.1.2 建设工程合同分类与特征 ………………………………………………… 152
  9.1.3 建设工程合同管理的立法发展概况 ……………………………………… 154
 9.2 建设工程合同的订立 ………………………………………………………………… 155
  9.2.1 建设工程合同的订立原则 ………………………………………………… 155
  9.2.2 建设工程合同的订立条件 ………………………………………………… 156
  9.2.3 建设工程合同的订立程序 ………………………………………………… 156
  9.2.4 建设工程合同的违约责任 ………………………………………………… 157
 9.3 建设工程合同的主要内容与条款 …………………………………………………… 160
  9.3.1 建设工程施工合同 ………………………………………………………… 160
  9.3.2 编制通用合同条款的指导原则 …………………………………………… 163
  9.3.3 建设工程合同示范文本 …………………………………………………… 163
 9.4 建设工程合同的履行 ………………………………………………………………… 164
  9.4.1 合同履行原则 ……………………………………………………………… 164
  9.4.2 合同的变更、转让与解除 ………………………………………………… 165
  9.4.3 合同的担保 ………………………………………………………………… 166

  9.4.4 合同的索赔 …… 167
  9.4.5 建设行政主管部门对建设合同的监督 …… 168
 9.5 本章案例分析 …… 168
  9.5.1 案例背景 …… 168
  9.5.2 案例分析 …… 169
 习题与思考题 …… 169

第10章 城镇房地产管理法规 …… 172

 10.1 概述 …… 172
  10.1.1 房地产概述 …… 172
  10.1.2 房地产管理机构 …… 172
  10.1.3 房地产管理立法概况 …… 173
 10.2 房地产开发管理 …… 176
  10.2.1 开发商的管理 …… 177
  10.2.2 房地产项目的管理 …… 181
 10.3 国有土地上房屋征收与补偿管理 …… 188
  10.3.1 房屋征收的条件与程序 …… 188
  10.3.2 房屋征收的补偿 …… 190
 10.4 城镇房地产交易 …… 192
  10.4.1 交易程序与手续 …… 193
  10.4.2 房地产产权产籍管理 …… 195
 10.5 本章案例分析 …… 197
  10.5.1 案例背景 …… 197
  10.5.2 案例分析 …… 198
 习题与思考题 …… 199

第11章 城乡建设工程其他法规 …… 201

 11.1 城乡建设工程土地管理法规 …… 201
  11.1.1 土地管理的原则 …… 201
  11.1.2 土地管理的管理机构 …… 203
  11.1.3 建设用地许可制度 …… 203
  11.1.4 违法用地责任追究 …… 207
 11.2 环境保护法律制度 …… 207
  11.2.1 概述 …… 208
  11.2.2 环境保护管理机构 …… 209
  11.2.3 城乡建设项目环评制度 …… 210
 11.3 风景名胜区管理法律法规 …… 212
  11.3.1 概述 …… 213
  11.3.2 管理机构 …… 214

11.3.3 风景名胜区的规划与保护制度 214
11.4 市政公用事业建设法律制度 215
11.4.1 概述 216
11.4.2 市政公用事业管理部门 217
11.4.3 市政公用事业特许经营制度 221
11.5 本章案例分析 222
11.5.1 案例背景 222
11.5.2 案例分析 222
习题与思考题 223

第12章 建设工程执业资格法规 226

12.1 概述 226
12.1.1 执业资格与工程建设执业资格的相关概念 226
12.1.2 建设工程执业资格制度的实施背景与意义 227
12.1.3 建设工程执业资格制度的实施程序 228
12.2 建设工程执业资格法规的立法现状 229
12.2.1 工程建设从业单位资质管理法规 229
12.2.2 工程建设从业人员资质管理法规 230
12.3 工程建设从业单位资质管理 231
12.3.1 工程建设从业单位的划分 231
12.3.2 工程建设从业单位的资质等级与标准 232
12.3.3 工程建设从业单位资质申请办法 241
12.4 工程建设专业技术人员执业资格管理 246
12.4.1 勘察设计人员 246
12.4.2 施工与监理人员 249
12.4.3 咨询与造价人员 251
12.4.4 其他类别人员 252
12.5 工程建设关键岗位和特种作业人员资格管理 254
12.5.1 关键岗位人员从业资格管理 254
12.5.2 特种作业人员从业资格管理 254
12.6 建设工程执业资质资格的政府监管 255
12.6.1 监管部门 255
12.6.2 监管和法律责任 256
12.7 本章案例分析 257
12.7.1 案例背景 257
12.7.2 案例分析 258
习题与思考题 259

附录1 中华人民共和国建筑法（2011年修订） 261

附录2　中华人民共和国城乡规划法 …………………………………………… 270
　　附录3　中华人民共和国招标投标法 …………………………………………… 279
　　附录4　中华人民共和国安全生产法 …………………………………………… 287
　　附录5　建设工程质量管理条例 ………………………………………………… 298
　　附录6　中华人民共和国招标投标法实施条例 ………………………………… 307

参考文献 ……………………………………………………………………………… 319

第1章 绪 论

本章主要介绍城乡建设法规的基本概念，介绍城乡建设法规的法律地位与作用，介绍城乡建设法规的发展历史和现状，介绍城乡建设法规的法律特征、基本内容与基本原则。

1.1 城乡建设工程法律法规的地位和作用

所谓城乡建设工程，就是指工程地点遍布于城市、郊区和农村的建设工程。在城乡一体化的历史大趋势下，城市和农村将统一规划，协调发展，以前所讲的城市建设，将被城乡建设这个大概念所取代。城乡建设法规，是指国家立法机关或其授权的行政机关所指定的旨在调整国家及其有关机构、企事业单位、社会团体、公民之间，在城乡建设活动中或建设行政管理中所发生的各种社会关系的法律、法规的总称。

1.1.1 城乡建设工程法律法规的地位

所谓城乡建设工程法律法规的法律地位，是指有关城乡建设工程的法律法规在整个法律体系中所处的地位或位置，应属于哪个部门法及其所处的层次。一般认为，城乡建设法律法规总体上属于行政法和经济法的范畴。

建设法律法规主要调整三种社会关系。第一是城乡建设工程活动中的行政管理或隶属关系，这主要用行政手段加以调整；第二是城乡建设活动中的经济协作关系，主要采用行政、经济、民事等各种手段相结合的方式加以调整；第三是城乡建设活动中的民事关系，主要采用民事手段加以调整。这表明，有关城乡建设活动的法律法规，调整的社会关系是多方面的，而调整的手段也是综合的，很难明确将其划归到某一法律部门。例如，某房地产开发公司造假谋取工程，被建设行政主管吊销资质并通报批评、罚款，又和施工方存在经济纠纷，还发生了质量安全事故，就包含了上述各种社会关系。

应注意的是，在城乡建设工程活动中，还会涉及许多事物和相关的社会关系，例如：环境保护、文物保护、自然风景区保护的关系；城乡建设活动与土地、矿产、森林、水源等自然资源利用的关系；城乡建设与地震、洪涝、泥石流、台风等自然灾害的关系；城乡建设活动与招投标、建设标准的关系等。与这些关系相应的法律法规调整的范围更规范，都与城乡建设有关，但不属于狭义的城乡建设法律法规，人们在城乡建设工程中必须遵守这些规定，因此称为建设相关法律法规，也可以称作广义的城乡建设法律法规。

1.1.2 城乡建设工程法律法规的特征

城乡建设工程法律法规具有以下几个方面的基本特征。

1.1.2.1 行政隶属性

行政隶属性是城乡建设工程法律法规区别于其他法律的主要特征。行政隶属性，第一是授权，国家法律法规授予建设行政主管机关某种权限或某种权力，如对城乡工程质量和安全的监督管理，对建设资质的监督管理等。第二是命令，国家法律法规赋予主体某种作为的义务。如住房和城乡建设部的××号令，颁布某建筑节能的条例等。第三是禁止，国家法律法规赋予主体某种不作为的义务。第四是许可，国家法律法规赋予主体在某种范围内有某种作为的权利。第五是免除，是指国家法律法规对主体依法应履行的义务在特定情况予以豁免。第六是确认，是指国家法律法规授权建设行政主管机关依法对有争议的法律事实和法律关系进行认同，确认是否有效、是否存在。

1.1.2.2 综合性

城乡建设工程法律法规具备综合性，它既包括了行政法的内容，也包括了招投标法、合同法等内容，还涉及刑法等相关知识和内容；既包括了实体法（如权利与义务的关系），也包括了程序法（如解决权利、义务等问题的方法方式）。

1.1.2.3 政策性

城乡建设工程法规反映国家的基本政策，随着国家工程建设政策的变化而变化，因此，具有一定的政策性。换句话说，城乡建设法规是国家政策在城乡建设领域的具体反映。

1.1.2.4 技术性

城乡建设工程法规，还具备技术性特征，有大量的技术标准、规范来确保工程安全与质量。如各种勘察设计标准和规范，各种实验的标准，各种验收竣工标准等。

1.1.3 城乡建设工程法律法规的调整对象

城乡建设工程法规的调整对象，是在城乡建设活动中所发生的各种社会关系。它包括建设活动中所发生的行政管理关系、经济协作关系及其相关的民事关系。

1.1.3.1 城乡建设活动中的行政管理关系

城乡建设活动与国家经济发展、人们的生命财产安全乃至社会的文明程度具有非常重要而又直接的关系，国家必须对城乡建设活动依法进行监管。当国家及其建设行政管理主管部门对城乡建设活动进行管理时，就会与建设单位（业主）、设计单位、施工单位、建筑材料和设备的生产供应单位及建设监理等中介服务单位产生管理与被管理的关系，当然，在法治国家中，这种管理与被管理的关系可能同时也是一种服务与被服务的关系，这种关系当然要由相应的建设法规来规范、调整。

1.1.3.2 城乡建设活动中的经济协作关系

现代城乡建设工程，主体多、投资大、影响广、周期长，工程建设活动要涉及诸多单位和个人的参与和共同协作才能完成，如一条高速公路的建设，采用BOT模式建设，涉及地方政府、投资方、贷款方、担保方、施工方、建设方、设计方、监理方、材料供应方。因此，在城乡建设工程中，必然存在大量的寻求合作伙伴和相互协作的问题。在这些协作过程中所产生的权利、义务关系，也由建设法规来加以规范和调整。

1.1.3.3 城乡建设活动中的民事关系

在城乡建设工程中，工程建设活动还必然会涉及诸如土地征用、房屋拆迁、从业人员及相关人员的人身与财产的伤害、财产及相关权利的转让等涉及公民个人权利的问题。如甲方与乙方的经济纠纷问题，施工方与进城务工人员的工资问题等。由此而产生的国家、单位和公民之间的民事权利与义务关系,这些关系也由相应的建设法规来规范和调整。

以上三种关系都是在城乡建设活动中形成的,它们与其他活动中所形成的社会关系既有相同之处,又有其自身的特点。因此,不能用一般的法律法规来调整,必须由建设法规来加以规范和调整。

1.1.4 城乡建设工程法律法规的作用

1.1.4.1 规范和指导城乡建设行为

城乡建设工程,必须先有城乡规划,无规矩不成方圆,城乡建设法律法规的作用,首先体现在规范和指导城乡建设行为,使城乡建设依法依规,有序进行。这样才能使城乡建设行为符合国家和社会的需要,产生社会效益、经济效益和环境效益。

1.1.4.2 保护合法建设行为

国家保护合法的城乡建设行为,这主要通过城乡建设法规来体现。保护合法的建设行为,企业依法取得建设资质,从事建设工程招投标、设计、施工、投资等行为。

1.1.4.3 处罚违法建设行为

城乡建设工程法规,还必须惩治违法行为、以儆效尤,这样才能使城乡建设行为违法必究,使那些恶意造假、违规、违法的企业、组织和个人付出代价,才能净化城乡建设市场,保证国民经济和社会健康发展。

1.2 城乡建设工程法律法规体系

1.2.1 城乡建设工程法律法规体系的概念

城乡建设工程法律法规体系,是指将已经制定和需要制定的有关城乡建设工程的建设法规、建设行政法规和建设部门规章制度衔接起来,形成一个相互联系、相互补充、相互协调的完整统一的框架结构。显然,这是一个由有关城乡建设法律、法规组成的庞大体系。就广义的城乡建设法规体系而言,该体系还应包括地方性的建设法规和建设规章制度等。

城乡建设工程法规体系是国家法律体系的重要组成部分。按照立法法的规定,下位法必须遵从上位法的规定,所以一切城乡建设法律法规必须与国家的宪法和相关法律保持一致,不能与之抵触,但同时,城乡建设法规体系还必须保持相对独立、自成体系。城乡建设法规体系还必须覆盖建设活动的各个行业、各个领域以及工程建设的全过程,使建设活动的各个方面都有法可依。城乡建设法规还要注意纵横性、不同层次间的配套和协调,不得在建设法律法规之间或同一部建设法律法规内部出现重复、矛盾和抵触的现象。

1.2.2 城乡建设工程法律法规体系的构成

城乡建设法规体系的构成,是指有关城乡建设的法律法规体系所采用的结构形式。各国的城乡建设法规体系是由很多不同层次的法律法规所组成的,基本的结构形式有宝塔形和梯形两种。宝塔形的结构形式,是先制定一部基本的城乡建设工程法律(如城乡建设法之类的),将城乡建设领域内所有业务可能涉及的所有问题都在该法中做出规定,然后再分别制定不同层次的专项法律、行政法规、部门规章，对一些具体问题进行细化和补充。梯形结构的结构形式，并不设立城乡建设领域基本法律，而是以若干并列的专项法律组成城乡建设法规体系的顶层，然后对每部专项法律再配置以相应的不同层次的行政法规和部门规章作补充，这样就形成若干相互联系而又相对独立的专项体系。一般认为，根据《中华人民共和国立法法》有关立法权限的规定和原建设部《建设法律体系规划方案》的规定和要求，我国城乡建设法规体系确定为梯形结构。

目前，我国城乡建设法律体系是以建设法律为龙头、以建设行政法规为主干、以建设部门规章和地方法规规章为枝干而构成的系列体系。我国城乡建设法律法规体系由五个层次组成。

1.2.2.1 建设法律

建设法律是指全国人民代表大会及其常务委员会制定和颁布的属于国务院建设行政主管部门主管业务范围内的各项法律，如《中华人民共和国城乡规划法》、《中华人民共和国建筑法》（2011年修订）等。他们是城乡建设法规体系的核心和基础，具有最高的效力。

1.2.2.2 建设行政法规

建设行政法规是指国务院制定和颁布的属于建设行政主管部门主管业务范围内的各项法规。如2012年6月以第622号国务院令颁布的《无障碍环境建设条例》、2008年7月以531号国务院令颁布的《公共机构节能条例》等都属于建设行政法规。

1.2.2.3 建设部门规章

建设部门规章是指国务院建设行政主管部门或其与国务院其他相关部门联合制定和颁布的法规。如2012年7月2日由住房与城乡建设部颁布的《城乡规划编制单位资质管理规定》、2001年由原国家计委、原建设部、交通部、原铁道部等七部委联合颁布的《评标委员会和评标方法暂行规定》等。

1.2.2.4 地方性建设法规

地方性建设法规是指由各省、自治区、直辖市人大及其常务委员会制定和颁布的或经其批准颁布由下级人大及其常务委员会制定和颁布的建设方面的法规。如2003年4月2日广东省第十届人民代表大会常务委员会第二次会议通过的《广东省实施〈中华人民共和国招标投标法〉办法》。

1.2.2.5 地方性规章制度

地方性建设规章制度是指省、自治区、直辖市人民政府制定部门的或经其批准颁发的由其所辖市人民政府制定的建设方面的规章。如广东省人民政府颁布的《综合评标专家库管理办法》、广州市人民政府颁布的《广州市建设工程招标投标管理办法》等。

应当注意的是，城乡建设工程法律的法律效力最高，越向下法律效力越低，当然，在国家的整个法律范围内，宪法的法律效力是最高的。因此，严格地讲，城乡建设法律法规由以下几个层次组成：宪法；建设法律；建设行政法规；建设部门规章；地方建设法规；地方建设规章。此外，广义的城乡建设法律法规还包括建设领域内的技术法规、国际公约、国际惯例、国际标准。法律效力低的法规不得与法律效力高的法规相抵触，否则其规定无效。

1.2.3 城乡建设工程法律法规体系的内容

目前，我国城乡建设法律法规体系采用的是梯形结构形式，因为在我国并没有一部所谓的"中华人民共和国城乡建设法"这样的基本法律，而是由《城乡规划法》、《建筑法》等组成我国建设法律法规的顶层，并由《〈城乡规划法〉实施条例》等行政法规辅助形成中层进行细化和补充。国家出台的每一部有关城乡建设的法律，由于中国国情复杂，每个省份的情况并不一样，可能并不具备可操作性，这样就必须由地方政府配套出来一些相应的实施细则，再加上部门颁发的规章制度，从而形成了一套完整的建设法律法规体系。图 1-1 说明了我国目前城乡建设法律法规的内容框架。

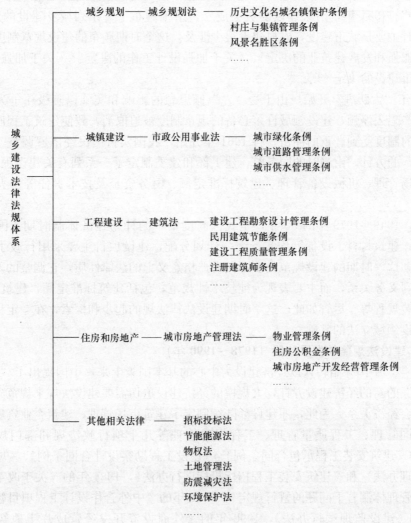

图 1-1 城乡建设法律法规框架内容

1.3 城乡建设工程法律法规体系的发展历史和现状

1.3.1 城乡建设工程法律法规的发展历史

1.3.1.1 起步和探索阶段（1949~1979 年）

1949 年中华人民共和国成立，当时百废待兴，面临着经济恢复和大规模建设的需要，为了保证国民经济建设的顺利进行，1950年中央政府发布了《关于决算制度、预算审核投资的施工计划和货币的管理决定》，1951年又颁布了《基本建设工作程序暂行条例》，这是我国第一部纲领性的建设法规，这部法规管了40多年，一直作为建设管理的基本依据，直到20世纪90年代才废止。

"一五"（1953～1957年）期间，中国开始实施156项重点工程的建设活动。1952年，国家成立建设部，学习苏联在建设工程中的经验，由当时的政务院及建设部发布了一系列"红头文件"。1954年，国家建设委员会成立，系统颁布了一系列城乡建设的规章制度。不过，当时主要是城市建设，农村建设很少涉及。这个时期颁布的建设规章制度较典型的有《关于加强和发展建筑业的决定》、《关于加强设计工作的决定》、《关于加强新工业区、新工业城市建设的决定》等。

1958年"大跃进"开始，由于受"左"倾思想的影响和实施以阶级斗争为纲的基本国策，生产陷入停顿，建设领域许多必备的规章制度被迫取消，致使建筑工程质量事故上升，原有的制度受到严重的冲击。自1961年开始，我国实行国民经济"调整、巩固、充实、提高"的方针，由当时的国务院、建工部和建委制定了一系列有关建设程序、设计、施工、现场管理、机械设备管理、建筑标准定额、财务资金及技术责任等一大批技术性规范。

总之，1949～1979年的30年，是我国高度集中的计划经济体制时期。国内建设投资、项目、建筑材料、设备等均实行统一计划分配，建设项目主要采用行政手段组织管理。因此，这一时期的建设规范大多不具有严格意义上的法律性质，它调整的不是当事人之间的权利义务关系，而主要表现为纯技术性规范，包括建筑标准定额、建筑质量标准、修建、安装规程等。尽管如此，这一时期建设法律法规的起步和探索，在一定程度上奠定了以后建设领域立法的基础。

1.3.1.2 建设法规蓬勃发展阶段（1978～1990年）

1978年，中国开始转入以经济建设为中心的基本国策上来，中国提出了"对内搞活，对外开放"的新的经济建设方针，大规模的经济建设迫切需要建设法规来规范建设过程中的各种社会经济关系。为此，原建设部陆续制定了建筑市场管理、建筑企业资质管理、工程建设合同管理、工程质量管理、工程报建管理等几十项行政法规和部门规章。例如1983年的《建筑安装工程承包合同条例》、《建设工程勘察设计合同条例》、《城镇个人建造住宅管理办法》和《建筑安装工程招标投标试行办法》，1984年的《关于改革建筑业和基本建设管理体制若干问题的暂行规定》，1986年的《中外合作设计工程项目暂行规定》，1989年的《建设监理试行办法》，1990年的《外商投资开发经营成片土地暂行管理办法》等。

在建设领域的法律法规制定方面，我国改革开放最初10年硕果累累，这一时期建设法规的特点是，建设行政法规大量出台，法制建设发展迅速。但是，由于经验不足，致使其存在诸多不成熟之处。主要表现为：建设法规体系不够完善，存在着立法的盲目性，法规之间的不协调，以及交叉重复甚至矛盾等现象。

1.3.1.3 建设法规体系的逐步成熟阶段（1990年～至今）

随着改革开放的深入，中国由计划经济体制向社会主义市场经济体制逐步转轨，对法制建设提出了更新更高的要求。1990年我国建设领域第一部由全国人大制定的《中华人民共和国城市规划法》颁布实施，标志着中国建设法制开始进入成熟发展阶段。此后，又相继于 1995 年颁布《中华人民共和国房地产管理法》，1998 年颁布《中华人民共和国建筑法》（以下简称《建筑法》），1999 年 9 月又颁布了《中华人民共和国招标投标法》。与此同时，还有大量由原建设部颁布的行政部门规章出台。2000 年，中国加入世界贸易组织（WTO），中国在技术和管理上加速与国际接轨，积极借鉴国外建设领域的先进法律成果，例如世界银行的招投标文件范本等。

这一时期出台的法律、行政法规和部门规章以及地方性法规，较前阶段所不同的是，建筑领域中各个部门的规范更深入、细致、专业化。为了有计划、有步骤地开展建设立法工作，保证其科学化、系统化、规范化，1994 年原建设部拟定了《建设法律体系规划方案》，它运用系统工程原理，将已出台的和需要制定的法律、法规、规章科学地衔接起来，形成一个紧密联系、相互补充、协调配套的完整统一体系，用以指导和规范建设立法工作，使我国城乡建设的法律法规建设逐步走上了系统化、科学化的发展道路。可以说，中国现行建设法规大部分是 1990 年以后出台的，1990 年以前出台的现行规范随着中国市场经济的发展，法规本身的不完善日渐凸现，已需准备着手修订。

1.3.2　城乡建设工程法律法规体系的发展现状

目前，我国城乡建设法律法规的体系已经基本建立起来了，符合市场经济要求的建设工程交易市场基本建立。从图 1-1 可以看出，我国建设法律法规各层次、各体系都比较完备。到 2012 年年底，我国现已指定并仍然有效的城乡建设法律有三部，即《中华人民共和国城乡规划法》、《中华人民共和国建筑法》（2011 年修订）、《中华人民共和国城市房地产管理法》三部法律，有建设行政法规 18 部，国务院建设行政主管部门颁行并仍然有效的建设行政规章制度 140 多部。此外，还有地方性的建设法规和规章制度上千部。

与此同时，全国人大、国务院、住房和城乡建设部等也废止了一些过时的建设法律、法规和规章制度。如 2000 年 3 月 29 日，原建设部废止了 1993 年以建设部 28 号令通过的《房地产开发企业资质管理规定》。

由此可见，我国的城乡建设法律法规体系正在加速建设和完善，并满足社会和经济发展的需要。当然，随着社会发展和经济形势的变化，社会各成员、各主体之间的社会关系也会发生变化，必然会对建设法律和行政法规产生新的需求，我国有关城乡建设工程的法律法规体系也会需要继续修改、完善甚至废止，这是一个永不停止的动态过程，也是社会发展的必然要求。

1.4　城乡建设工程法律法规的立法

1.4.1　城乡建设工程法律法规立法的基本原则

城乡建设工程法律法规的立法目的是为了加强对建筑活动的监督管理，维护建筑市场秩序，保证建筑工程的质量和安全，促进建筑业健康发展（《建筑法》）。城乡建设法律法规的立法原则，是指有关城乡建设法律法规立法时所必须遵循的基本原则以及基本要求。

建设法规的立法原则如下。

1.4.1.1 市场经济规律原则

目前，我国已经加入世界贸易组织（WTO），符合中国国情的社会主义市场经济体制已经基本确立。我国城乡建设领域的立法必须有利于市场经济的建立和健全，必须符合市场经济的发展规律。这具体体现在：

（1）遵循市场经济规律，就是要求城乡建设立法活动中，要建立和健全建设市场主体体系。各种城乡建设法规，要确立各种建设市场主体的法律地位，对各方主体在建设市场交易中的权利和义务做出明确规定。如建设行政主管部门、投资方、建设方、设计方、中介方、监理方、材料供应方、农民工等，应考虑他们的权利、义务和责任等。

（2）遵从市场经济规律，必须尊重市场经济规律，在全国范围内建立统一完善的建设工程交易市场，为此，必须通过城乡建设法规体系的建设，确保建立全国统一的、开放的建设市场。如建设工程交易市场、招投标市场、建设工程规划与设计市场、房地产市场、建设资金流动市场等。

（3）尊重市场经济规律，要求按建设法规的要求，以间接手段为主对城乡建设市场进行宏观调控。今后，对有形的建设交易市场，重在监管，少去干预。国家主要通过法律体系去监管、监控和维护建设体系，维护市场秩序和市场公平，减少审批环节和寻租机会，防止干预市场和以权谋私，这是重中之重。

（4）遵守市场经济规律，就是要求建设法规立法本身具备完备性。要把城乡建设行为纳入法制化的轨道，坚持依法治国，必须要先使建设法规自身完备，才能在全社会做到有法可依，有法必依。法律之间要协调完备，不重复、不冲突，同一部法律内部也要完备，有严谨性、逻辑性和可操作性。

1.4.1.2 法制统一原则

所谓法制统一原则，就是要求所有的城乡建设法律法规有着内在统一的联系，我国建设法律法规，是我国系列法律的一个组成部分，必须每部建设法律法规都符合宪法的要求和原则。建设法律法规之间法制统一，互不冲突，协调配套，全面覆盖，建设法律法规内部也要坚持实用有效，循序渐进，科学借鉴。否则，就会使建设主体对建设法规无所适从。

建设法规体系内部高层次的法律、法规对低层次的法律、法规具有制约性和指导性，上级立法机关、政府和建设行政主管部门对下级立法机关、政府和建设行政主管部门制定的法律、规章和文件具有指导性和制约性，同级立法机关、政府和建设行政主管部门后来颁布的法律、规章和制度对以前的法律、规章和制度具有指导性和约束性。这是国际惯例，也是我国默认的惯例。

1.4.1.3 权责利一致原则

权、责、利相统一的原则是我国各种法律立法的基本原则。有多大的权，担多大的责，不能搞权力无限而义务有限，权、责、利必须相适应、相对应。城乡建设法规主体享受的权利和履行的义务是统一的，建设行政主管部门行使管理权、监督权、执法权也是权利、责任和义务的统一。

1.4.2 城乡建设工程法律法规的法律关系

1.4.2.1 法律关系的概念

众所周知,人与人之间会形成各种各样的关系,这种关系统称为社会关系,如管理关系、合同关系等,一旦这种关系被法律所调整就变成了法律关系。法律关系是指在法律法规所调整的一定社会关系中所形成的人与人之间的权利和义务关系。建设法律关系是法律关系中的一种。它是指由建筑法律法规所确认和调整的在建设管理和建设活动中所产生的权利和义务关系,如建设工程承包合同关系。

建设法律关系是指由建设法律法规所确认和调整的,在建设管理和建设协作过程中所产生的权利、义务关系。

城乡建设法律法规的法律关系,其主体是国家建设行政主管部门、社会组织和公民;建设法律关系的客体为财产、标的物、建设行为和智力成果。如业主与承包商签订施工合同后,就构成了双方的工程建设法律关系。建设工程法律关系的构成要素是指建设工程法律关系不可缺少的组成部分,它是由建设法律关系主体、建设法律关系客体和建设法律关系内容三个要素所构成。

1.4.2.2 法律关系的内容

主要内容是建设权利和建设义务。就是说主体依法享有建设的权利,如参与各种工程投标和建设的权利,任何组织和个人不得以任何理由搞倾向性、歧视性待遇,不得指定或内定某单位从事某项工程。建设义务是指建设主体遵守建设法律、法规所规定的义务,如持证上岗、依法不得从事转包的义务等。

1.4.2.3 法律关系的产生、变更和消灭

建设工程法律关系的产生,是指建设法律关系主体之间形成了一定的权利和义务关系。建设法律关系变更,是指建设法律关系的要素发生变化,包括主体变更、客体变更和内容变更。建设法律关系并不是由建设法律法规本身产生的,建设法律规范并不直接产生法律关系。建设法律关系只有在一定的情况下才能产生,而这种法律关系的变更和消灭也是由一定的情况决定的。这种引起建设法律关系产生、变更和终止的情况即是人们通常称之为的法律事实。法律事实即是建设法律关系产生、变更和终止的原因。

法律关系的消灭,是指建设法律关系主体之间的权利义务关系不复存在,彼此丧失了约束力,包括自然消灭、协议消灭和违约消灭。例如,某房地产公司甲和建筑企业乙签订了一份工程施工合同,乙企业通过加强施工现场的管理,终于如期交付了符合合同约定质量标准的工程,甲公司随即也按约支付了工程款,双方的关系自然就结束了,这就是法律关系的自然消灭。

1.4.3 城乡建设工程法律关系的特征

建设工程法律关系不是单一的关系,而是带有明显的综合性特征。建设工程法律法规是由建设行政法律、建设工程民事法律和建设技术法规构成的。这三种法律法规在调整建设活动中是相互作用、综合运用的。

建设工程法律关系是涉及面广、内容复杂的权利义务关系。建设法律关系是以受国家计划制约的建设管理、建设协作过程中形成的权利和义务为内容的。

建设行政法律关系决定、制约、影响着计划因素的协作关系。建设业的法律调整是以行政管理法律法规为主的。建设民事法律法规调整建设业活动是由建设行政法律关系决定的，并受其制约。如建设单位与设计单位签订的勘察设计合同，在执行过程中因国家法律认可的国家建设计划变更或解除，则建设单位的合同也应变更或解除。

1.4.4 城乡建设工程法律法规立法的趋势

可以预见，我国今后一个时期总的立法原则是，加强社会主义法制建设，做到依法治国。我国已初步确立社会主义市场经济地位，市场经济的本质是"明规则"下的法治经济，法律为经济发展保驾护航，经济发展为法律推广提供强大动力。我们要把"改革政策与立法政策紧密结合起来"，尽可能先立法后行动，用法律来引导和推动改革开放的深入和发展，要避免立法滞后。

就城乡建设领域的法律法规立法来说，要继续完善城乡建设的立法体制，改进立法程序。遵循市场经济的客观规律，结合我国经济发展和经济立法的实际，在广泛调查论证的基础上，确立符合我国国情的社会主义市场经济法律体系框架。特别是要统筹规划，打破建设行政主管部门的利益格局，防止出现为自己立法、为部门谋利益的立法。当前，我国正在推行大部制制度，减少审批环节，加强市场监管，减少行政干预、加强宏观调控成为我国未来经济和社会发展的大趋势。

实事求是地讲，我国城乡建设领域的法律法规还不够完善，我国城乡建设领域的立法工作应大胆吸收和借鉴世界各国建设领域的立法成果和经验。对其适合我国情况的法律条文，可以直接移植过来，然后在实践中改进和完善。同时，要注重发挥地方立法机关的积极性，在制定全国性法律条件不成熟时，可以让有条件的地方先制定地方法规，然后经过总结提高，制定全国的法律。应该鼓励改革开放比较早的特区、开放城市、开放地区，建设立法先行一步，大胆探索，为全国建设立法提供经验。

加强执法监督检查工作，一是增强执法部门的执法意识和法人、公民的守法意识；二是对已颁布的和即将颁布的有关法律法规确定必要的法律实施部门，授权执法部门；三是严肃执法、违法必究，有一定的制度规定做保证。

1.5 城乡建设工程法律法规的实施与执法

城乡建设法规的实施，是指国家机关及公务员、社会团体、公民实现建设法律法规的活动，包括建设法规的执法、司法和守法三个方面。其中，城乡建设法规的司法又包括行政司法和专门机关司法两个方面。

1.5.1 城乡建设行政执法

城乡建设行政执法，是指城乡建设行政主管部门和被授权或者被委托的单位，依法对各项建设活动和建设行为进行检查监督，并对违法行为执行行政处罚的行为。具体执法行为包括：

（1）城乡建设行政决定，是指城乡建设行政主管部门的执法者依法对相对人的权利和义务做出单方面的处理，包括建设领域行政许可、行政命令和行政奖励。

(2) 城乡建设行政检查，是指城乡建设行政主管部门的执法者依法对相对人是否守法的实事，进行单方面的强制了解，包括实地检查和书面检查。

(3) 城乡建设行政处罚，是指城乡建设行政主管部门或其他机关对相对人实行惩戒或者惩罚的行为，包括财产惩罚、行为处罚和申诫惩罚三种。

(4) 城乡建设行政强制执行，在相对人不履行行政机关规定的义务时，特定的行政机关依法对其采取强制手段，迫使其履行义务。

1.5.2 城乡建设行政司法

城乡建设行政司法：是指城乡建设行政机关依据法定的权限和法定的程序进行行政调解、行政复议和行政仲裁，以解决相应争议的行政行为。

(1) 行政调解：在行政机关的主持下，以法律为依据，以自愿为原则，通过说服教育等方法，促使双方当事人通过协商互谅达成协议。

(2) 行政复议：在相对人不服行政执法决定时，依法向指定的部门提出重复处理申请。

(3) 行政仲裁：国家行政机关以第三者身份对特定的民事、经济、劳动争议居中调解，做出判断和裁决。

此外，除了城乡建设行政机关的司法外，还有专门司法机关对城乡建设领域所进行的司法行为，国家专门的司法机关，主要指人民法院依照诉讼程序对建设活动中的争议与违法建设行为做出的审理判决活动。

1.5.3 城乡建设法规的遵守

城乡建设法规的遵守，是指建设活动的所有单位和个人，必须按照建设法规的要求实施建设行为，不得违反。

1.6 城乡建设法律法规的学习

1.6.1 学习的目的和意义

(1) 从大的方面讲，明确城乡建设法律法规在国民经济发展中的地位和作用，才能正确理解和全面理解并掌握新时期我国颁布的建设行政法规的内涵。

(2) 只有学好建设法律法规，才能更好地为城乡建设活动服务，保障自身的合法权益。如工程建设中，如何防止索赔，如何防止成为被告，如何防止农民工的合法权益受到损害等，都需要认真学习城乡建设法规。

(3) 社会经济的发展和市场经济的规律，要求一大批懂法律的工程师和管理人才才能胜任城乡建设领域的业务往来和经济交往，城乡建设工程的每个环节都要求各方主体依法行事，监管者、执法者必须依法行事，懂法守法，才能不至于渎职失职和滥用权力，被监督者和被管理者只有懂法，才能拿起法律武器，保护自己的合法权益和权利不受侵害。

(4) 只有认真学好城乡建设法律法规，才能更好地与国际接轨和国际同行交流，才能更好地掌握我国城乡建设的方针和政策、规范，拓展专业知识面。

(5) 认真学好城乡建设法律法规，才能熟悉城乡规划、工程勘察设计、监理、土地管理、招投标等环节，也就是说，建设法规既是城乡建设制度的一部分，也是指导城乡工程建设的标尺，只有法律法规学好了，才能在工程实践中加深理解和应用。

(6) 学习城乡建设法律法规也是各种资格考试和执业考试的必备内容，如注册建造师的考试、注册建筑师的考试等。

1.6.2 学习的方法和方式

(1) 坚持理论联系实际的方法。理论来源于实践，理论指导实践；实践是理论的延伸和具体化。城乡建设领域的新闻、社会热点和公共事件，可能就是建设法律法规的延伸。因此，要善于理论联系实践，勤于思考和总结，活学活用。

(2) 坚持辩证的观点。城乡建设法规，既然是政策的反映，指导和规范建设领域的行为，必然要和社会的经济发展相适应。如住房和城乡建设部在2012年废止了一批过时的规范和文件，就是这个论点的反映。建设规章制度的修改、废止、增加等，是一个动态的过程，在学习中要充分注意，甚至一些教材在编写时很新颖，但几年之后就过时了。

1.7 本章案例

1.7.1 案例背景

2012年9月，甲与乙双方口头协商，由甲提供图纸和原材料，乙承建甲的4间2层临街门面住宅楼，双方约定工价为84万元。双方协商后，乙按期施工。在一层前墙承重垛施工过程中，由于甲提供的水源不足，乙用未经湿润的干砖进行砌筑。该建筑在一层前墙承重垛上掏脚手架孔时，该承重垛受到振动，在上部巨大压力作用下倒塌，造成整座房屋上层严重前倾变形，并致使一层前墙另外两个承重垛砌体严重开裂，失去承载能力，并造成乙聘请的3名农民工受伤。

后经司法技术鉴定认为，甲房屋设计不合理，乙方3人在施工时用干砖砌筑，降低了砌体强度，造成事故隐患。乙方3人在承重垛上横向施工打孔是造成事故的主要诱因，该行为振动砌体，减少砌体断面面积，降低承载能力，造成前墙承重垛超承载限度而破坏，致整房塌陷变形。

后甲方向当地法院起诉，要求乙方赔偿直接损失24万元和预期房屋出租收入损失670万元。

1.7.2 案例分析

本案中，甲方委托乙方承建房屋，甲方与乙方是民事合同关系，同时也是一种经济协作关系。甲与乙只是口头约定，并不具备法定的建设合同关系，但并不等于甲、乙双方的纠纷就不能由法院受理和判决，也并不影响案例中的建设行政主管部门对甲、乙双方违规的行政处罚。

本案的焦点问题是，合同的效力和责任的承担。虽然本案的分析属于法律的范畴，但为了说明建设行政执法、司法和守法的问题，本章还是做具体的分析。《合同法》第九条规定：当事人订立合同，应当具有相应的民事权利能力和民事行为能力。在民法上，民事权利能力和民事行为能力的含义虽有所不同，但他们都特指一定的资格，有了此资格，当事人即有权利或者能力进行一定的民事活动，否则就不能有效地进行一定的民事活动。《建筑法》第十二、十三、二十六条的规定属于强制性的法律，不得经由当事人的约定排除其适用，其规定的实质，是规定了从事建筑活动主体的资质，即资格条件。本案例中，乙方没有取得资质订立建筑合同，是当事人没有相应民事权利能力的民事行为，属于法定的无效行为，不能实现当事人订立合同所预期的目的，致使与甲之间的建设合同由于主体资格的欠缺而归于无效。

在合同方面，由于乙明知自己没有规定的建筑资质证书却承揽了他人的建筑工程，对合同无效具有较大的过错。由于明知对方没有建筑资质证而与之订立合同，甲方对合同的无效也有一定的责任。而关于事故原因，乙方3人用未经湿润的干砖进行砌筑，降低了砌体的强度标准，是事故的主要原因，而甲的设计本身也存在不合理之处，所以也应承担相应的责任。

由于甲方没有依法取得当地建设行政部门的许可，就私下违法建设的违法行为，使其不但受到政府职能部门的行政处罚，而且还被乙方提出索赔。现实中，建设工程许可制度不认真执行的情况时有发生，常见的违法现象有：施工图批准后又擅自修改设计的；擅自增加层数的；擅自改变使用性质的；擅自改变平面布局等。

本案例中，甲方最终被判给予乙方30万元的赔款，并被建设行政主管部门给予5万元的处罚，并责令补办相关建筑施工手续。

习题与思考题

1. 单项选择题

(1)《中华人民共和国建筑法》于（　　）进行了修正。

A. 2009 年　　　　B. 2010 年　　　　C. 2011 年　　　　D. 2012 年

(2) 国务院颁布施行的《公共机构节能条例》属于（　　）。

A. 法律　　　　B. 法规　　　　C. 部门规章　　　　D. 文件制度

(3) 国务院（　　）主管部门对全国的建筑活动实施统一监督管理。

A. 建设　　　　B. 发改　　　　C. 工信　　　　D. 交通与水利

(4) 我国建设法律法规的结构形式是（　　）。

A. 梯形　　　　B. 宝塔形　　　　C. 矩形　　　　D. 圆形

(5) 国家为加强对建筑活动的监督管理，维护建筑市场秩序，（　　），促进建筑业健康发展，制定了《建筑法》。

A. 保证建筑工程的质量和安全　　　　B. 防止腐败

C. 发展市场经济　　　　D. 借鉴国际经验

2. 多项选择题（一个以上答案正确）

(1) 城乡建设工程法规，调整以下（　　）之间的各种有关建设行为的社会关系。

A. 国家有关机构　　　B. 企事业单位　　　C. 社会团体　　　D. 公民

(2) 建设行政司法包括（　　）。

A. 行政调解　　　　B. 行政复议　　　　C. 行政仲裁　　　　D. 行政命令

(3) 建设工程法律法规有明显的综合性特征,是指建设工程法律法规是由( )所构成。
　A. 建设行政法律　　　　　　　　B. 建设工程民事法律
　C. 建设技术法规　　　　　　　　D. 建设施工规范
(4) 建设工程法律关系的消灭,包括( )。
　A. 自然消灭　　B. 协议消灭　　C. 违约消灭　　D. 国家强制消灭
(5) 建设活动中,下列能体现建设行政隶属关系的是( )。
　A. 命令　　　　B. 禁止　　　　C. 许可　　　　D. 授权
(6) 建设工程法律法规的立法,必须遵守以下( )的原则。
　A. 市场经济　　B. 法制统一　　C. 责权利一致　　D. 与国际接轨

3. 问答题
(1) 城乡建设法规的地位和作用是什么?
(2) 城乡建设法规调整的社会关系有哪些?
(3) 我国城乡建设法规体系是如何构成的?
(4) 我国城乡建设法规建设的发展历史分几个阶段?各有什么特点?
(5) 我国城乡建设法规的立法原则是什么?
(6) 什么是建设法律关系?我国城乡建设工程的法律关系有什么特征?
(7) 我国城乡建设法规的实施包括哪些内容?
(8) 如何学好城乡建设法规?

4. 案例分析题
　　G市某房地产开发公司与某出租汽车公司共同合作,在市区内共同开发房地产项目。该项目包括两部分,一是6.3万平方米的住宅工程,另一部分是和住宅相配套的3.4万平方米的综合楼。该项目的住宅工程各项手续和证件齐备,自1998年开工建设到2001年4月已经竣工验收。而综合楼工程由于种种原因各项审批手续未能办理。由于住宅工程已开工建设,配套工程急需跟上,在综合楼建筑工程规划许可证未审核批准的情况下,开发公司自行修改了综合楼的平面图,在东西方向增加了轴线长度,增加了约2680平方米的建筑面积,并开始施工。该行为被该市规划监督执法大队发现后及时制止,并勒令停工。

　　问题:
(1) 开发公司在综合楼项目的建设中,违反了哪些建设法律规定?
(2) 该市规划监督执法大队发现后及时制止,并勒令停工,属于建设行政执法中的哪种具体行为?

第 2 章　城乡工程建设程序法规

本章介绍我国城乡工程项目建设时必须遵守的各种程序法规。介绍和论述了各种建设程序、环节、阶段、步骤的划分。介绍我国现有相关法律法规对建设程序的规定，并重点介绍工程建设时各阶段的工作内容。

2.1　概述

2.1.1　城乡建设工程概念

所谓城乡建设工程，是指发生在城市和农村的土木建筑工程、道路桥梁工程、设备安装工程、基础设施建设工程、建筑装饰装修工程等，包括这些工程的新建、扩建、改建以及其他相关的建设工作。

土木建筑工程，包括建设地点在城乡的各种房屋、学校、住宅、商店、宾馆、运动场等工程。

道路桥梁工程，包括各种公路、铁路、市政道路、隧道、桥梁等工程。

基础设施建设工程，包括各种机场、码头、堤坝、水、电、油、气、市政等工程建设。

其他建设工作，包括工程勘察设计、工程监理、土地征用、投资决策评审、设备采购等。

城乡工程建设，对提升城乡一体化水平、扩大内需、提高城乡居民生活质量和发展国民经济具有非常重要的意义，对提高产业配套服务水平、振兴产业发展规划发挥非常重要的作用。在新的历史阶段，扩大城镇化水平，将是十八大以后的经济工作着力点。

2.1.2　城乡工程建设程序概念

城乡工程建设程序是对城乡基本建设项目从酝酿、规划到建成投产所经历的整个过程中的各项工作开展先后顺序的规定。它反映工程建设各个阶段之间的内在联系，是从事建设工作的各有关部门和人员都必须遵守的原则。

城乡建设工程的建设程序，是指在城市、郊区和农村从事各种建设工程时各项工作都必须遵守的先后次序，是为了整个工程科学、有序、合理的安排和衔接所必须遵从的基本顺序。这些程序，是国内外工程界长期从事工程建设研究和实践的认识和总结。城乡工程建设是现代化大生产，一项工程从计划建设到建成投产，要经过许多阶段和环节，有其客观规律性，前一个阶段的工作是进行后一个阶段工作的依据，没有完成前一个阶段的工作，就不能进行后一个阶段的工作。项目建设客观过程的规律性，构成基本建设科学程序的客观内容。这种规律性，与基本建设自身所具有的技术经济特点有着密切的关系。这些基本的建设程序，有的已成为国家和地方政府相关部门用法律和规章制度约束固化下来的基本制度和守则，是各级政府为保证科学决策、确保工程进度、质量所必须遵守的顺序。

各种城乡建设工程，牵涉面广、投资量大、建设周期长、占用资源多，需要各方面协调复杂的关系，并且在建设过程中存在着活动空间有限和后续工作无法提前进行等矛盾，建设项目在哪里建设，要受当地的矿藏资源和工程地质、水文地质等自然条件的严格制约。任何工程，不论建设规模大小，工程结构繁简，都要切实符合既定的目的和需要。因此，工程必须按步骤、分阶段、有次序地进行。如果不按工程建设的客观规律和特点，人为地将建设工程的次序打乱、省略甚至颠倒，就有可能造成严重的资源浪费、安全事故和经济损失。比如，我国各地都不同程度存在着所谓"边设计、边勘察、边施工"的三边工程，就容易造成社会经济纠纷和烂尾浪费、不安全等隐患。这是因为城乡建设工程的复杂和浩大，决定了任何项目的建设过程，一般都要经过计划决策、勘察设计、组织施工、验收投产等阶段，每个阶段又包含着许多环节。这些阶段和环节有其不同的工作步骤和内容，它们按照自身固有的规律，有机地联系在一起，并按客观要求的先后顺序进行。

另外，国家和各级政府还设置了一些审批环节对各种建设工程进行监管。审批是监管的一种方式，当然，我国在工程建设方面还存在着"重审批、轻监管"等不正常现象，各级政府部门对城乡建设工程程序的监管和审批也许存在不合理的地方，这些都需要我们进行认真研究和反思，并不断完善工程建设程序的规章制度。

2.1.3 城乡工程建设程序有关法规

世界各国都对工程建设的客观规律相当重视，都对其进行了认真的研究和探索，各个国家将这些研究成果以法律的方式固定下来，强制各工程建设行为主体遵守。我国也参照了世界各国的经验和研究成果，并根据自己的国情制定和颁布了各种有关工程建设程序方面的法规。

我国有关建设程序方面的法规主要有：1978年原国家计委、原建委、财政部联合颁发的《关于基本建设程序的若干规定》，1984年原国家计委颁发的《关于简化基本建设项目审批手续的通知》，1983年颁发的《关于颁发建设项目进行可行性研究的试行管理办法的通知》，1982年颁发的《关于编制基本建设前期工作计划的通知》，1987年颁发的《关于建设项目经济评价工作的暂行规定》，1988年颁发的《关于大中型和限额以上固定资产投资项目建议书审批问题的通知》，1995年颁发的《工程建设项目实施阶段程序管理暂行规定》，1994年颁发的《工程建设项目报建管理办法》。

由此可见，关于城乡工程建设程序的法律法规，我国目前还没有《建设程序法》这样的专门法律。对城乡工程建设程序的规定，体现在其他一些法律当中。如《中华人民共和国招标投标法》、《中华人民共和国建筑法》、《中华人民共和国城乡规划法》等法律中，对建设程序有具体的规定。当然，城乡建设程序更具体、更详细的规定，体现在国家部委、地方政府部门的规定和文件中。如1999年原国家计委以计投资〔1999〕693号文发布的《关于重申严格执行基本建设程序和审批规定的通知》，水利部以水建〔1998〕16号文发布的《水利工程建设程序管理暂行规定》，2004年国务院颁布的《关于投资体制改革的决定》等，这些规章制度对城乡工程建设项目的建设程序进行了具体、明确、细化的规定，到现在还在发挥作用。

2.2 工程建设一般程序

2.2.1 我国工程建设程序具体步骤

城乡建设工程实施的具体步骤,没有统一的标准,但无论是什么项目,步骤的顺序不能任意颠倒,但可以合理交叉。一般来说,按照基本建设的技术经济特点及其规律性,项目建设可以分为以下七个阶段,即项目建议书阶段、可行性研究阶段、初步设计阶段、施工图设计阶段、施工准备阶段、建设施工阶段和项目后评价阶段,每个阶段又分为若干步骤和环节,如图2-1所示。图2-1是以比较复杂的政府投资项目为例进行的说明,这是一

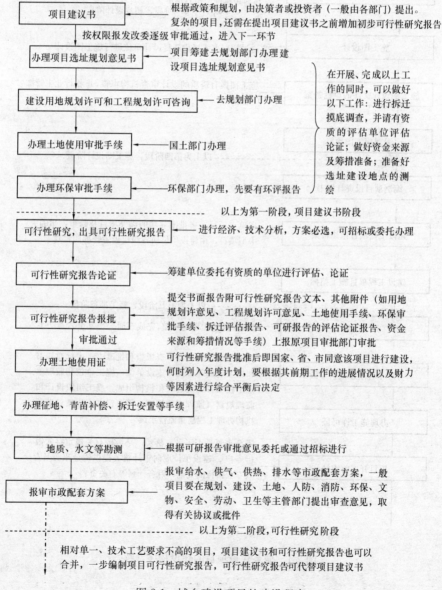

图2-1 城乡建设项目的建设程序

17

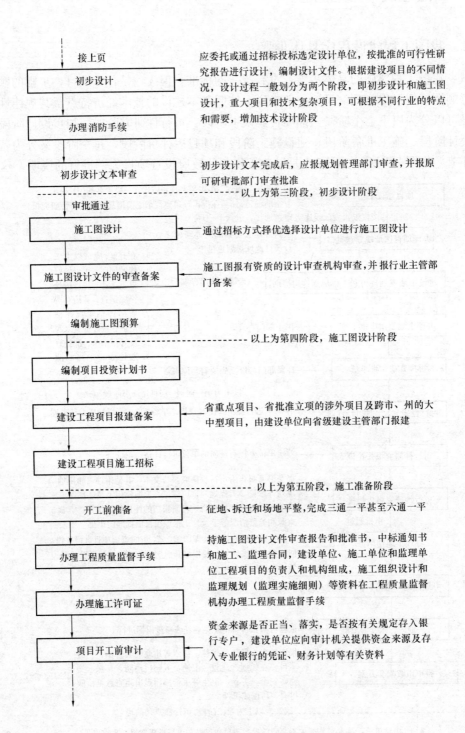

图 2-1 城乡建设项目的建设程序（续）

2.2 工程建设一般程序

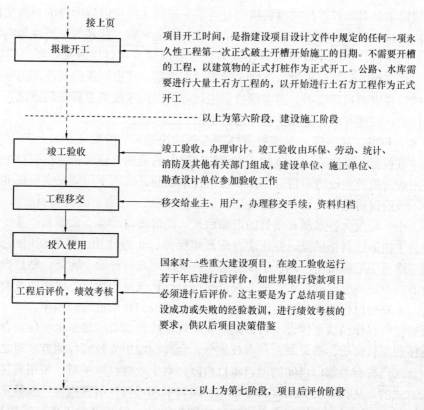

图 2-1 城乡建设项目的建设程序（续）

个标准的建设程序图。当然，有些建设项目，投资比较小，也不复杂，则未必一定要经过某些环节，某些步骤也可以合并或省去。如一些地方，规定政府投资 1000 万元以下不需要可行性研究报告；有些地方可能规定 200 万元以上的建设项目需要可行性研究报告；还有的地方政府，规定小而简单的项目不需要初步设计文件，可以直接进入施工图设计阶段等。总之，国家对建设项目的建设程序没有统一的标准和规定，但这并不是表示建设项目的步骤和程序可以颠倒或任意调整。一些必需的、基本的建设程序是建设领域各部门包括管理部门应共同遵守的规则或原则，例如，不能施工在前，后进行施工的招投标工作。

对城乡建设工程项目，只有遵循国家规定的基本建设程序，先进行规划研究，后进行设计施工，才能有利于加强宏观经济计划管理，才能进行科学决策，才能确保投资效益和发挥项目的社会效益。对政府投资的项目，我国各级政府经常派出项目督察组，把认真按照基本建设程序办事作为加强基本建设管理的一项重要内容。

2.2.2 工程建设程序内容

2.2.2.1 第一阶段内容

第一阶段叫项目建议书阶段，这阶段的主要内容是编制项目建议书。对政府投资的项目，一般是根据国家的中长期规划或五年计划（如国家"十二五"规划），根据国家政策和区域发展规划，由各级政府部门提出。如果是民营的项目，则是投资者发现社会存在投资机会，有投资意向和愿望，然后进行初步考察和分析，进行投资项目的初步分析和决策。项目建议书是对项目进行的投资机会分析结果进行文字化以后形成的书面文件，主要论述和分析拟建工程的必要性、客观性、可行性、资金来源、获利的可能性等内容。对某些非常复杂的项目，还需在提出项目建议书之前增加初步可行性研究。项目建议书出来后，按权限报各级主管部门审批，各级主管部门审批后，交由同级的发改部门审批。需要国务院审批的投资项目建议书，由省级投资主管部门报国家投资主管部门审批，其他项目的投资建议书，按地方政府的相关规定进行审批。

2004年，国务院颁布的《关于投资体制改革的决定》（国发〔2004〕20号）明确规定，按照"谁投资、谁决策、谁收益、谁承担风险"的原则，落实企业投资自主权。对于企业不使用政府投资建设的项目，一律不再实行审批制，区别不同情况实行核准制和备案制。其中，政府仅对重大项目和限制类项目从维护社会公共利益角度进行核准，其他项目无论规模大小，均改为备案制，项目的市场前景、经济效益、资金来源和产品技术方案等均由企业自主决策、自担风险，并依法办理环境保护、土地使用、资源利用、安全生产、城市规划等许可手续和减免税确认手续。对于企业使用政府补助、转贷、贴息投资建设的项目，政府只审批资金申请报告。企业投资建设实行核准制的项目，仅需向政府提交项目申请报告，不再经过批准项目建议书、可行性研究报告和开工报告的程序。

对政府投资兴建的城乡建设项目，则简化和规范政府投资项目审批程序，合理划分审批权限。按照项目性质、资金来源和事权划分，合理确定中央政府与地方政府之间、国务院投资主管部门与有关部门之间的项目审批权限。对于政府投资项目，采用直接投资和资本金注入方式的，从投资决策角度只审批项目建议书和可行性研究报告，除特殊情况外不再审批开工报告，同时应严格政府投资项目的初步设计、概算审批工作；采用投资补助、转贷和贷款贴息方式的，只审批资金申请报告。具体的权限划分和审批程序由国务院投资主管部门会同有关方面研究制定，报国务院批准后颁布实施。

对外商投资项目，则规定总投资（包括增资）1亿美元及以上鼓励类、允许类项目由国家发展和改革委员会核准；总投资（包括增资）5000万美元及以上限制类项目由国家发展和改革委员会核准。

对哪些建设项目进行核准、审批或备案，国家出台了《政府核准的投资项目目录》(2004年)进行规范。这些改革措施，合理界定了政府投资职能，提高了投资决策的科学化、民主化水平。彻底改革了过去那种不分投资主体、不分资金来源、不分项目性质，一律按投资规模大小分别由各级政府及有关部门审批的企业投资管理办法。

2.2.2.2 第二阶段内容

第二阶段叫可行性研究阶段。可行性研究报告是指项目建议书批准以后，对拟建项目在技术上是否可行、经济上是否合理等内容进行深入的分析和论证，广义的可行性研究还包括投资机会分析。可行性研究报告，对建设项目进行具体的论证和评价，对项目所涉及的社会、经济、技术问题进行深入的调查研究，论证该项目在技术是否先进合理，在经济上是否可行，并对不同方案进行分析比较、优化，对项目建成后的经济效益、社会效益进行科学的预测及评价，提出项目是否可行的结论性意见，可行性研究报告必须经有资质、有资格的咨询机构评估确认以后，才能作为投资决策的依据。

提交可行性研究书面报告及附件可行性研究报告文本、其他附件（如用地规划许可意见、工程规划许可意见、土地使用手续、环保审批手续、拆迁评估报告、可研报告的评估论证报告、资金来源和筹措情况等手续）上报原项目审批部门审批。

可行性研究报告可以由建设单位自己完成，也可以直接委托有资质的第三方咨询机构完成，还可以通过招标择优选择第三方咨询机构。在进行可行性研究报告时，还可以同时报审给水、供气、供热、排水等市政配套方案，一般项目要在规划、建设、土地、人防、消防、环保、文物、安全、劳动、卫生等主管部门提出审查意见，取得有关协议或批件。相对单一、技术工艺要求不高的项目，项目建议书和可行性研究报告也可以合并，一步编制项目可行性研究报告，可行性研究报告可代替项目建议书。

可行性研究报告批准后即国家、省、市同意该项目进行建设，何时列入年度计划，要根据工程前期工作的进展情况以及财力等因素进行综合平衡后决定。如果是政府投资项目，若通过可行性研究报告以后，当地政府财力不允许，可能会搁弃建设。

2.2.2.3 第三阶段内容

第三阶段叫初步设计阶段。根据《基本建设设计工作管理暂行办法》的规定，设计阶段可根据城乡建设项目的复杂程度而定。一般建设项目的工程设计可以按初步设计和施工图设计两阶段进行。而重大项目和技术复杂项目，可根据不同行业的特点和需要，增加方案（技术）设计阶段，还要按照初步设计、方案设计和施工图设计三个阶段来进行。初步设计应包括有关文字说明和图纸：设计依据、主要设备选型、新技术应用情况等。初步设计应达到设计方案的比选和确定、主要设备材料订货、投资的控制、施工招标文件的编制等要求。

初步设计应委托或通过招标投标选定设计单位，按批准的可行性研究报告进行设计，编制设计文件。初步设计文本完成后，应报规划管理部门审查，并报原可研审批部门审查批准。

2.2.2.4 第四阶段内容

第四阶段叫施工图设计阶段。施工图设计是对初步设计或方案设计的深化和细化，和初步设计一样，施工图设计应通过招标方式择优选择设计单位进行施工图设计。施工图设计应报有资质的设计审查机构审查，并报行业主管部门备案。

施工图设计文件包括：合同要求所涉及的所有专业的设计图纸（含图纸目录、说明和必要的设备、材料表）以及图纸总封面；合同要求的工程预算书；图纸目录应先列新绘图纸，后列选用的标准图或重复利用图。

2.2.2.5 第五阶段内容

第五阶段叫施工准备阶段。主要包括征地拆迁，搞好三通一平（通水、通电、通道路、平整土地），进行项目施工的招投标工作，落实施工力量，组织物资订货和供应，以及其他各项准备工作。施工准备：包括施工单位的技术、物资、组织准备和建设单位取得开工许可证。其中建设单位在具备以下条件方可办理施工许可证：征地手续已办理，已取得规划许可证，拆迁已完成或者拆迁进度满足施工要求，施工企业已确定，技术条件已落实，有保证工程质量和安全的具体措施（施工组织设计），建设资金已落实并满足有关法律、法规的其他条件。施工许可证向工程所在地县级以上人民政府行政主管部门申请。取得施工许可证后，应在批准之日起3个月内组织开工，因故不能开工者，可向发证机关申请延期，延期以2次为限，每次不得超过3个月。既不按期开工，又不申请延期或者超过延期期限的，已批准的施工许可证自行作废。

2.2.2.6 第六阶段内容

第六阶段叫建设施工阶段。施工单位持施工图设计文件审查报告和批准书，中标通知书和施工、监理合同等进行施工。建设单位、施工单位和监理单位工程项目的负责人组成项目指挥部，完成施工组织设计和监理规划（监理实施细则）等资料，在工程质量监督机构办理工程质量监督手续。项目开工时间，是指建设项目设计文件中规定的任何一项永久性工程第一次正式破土开槽开始施工的日期。不需要开槽的工程，以建筑物的正式打桩作为正式开工。公路、水库需要进行大量土石方工程的，以开始进行土石方工程作为正式开工。

2.2.2.7 第七阶段内容

第七阶段叫项目后评价阶段，也有一些教科书称为项目验收阶段。

项目建设完成后，要按照设计要求和施工技术验收规范进行验收投产。工程竣工验收必须满足以下条件：

(1) 完成建设工程设计和合同约定的各项内容。
(2) 技术档案和施工资料完备。
(3) 主要建筑材料、构配件、设备进场试验报告齐全。
(4) 有勘察、设计、工程监理等单位分别签署的质量合格文件。
(5) 有施工单位签署的工程保证书。

竣工验收的依据为已批准的可行性研究报告，初步设计或者扩大初步设计，施工图和设备技术说明书，现行施工验收规范和主管部门有关的审批、修改、调整文件等。竣工时，要编制竣工验收报告和竣工决算，并办理固定资产交付生产使用的手续。竣工验收后，要办理审计。竣工验收由环保、劳动、审计、消防及其他有关部门组成，建设单位、施工单位、勘察设计单位参加验收工作。项目验收后，施工单位将项目移交给业主或用户，办理项目移交手续，进行资料归档。当然，对一些小型的建设项目，建设程序可以简化。国家对一些重大建设项目，在竣工验收运行若干年后进行后评价，如世界银行贷款项目必须进行后评价。项目完工后，要对整个项目的造价、工期、质量、安全等指标进行分析评价或与类似项目进行对比。这主要是为了总结项目建设成功或失败的经验教训，进行绩效考核的要求，供以后项目决策借鉴。

2.3 本章案例分析

2.3.1 案例背景

2002年年初，江苏铁本钢铁有限公司（简称"铁本"）筹划在江苏省常州市新北区魏村镇、镇江扬中市西来桥镇建设新的大型钢铁联合项目。该钢铁建设项目设计能力840万t，工程概算总投资105.9亿元人民币。2002年5月，铁本公司法人代表戴国芳先后成立7家合资（独资）公司，把项目化整为零，拆分为22个项目向有关部门报批。2002年9月至2003年11月，常州国家高新技术产业开发区管委会、原江苏省发展计划委员会、原扬中市发展计划与经济贸易局先后越权、违规、拆项审批了铁本合资公司的建设项目。在审批程序完成之前，铁本在2003年6月就进入现场施工。

到2003年，全国钢铁行业完成固定资产投资1427亿元，同比增长96.6%；2004年一季度又完成投资334.9亿元，同比增长107.2%。从产量看，2003年达到22234万t，占世界总产量的23%。媒体惊呼，"大炼钢铁"再现中国大地。

在此背景下，国家发改委对钢铁行业的盲目投资、重复建设一再叫停。继国务院办公厅转发了发改委的通知，对制止钢铁、电解铝、水泥行业盲目投资提出明确要求后，国务院于2004年2月4日召开严格控制部分行业过度投资电视电话会议，会议要求各地要对钢铁、电解铝、水泥投资建设项目进行认真清理，并将结果上报。随即，国务院派出联合检查组赴重点地区进行督促检查。此后，国务院派出由发改委、监察部、国土资源部、人民银行、税务总局、工商总局、原环保总局、银监会、审计署等有关部委组成的检查组，对铁本项目进行了全面调查。2004年3月，江苏省政府责令其全面停工，公安机关对该公司法人代表戴国芳等犯罪嫌疑人采取了刑拘强制措施。

2004年4月28日，时任国务院总理的温家宝同志主持召开国务院常务会议，责成江苏省和有关部门对铁本公司违规建设钢铁项目有关责任人做出处理。随即，包括常州市委书记、扬中市委书记、江苏省国土资源厅副厅长在内的各级官员受到严重警告、撤免、责令辞职等相关处理。之后，公安部和有关部门配合，继续深入查处涉案单位和人员的经济犯罪等问题。

中行、建行、农行等6家银行因涉及铁本项目的贷款有160多笔而深陷漩涡。国务院检查组的调查显示，截至2004年2月末，中国银行常州分行等金融机构对铁本公司及其关联企业合计授信余额折合人民币43.39亿元，其中25.6亿元的银行贷款已实际投入到项目中去。

2.3.2 案例分析

铁本项目为什么会处分？为什么要处理？处理是否合法？让我们一一进行剖析。

首先，铁本项目建设是严重违反工程建设基本程序的。铁本项目虽然是民营项目，但国务院出台《关于投资体制改革的决定》之前，这样大规模的民营项目是要审批的。根据当时联合调查组的调查结果，当地政府及有关部门严重违反国家有关法律法规，越权分22次将投资高达105.9亿元的项目分拆审批。

其次，按照《中华人民共和国土地管理法》的有关规定，涉及征用基本农田要由国务院批准。然而，铁本与当地镇政府仅凭双方签订的投资、供地等"协议"就占地6000多亩，其中相当部分是基本农田。同样，铁本项目，这样影响社会公众利益和社会环境的项目，也没有上报原国家环保总局进行环评，更没有进行环评公示，这又是一个违规的地方。由于地方政府支持和纵容，铁本开足马力违规上项目，却将遇到的审批关、土地关、环保关、贷款关一一化解。

最后，当时是经济过热和国务院开展宏观调控的敏感时期。2003年起，针对各种开发区的"圈地运动"，国务院开始严查，并撤销了数千个开发区。如果是2008年4万亿元投资的时期，或许这样的项目不会被查处，能将"生米煮成熟饭"。当时，宏观调控是维持政令畅通的重要举措。这是一起典型的地方政府及有关部门严重失职违规，企业涉嫌违法犯罪并造成严重后果的案件。2004年4月29日，《人民日报》发表社论，称"国务院责成江苏省和有关部门对这一案件涉及的有关责任人做出严肃处理，是严格依法行政、维护宏观调控政令畅通的重要举措"。

改革开放以来，国家对原有的投资体制进行了一系列改革，打破了传统计划经济体制下高度集中的投资管理模式，初步形成了投资主体多元化、资金来源多渠道、投资方式多样化、项目建设市场化的新格局。但是，原有的投资体制还存在不少问题，特别是企业的投资决策权没有完全落实，市场配置资源的基础性作用尚未得到充分发挥，政府投资决策的科学化、民主化水平需要进一步提高，投资宏观调控和监管的有效性需要增强。为此，国务院在2004年决定进一步深化投资体制改革。按照完善社会主义市场经济体制的要求，在国家宏观调控下充分发挥市场配置资源的基础性作用，确立企业在投资活动中的主体地位，规范政府投资行为，保护投资者的合法权益，营造有利于各类投资主体公平、有序竞争的市场环境，促进生产要素的合理流动和有效配置，优化投资结构，提高投资效益，推动经济协调发展和社会全面进步。不过，当下，这种理想的局面依然任重道远。

习 题 与 思 考 题

1. 单项选择题

（1）建设单位与承建单位是（　　）关系。

A. 合同　　　　　B. 管理与被管理　　C. 监理与被监理　　D. 商业服务

（2）城乡建设工程项目，正式竣工验收应由（　　）组织。

A. 建设行政主管部门　　　　　　　B. 建设单位

C. 质检站　　　　　　　　　　　　D. 勘察单位

（3）建设工程项目开工时间，是指建设项目设计文件中规定的任何一项永久性工程第一次（　　）作为开始施工的日期。

A. 正式破土开槽　　B. 工程通过审批　　C. 工程剪彩　　D. 成立指挥部

（4）不需要开槽的工程，以建筑物的（　　）作为正式开工。

A. 正式打桩　　　　B. 工程通过审批　　C. 工程剪彩　　D. 成立指挥部

（5）公路、水库等工程需要进行大量土石方工程的，以（　　）作为正式开工。

A. 工程通过审批　　　　　　　　　B. 工程剪彩

C. 成立指挥部　　　　　　　　　　D. 开始进行土石方工程

2. 多项选择题（一个以上答案正确）

（1）工程建设各阶段的主要内容包括（　　）。

A. 项目建议书　　B. 项目可行性研究　　C. 工程设计　　D. 拆迁征地

（2）委托监理的建筑工程中，被监理单位要直接接受（　　）的监督管理。

A. 业主　　　　　B. 监理单位　　　　C. 政府有关部门　　D. 建设主管部门

（3）城乡建设工程，是指发生在城市和农村的（　　）。

A. 土木建筑工程　　　　　　　　　B. 道路桥梁工程

C. 设备安装工程　　　　　　　　　D. 建筑装饰装修工程

（4）城乡建设工程，包括上述工程的（　　）。

A. 新建　　　　　　　　　　　　　B. 扩建

C. 改建　　　　　　　　　　　　　D. 其他相关的建设工作

3. 问答题

(1) 城乡建设项目按基本的工程建设程序进行建设的意义是什么？
(2) 我国城乡建设工程的建设程序可以分为哪些阶段？
(3) 工程建设各阶段、各环节的工作内容是什么？
(4) 我国目前对城乡建设工程基本程序的法律法规有哪些？
(5) 我国对城乡建设工程进行审批、核准和备案的规定是什么？
(6) 什么是工程验收？验收的依据有哪些？

4. 案例分析题

近年来，L市连续发生两起因水泥安定性造成的质量事故，对工程造成较大损失，建设工程程序不到位的问题引起了当地建设行政主管部门的高度重视。

近年来，随着工程质量管理的深化，对工程材料试验的公正性、可靠性提出了更高的要求。我国从1995年开始实行有见证取样送检制度。为了确保工程质量，对涉及地基基础与主体结构安全或影响主要建筑功能的材料，还应当按照有关规范或行政管理规定抽样复试，以检验其实际质量与所提供的质量证明文件是否相符。按《混凝土结构工程施工质量验收规范》GB 50204—2002 第 7.2.1 条的规定，进场材料应在使用前检查进场复验报告。

L市某百货大楼扩建工程，施工、监理单位相关工程管理人员未按相关规范要求，在未见水泥复验报告的情况下就进行混凝土工程施工，建设程序不符合要求。虽经法定检测单位某省建筑科学研究院、某省建设工程质量检验测试中心检测水泥安定性对混凝土质量无影响，但对工程造成较大损失（工程损失100万元、检测费3万元）。

问题：

(1) 通过该案例分析，施工、监理、建设单位相关工程管理人员应吸取什么教训？
(2) 各环节应如何按建设程序及规范要求才能施工和验收？

第3章 城乡建设规划法规

本章首先概述我国城乡一体化、新型城镇化进程的基本概念和基本情况；介绍我国城乡规划体系、管理部门，以及规划编制、审批、修改的基本程序；详述《城乡规划法》及其立法原则、实施情况；重点介绍由《城乡规划法》所确立的，以建设项目选址意见书、建设用地规划许可证、建设工程规划许可证为核心的城乡规划管理制度。

3.1 概述

为了加强城乡建设领域有关规划编制、规划管理，协调城乡空间布局，改善人居环境，促进城乡经济社会全面协调可持续发展，我国制定了一系列规范城乡规划活动的法律法规。1989年12月第七届全国人民代表大会常务委员会第十一次会议通过了《中华人民共和国城市规划法》，是我国首部城乡规划领域的法律；1993年5月国务院令第116号公布了《村庄和集镇规划建设管理条例》，是规范乡村规划及其管理活动的行政法规。上述两部法律和法规简称"一法一条例"，"一法一条例"实施十多年来，对于加强城市、村庄、集镇的规划、建设和管理，遏制城市和乡村的无序建设、生态环境破坏等问题，促进城乡健康协调发展起到了重要的作用。

然而，我国正处于经济社会快速发展变化时期，近年来城乡一体化、新型城镇化进程的加快，以及社会主义市场经济体系的逐步完善，原有的以"一法一条例"为基础的城乡规划管理体制和机制已难以适应当前的发展需要。2007年10月第十届全国人民代表大会常务委员会第三十次会议通过了新的《中华人民共和国城乡规划法》，以城乡一体、统筹发展为基本原则，对原有"一法一条例"所确定的城乡规划法律制度做出了相应调整，以适应我国城乡建设规划领域的新发展。

3.1.1 城乡一体化

3.1.1.1 城乡一体化概念

城乡一体化是城乡关系演进的高级阶段，其内涵是：生产要素在城乡之间的自由流动，公共资源在城乡之间的均衡配置，城乡资源综合利用和生态环境的统一保护，城乡经济社会发展的高度融合。

实现城乡一体化的过程，就是随着生产力的发展而促进城乡居民生产方式、生活方式和居住方式变化的过程，是城乡人口、技术、资本、资源等要素相互融合，互为资源，互为市场，互相服务，逐步缩小城乡之间经济、社会、文化和生态差距，各具特色、协调发展的过程。

要改变我国长期形成的城乡二元经济结构，实现城乡居民共享社会发展成果，必须大力推进城乡一体化。党的十七大明确要求：统筹城乡发展，建立以工促农、以城带乡的长效机制，形成城乡经济社会发展一体化的新格局。2010年中央一号文件《中共中央、国务院关于加大统筹城乡发展力度进一步夯实农业农村发展基础的若干意见》提出要加快推进城乡一体化的发展。

城乡一体化涉及面广、内容丰富，在推进过程中必须把工业与农业、城市与乡村、城镇居民与农村居民作为一个整体，统筹谋划、综合研究，从规划建设、产业布局、基础设施、社会事业、社会保障和公共管理等各个方面实现城乡统筹，协调发展。

3.1.1.2 城乡一体化规划建设

1. 城乡一体化规划建设的目标

(1) 实现城乡功能互补、结构协调

在城乡功能方面，城市向农村输入商品与信息，为农村居民带来生产、生活必需品；农村为城市提供农副食品，满足城市居民生活的最基本需求。两者互为市场，互相提供资源。在此基础上，农村可以参与到城市的经济运转中，发挥自身优势，逐步成为城市经济发展中的重要组成部分，实现城乡同步发展。

(2) 实现城乡生态协调、可持续发展

统筹安排城乡间污染环境的企业，对已污染的城乡环境进行整治，保护城乡间的绿化带、基本农田，建立城乡统一规划、统一建设的绿化和环保设施系统。按照谁污染谁治理的原则确定城乡环保及污染治理的责任，同时针对农村生态破坏与污染设立补偿制度；实行城乡污染一体化防治。把城市污染防治和农村污染防治结合起来，实行统一规划和系统整治。加强政策引导，解决农村工业分散布局、无序排污的问题，杜绝城市重污染企业、工业废水、垃圾向农村转移。

(3) 实现城乡基础设施同步建设、共同分享

实行城乡交通设施、环保设施、水利设施等基础设施的统一布局和建设，统筹考虑城市和农村的需要。例如：完善城乡间道路建设，建设覆盖城乡范围的、便捷的公交体系，使城乡居民能够保持生产、生活方面的紧密联系。

(4) 实现城乡人口、劳动力的自由流动

我国计划经济条件下的"二元结构"，不利于城乡合理的人口、劳动力的流动，阻碍了对劳动力资源的合理分配，阻碍了城乡经济的发展，阻碍了农村居民分享城市发展成果的权利。探索城乡户籍制度改革，以城乡劳动力平等就业为目标，达到城乡人口畅通流动，保障城乡劳动者公平竞争、平等就业。

(5) 提高城乡居民生活水平

不断提高农村生活水平，改善农村生活条件，使农村享有与城市平等的教育、医疗、文化娱乐、保险等基本服务，提高农村居民收入水平，使农村能达到与城市共同发展、提高的目标。

2. 城乡一体化规划建设的内容

(1) 城乡空间布局一体化

城乡空间布局一体化要体现整体性原则和可持续发展原则，做到以人为本。一是强调城乡空间集聚，改变农村原来散乱的布局状态，促进农村人口、经济发展逐步集中，形成向城镇、中心村发展的趋势，通过城乡居民点体系规划、城、镇、村布局规划，最终淡化城乡分割的格局；二是强调城乡协调分工，实现各项资源在城乡之间的合理配置和城乡功

能、产业的公平分配；三是强调城乡资源共享，实现城乡间共同分享财政补贴、基础设施、公共服务设施，使这些资源能实现最大效益；四是强调城乡环境质量的保护，提高城乡生态质量，创造良好的生活环境。

(2) 城乡产业一体化

按照城乡一体化发展的总体要求，以工业化带动城镇化，以产业布局一体化促进产业发展一体化，以新型工业化、现代农业和现代服务业为重点，统筹城乡各项产业的发展，适应城乡间经济的融合及一、二、三产业实现联动发展的态势，通过规划的协调，从整体上促进城乡产业一体化的发展。

(3) 城乡生态环境一体化

以城乡环境基础设施建设为重点，提高环境污染治理能力，并大力发展生态农业，确立城乡生态保护一体化发展机制。为了有效推进城乡区域生态环境一体化，需积极探索工业化、城市化和生态化融合发展新模式，建设"资源节约型、环境友好型"社会，增强城乡可持续发展的能力。

(4) 城乡基础设施一体化

基础设施包括交通、给排水、燃气、供热、电信、电力、环卫、防灾等方面的内容。城乡基础设施一体化主要通过研究城乡的水资源、电源等"源"问题，提出各类基础设施的供给方式，制定各类基础设施的供给政策，促进基础设施向农村延伸，形成覆盖城乡的基础设施网络。着眼强化城乡基础设施建设，统筹城乡共享重大基础设施项目。

(5) 城乡公共服务设施一体化

公共服务设施具体包括教育、文化、卫生、医疗等方面。将城市科技教育、医疗卫生、文化体育等基本公共服务覆盖到乡村，推进城市优质社会公共服务资源进入农村，建设城乡较高水平的公共服务体系，推进城乡公共服务设施的协调发展。

3.1.2 新型城镇化

3.1.2.1 基本概念

城镇化是指人口向城镇集中的过程，这一过程表现为两种形式，一是城镇数目的增多，二是各城市内人口规模的不断扩大。城镇化始终伴随着农业活动的比重逐渐下降、非农业活动的比重逐步上升，以及人口从农村向城市逐渐转移这一结构性变动。城镇化的每一步都凝聚了人的智慧和劳动。城市的形成、扩张和形态塑造，人的活动始终贯穿其中。另一方面，城市从它开始形成的那一刻起，就对人进行了重新塑造，深刻地改变人类社会的组织方式、生产方式和生活方式。

城镇化是一个国家工业化和现代化的重要标志，目前，全球中等发达水平国家和地区的城镇化率约为85%，西方发达国家的城镇化率约为95%，其中美国的城镇化率达到了97%，截至2012年，我国的城镇化率为52.6%。与国际社会比较，中国的城镇化道路仍然漫长而艰巨。

为了进一步推动我国的城镇化建设，缩小与发达国家城镇化率的差距，同时也为了扩大内需、拉动经济增长，必须探索适应我国当前发展水平的城镇化新途径。为此，党的十八大明确提出了"新型城镇化"概念，中央经济工作会议进一步把"加快城镇化建设速度"作为今后工作的主要任务之一，新型城镇化已成为新时期我国的国家战略。

3.1 概 述

所谓新型城镇化,是指坚持以人为本,以新型工业化为动力,以统筹兼顾为原则,推动城市现代化、城市集群化、城市生态化、农村城镇化,全面提升城镇化质量和水平,走科学发展、集约高效、功能完善、环境友好、社会和谐、个性鲜明、城乡一体、大中小城市和小城镇协调发展的新型城镇化道路。

与传统城镇化相比,新型城镇化要求由过去片面注重追求城市规模扩大、空间扩张向更注重以人为核心、提高质量内涵的方向转变,真正使我们的城镇成为具有较高品质的宜居宜业之所,真正使最广大的人民群众共享城镇化成果。

3.1.2.2 主要特征

城市和乡村的和谐,产业和城市的和谐,资源利用与保护环境的和谐,制度与保障的和谐是新型城镇化过程的主要特征。

1. 城乡一体

新型城镇化具有城乡一体化的特征。实现城乡一体的城镇化,要以城乡协调发展为目标,打破传统的城乡二元体制,将农业农民农村建设与城市建设融为一体,打造城乡之间互帮互助、互补互促、共存共生的新型关系。通过对城乡进行体制性的改革,将城市和农村纳入一个整体框架,在这一框架内统一发展、统一规划,把城乡规划、产业布局、基础设施、生态环境、公共服务、组织建设方面都囊括其中,全面协调发展,既发挥城镇化建设对于城市和乡村的带动作用,又重视中心城市发展对于乡镇各个方面的辐射作用。通过城乡协调发展、良性互动,进一步缩小城乡之间的差距。

2. 产城互动

新型城镇化具有"产城互动"的特征。只有注重城镇化建设中的产业发展和产城关系协调发展,才能改变"兴城不兴业"的局面,实现农村人口转移过程中空间和部门的真正变革。这一特征的具体表现:随着城镇规模的扩大,新型城镇的建设要与产业发展相互适应、相互依托,提高产业、人口、生产要素的集中度,建成附有生态效应的现代化城镇体系与产业体系,构建以产带城、以城促产的良性互动机制。

3. 生态集约

新型城镇化具有生态集约的特征。我国规模庞大的城镇化既是空前的机遇,也必将伴随资源环境的巨大挑战。以土地资源为例,近十年来,我国城镇面积增长幅度大大超过人口的增长幅度,城镇人口密度却不升反降,土地资源浪费严重。显然,若继续以类似方式使用资源能源,我国城镇化将难以持续。为改变这一现状,要尽快推进资源能源的价格改革,使其能合理反映资源能源的稀缺程度;鼓励引导形成循环利用资源、节约使用能源的生活方式和产业体系;要加快节能建筑发展、推动新能源的普及应用;加强农村的生态环境建设与保护,加快建立资源节约型、环境友好型的生产和消费方式,使我国新型城镇化走上绿色、低碳、健康的生态集约发展之路。

4. 以人为本

新型城镇化具有坚持以人为本,统筹兼顾与和谐发展的特征。新型城镇化的目的是为人服务,城镇化建设应当围绕人来展开,树立牢固的人本思想,创造良好的人本环境,形成良好的人本气氛,产生良好的为人服务的功能。新型城镇化建设过程中要以农民的根本利益为出发点,重点围绕提升城市的文化、基础设施、公共服务等内涵展开城镇化建设,使城镇真正成为具有较高品质的宜居宜业场所。

3.1.2.3 发展途径

1. 加强整体规划

新型城镇化的发展需要合理有序的规划布局，规划工作是城镇化建设的重要步骤。规划的制定要从地方经济发展、人文地理环境等实际情况出发，处理好目前以及长远发展的关系和需求。从整体看来，新型城镇化过程中，人口有规划的转移和产业有组织的发展是衡量城镇化规划布局是否合理的重要标准。

首先，人口是城镇化发展中最具有活力和创造力的因素，合理的人口布局会引导生产力要素的合理流动，人口向城镇的聚集作为推动力量在引导产业聚集，促进新型工业化良性发展，规模化发展的同时，也转移了农村剩余劳动力，增加了土地的人均占有比例，为农业现代化的发展奠定了基础。其次，新型城镇化的发展需要产业的支撑，产业的规划需要对产业聚集区进行合理统筹，随着经济和人口的集聚趋势愈加明显，产业聚集区的发展成为推进农村社区建设、农业现代化经营管理和新型工业化不断深入的重要载体。城镇化的发展途径并非是千篇一律的模式与途径，而是根据实际情况选择最合适的发展路径。

2. 建设新农社区

城镇化的发展方式首先从建设新型农村社区，实现农民生活方式的转变开始。将建设城市化的新型农村社区作为新型城镇化的切入点，农村实现就地城镇化，农民实现就近就业，给农民从传统生活融入城市生活提供过渡和平台。以镇村一体化衔接城乡一体化的方式，部分转移城市人口过剩的压力，使其成为农业、工业、服务业发展的有效载体，顺利实现从新型农村社区到农村城镇化的发展。

3. 形成产业聚集

发展新型农村社区的同时，发展产业聚集区也是新型城镇化发展的路径。将统筹城镇与产业聚集区建设结合起来，发挥当地产业优势，发展主导产业，同时扩大产业规模，形成产业链条，发挥高新技术产业的辐射带动作用，培育城镇化发展新的增长点，以产业的聚集吸引农业人口转移，加快转移速度和规模；依据当地产业基础，在城镇周边积极规划和建设创业园区，促进农村劳动力就近就业。

4. 推动农民工融合

农民工是我国城乡二元结构的特殊产物，截至 2012 年，这一群体已达到 2.53 亿人。尽管政府已经采取不少措施改善农民工境遇，许多农民工还是难以较好地融入城市。新型城镇化的核心是人，必须实现农民，尤其是已经在城市工作、生活的农民工城镇化。因此，有必要进一步推进城市经济尤其是服务业发展，为农民工等群体创造更多就业和提高收入的机会；持续加强保障房建设，为农民工等群体在城市安家提供基本条件；大幅提高农民工社保水平和覆盖面，减少其在城市落户生活的后顾之忧；尽快把农民工纳入城市财政保障，使其与市民平等享有基本公共服务，加速农民工融入城市的进程，整体上提高农民的城镇化率。

3.1.2.4 主要意义

1. 经济发展的持久动力

新型城镇化是保持经济平稳较快发展的持久动力。经济能否平稳发展依赖于市场的发展水平，城镇化将人口、产业聚集在城镇，改变了许多农村居民以往自给自足的生活方式，对市场的要求也随之提高，市场的发展水平随着人们对市场依赖性的提高而提高，需求的增加大大刺激了市场的有效供给，加速了市场的发展，随着城镇化的进一步推进，这将为经济发展提供广阔的市场，成为经济平稳较快发展的持久动力。

2. 结构转型的重要内容

新型城镇化是转变经济发展方式的重要内容。一方面，城镇化能带动工业化的发展，促进工业结构的调整；城镇化能大幅度积聚产业，特别是第三产业，加速产业结构的升级；城镇化能辐射到周边地区，优化区域结构；城镇化能拉动城乡一体化发展的进程，促进城乡结构进一步完善。另一方面，城镇化将人口、资源、要素、产业聚集在一个集约的空间内，通过对其进行合理的配置，形成合理的城镇布局和形态，辐射到周边，从而促进大、中、小城市和小城镇协调发展，有效发挥城镇的特殊功能，用资源要素等成本的最低消耗，尽可能的取得最大的效益。

3. 城乡一体化的主要途径

新型城镇化是统筹城乡一体化发展的重要途径，是解决"三农"（农业、农村、农民）问题的总钥匙。党和政府把"三农"问题放在重要战略高度，要解决"三农"问题，就必须加快城镇化的速度，提高城镇化的质量，首先将农村富余劳动力从传统的农业生产中解放出来，其次加快农业、产业现代化的发展，提升城镇经济实力，依靠工业促进农业、城市带动农村，加快城乡经济社会的发展。

4. 区域发展的战略支撑

新型城镇化是促进区域协调发展的战略支撑点。城镇化形成的产业聚集可以辐射到周边地区，它是带动区域协调发展的重要途径。城镇化强大的聚集和辐射作用能促进区域同步、协调发展。一个区域的城镇化水平对这个区域的综合竞争力起着重要的影响作用。

3.2 城乡规划

3.2.1 城乡规划的分类

城乡规划是政府对一定时期内城市、镇、乡、村庄的建设布局、土地利用以及经济和社会发展有关事项的总体安排和实施措施，是政府指导和调控城乡建设和发展的基本手段之一。城乡规划不是指一部规划，而是由城镇体系规划、城市规划、镇规划、乡规划和村庄规划组成的有关城镇和乡村建设和发展的规划体系。我国城乡规划体系的组成，如图3-1所示。

1. 城镇体系规划

城镇体系规划是指一定地域范围内，以区域生产力合理布局和城镇职能分工为依据，确定不同人口规模等级和职能分工的城镇的分布和发展规划。城镇体系规划是政府综合协调辖区内城镇发展和空间资源配置的依据和手段，城镇体系规划又可分为全国和省域两级城镇体系规划。

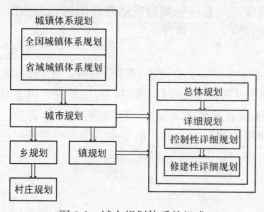

图 3-1 城乡规划体系的组成

2. 城市规划

城市规划是指对一定时期内城市的经济和社会发展、土地利用、空间布局以及各项建设的综合部署、具体安排和实施管理。城市规划在指导城市有序发展、提高建设和管理水平等方面发挥着重要的先导和统筹作用。

城市规划分为总体规划和详细规划。

(1) 城市总体规划是对一定时期内城市性质、发展目标、发展规模、土地利用、空间布局以及各项建设的综合部署和实施措施，是引导和调控城市建设，保护和管理城市空间资源的重要依据和手段。

(2) 城市详细规划是指以城市总体规划为分区规划为依据，对一定时期内城市局部地区的土地利用、空间环境和各项建设用地所作的具体安排。城市详细规划又分为控制性详细规划和修建性详细规划。

城市控制性详细规划，是指以城市总体规划或分区规划为依据，确定城市建设地区的土地使用性质和使用强度的控制指标、道路和工程管线控制性位置以及空间环境控制的规划要求。控制性详细规划是引导和控制城镇建设发展最直接的法定依据，是具体落实城市总体规划各项战略部署、原则要求和规划内容的关键环节。

城市修建性详细规划，是指以城市总体规划或控制性详细规划为依据，制定用以指导城市各项建筑和工程设施的设计和施工的规划设计。对于城市内当前要进行建设的地区，应当编制修建性详细规划。修建性详细规划是具体的、操作性的规划。

3. 镇规划

镇是连接城乡的桥梁和纽带，是我国城乡居民点体系的重要组成部分。镇规划分为总体规划和详细规划，镇详细规划分为控制性详细规划和修建性详细规划。

(1) 镇总体规划是指对一定时期内镇性质、发展目标、发展规模、土地利用、空间布局以及各项建设的综合部署和实施措施。镇总体规划包括县人民政府所在地的镇的总体规划和其他镇的总体规划。城市人民政府在编制城市总体规划时，可根据需要，将那些与中心城区关系紧密的镇的总体规划同期编制。

(2) 镇详细规划是指以镇总体规划为依据，对一定时期内镇局部地区的土地利用、空间布局和建设用地所作的具体安排。镇控制性详细规划，即以镇总体规划为依据，确定镇内建设地区的土地使用性质和使用强度的控制指标、道路和工程管线控制性位置以及空间环境控制的规划要求。镇修建性详细规划，是指以镇总体规划和控制性详细规划为依据，制定用以指导镇内各项建筑和工程设施的设计和施工的规划设计。

4. 乡、村庄规划

乡规划、村庄规划，分别是指对一定时期内乡、村庄的经济和社会发展、土地利用、空间布局以及各项建设的综合部署、具体安排和实施措施。对乡规划、村庄规划，由于其规划范围较小、建设活动形式单一，要求其既编制总体规划又编制详细规划的必要性不大，因此，乡规划、村庄规划没有总体规划和详细规划的分类，而是由一个乡规划或村庄规划统一安排。

3.2.2 城乡规划管理部门

1. 国务院城乡规划主管部门负责全国的城乡规划管理工作

2008年3月,十一届全国人大一次会议批准了国务院的机构改革方案,批准国务院组建住房和城乡建设部。住房和城乡建设部的主要职责包括统筹城乡规划管理等。因此,目前负责全国城乡规划管理工作的国务院城乡规划主管部门是住房和城乡建设部。

2. 县级以上地方人民政府城乡规划主管部门负责本行政区域内的城乡规划管理工作

目前,我国县级以上地方人民政府城乡规划主管部门,在省、自治区,是指省、自治区的住房和城乡建设厅;在直辖市,分别是北京市规划委员会、天津市规划局、上海市规划和国土资源管理局、重庆市规划局;在地级市、州、区一级,是指同级的规划局、规划和国土资源管理局等;在县级市、县、区一级,是指同级的规划局或者承担城乡规划职能的住房与城乡建设局、城乡建设局等。

县级以上地方人民政府必须明确其具体的城乡规划主管部门,以保证有关城乡规划的制定、实施、修改、监督、检查等各项具体规定的落实。

3.2.3 城乡规划的编制和审批

3.2.3.1 城镇体系规划的编制、审批

我国在总结以往城镇体系规划工作经验的基础上,从引导城镇化健康发展的目标出发,按照城乡统筹的原则,明确了与政府事权相对应的城镇体系规划层次,即分为全国城镇体系规划和省域城镇体系规划。明确全国城镇体系规划的法定地位和作用,有利于加强中央政府规划管理的责任,有利于明晰各级政府的规划管理事权,有利于发挥好各级规划部门对城乡建设活动的综合调控作用。

1. 全国城镇体系规划

全国城镇体系规划是统筹安排全国城镇发展的宏观性、战略性的法定规划,是引导城镇化健康发展的重要依据,对省域城镇体系规划、城市总体规划的编制起着指导作用。

全国城镇体系规划通过综合评价全国城镇发展条件,明确全国城镇化发展方针、城镇化道路、城镇化发展目标;制定各区域城镇发展战略,引导和控制各区域城镇的合理发展,作好各省、自治区间和重点地区间的协调;统筹城乡建设和发展;明确全国城镇化的可持续发展,包括生态环境的保护和优化、水资源的合理利用和保护、土地资源的协调利用和保护等。

全国城镇体系规划的编制涉及全国经济、社会、人文、资源环境、基础设施等相关内容,需要各部门的共同参与,由国务院城乡规划主管部门会同国务院有关部门组织编制全国城镇体系规划并报国务院审批。

目前,全国城镇体系规划正在编制过程中。

2. 省域城镇体系规划

省域城镇体系规划是合理配置和保护利用空间资源、统筹全省(自治区)城镇空间布局、综合安排基础设施和公共设施建设、促进省域内各级各类城镇协调发展的综合性规划,是落实省(自治区)的经济社会发展目标和发展战略、引导城镇化健康发展的重要依据和手段。

省域城镇体系规划的内容应当包括:城镇空间布局和规模控制,重大基础设施的布局,为保护生态环境、资源等需要严格控制的区域。具体而言,省内必须控制开发的区域,包括自然保护区、退耕还林(草)地区、大型湖泊、水源保护区、蓄滞洪区以及其他

生态敏感区；省域内的区域性重大基础设施的布局，包括高速公路、干线公路、铁路、港口、机场、区域性电厂和高压输电网、天然气主干管与门站、区域性防洪与滞洪骨干工程、水利枢纽工程、区域引水工程等；涉及相邻城市的重大基础设施的布局，包括城市取水口、城市污水排放口、城市垃圾处理场等。

省域城镇体系规划由省、自治区人民政府组织编制。这一规定包含以下含义：

(1) 省域城镇体系规划的编制主体为省、自治区人民政府，不包括直辖市人民政府，因为直辖市人民政府编制的是城市总体规划，不涉及省域城镇体系规划的问题。

(2) 省域城镇体系规划由省、自治区人民政府组织编制，而不是由哪个政府部门组织编制，因为省域城镇体系规划不仅是建设规划，还与国民经济和社会发展规划、土地利用总体规划、全省产业布局等有关，这些需要省、自治区人民政府统筹考虑，从全省发展的角度出发来编制。

省、自治区人民政府组织编制的省域城镇体系规划须报国务院审批，在报国务院审批前，必须先经本级人民代表大会常务委员会审议，常务委员会组成人员的审议意见交由本级人民政府研究处理。同时，还应将省域城镇体系规划草案予以公告，并采取论证会、听证会或者其他方式征求专家和公众的意见，人大常委会的审议意见和根据审议意见修改省域城镇体系规划的情况以及公众意见的采纳情况及理由一并报送国务院。国务院组织专家和有关部门进行审查。

3.2.3.2 城市、镇总体规划的编制、审批

1. 城市总体规划

城市总体规划是一定时期内城市发展目标、发展规模、土地利用、空间布局以及各项建设的综合部署和实施措施，是引导和调控城市建设、保护和管理城市空间资源的重要依据和手段，城市总体规划的编制是城市一项全局性、综合性、战略性的工作。

城市总体规划的主要任务是：根据城市经济社会发展需求和人口、资源情况和环境承载能力，合理确定城市的性质、规模；综合确定土地、水、能源等各类资源的使用标准和控制指标，节约和集约利用资源；划定禁止建设区、限制建设区和适宜建设区，统筹安排城乡各类建设用地；合理配置城乡各项基础设施和公共服务设施，完善城市功能；贯彻公交优先的原则，提升城市综合交通服务水平；健全城市综合防灾体系，保证城市安全；保护自然生态环境和整体景观风貌，突出城市特色；保护历史文化资源，延续城市历史文脉；合理确定分阶段发展方向、目标、重点和时序，促进城市健康有序发展。

城市总体规划一般分为市域城镇体系规划和中心城区规划两个层次。

市域城镇体系规划的主要内容包括：提出市域城乡统筹的发展战略；确定生态环境、土地和水资源、能源、自然和历史文化遗产等方面的保护与利用的综合目标和要求，提出空间管制原则和措施；确定市域交通发展策略原则；确定市域交通、通信、能源、供水、排水、防洪、垃圾处理等重大基础设施，重要社会服务设施的布局；根据城市建设、发展和资源管理的需要划定城市规划区，提出实施规划的措施和有关建议。

中心城区规划的主要内容包括：分析确定城市性质、职能和发展目标，预测城市人口规模；划定禁建区、限建区、适建区，并制定空间管制措施；确定建设用地规模，划定建设用地范围，确定建设用地的空间布局；提出主要公共服务设施的布局；确定住房建设标准和居住用地布局，重点确定经济适用房、普通商品住房等满足中低收入人群住房需求的

3.2 城乡规划

居住用地布局及标准；确定绿地系统的发展目标及总体布局，划定绿地的保护范围（绿线），划定河湖水面的保护范围（蓝线）；确定历史文化保护及地方传统特色保护的内容和要求；确定交通发展战略和城市公共交通的总体布局，落实公交优先政策，确定主要对外交通设施和主要道路交通设施布局；确定供水、排水、供电、电信、燃气、供热、环卫发展目标及重大设施总体布局；确定生态环境保护与建设目标，提出污染控制与治理措施；确定综合防灾与公共安全保障体系，提出防洪、消防、人防、抗震、地质灾害防护等规划原则和建设方针；提出地下空间开发利用的原则和建设方针；确定城市空间发展时序，提出规划实施步骤、措施和政策建议。

城市总体规划由城市人民政府组织编制。

城市总体规划的具体组织编制程序：

（1）有关城市人民政府在拟编制城市总体规划之前，就原规划执行情况、修编的理由、范围，书面报告规划审批机关，经规划审批机关同意后，方可编制规划。

（2）组织编制城市总体规划纲要，并提请审查。

（3）依据国务院城乡规划主管部门或者省、自治区城乡规划主管部门提出的审查意见，组织编制城市总体规划。

（4）城市总体规划报送审批前，须经本级人民代表大会常务委员会审议，审议意见和根据审议意见修改城市总体规划的情况应随上报审查的规划一并报送。组织编制机关还应当依法将城市总体规划草案予以公告，采取论证会、听证会或者其他方式征求专家和公众的意见，并在报送审批的材料中附具意见采纳情况及理由。

（5）规划上报审批机关后，由审批机关授权有关城乡规划主管部门负责组织相关部门和专家进行审查。在审批机关审批规划时，有关部门及专家组的审查意见将作为重要的参考依据。

城市总体规划的审批采取分级审批制度。

直辖市的城市总体规划由直辖市人民政府报国务院审批。省、自治区人民政府所在地的城市（省会城市）以及国务院确定的城市的总体规划，由省、自治区人民政府审查同意后，报国务院审批。其他城市的总体规划，由城市人民政府报省、自治区人民政府审批。

2. 镇总体规划

镇总体规划是对镇行政区域内的土地利用、空间布局以及各项建设的综合部署，是管制空间资源开发、保护生态环境和历史文化遗产、创造良好生活环境的重要手段，在指导镇的科学建设、有序发展、充分发挥规划的协调和社会服务等方面具有重要作用。

镇总体规划分为县人民政府所在地镇的规划和其他镇的规划两种类型。

（1）县人民政府所在地镇的总体规划

县人民政府所在地镇对全县经济、社会以及各项事业的建设发展具有统领作用，其性质职能、机构设置和发展要求都与其他镇不同，为充分发挥其对促进县域经济发展、统筹城乡建设、加快区域城镇化进程的突出作用，县人民政府所在地镇的总体规划应按照省域城镇体系规划以及所在市的城市总体规划提出的要求，对县域镇、乡和所辖村庄的合理发展与空间布局、基础设施和社会公共服务设施的配置等内容提出引导和调控措施。

县人民政府所在地镇的总体规划包括县域村镇体系和县城区两层规划。

县域村镇体系规划主要内容包括：综合评价县域的发展条件；制定县域城乡统筹发展

战略，确定县域产业发展空间布局；预测县域人口规模，确定城镇化战略；划定县域空间管制分区，确定空间管制策略；确定县域镇村体系布局，明确重点发展的中心镇；制定重点城镇与重点区域的发展策略；确定必须制定规划的乡和村庄的区域，确定村庄布局基本原则和分类管理策略；统筹配置区域基础设施和社会公共服务设施，制定包括交通、给水、排水、电力、邮政、通信、教科文卫、历史文化资源保护、环境保护、防灾减灾、防疫等专项规划。

县城区规划主要内容包括：分析确定县城性质、职能和发展目标，预测县城人口规模；划定规划区、确定县城建设用地规模；划定禁止建设区、限制建设区和适宜建设区，制定空间管制措施；确定各类用地的空间布局，确定绿地系统、河湖水系、历史文化、地方传统特色等的保护内容、要求，划定各类保护范围，提出保护措施；确定交通、给水、排水、供电、邮政、通信、燃气、供热等基础设施和公共服务设施的建设目标和总体布局；确定综合防灾和公共安全保障体系的规划原则、建设方针和措施；确定空间发展时序，提出规划实施步骤、措施和政策建议。

考虑到县人民政府所在地镇是整个县的经济、文化等中心，需要统筹考虑全县的经济、社会发展及全县的城乡空间布局及城镇规模，我国规定县人民政府所在地镇的总体规划由县人民政府组织编制，而不是由县人民政府所在地镇的人民政府组织编制。

县人民政府组织编制的镇总体规划应报上一级人民政府审批，这里上一级人民政府主要是设区的市人民政府。在报上一级人民政府审批前，应当先经本级人民代表大会常务委员会审议，常务委员会组成人员的审议意见交由本级人民政府研究处理。上报审批时，应将县人民代表大会常务委员会组成人员审议意见和根据审议意见修改规划的情况一并报送。

(2) 其他镇的总体规划

除县人民政府所在地镇以外的其他镇的总体规划包括镇域规划和镇区规划两个层次。

镇域规划主要内容包括：提出镇的发展战略和发展目标，确定镇域产业发展空间布局；预测镇域人口规模；明确规划强制性内容，划定镇域空间管制分区，确定空间管制要求；确定镇区性质、职能及规模，明确镇区建设用地标准与规划区范围；确定镇村体系布局，统筹配置基础设施和公共设施；提出实施规划的措施和有关建议。

镇区规划主要内容包括：确定规划区内各类用地布局；确定规划区内道路网络，对规划区内的基础设施和公共服务设施进行规划安排；建立环境卫生系统和综合防灾减灾系统；确定规划区内生态环境保护与优化目标，提出污染控制与治理措施；划定河、湖、库、渠和湿地等地表水体保护和控制范围；确定历史文化保护及地方传统特色保护的内容及要求。

除县人民政府所在地镇以外的其他镇的总体规划由镇人民政府根据镇的发展需要组织编制并报上一级人民政府审批，这主要指县人民政府，包括不设区的市人民政府。在报上一级人民政府审批前，应当先经镇人民代表大会审议，代表的审议意见交由本级人民政府研究处理。上报审批时，应将镇人民代表大会代表的审议意见和根据审议意见修改规划的情况一并报送。

3. 城市、镇总体规划的强制性内容和规划期限

为了加强上下级规划的衔接，确保规划得到有效落实，确保城乡建设能够做到节约资

源、保护环境，促进城乡经济社会全面协调可持续发展，并且能够以此为依据对规划的实施进行监督检查，我国确定了城市、镇总体规划的强制性内容。

强制性内容是指城市、镇总体规划的必备内容，应当在规划图纸上有准确标明，在规划文本上有明确、严格、规范的表述，并提出相应的管制性措施。

城市、镇总体规划应当包括以下强制性内容：规划区范围；规划区内建设用地规划，包括规划期限内城市建设用地的发展规模，土地使用强度管制区划和相应的控制指标（建设用地面积、容积率、人口容量等）；城市、镇基础设施和公共服务设施，包括城镇主干道系统网络、城市轨道交通网络、大型停车场布局，饮用水水源取水口及其保护区范围、给水和排水主管线的布局，电厂与大型变电站的位置、燃气储气罐站位置、垃圾和污水处理设施位置，文化、教育、卫生、体育和社会福利等方面主要公共服务设施的布局；应当控制开发的地域，包括基本农田保护区，风景名胜区、湿地、水源保护区等生态敏感区，地下矿产资源分布地区，各类绿地的具体布局，地下空间开发布局；自然与历史文化遗产保护，包括历史文化名城名镇保护规划确定的具体控制指标和规定，历史文化街区、各级文物保护单位、历史建筑群、重要地下文物埋藏区的具体位置和界线；生态环境保护与建设目标，污染控制与治理措施；防灾减灾工程，包括城镇防洪标准、防洪堤走向，城镇防震抗震设施，消防疏散通道，地质灾害防护，危险品生产储存设施布局等内容。

我国确定的城市、镇总体规划的强制性内容有以下特点：
（1）规划的强制性内容具有法定的强制力，必须严格执行。
（2）下位规划不得违背和变更上位规划确定的强制性内容。
（3）涉及规划强制性内容的调整，必须按照法定的程序进行。

城市、镇总体规划的规划期限一般为 20 年。

城市总体规划还应当对城市更长远的发展作出预测性安排。

3.2.3.3 城镇详细规划的编制、审批

1. 控制性详细规划

控制性详细规划主要是要确定建设地区的土地使用性质和使用强制性控制指标，道路和工程管线控制性位置以及空间环境控制的规划要求，它是城市规划实施管理的最直接法律依据，是国有土地使用权出让、开发和建设管理的法定前置条件。

控制性详细规划的具体内容包括：确定规划范围内不同使用性质用地的界限，确定各类用地内适宜建设、不适宜建设或者有条件地允许建设的建筑类型；确定各地块建筑高度、建筑密度、容积率、绿地率等控制指标，确定公共设施配套要求、交通出入口方位、停车泊位、建筑后退红线距离等要求；提出各地块的建筑体量、体型、色彩等城市设计指导原则；根据交通需求分析，确定地块出入口位置、停车泊位、公共交通场站用地范围和站点位置、步行交通以及其他交通设施；规定各级道路的红线、断面、交叉口形式及渠化措施、控制点坐标和标高；根据规划建设容量，确定市政工程管线位置、管径和工程设施的用地界线，进行管线综合，确定地下空间开发利用具体要求；制定相应的土地使用与建筑管理规定。

城市的控制性详细规划由城市人民政府城乡规划主管部门根据城市总体规划的要求组织编制，经本级人民政府批准后，报本级人民代表大会常务委员会和上一级人民政府备案。

县人民政府所在地镇的控制性详细规划，由县人民政府城乡规划主管部门根据镇总体规划的要求组织编制，经县人民政府批准后，报本级人民代表大会常务委员会和上一级人民政府备案。其他镇的控制性详细规划由镇人民政府根据镇总体规划的要求组织编制，报上一级人民政府审批。

2. 修建性详细规划

修建性详细规划主要是用以指导各项建筑和工程设施及其施工的规划设计，它一般针对的是某一具体地块，能够直接应用于指导建筑和工程施工。修建性详细规划的对象是重要地块，并不针对整个城市或整个镇。

修建性详细规划一般包括以下内容：规划地块的建设条件分析和综合技术经济论证，建筑和绿地的空间布局、景观规划设计，布置总平面图，道路系统规划设计，绿地系统规划设计，工程管线规划设计，竖向规划设计，估算工程量、拆迁量和总造价、分析投资效益。修建性详细规划的成果由规划说明书和图纸组成。

修建性详细规划的编制主体是城市、县人民政府城乡规划主管部门和镇人民政府，城市、县人民政府城乡规划主管部门针对城市总体规划及县人民政府所在地镇总体规划所划定的规划范围内的重要地块编制修建性详细规划，而镇人民政府则针对其编制的镇总体规划所划定的规划范围内的重要地块编制修建性详细规划。

编制修建性详细规划的依据是控制性详细规划，是对控制性详细规划的具体落实，不得改变或变相改变控制性详细规划对用地规模，用地布局等的规定。编制修建性详细规划应当符合控制性详细规划同时也就意味着其应符合城镇体系规划、城镇总体规划。

修建性详细规划不是一定要编制的，实践中一般对那些确有需要的重要地块编制修建性详细规划。

3.2.3.4 乡村规划的编制、审批

县级以上地方人民政府根据当地农村经济社会发展水平，按照因地制宜、切实可行的原则，认为应当制定乡、村庄规划的区域可以制定乡、村庄规划。乡、村庄规划的编制没有强制性要求。

乡规划、村庄规划由乡、镇人民政府组织编制并报上一级人民政府审批，其中村庄规划在报送审批前，应当经村民会议或者村民代表会议讨论同意。

3.2.3.5 城乡规划编制、审批的管理

1. 城乡规划编制的资质要求

城乡规划的具体编制工作应由城乡规划组织编制机关委托具有相应资质的城乡规划编制单位进行。

城乡规划编制单位从事规划编制工作应事先取得行政许可。

(1) 行政许可的实施机关是国务院城乡规划主管部门或省、自治区、直辖市人民政府城乡规划主管部门。从事城乡规划编制工作的单位应向这两级城乡规划主管部门申请。

(2) 申请人取得资质等级的条件是：具有法人资格；有规定数量的经国务院城乡规划主管部门注册的规划师；有规定数量的相关专业技术人员；有相应的技术装备；有健全的技术、质量、财务管理制度。申请人在申请资质等级时应当出具有关证明材料，城乡规划主管部门受理申请后根据有关标准进行审查，经审查合格的，发给相应的资质等级证书。

(3) 不同的资质等级的规划编制单位应在其资质等级许可的范围内从事相应的规划编

制工作。国务院城乡规划主管部门对此有相应的具体规定。

城乡规划编制单位独立于城乡规划组织编制机关从事规划编制的具体工作，承担编制工作的依据是与城乡规划组织编制机关签订的委托合同，双方的权利义务关系由委托合同确定。

2. 城乡规划编制的基础资料

城乡规划充分发挥其应有作用的前期是城乡规划本身具有科学性并符合实际。我国幅员辽阔，各地无论是经济社会发展，还是资源、气候等条件差别都很大，在规划编制过程中，除保证与国民经济和社会发展规划等人文因素相协调外，还必须与自然环境等条件相符合。我国规定，编制城乡规划，应当具备国家规定的勘察、测绘、气象、地震、水文、环境等基础资料。

县级以上地方人民政府有关主管部门应当根据编制城乡规划的需要，及时提供上述有关基础资料。具体承担规划编制的城乡规划编制单位在使用这些基础资料时必须依照有关法律规定履行保密义务。

3.2.4 城乡规划的修改

3.2.4.1 省域城镇体系规划和城市、镇总体规划的修改

1. 定期评估

在城乡规划实施期间，结合当地经济社会发展的情况，应当定期对规划目标实现的情况进行跟踪评估，及时监督规划的执行情况，提高规划实施的严肃性。

我国规定，省域城镇体系规划、城市总体规划、镇总体规划的组织编制机关，应当组织有关部门和专家定期对规划实施情况进行评估。

城乡规划的组织编制机关还应采取各种方式征求公众意见。征求公众意见的主要方式是召开论证会或听证会，还可以采取其他方式，如在报刊、网站等媒体上开展问卷调查，或委托统计部门进行抽样调查等。

组织编制机关对省域城镇体系规划、城市总体规划、镇总体规划进行评估后，应当分别向本级人民代表大会常务委员会、镇人民代表大会和原审批机关提出评估报告并附具征求意见的情况。

2. 修改条件

省域城镇体系规划、城市总体规划、镇总体规划的规划期限一般为20年，是对城镇的一种长远规划，具有长期性的特点，规划一经批准，就应当严格执行，不得擅自改变。

在规划实施的20年间，城镇的发展和空间资源配置中会不断产生新的情况，出现新的问题，影响规划目标的实现。当经过批准的省域城镇体系规划、城市总体规划、镇总体规划，在实施的过程中，出现某些不能适应城镇经济与社会发展要求的情况，满足下列情形之一的，上述城乡规划的组织编制机关可按照规定的权限和程序进行适当调整和修改：

(1) 上级人民政府制定的城乡规划发生变更，提出修改规划要求的。

城乡规划的制定必须以上级人民政府依法制定的城乡规划为依据，必须在规划中落实上级人民政府上位规划提出的控制要求，在上级人民政府制定的规划发生变更时，就应当根据情况及时调整或修改相应的下位规划。

(2) 行政区划调整确需修改规划的。

城乡规划的区域范围一般是按照行政区划划定的，城乡规划的编制和实施与行政区划及城乡建设有着密切的关系。因此，为了保障城乡规划的依法实施，在相关行政区划调整后，就应及时根据情况作出规划修改。

（3）因国务院批准重大建设工程确需修改规划的。

国务院批准的重大建设工程项目，如铁路工程、水电工程等，往往是事关国民经济和社会发展全局的重大项目，对国家的发展具有举足轻重的作用，同时也会对项目所在地的区域发展带来重要影响。从规划的角度而言，重大建设工程对城镇发展、用地布局以及基础设施都会产生影响。因此，对于国务院批准的重大建设工程，应根据情况做出相应的规划修改。

（4）经评估确需修改规划的。

省域城镇体系规划、城市总体规划、镇总体规划的组织编制机关，应当组织有关部门和专家定期对规划实施情况进行评估，全面分析和客观评价规划的实施情况，并向本级人民代表大会常务委员会、镇人民代表大会和原审批机关提出评估报告。经评估确认规划规定的某些目标和要求已经不能适应城镇经济建设和社会发展的需要，如由于产业结构的重大调整或者经济社会发展方面的重大变化，造成城市发展目标和空间布局等的重大变更，就要及时依法对规划进行修改。

（5）城乡规划的审批机关认为应当修改规划的其他情形。

城乡规划的审批机关有权对确需修改相关城乡规划的其他情形进行认定，并指导城乡规划组织编制机关对规划进行修改。

3. 修改程序

修改省域城镇体系规划、城市总体规划、镇总体规划前，组织编制机关应当对原规划的实施情况进行总结，并向原审批机关报告；修改涉及城市总体规划、镇总体规划强制性内容的，应当先向原审批机关提出专题报告，在专题报告中应说明现行规划执行情况、修编的必要性和修编的重点，经原审批机关同意后，方可编制修改方案。

修改后的省域城镇体系规划、城市总体规划、镇总体规划，应当按照原规划的审批程序报批。即：省域城镇体系规划，直辖市的城市总体规划以及省、自治区人民政府所在地的城市以及国务院确定的城市的总体规划，报国务院审批；其他城市的总体规划，报省、自治区人民政府审批；县人民政府所在地的镇的总体规划，报县人民政府的上一级人民政府审批；其他镇的总体规划，报镇人民政府的上一级人民政府审批。同时，在报上一级人民政府审批前，应当先经本级人民代表大会常务委员会或镇人民代表大会审议，审议意见和根据审议意见修改规划的情况，应当一并报送上一级人民政府。

3.2.4.2 控制性详细规划的修改

控制性详细规划是城市、镇实施规划管理最直接的法律依据，详细规定了建设用地的各项控制指标和规划管理要求，有的还直接对建设项目做出具体的安排和规划设计，是国有土地使用权出让、综合开发和建设的法定前置条件，直接决定着土地的市场价值和相关人的切身利益。因此，修改控制性详细规划必须依法进行，任何单位和个人不得擅自修改控制性详细规划的内容。

确需修改控制性详细规划的，应严格遵循规定的程序：

1. 编制修改方案

控制性详细规划的组织编制机关应当对修改的必要性进行论证。控制性详细规划较详细地规定了规划地段的控制指标,直接涉及规划地段利害关系人的利益,因此,在论证过程中,必须征求规划地段内利害关系人的意见。论证结束后,组织编制机关应当向原审批机关提出修改控制性详细规划必要性论证的专题报告。经原审批机关同意后,组织编制机关方可开展控制性详细规划修改方案的编制工作。

2. 修改方案审批

组织编制机关完成控制性详细规划修改方案的编制工作以后,应当按照控制性详细规划的审批程序,报请审批,即城市人民政府城乡规划主管部门根据城市总体规划的要求,组织修改城市的控制性详细规划,经本级人民政府批准后,报本级人民代表大会常务委员会和上一级人民政府备案。镇人民政府根据镇总体规划的要求,组织修改镇的控制性详细规划,报上一级人民政府审批。县人民政府所在地镇的控制性详细规划,由县城乡规划主管部门根据镇总体规划的要求组织修改,经县人民政府批准后,报本级人民代表大会常务委员会和上一级人民政府备案。

3. 涉及强制性内容

修改控制性详细规划涉及城市总体规划、镇总体规划的强制性内容的,应当按照规定的程序先修改总体规划。在实际工作中,为提高行政效能,如果控制性详细规划的修改不涉及城市或镇总体规划强制性内容的,可以不必等总体规划修改完成后,再修改控制性详细规划。

3.2.4.3 近期建设规划的修改

近期建设规划是对已经依法批准的城市、镇总体规划的分阶段实施安排和行动计划,是对城市、镇近期建设进行控制和指导的一种规划安排。

近期建设规划的编制直接关系到保障城市、镇科学、有序地发展建设,保证城市、镇总体规划实施的严肃性。修改近期建设规划,必须符合城市、镇总体规划。

按照国务院的有关规定,行政区划调整的城市,应当及时修编近期建设规划;各项建设的用地必须控制在国家批准的用地标准和年度土地利用计划的范围内,凡不符合要求的近期建设规划,必须重新修订。

近期建设规划内容的修改,只能在总体规划的限定范围内,对实施时序、分阶段目标和重点等进行调整。不能通过对近期建设规划的修改,变相修改城市总体规划的内容。任何超出依法批准的城市、镇总体规划内容的近期建设规划,都不具有法律效力。

城市、县、镇人民政府修改近期建设规划的,应当将修改后的近期建设规划报总体规划审批机关备案。

3.3 《城乡规划法》

《中华人民共和国城乡规划法》(以下简称《城乡规划法》)于2008年1月1日正式施行。这是一部体现城乡统筹思想,加强城乡规划管理,协调城乡空间布局,促进经济社会全面协调可持续发展的重要法律。

制定和实施城乡规划,在规划区内进行建设活动,必须遵守《城乡规划法》。

根据《城乡规划法》的规定,规划区是指城市、镇和村庄的建成区以及因城乡建设和发展需要，必须实行规划控制的区域。规划区的具体范围由有关人民政府在组织编制的城市总体规划、镇总体规划、乡规划和村庄规划中，根据城乡经济社会发展水平和统筹城乡发展的需要划定。

划定规划区，要坚持因地制宜、实事求是、城乡统筹和区域协调发展的原则，根据城乡发展的需要与可能，深入研究城镇空间拓展的历史规律，科学预测城镇未来空间拓展的方向和目标，充分考虑城市与周边镇、乡、村统筹发展的要求，充分考虑对保障城乡发展的水源地、生态控制区廊道、区域重大基础设施廊道等的保护要求，充分考虑城乡规划主管部门依法实施城乡规划的必要性与可行性，统筹兼顾各方需要，科学、系统地草拟方案，征求各方意见进行方案比选，并进行科学论证后最终综合确定规划区范围。

3.3.1 《城乡规划法》立法的基本原则

3.3.1.1 城乡统筹原则

这是制定和实施城乡规划应当遵循的首要原则。在制定和实施规划的过程中，就要将城市、镇、乡和村庄的发展统筹考虑，适应区域人口发展、国防建设、防灾减灾和公共卫生、公共安全各方面的需要，合理配置基础设施和公共服务设施，促进城乡居民均衡地享受公共服务，改善生态环境，防止污染和其他公害，促进基本形成城乡、区域协调互动发展机制目标的实现。

3.3.1.2 合理布局原则

规划是对一定区域空间利用如何布局做出安排。制定和实施城乡规划应当遵循合理布局的原则，就是要优化空间资源的配置，维护空间资源利用的公平性，促进资源的节约和利用，保持地方特色、民族特色和传统风貌，保障城市运行安全和效率，促进大中小城镇协调发展，促进城市、镇、乡和村庄的有序健康发展。省域城镇体系规划中的城镇空间布局和规模控制，城市和镇总体规划中的城市、镇的发展布局、功能分区、用地布局都要遵循合理布局的原则。

3.3.1.3 节约土地原则

人口多、土地少，特别是耕地少是我国的基本国情。制定和实施城乡规划，进行城乡建设活动，要改变铺张浪费的用地观念和用地结构不合理的状况，必须始终把节约和集约利用土地、依法严格保护耕地、促进资源、能源节约和综合利用作为城乡规划制定与实施的重要目标，做到合理规划用地，提高土地利用效益。本法规定乡、村庄的建设和发展，应当因地制宜、节约用地；在乡、村庄规划区内进行乡镇企业、乡村公共设施和公益事业建设以及农村村民住宅建设，不得占用农用地；确需占用农用地的，应当依法办理农用地转用审批手续后再核发乡村建设规划许可证等均体现了这一原则。

3.3.1.4 集约发展原则

集约发展是珍惜和合理利用土地资源的最佳选择。编制城乡规划，必须充分认识我国长期面临的土地资源缺乏和环境容量压力大的基本国情，认真分析城镇发展的资源环境条件，推进城镇发展方式从粗放型向集约型转变，建设资源节约环境友好型城镇，促进城乡经济社会全面协调可持续发展。

3.3.1.5 先规划后建设原则

先规划后建设是《城乡规划法》确定的实施规划管理的基本原则。这一原则要求城市和镇必须依法制定城市规划和镇规划，县级以上人民政府确定应当制定乡规划、村庄规划区域内的乡和村庄必须依法制定乡规划和村庄规划。各级人民政府及其城乡规划主管部门要严格依据法定职权编制城乡规划；要严格依照法定程序审批和修改规划，保证规划的严肃性和科学性；要加强对已经被依法批准的规划实施监督管理，在规划区内进行建设活动，必须依照本法取得规划许可，对违法行为人要依法予以处罚。

3.3.2 《城乡规划法》的实施

地方各级人民政府在城乡规划实施过程中，要根据本地区经济社会的发展水平进行，既要考虑经济社会发展对城市扩大和土地利用的需要，又要从土地、水、能源供给和环境支持的可能出发，量力而行；既要保证城市经济社会长期稳定健康发展，又要高度重视生态资源环境保护，做到发展与保护并举，经济效益、社会效益和生态效益同步提高；充分尊重群众意见，优先安排与人民群众密切相关的基础设施和公共服务设施建设，改善城乡居民的人居环境；明确近期建设和远期发展的目标，有计划、分步骤地组织好城乡规划的实施。

3.3.2.1 实施的指导原则

1. 城市应优先考虑基础和公共服务设施建设，坚持新区开发与旧城改建的协调发展

城市基础设施作为城市生产、生活最基本的承载体，是城市经济和社会各项事业发展的重要基础；城市公共服务设施能为城市居民的社会生活、经济生活和文化生活创造条件，优先安排城市基础设施及公共服务设施建设，有利于促进城市经济增长、维护生态平衡，推动社会和谐发展。同时，在城市旧区改建过程中，应当避免大拆大建，坚持逐步更新完善、注意历史文化遗产保护和城市特色维护的原则；在城市新区开发的过程中，要注意配套设施的完善和建设，特别要处理好各类开发区与城市主城区之间的关系，防止盲目和重复建设。

2. 城市应统筹兼顾周边农村经济社会发展、村民生产与生活的需要

农村经济社会和城市经济社会是相互联系、相互依赖的，城市有责任带动乡村，工业有责任支援农业。要按照促进城乡统筹发展的原则，通过统一规划，促进城市的发展建设与周边乡村的发展建设相协调，把促进城市的可持续发展与发挥城市对农村发展的带动和反哺作用联系起来，实现发展目标与发展过程的统一。同时，要注意统筹考虑进城务工人员的生活，维护其合法权益。

3. 镇应促进农村经济发展和产业结构调整

镇是县域经济的增长点，是承前启后、承上启下的"中枢"，是连接城与乡的基地，抓住了小城镇这个城乡空间网络的节点，就抓住了连接城市、集聚乡村人口发展非农产业、辐射农村地区的核心环节，因而镇的发展与建设要从统筹城乡发展的角度考虑问题。镇的发展与建设要立足当地资源条件、环境优势、人文特色等，有利于促进农业结构的调整，推动产业结构的优化升级，要优先安排基础设施和科教文卫等公共服务设施，逐步构筑城乡一体的公共服务网络，促进基础设施向周边农村延伸、公共服务向周边农村覆盖、现代文明向周边农村辐射，从而构建农村发展的良好平台。

4. 乡村应从实际出发，因地制宜

乡村的发展与建设要以"生产发展、生活富裕、乡风文明、村容整洁、管理民主"为

原则，扎实稳步推进社会主义新农村建设。乡村的发展和建设，要有利于改善农村的生产和生活条件，要顺应当地农村经济社会发展趋势，节约用地，体现出地方特色和农村特色。要尊重村民意愿，发挥村民自治组织的作用。

3.3.2.2 城市新区的实施要求

城市新区的开发和建设，是指随着城市经济与社会的发展，为满足城市建设的需要，按照城市总体规划的部署，在城市现有建成区以外的地段，进行集中成片、综合配套的开发建设活动。

城市新区的开发和建设应当根据土地、水等资源承载能力，量力而行，妥善处理近期建设与长远发展的关系，合理确定开发建设的规模、强度和时序，坚持集约用地和节约用地的原则，防止盲目开发。

城市新区的开发和建设还应根据城市的社会经济发展状况，结合现有基础设施和公共服务设施，合理确定各项交通设施的布局，合理配套建设各类公共服务设施和市政基础设施，防止讲排场、搞形式，盲目追求形象和高标准。

城市新区的开发和建设还应当坚持保护好大气环境、河湖水系等水环境和绿化植被等生态环境和自然资源，要避开地下文物埋藏区，保护好历史文化资源，防止破坏现有的历史文化遗存。

城市新区的开发和建设还应充分考虑保护城市的传统特色，要结合城市的历史沿革及地域特点，在规划建设中体现鲜明的地方特色。

此外，城市新区的开发和建设还应坚持统一规划和管理，要依法统一组织规划编制和实施，各类开发区应纳入城市的统一规划和管理，在城市总体规划、镇总体规划确定的建设用地范围以外，不得设立各类开发区和城市新区。

3.3.2.3 城市旧区的实施要求

城市旧区是在长期的历史发展过程中逐步形成的，是城市各历史时期的政治、经济、社会和文化的缩影。城市旧区通常历史文化遗存较丰富，历史格局和传统风貌较完整，但同时旧区也存在城市格局尺度较小、人口密度高且居民中低收入人群占的比例较高、基础设施相对陈旧、道路交通较拥堵、房屋质量较差等问题，迫切需要进行更新和完善。因而，结合城市新区开发，适时推动城市旧区的改建，是保证我国城市建设协调发展的一项重要任务。

1. 调整功能结构

城市旧区一般用地功能混杂，随着城市人口聚集、经济社会发展、产业结构不断调整，对居住、公共设施用地的需求也在持续增长，使得对城市旧区进行一定的用地调整和功能置换成为一项必要工作。为此，在城市旧区的规划建设中，要结合城市新区的发展，对旧区功能逐步进行调整，将污染严重、干扰较大的二、三类工业用地，仓储用地等逐步搬迁，同时增加交通、居住、各类基础设施和公共服务设施用地，促使城市旧区的功能结构逐步完善。

2. 改善人居环境

城市旧区经过了长期的历史发展过程，建筑密度和人口密度都相当高，但由于市政基础设施和公共服务设施水平较低，过高的聚集度使得城市旧区的居住环境逐渐恶化，旧区居民生活质量下降。为此，在城市旧区的规划建设中，要合理确定旧区的居住人口规模，重点对危房集中地区进行改建，结合城市新区的开发建设，逐步推动城市旧区人口的疏散，使城市旧区的人居环境能够逐步得到改善。

3. 提升交通能力

城市旧区一方面承担了多项职能导致交通需求大，另一方面由于历史原因形成了道路较窄、停车设施匮乏等问题，导致城市旧区交通压力大，交通状况日益恶化。为此，在城市旧区的规划建设中，要重点做好公共交通系统、改善旧区道路、完善自行车交通和步行交通系统、公共停车设施等交通设施的安排，从根本上解决交通问题。

4. 改造基础设施

城市旧区普遍存在市政基础设施老化失修的问题，一些北方城市缺少供暖设施，有些老城区甚至没有排水设施和燃气管道，公共绿地不足及健身场地缺乏的问题日益突出。为此，在城市旧区的规划建设中，要高度重视完善和增建市政基础设施，根据人民群众的生活需求，加强环境保护和旧城保护，加强基础设施、公共服务设施、公共绿地和日常健身场所的建设，以促进城市旧区人居环境的功能改善。

5. 保护历史遗存

城市旧区，特别是历史文化名城的老城区，保存着大量的历史文化遗存，是无法替代的、极其珍贵的文化财富。为此，在旧城区的规划建设中，要高度关注历史格局、传统风貌、历史文化街区和各级文物的保护，采取渐进式有机更新的方式，防止大拆大建。

3.3.2.4 风景名胜区的实施要求

风景名胜区，是指具有观赏、文化或者科学价值，自然景观、人文景观比较集中，环境优美，可供人们游览或者进行科学、文化活动的区域。风景名胜资源是极其珍贵的自然文化遗产，是不可再生的资源。

我国风景名胜资源丰富，但是当前一些地方对风景名胜资源保护不利，只重开发利用而轻保护，没有处理好保护与利用的关系，对风景名胜资源破坏的现象还很严重。长期以来，国家对风景名胜资源的保护十分重视，国务院于2006年颁布实施了《风景名胜区条例》，对风景名胜区的保护和开发利用做出了具体规定。城乡规划实施过程中，应当依照该条例的有关规定对风景名胜资源进行保护和合理开发利用，并要注意安排风景名胜区周边乡、镇、村庄的建设，使之与风景名胜区的保护目标相协调。

3.3.2.5 地下空间的实施要求

我国土地资源紧缺，能源需求量大，城镇地下空间的利用具有节约土地和能源的特征。在城乡规划的实施过程中，加强地下空间的合理开发和统筹利用，是坚持节约用地、集约用地、实现可持续发展的重要途径。

1. 坚持规划先行

城镇地下空间的开发利用是一项涉及众多因素的系统工程，坚持统筹规划，综合考虑地下轨道交通、地下停车设施、人民防空工程、市政管线工程、生产贮存设施、公共服务设施以及城市防灾的功能要求，综合考虑地面土地的使用性质和建筑功能，做到地上地下相互协调，互成体系。为此，在城市总体规划、镇总体规划中，要合理确定地下空间开发利用的原则、目标、功能、布局和规模，对地下空间的开发利用进行综合部署和全面安排；在详细规划中，要结合各项专业规划，提出地上地下空间的衔接要求，对各项建设进行具体安排和设计。同时，开发和利用活动还要符合城市规划，履行规划审批手续。

2. 坚持量力而行

城市地下空间的开发利用，应结合城市社会经济发展的实际情况以及开发能力，因地制宜，量力而行。例如，可结合人防工程和交通设施的建设，在用地紧张的中心地区，建设地下停车、地下商场等公共设施，缓解地面空间的拥挤；可以结合人防工程的建设，在居住区配建地下停车场及服务居民的日常服务设施；历史文化遗存丰富的城市，在开发利用地下空间的同时，还要注意地下文物遗址的保护。要根据当地的经济发展状况，制定规划实施的步骤和措施，合理确定地下设施的建设时序和规模。

3. 坚持安全第一

由于城市地下空间具有相对封闭的特点，在开发利用中，要注重防火、防意外事故措施的制定，做好地下设施防水工程等各项防护措施的建设。

3.3.2.6 制定近期建设规划

近期建设规划是城市总体规划、镇总体规划的分阶段实施安排和行动计划，是科学实施城市、镇总体规划的重要步骤。只有通过近期建设规划，才有可能实事求是地安排具体的建设时序和重要的建设项目，保证城市、镇总体规划的有效落实。

近期建设规划是近期土地出让和开发建设的重要依据，土地储备、分年度用地计划的空间落实、各类近期建设项目的布局和建设时序，都必须符合近期建设规划，保证城镇发展和建设的健康有序进行。

1. 近期建设规划的基本任务

根据城市总体规划、镇总体规划、土地利用总体规划和年度计划、国民经济和社会发展规划以及城镇的规划条件、自然环境、历史情况、现状特点，明确城镇建设的时序、发展方向和空间布局，自然资源、生态环境与历史文化遗产的保护目标，提出城镇近期内重要基础设施、公共服务设施的建设时序和选址，廉租住房和经济适用住房的布局和用地，城镇生态环境建设安排等。

2. 近期建设规划的编制依据

编制近期建设规划的依据包括：按照法定程序批准的总体规划，国民经济和社会发展五年规划和土地利用总体规划，以及国家有关的方针政策等。

编制近期建设规划，必须深入研究，科学论证，正确处理好近期建设与长远发展、资源环境条件与经济社会发展的关系，注重自然资源、生态环境与历史文化遗产的保护，切实提高规划的科学性和严肃性。近期规划确定的发展目标，必须符合城镇资源、环境、财力的实际条件，适应市场经济发展的要求。编制近期建设规划必须要从完善城镇综合服务功能、维护城镇公共利益和公共安全、改善人居环境出发，合理确定城镇近期重点发展的区域和功能布局，城镇基础设施、公共服务设施、经济适用房建设以及危旧房改造的安排。

近期建设规划是总体规划的重要组成部分，如果城镇总体规划处于修编过程中，则近期建设规划应作为城镇总体规划的一部分，纳入总体规划的文本、图纸和说明书。在其他情况下，则按国民经济与社会发展五年规划的编制周期，同步滚动编制，但也必须依据经法定程序批准的总体规划进行。

3. 近期建设规划的重点内容

近期建设规划以重要基础设施、公共服务设施和中低收入居民住房建设以及生态环境保护为重点内容，明确近期建设的时序、发展方向和空间布局。其具体内容是：依据总体规划，遵循优化功能布局，促进经济社会协调发展的原则，确定城市近期建设用地的空间布局，重点安排城市基础设施、公共服务设施用地和中低收入居民住房建设用地以及涉及生态环境保护的用地，确定经营性用地的区位和空间布局；确定近期建设的重要对外交通设施、道路广场设施、市政公用设施、公共服务设施、公园绿地等项目的选址、规模，以及投资估算与实施时序；对历史文化遗产保护、环境保护、防灾等方面，提出规划要求和相应措施；依据近期建设规划的目标，确定城市近期建设用地的总量，明确新增建设用地和利用存量土地的数量。

4. 近期建设规划的审批程序

近期建设规划应由城乡规划主管部门组织编制，经专家论证后报城市人民政府审批。城市人民政府批准近期建设规划前，必须征求同级人大常委会的意见。批准后的近期建设规划应当报总体规划审批机关备案，其中国务院审批总体规划的城市，报住房和城乡建设部备案。城市人民政府应当通过媒体、网络、展览、张贴等方式，将批准后的近期建设规划向社会公布。

3.4 城乡建设规划法律法规具体制度

3.4.1 建设项目选址意见书

3.4.1.1 基本概念

建设项目选址意见书是城乡规划主管部门出具的所申报建设项目是否符合城乡规划要求的文件，选址意见书一般包括项目基本情况和对项目选址的意见两部分。

1. 建设项目基本情况

包括建设项目的名称、性质、用地与建设规模，供水、能源的需求量、运输方式与运输量，废水、废气、废渣的排放方式和排放量等。

2. 建设项目选址意见

包括建设项目拟建地址与城乡规划布局是否协调；与城乡交通、通讯、能源、市政、防灾规划是否衔接与协调；该建设项目对城乡环境可能造成的污染，与城乡生活居住及公共设施规划，城乡环境保护规划和风景名胜、文物古迹保护规划是否协调；建设项目选址意见、用地范围和具体规划要求等。

3.4.1.2 建设项目用地选址制度

《城乡规划法》对部分建设项目的用地制定了选址制度，要求按照国家规定需要有关部门批准或者核准的建设项目，以划拨方式提供国有土地使用权的，建设单位在报送有关部门批准或者核准前，应当向城乡规划主管部门申请核发选址意见书。

1. 需要有关部门批准或者核准的建设项目

按照国家规定需要有关部门批准或者核准的建设项目主要是指列入《国务院关于投资体制改革的决定》之中关系国计民生的重大建设项目。

重大建设项目的选址，不仅对建设项目本身的成败起着决定性的作用，而且对城市的布局结构和发展将产生深远的影响。一个选址合理的建设项目可以对城市长远的发展起到促进作用，同样，一个选址失败的建设项目也会阻碍城市的发展。在建设项目可行性研究阶段，通过对建设项目选址的宏观管理，一方面，可将各项建设的安排纳入城乡规划的轨道，使单个建设项目的安排也能从城市的全局和长远的利益出发，经济、合理地使用土地。另一方面，可通过政府宏观管理，调整不合理的用地布局，改善城乡环境质量，为城乡经济运行和社会活动及人民生产、生活提供理想的空间环境。通过建设项目选址意见书的核发，既可以从规划上对建设项目加以引导和控制，充分合理利用现有土地资源，避免各自为政，无序建设；又可以为项目审批或核准提供依据，对于促进从源头上把好项目开工建设关，维护投资建设秩序，促进国民经济又好又快发展具有重要意义。

2. 国有土地使用权划拨

我国建设单位的土地使用权获得方式有两种：土地使用权无偿划拨和有偿出让。

按照我国城市房地产管理法的有关规定，土地使用权划拨是指县级以上人民政府依法批准，在土地使用者缴纳补偿、安置等费用后将该幅土地交付其使用，或者将土地使用权无偿交付给土地使用者使用的行为。划拨用地共包括四大类：

(1) 国家机关用地和军事用地。

(2) 城市基础设施用地和公益事业用地。

(3) 国家重点扶持的能源、交通、水利等基础设施用地。

(4) 法律、行政法规规定的其他用地。

社会公共事业与广大群众的切身利益息息相关，与全社会的公共利益紧密相连，它的建设需要大量资金的投入，建成后投资方却难以获得丰厚利润，因此鲜有企业能够承担且愿意承担公共事业的建设。由国家无偿划拨公共事业建设用地，则可以确保社会公共事业用地的需要，节省建设投资成本，保障社会公共事业的顺利建成。

3. 不需申请选址意见书的建设项目

随着国有土地使用权有偿出让制度的全面推行，除划拨使用土地的项目（主要是公益事业项目）外，都将实行土地使用有偿出让。对于建设单位或个人通过有偿出让方式取得土地使用权的，按照《城乡规划法》规定，出让地块必须附具城乡规划主管部门提出的规划条件，规划条件要明确规定出让地块的面积、使用性质、建设强度、基础设施、公共设施的配置原则等相关要求。由此可见，通过有偿出让方式取得土地使用权的建设项目本身就具有与城乡规划相符的明确的建设地点和建设条件，不再需要城乡规划主管部门进行建设地址的选择或确认。

因此，建设项目选址意见书适用于按国家规定需要有关部门进行批准或核准通过行政划拨方式取得用地使用权的建设项目，其他建设项目不需要申请选址意见书。

3.4.1.3 选址意见书核发

选址意见书按建设项目审批部门的不同，分别由各级规划行政主管部门核发。

(1) 国家审批的大中型和限额以上的建设项目，由项目所在地县、市人民政府城市规划行政主管部门提出审查意见，报省、自治区、直辖市、计划单列市人民政府城市规划行政主管部门核发选址意见书，并报国务院城市规划行政主管部门备案。

(2) 中央各部门、公司审批的小型和限额以下的建设项目，其选址意见书由项目所在地县、市人民政府城市规划行政主管部门核发。

(3) 省、自治区建设项目由项目所在地县、市人民政府城市规划行政主管部门提出审查意见，报省、自治区人民政府城市规划行政主管部门核发。

（4）其他建设项目，需经哪级人民政府规划行政主管部门审批的，其选址意见书就由该人民政府城市规划行政主管部门核发。

3.4.2 建设用地规划许可证制度

3.4.2.1 基本概念

建设用地规划许可证是城乡规划主管部门依据城乡规划的要求和建设项目用地的实际需要，向提出用地申请的建设单位或个人核发的确定建设用地的位置、面积、界限的法定凭证。建设用地规划许可证的申领程序依土地使用权获取方式的不同而不同。

建设用地规划许可证是建设单位合法取得城市国有土地进行开发建设的必要凭证，是维护建设用地单位合法权益的法律依据。建设用地单位只有取得建设用地规划许可证后，方说明该单位建设用地是符合城市规划且合法的，不是违法违章使用城市土地。

不同方式取得国有土地使用权的建设项目其建设用地规划许可证的申请、核发条件及程序是不同的。

3.4.2.2 以划拨方式取得土地使用权的建设项目

在城市、镇规划区内以划拨方式提供国有土地使用权的建设项目，经有关部门批准、核准、备案后，并取得城市、县人民政府城乡规划主管部门核发的建设项目选址意见书后，建设单位方可向城市、县人民政府城乡规划主管部门申请建设用地规划许可证。

划拨用地的建设用地规划许可证办理程序：

（1）建设单位在取得人民政府城乡规划主管部门核发的建设项目选址意见书且建设项目经有关部门批准、核准后，向城市（县）人民政府城乡规划主管部门送审建设工程设计方案，申请建设用地规划许可证。

（2）城市（县）人民政府城乡规划主管部门应当审核建设单位申请建设用地规划许可证的各项文件、资料、图纸等是否完备，并依据控制性详细规划，审核建设用地的位置、面积及建设工程总平面图，确定建设用地范围。

（3）对于具备相关文件且符合城乡规划的建设项目，应当核发建设用地规划许可证；对于不符合法定要求的建设项目，不予核发建设用地规划许可证并说明理由，给予书面答复。

建设单位只有在取得建设用地规划许可证，明确建设用地范围及界线之后，方可向县级以上地方人民政府土地主管部门申请用地，经县级以上人民政府审批后，由土地主管部门划拨土地。

3.4.2.3 以出让方式取得土地使用权的建设项目

1. 土地使用权出让

按照《城市房地产管理法》及配套行政法规的有关规定，土地使用权出让，是指国家将国有土地使用权在一定年限内出让给土地使用者，由土地使用者向国家支付土地使用权出让金的行为。土地使用权出让可以采取招标、拍卖、挂牌出让或者双方协议的方式。凡商业、旅游、娱乐和商品住宅等各类经营性用地，必须以招标、拍卖或者挂牌方式出让。土地使用权出让制度的实施，适应了社会主义市场经济制度的要求，有利于通过市场竞争机制优化土地资源配置、实现土地的经济价值，从而提高土地使用效率，增加国家财政收入。

2. 建设用地规划许可证办理程序

通过国有土地使用权有偿出让方式取得土地的建设单位办理建设用地规划许可证的程序是：

（1）在国有土地使用权出让前，城市、县人民政府城乡规划主管部门应当依据控制性详细规划，提出出让地块的位置、使用性质、开发强度等规划条件，作为国有土地使用权有偿出让合同的附件，在签订国有土地使用权有偿出让合同、申请办理法人的登记注册手续、申领企业批准证书后，持建设项目的批准、核准、备案文件和国有土地使用权有偿出让合同，向城市、县人民政府城乡规划主管部门申请办理建设用地规划许可证。

（2）城市、县人民政府城乡规划主管部门，应当审核建设单位申请建设用地规划许可证的各项文件、资料、图纸等是否完备，并依据依法批准的控制性详细规划，对国有土地使用权出让合同中规定的规划设计条件进行核验，审核建设用地的位置、面积及建设工程总平面图，确定建设用地范围。

（3）对于具备相关文件且符合城乡规划的建设项目，应当核发建设用地规划许可证；对于不符合法定要求的建设项目，不予核发建设用地规划许可证并说明理由，给予书面答复。

（4）规划条件是国有土地使用权出让合同的组成部分，城市、县人民政府城乡规划主管部门不得擅自在建设用地规划许可证中改变。

3. 对于未确定规划条件的地块，不得出让国有土地使用权

随着国有土地有偿使用制度改革的深入，土地供给方式发生了深刻变化。为适应土地供给的逐步市场化，切实加强和改进国有土地使用权出让的规划管理，在国有土地使用权出让过程中，城乡规划主管部门必须充分发挥综合调控作用，加强对国有土地使用权出让的指导和调控，保障城乡规划的有效实施。

控制性详细规划以城市、镇总体规划为依据，细分地块，并对具体地块的土地利用和建设提出控制指标和规划管理要求，明确了规划地块内的面积、使用性质、建设强度、基础设施、公共设施的配置原则等相关控制指标和要求，是城乡规划主管部门引导和控制土地使用和各项建设活动的基本依据。根据控制性详细规划，确定规划条件，限定建设单位在进行土地使用和建设活动时必须遵循的基本原则，强化了城乡规划主管部门对国有土地使用状况的规划调控和引导，有利于促进土地利用符合规划确定的发展目标，为实现城乡协调、可持续发展提供了保障。

3.4.3 建设工程规划许可证制度

3.4.3.1 基本概念

建设工程规划许可证是城市规划行政主管部门依法核发的，确认有关建设工程符合城市规划要求、保证有关建设单位和个人的合法权益的法律凭证，是建设工程办理建设工程施工许可证，进行规划验线和验收，商品房销（预）售，房屋产权登记等一系列建设活动的法定要件。

建设单位如未取得建设工程规划许可证或者违反建设工程规划许可证的规定进行开发建设，严重影响城市规划的，由城市规划行政主管部门责令停止建设，限期拆除或者没收

违法建筑物、构筑物及其他设施,对有关责任人员,可由所在单位或者上级主管机关给予行政处分。

建设工程的种类繁多,性质各异,但归纳起来大体可分为建筑工程、市政交通工程和市政管线工程三大类。建筑工程具有不可移动的特点,在建成后,出现频繁改建或者必须拆除等情况,会对国家、集体或个人造成重大损失;市政交通工程的位置与功能在城乡规划中都有明确的定位,只有严格依据规划实施建设,才能充分发挥其在整体交通系统中应有的功能;市政管线工程的施工会对道路交通、相邻管线、行道树等产生较大影响,需要通过规划对各类管线进行综合协调,才可最大限度地减少矛盾。

通过对建设工程的规划许可,可以确认城市中有关建设活动符合法定规划的要求,确保建设主体的合法权益;可以作为建设活动进行过程中接受监督检查时的法定依据;可以作为城乡建设档案的重要内容。因此,在建设工程规划管理中,对于建筑物、构筑物、道路、管线和其他工程的建设活动,依据经法定程序批准的城乡规划,依法严格实施建设工程规划许可,是保障城乡规划有效实施,避免对城乡建设健康、有序发展构成不利影响的前提。

3.4.3.2 核发程序

1. 申请

建设单位或者个人在城市、镇规划区内进行建筑物、构筑物、道路、管线和其他工程建设的,应当向所在地城市、县人民政府城乡规划主管部门或者经省级人民政府确定的镇人民政府提出办理建设工程规划许可证的申请。

申办建设工程规划许可证的建设单位或个人还应提交使用土地的有关证明文件、建设工程设计方案图纸,需要编制修建性详细规划的还应当提供修建性详细规划及其他相关材料。

修建性详细规划分为两种情况,一种是指城镇中历史文化街区、重要的景观风貌区、重点发展建设区等城市重要地段,由所在地人民政府决定,城乡规划主管部门组织编制,报人民政府审定;另一种是指可能涉及周边单位或者公众切身利益,必须进行严格控制的成片开发建设地段,由城乡规划主管部门决定并对其进行审定。

2. 审核

城市、县人民政府城乡规划主管部门收到建设单位或者个人的申请后,应当在法定期限内对申请人的申请及提交的资料进行审核。审核的具体内容包括:

(1) 审核申请人是否符合法定资格,申请事项是否符合法定程序和法定形式,申请材料、图纸是否完备等。

(2) 依据控制性详细规划、相关的法律法规以及其他具体要求,对申请事项的内容进行审核。

(3) 依据控制性详细规划对修建性详细规划进行审定。对于符合条件的申请,审查机关要及时给予审查批准,并在法定的期限内颁发建设工程规划许可证。

(4) 经审查认为不合格并决定不予许可的,应说明理由,并给予书面答复。

3. 公布

城市、县人民政府城乡规划主管部门或者省、自治区、直辖市人民政府确定的镇人民政府应当依法将经审定的修建性详细规划、建设工程设计方案的总平面图予以公布。

这一规定体现了对公众知情权的重视，使审批过程更加透明化和公开化，相关的被许可人、利害关系人和公众可以通过查阅公开的修建性详细规划和建设工程设计方案的总平面图加强对行政机关的监督，保证行政机关做出的行政许可符合公共利益的需要。

3.4.4 乡村建设规划许可证制度

3.4.4.1 基本概念

乡村建设规划许可证，是指为了确保乡、村庄规划区内的建设用地符合规划要求，维护乡镇企业、乡村公共设施和公益事业建设的建设单位或者个人按照规划使用土地的合法权益，建设单位或者个人依照法定程序向乡、镇人民政府提出申请，由乡、镇人民政府报城市、县人民政府城乡规划主管部门核发的由建设单位或者个人使用土地的法律凭证。

实行乡村建设规划许可证制度是《城乡规划法》对乡村建设的新要求。住建部《关于贯彻实施〈城乡规划法〉的指导意见》提出，乡村建设规划许可证制度要充分体现农村特点，体现便民利民和以人为本，满足农民生产和生活需要，遏制农村无序建设和浪费土地。实行这项制度，有利于保证有关的建设工程能够依据法定的乡规划和村庄规划；有利于为土地管理部门在乡、村庄规划区内行使权属管理职能提供必要的法律依据；有利于维护建设单位按照规划使用土地的合法权益。

3.4.4.2 核发程序

1. 申请

建设单位或者个人在乡、村庄规划区内进行乡镇企业、乡村公共设施和公益事业等建设活动，应当向所在地乡、镇人民政府提出办理乡村建设规划许可证的申请。

2. 审核

乡、镇人民政府进行对建设单位或者个人的许可申请进行审核，审核的主要内容是确认建设项目的性质、规模、位置和范围是否符合相关的乡规划和村庄规划。

3. 核定

乡、镇人民政府将审核情况报城市、县人民政府城乡规划主管部门核定并发放乡村建设规划许可证。核定的主要内容是有关建设活动是否符合交通、环保、防灾、减灾、文物保护等方面的要求。

建设单位或者个人在取得乡村建设规划许可证后，方可向城市、县人民政府土地管理部门申请办理用地审批手续。

3.4.4.3 农地保护

在乡、村庄规划区内进行乡镇企业、乡村公共设施和公益事业建设以及农村村民住宅建设，不得占用农用地。若确需占用农用地，有关单位或者个人则应当依据土地管理法的有关规定，在办理农用地转用审批手续后，再申请办理乡村建设规划许可。

但是，在乡、村庄规划区内使用原有宅基地进行农村村民住宅建设的不涉及用地性质的调整，加之各地经济发展、社会、文化、自然等情况差异较大，农村住宅建设状况不尽相同，为方便村民，管理程序可以相对简单。为此，使用原有宅基地进行农村村民住宅建设的具体规划管理办法可以由省、自治区、直辖市制定。

3.5 本章案例分析

3.5.1 案例背景

2008年7月22日，海南某置业有限公司向三亚市项目报建联合办事机构提交了《海南某置业有限公司某度假区规划报建申请》，拟在某大酒店现有基础上进行扩建，新建一座精品酒店和海南某置业有限公司某度假公寓二期项目。2008年8月1日，某度假区扩建方案专家论证咨询会在某大酒店召开，与会专家对方案进行评议后，提出了一些建设性意见。2008年11月7日，三亚市城市规划委员会2008年第七次会议对海南某置业有限公司某大酒店扩建暨某度假区规划调整进行了审议，原则上同意海南某置业有限公司对某度假区的整体规划意向，但要求海南某置业有限公司事先须按规定征求相关土地权属人和某度假公寓相关利害关系人同意，涉及规划调整问题，应按法定程序报批。

2009年4月2日，三亚市规划局将《海南某置业有限公司某度假区修建性详细规划方案》在三亚规划建设网上进行公告，征求公众意见。公告期30日内未收到反馈意见。此后至2009年10月期间，海南某置业有限公司就酒店扩建的两种方案征求了某度假公寓308户业主的意见（某度假公寓共324套房屋，已售322套，未售2套）。其中，有223户业主同意某大酒店扩建。随后，海南某置业有限公司将《某酒店扩建意见征集调查情况说明》和《征询意见函》提交给了三亚市规划局。2010年8月20日，海南省住房和城乡建设厅和三亚市规划局组织召开了《三亚海南某置业有限公司某度假区修建性详细规划》和《海南某置业有限公司某度假区某扩建酒店建筑设计方案》的专家评审会，会议原则通过前述规划和方案，并提出了一些修改完善意见。2010年9月17日，三亚市城乡规划委员会2010年第三次会议对某酒店二期项目修建性详细规划及建筑设计方案进行了审议，原则同意按专家评审意见修改完善后的修规及建筑设计方案深化报批，但要求应进一步优化建筑体量和外观效果，并避免对山体的破坏。

2011年2月16日，三亚市规划局向三亚市政府提交了××号《请示》和三规〔2011〕97号《关于对海南某置业有限公司某度假区规划调整暨某酒店扩建批复的请示》。2011年2月21日，三亚市政府对三亚市规划局做出××号《批复》，同意按专家评审意见修改完善并优化后的修规及建筑设计方案，请三亚市规划局严格要求海南某置业有限公司按夏威夷DGH设计顾问公司及中元国际工程设计研究院海南分院联合编制的《海南某置业有限公司某大酒店修建性详细规划》文本内容组织实施规划建设。2011年4月26日，三亚市政府对三亚市规划局又做出三府函〔2011〕192号《三亚市人民政府关于海南某置业有限公司某度假区规划调整暨某酒店扩建的批复》，同意海南某置业有限公司对某度假区的整体规划意向。某度假公寓××栋××房业主夏某不服三亚市政府做出××号《批复》的行政行为，诉请撤销三亚市政府做出的××号《批复》。

3.5.2 案例分析

《中华人民共和国城乡规划法》第二十一条规定，城市、县人民政府城乡规划主管部门和镇人民政府可以组织编制重要地块的修建性详细规划。修建性详细规划应当符合控制性详细规划。第四十条规定，申请办理建设工程规划许可证，应当提交使用土地的有关证明文件、建设工程设计方案等材料。需要建设单位编制修建性详细规划的建设项目，还应当提交修建性详细规划。对符合控制性详细规划和规划条件的，由城市、县人民政府城乡规划主管部门或者省、自治区、直辖市人民政府确定的镇人民政府核发建设工程规划许可证。《海南省城乡规划条例》第十七条规定，市、县、自治县人民政府城乡规划主管部门和镇人民政府可以组织编制城市中心区、重要景观地带、大型公共服务设施、公园绿地及广场周边、城市主干道两侧等重要地块修建性详细规划，报市、县、自治县人民政府审定。

由此可见，市、县、自治县人民政府审定修建性详细规划的行为与城乡规划主管部门核发建设工程规划许可证的行为虽然具有一定的联系性，但相关法律、法规对两者的审批机关、审批程序和审批要求等均分别做出了具体的规定，市、县、自治县人民政府审定修建性详细规划并非城乡规划主管部门核发建设工程规划许可证程序中的一个环节，而是城乡规划主管部门审查核发建设工程规划许可证的依据。因此，两者是两个相对独立的具体行政行为。三亚市政府和海南某置业有限公司主张夏某已对三亚市规划局核发建设工程规划许可证的行为在三亚市城郊人民法院提起了行政诉讼，本案不应当再受理的抗辩理由没有充分的法律依据，不予支持。

最高人民法院《关于执行〈中华人民共和国行政诉讼法〉若干问题的解释》第十二条规定：与具体行政行为有法律上利害关系的公民、法人或者其他组织对该行为不服的，可以依法提起行政诉讼。本案中，三亚市政府××号《批复》的发文对象虽然是三亚市规划局，但三亚市政府在批复中督促三亚市规划局严格要求海南某置业有限公司按《海南某置业有限公司某大酒店修建性详细规划》文本内容组织实施规划建设，故当三亚市规划局依据该《批复》审定的《海南某置业有限公司某大酒店修建性详细规划》，在建设工程规划许可证中对某酒店二期工程提出了具体的规划建设要求，使夏某等某度假公寓业主的居住环境即将发生变化时，该《批复》已对夏某的权利义务产生实际影响，与夏某有法律上的利害关系，依法应当属于可诉的具体行政行为。夏某对三亚市政府做出××号《批复》的具体行政行为不服，以三亚市政府为被告提起本案诉讼并无不当。

《中华人民共和国城乡规划法》第二十六条第一款规定，城乡规划报送审批前，组织编制机关应当依法将城乡规划草案予以公告，并采取论证会、听证会或者其他方式征求专家和公众的意见。公告的时间不得少于 30 日。《城市规划编制办法》第十一条第四款规定，修建性详细规划可以由有关单位依据控制性详细规划及建设主管部门（城乡规划主管部门）提出的规划条件，委托城市规划编制单位编制。

本案中，海南某置业有限公司将某度假区修建性详细规划方案提交给三亚市规划局后，三亚市城乡规划委员会先后两次对该规划方案进行了审议，并要求海南某置业有限公司按规定征求相关土地权属人和某度假公寓相关利害关系人的同意。三亚市规划局也将《海南某置业有限公司某度假区修建性详细规划方案》在三亚规划建设网上进行公告，征求公众意见，并联同海南省住房和城乡建设厅组织召开了《三亚海南某置业有限公司某度假区修建性详细规划》和《海南某置业有限公司某度假区某扩建酒店建筑设计方案》的专家评审会，通过了该规划方案，并提出一些修改完善意见。海南某置业有限公司就酒店扩建的两种方案征求某度假公寓业主的意见时，也有三分之二以上的业主签名同意某大酒店扩建。故三亚市政府对三亚市规划局报送的修改完善并优化后的《海南某置业有限公司某大酒店修建性详细规划》做出××号《批复》依据充分，程序合法。夏某诉请撤销三亚市政府做出的××号《批复》没有充分的事实根据和法律依据，依法不予支持。依照最高人民法院《关于执行〈中华人民共和国行政诉讼法〉若干问题的解释》第五十六条第（四）项之规定，判决驳回夏某要求撤销××号《批复》的诉讼请求。

习题与思考题

1. 单项选择题

（1）《中华人民共和国城乡规划法》由中华人民共和国第十届全国人民代表大会常务委员会第三十次会议于（　　）通过。

A. 2007年10月28日　　　　　　　　B. 2008年10月28日
C. 2006年10月28日　　　　　　　　D. 2009年10月28日

（2）（　　）级以上地方人民政府根据本地农村经济社会发展水平，按照因地制宜、切实可行的原则，确定应当制定乡规划、村庄规划的区域。

A. 乡（镇）　　B. 县　　C. 地级市　　D. 省

（3）省、自治区人民政府组织编制省域城镇体系规划，报（　　）审批。

A. 本省人民政府　　B. 本省人大　　C. 住房和城乡建设部　　D. 国务院

（4）城市、县、镇人民政府修改近期建设规划的，应当将修改后的近期建设规划报（　　）备案。

A. 当地政府　　　　　　　　　　　　B. 建设行政主管部门
C. 规划行政主管部门　　　　　　　　D. 总体规划审批机关

（5）对依法应当编制城乡规划而未组织编制，或者未按法定程序编制、审批、修改城乡规划的，由（　　）责令改正，通报批评。

A. 上级人民政府　　　　　　　　　　B. 同级人民政府
C. 省级以上政府　　　　　　　　　　D. 住房和城乡建设部

2. 多项选择题（一个以上答案正确）

（1）《中华人民共和国城乡规划法》所称的城乡规划，包括（　　）。

A. 城镇体系规划　　B. 城市规划　　C. 镇规划　　D. 乡规划
E. 村庄规划

（2）我国的城市规划、镇规划分为（　　）。

A. 总体规划　　B. 详细规划　　C. 当地规划　　D. 局部规划

（3）城市总体规划、镇总体规划的内容应当包括（　　）。

A. 城市、镇的发展布局　　　　　　　B. 功能分区和用地布局
C. 综合交通体系　　　　　　　　　　D. 禁止、限制和适宜建设的地域范围
E. 各类专项规划

（4）建设单位或者个人有下列行为之一的，处造价一倍以下的罚款（　　）。

A. 未经批准进行临时建设的
B. 未按照批准内容进行临时建设的
C. 临时建筑物、构筑物超过批准期限不拆除的

D. 没有施工许可证的

（5）以欺骗手段取得资质证书承揽城乡规划编制工作的，依情节严重，可以处以下处罚（　　）。

A. 由原发证机关吊销资质证书　　　　B. 罚款
C. 承担赔偿责任　　　　　　　　　　D. 拘留负责人

3. 问答题

（1）城乡一体化的内涵是什么？城乡一体化规划建设的目标和内容有哪些？

（2）新型城镇化的概念及其主要特征是什么？试阐述新型城镇化的发展途径。

（3）我国城乡规划体系的组成有哪些？各类规划的编制和审批程序有何不同？

（4）《中华人民共和国城乡规划法》的适用范围和立法原则是什么？

（5）《中华人民共和国城乡规划法》的实施有哪些要求？

（6）什么是建设项目选址意见书？哪些建设项目需要申请核发建设项目选址意见书？

（7）什么是建设用地规划许可证？以划拨方式取得土地使用权的建设项目和以出让方式取得土地使用权的建设项目申请核发建设用地规划许可证的流程有何不同？

（8）什么是建设工程规划许可证？其作用是什么？申请核发的基本程序有哪些？

4. 案例分析题

2010年12月原告河南××实业有限公司在107辅道西与姚桥路交叉口建设钢架结构市场用房16处，建设项目所占土地属生产防护绿地，一直未取得建设工程规划许可证。其中，2处合计4413.66平方米市场用房已被国土资源部门进行处罚没收，其余14处均为新建继续施工部分，合计面积为28132.5平方米。2011年11月18日，被告郑州市城乡规划局对原告做出（郑东执法）罚字〔2011〕第××号行政处罚决定，决定给予原告7日内自行拆除建筑面积为28132.5平方米违法建设的处罚。原告不服该行政处罚决定，向郑州市人民政府申请行政复议。2012年1月18日，郑州市人民政府做出郑政复决〔2011〕××号行政复议决定书，维持了被告做出的（郑东执法）罚字〔2011〕第××号行政处罚决定。原告不服，将被告诉至法院，请求依法撤销被告做出的（郑东执法）罚字〔2011〕第××号行政处罚决定。

问题：

（1）河南××实业有限公司未取到建设工程规划许可证，是否可以新建市场用房？

（2）郑州市城乡规划局是否有权做出限期拆除的行政处罚决定？

（3）河南××实业有限公司是否具备补办市场用房建设工程规划许可证的基本条件？

第4章 城乡建设工程招投标法规

本章将介绍建设工程招标制度及其相关的法律法规,重点介绍招投标的基本制度和最新的管理制度。介绍工程招标的方式和条件,介绍开标、评标与中标的一些基本要求,介绍建设工程招投标管理机构及监管方式等。

4.1 概述

招标投标制度自起源以来,至今已有220多年的历史。经过世界各国及国际组织的理论探索和实践总结,招标投标制度在当代已非常成熟,形成了一整套行之有效并被国际组织通用的操作规程,在国际工程交易和货物、服务采购中被广泛使用。招标与投标是一种国际上普遍应用的、有组织的市场交易行为,是贸易中一种工程、货物或服务的买卖方式。

招标投标对保证市场经济健康运行具有重要意义,市场经济是法治的经济,其基本要求是市场公正、机会均等、自由开放、公平竞争。只有资本要素在社会自由、畅通地运行,资源才能实现在全社会范围内进行优化配置。招标投标的"三公"原则,契合了市场经济的发展要求,也保证了市场经济的顺利发展。同时,对建设工程的招标投标来说,工程项目招投标是培育和发展建筑市场的重要环节;有利促进我国建筑业与国际接轨。总之,招标投标制度在维护有形建设市场秩序、促进公平竞争、保障工程质量、提高投资效益、遏制腐败和不正之风等方面发挥了积极作用。

4.1.1 建设工程招投标制度

建设工程招标投标是在市场经济条件下,在国内外的工程承包市场上为买卖特殊商品而进行的由一系列特定环节组成的特殊交易活动。这里"特殊商品"指的是建设工程,既包括建设工程咨询,也包括建设工程的实施。招标投标只是实现要约、承诺中的一种方式而已。它的特点可归纳为:充分竞争,程序公开,机会均等,公平、公正地对待所有投标人,并按事先公布的标准,将合同授予最符合授标条件的投标人。

4.1.1.1 我国建设工程交易市场的原则

1. 市场准入原则

建设工程市场的进入需遵循一定的法规和具备相应的条件,对不再具备条件或采取挂靠、出借证书、制造假证书等欺诈行为的,国家采取清出制度,逐步完善资质和资格管理。

2. 市场竞争原则

这是保证各种市场主体在平等的条件下开展竞争的行为准则,为保证平等竞争的实现,我国政府制定了相应的保护公平竞争的规则。《招标投标法》、《建筑法》、《反不正当竞争法》等以及与之配套的法规和规章都制定了市场公平竞争的规则，并通过不断的实施将更加具体和细化。

3. 公开交易原则

简单地说，就是建设工程的交易必须公开（涉及保密和特殊要求的工程除外）；交易必须公平；交易必须公正。所有该公开交易的建设工程项目，必须通过招标市场进行招标投标，不得私下进行交易和指定承包。

4.1.1.2 我国建设工程实行招标投标制度的发展历程

我国建设工程的招标投标工作，与整个社会的招标投标工作一样，经历了从无到有，从不规范到相对规范，从起步到完善的发展过程。

1. 建设工程招标投标起步与议标阶段

20世纪80年代，我国实行改革开放政策，逐步实行政企分开，引进市场机制，工程招标投标开始进入中国建筑行业。到20世纪80年代中期，全国各地陆续成立招标投标管理机构。但当时的招标方式基本以议标为主，在纳入招标管理项目当中约90%是采用议标方式发包的，工程交易活动比较分散，没有固定场所，这种招标方式很大程度上违背了招标投标的宗旨，不能充分体现竞争机制。因此，建设工程招标投标很大程度上还流于形式，招标的公正性得不到有效监督，工程招标投标大多形成私下交易，暗箱操作，不能充分体现竞争机制。

2. 建设工程招标投标规范发展阶段

这一阶段是我国招标投标发展史上最重要的阶段。20世纪90年代初期到中后期，全国各地普遍加强对招标投标的管理和规范工作，也相继出台了一系列法规和规章，招标方式已经从以议标为主转变到以邀请招标为主，招标投标制度得到了长足的发展，全国的招标投标管理体系基本形成，为完善我国的招标投标制度打下了坚实的基础。1992年，原建设部第23号令的发布，1998年，正式施行《中华人民共和国建筑法》，部分省、市、自治区颁布实施《建筑市场管理条例》和《工程建设招标投标管理条例》等细则。1995年起，全国各地陆续开始建立建设工程交易中心，它把管理和服务有效地结合起来，初步形成以招标投标为龙头，相关职能部门相互协作的具有"一站式"管理和"一条龙"服务特点的建筑市场监督管理新模式，同时，工程招标投标专职管理人员不断壮大，全国已初步形成招标投标监督管理网络，招标投标监督管理水平正在不断提高，为招标投标制度的进一步发展和完善开辟了新的道路。工程交易活动已由无形转为有形、隐蔽转为公开。招标工作的信息化、公开化和招标程序的规范化，对遏制工程建设领域的腐败行为，为在全国推行公开招标创造了有利条件。

3. 建设工程招标投标制度不断完善阶段

随着建设工程交易中心的有序运行和健康发展，全国各地开始推行建设工程项目的公开招标。2000年《中华人民共和国招标投标法》实施后，招投标活动步入法制化轨道，全社会依法招标意识显著增强，招标采购制度逐渐深入人心。配套法规逐步完备，招投标活动的主要方面和重点环节基本实现了有法可依、有章可循，标志着我国招标投标的发展进入了全新的历史阶段。《招标投标法》使我国的招标投标法律、法规和规章不断完善和细化，招标程序不断规范，必须招标和必须公开招标范围得到了明确，招标覆盖面进一步扩大和延伸，工程招标已从单一的土建安装延伸到道桥、装修、建筑设备和工程监理等。

4.1 概 述

根据我国投资主体的特点,已明确规定我国的招标方式不再包括议标方式,这是个重大的转变。2012年2月1日起施行的《中华人民共和国招标投标法实施条例》,标志着我国建设工程招投标工作在程序正义和法治建设上进入了新阶段。

4.1.2 建设工程招投标相关法规

目前,我国建设工程招投标工作涉及的法律法规有10多项,其中最重要的法律法规有《中华人民共和国招标投标法》、《中华人民共和国政府采购法》、《中华人民共和国建筑法》和《中华人民共和国招标投标法实施条例》等专门的法律法规,此外还有国家部委的一些规定和各省的一些实施办法、监管办法等,如《建筑工程设计招标投标管理办法》(2000年)、《工程建设项目招标范围和规模标准规定》(2000年)、《工程建设项目自行招标试行办法》(2000年)、《房屋建筑和市政基础设施工程施工招标投标管理办法》(2001年)、《工程建设项目施工招标投标办法》(2003年)、《评标专家和评标专家库管理暂行办法》(2003年)、《工程建设项目招标代理机构资格认定办法》(2007年)等部门规章和规范性文件。

2013年3月11日,国家发改委、工信部、财政部等十一部委以发改委令〔2013〕第23号的形式,发布了《关于废止和修改部分招标投标规章和规范性文件的决定》。根据《招标投标法实施条例》,在广泛征求意见的基础上,对《招标投标法》实施以来国家发展改革委牵头制定的规章和规范性文件进行了全面清理。经过清理,决定废止规范性文件1件(《关于抓紧做好标准施工招标资格预审文件和标准施工招标文件试点工作的通知》)(发改法规〔2008〕938号);对11件规章、1件规范性文件的部分条款予以修改。这些修改的招投标法规、规章制度和文件等,如表4-1所示。

决定修改的招投标法规和文件　　　　表4-1

序号	招投标法规和文件	修改内容	备注
1	《招标公告发布暂行办法》	相关政府部门名称的修改,相关规章条文内容的删除,相关引用法律法规条文序号的修改,相关法律法规条文具体内容的修改	原国家计委令第4号
2	《工程建设项目自行招标试行办法》		原国家计委令第5号
3	《评标委员会和评标方法暂行规定》	相关政府部门名称的修改,相关规章条文内容的删除,相关引用法律法规条文序号的修改,相关规章条文内容的修改	原国家计委等七部委令第12号
4	《国家重大建设项目招标投标监督暂行办法》		原国家计委令第18号
5	《工程建设项目可行性研究报告增加招标内容和核准招标事项暂行规定》	相关政府部门名称的修改,相关规章条文内容的删除,相关引用法律法规条文序号的修改,相关规章条文内容的修改,部门规章名称的修改,相关规章条文内容的增加	原国家计委令第9号
6	《评标专家和评标专家库管理暂行办法》	相关政府部门名称的修改,相关引用法律法规条文序号的修改,相关规章条文内容的修改,相关规章条文内容的增加	原国家计委令第29号

续表

序号	招投标法规和文件	修改内容	备注
7	《工程建设项目勘察设计招标投标办法》	相关规章条文内容的删除,相关引用法律法规条文序号的修改,相关规章条文内容的修改、相关规章条文内容的增加	国家发改委等8部委令第2号
8	《工程建设项目施工招标投标办法》	相关政府部门名称的修改,相关规章条文内容的删除,相关引用法律法规条文序号的修改,相关规章条文内容的修改,相关规章条文内容的增加	国家计委等七部委令第30号
9	《工程建设项目招标投标活动投诉处理办法》	相关规章条文内容的删除,相关规章条文内容的修改,相关引用法律法规条文序号的修改,相关规章条文内容的增加	国家发改委等七部委令第11号
10	《工程建设项目货物招标投标办法》		国家发改委等七部委令第27号
11	《〈标准施工招标资格预审文件〉和〈标准施工招标文件〉试行规定》	部门规章名称的修改,相关规章条文内容的删除,相关规章条文内容的修改	国家发改委等九部委令第56号
12	《国家发展计划委员会关于指定发布依法必须招标项目招标公告的媒介的通知》	规范性文件名称的修改,相关引用法律法规条文序号的修改,相关规范性文件内容的修改	计政策〔2000〕868号

4.1.3 《招标投标法实施条例》对建设工程招投标的新规定

目前,关于建设工程领域,最重要、最可行的招投标法规是《中华人民共和国招标投标法实施条例》。2011年12月20日,时任国务院总理温家宝同志以第613号国务院令的形式,公布了《中华人民共和国招标投标法实施条例》(以下简称《实施条例》),该条例于2012年2月1日开始正式实施。这是因为《招标投标法》自2000年1月1日起施行,至今已有12年。当时中国尚未加入世界贸易组织,很多法律条文并不合理,尤其是没有实施细则,一直缺乏可操作性。另外,《政府采购法》中也有关于工程项目和设备的采购,这两部法律的衔接也出现了一些问题。

2011年3月25日,时任中共中央政治局常委、国务院总理温家宝同志在国务院第四次廉政工作会议上讲话强调,要着力解决招投标方面的突出问题。温家宝说,当前公共工程建设、土地使用权出让、矿产资源开发利用、政府采购等领域,是以权谋私、腐败问题易发多发的重灾区。许多违法违纪问题集中表现在招投标环节。不少招投标流于形式,表面上按程序公开进行,实际上"暗箱操作",……背后往往都存在权钱交易等腐败问题。

因此,认真总结《招标投标法》实施以来的实践经验,制定出台配套行政法规,将法律规定进一步具体化,增强可操作性,并针对新情况、新问题充实完善有关规定,进一步筑牢工程建设和其他公共采购领域预防和惩治腐败的制度屏障,维护招标投标活动的正常秩序,具有非常重要的意义。

那么,为什么不直接修改《招标投标法》这部法律呢?这是因为修改法律周期长、程序复杂。《实施条例》有以下亮点:

第一,《实施条例》在制度设计上进一步显现了科学性。《实施条例》展现了开放的心态，在制度设计上做到了兼收并蓄。《实施条例》多处借鉴了政府采购的一些先进制度。例如，借鉴《政府采购法》建立了质疑、投诉机制；在邀请招标和不招标的适用情形上借鉴了《政府采购法》关于邀请招标和单一来源采购的相关规定；在资格预审制度上借鉴了《政府采购货物和服务招标投标管理办法》的相关规定等。

第二，《实施条例》总结吸收招投标实践中的成熟做法，增强了可操作性。《实施条例》对《招标投标法》中一些重要概念和原则性规定进行了明确和细化。如明确了建设工程的定义和范围界定，细化了招投标工作的监督主体和职责分工，补充规定了可以不进行招标的5种法定情形，建立招标职业资格制度，对招标投标的具体程序和环节进行了明确和细化，使招投标过程中各环节的时间节点更加清晰，缩小了招标人、招标代理机构、评标专家等不同主体在操作过程中的自由裁量空间。

第三，《实施条例》突显了直面招投标违法行为的针对性。针对当前建设工程招投标领域招标人规避招标、限制和排斥投标人、搞"明招暗定"的虚假招标、少数领导干部利用权力干预招投标、当事人相互串通围标串标等突出问题，《实施条例》细化并补充完善了许多了关于预防和惩治腐败、维护招投标公开、公平、公正性的规定。例如，对招标人利用划分标段规避招标做出了禁止性规定；增加了关于招标代理机构的执业纪律规定；细化了对于评标委员会成员的法律约束；对于原先法律规定比较笼统、实践中难以认定和处罚的几类典型招投标违法行为，包括以不合理条件限制排斥潜在投标人、投标人相互串通投标、招标人与投标人串通投标、以他人名义投标、弄虚作假投标、国家工作人员非法干涉招投标活动等，都分别列举了各自的认定情形，并且进一步强化了这些违法行为的法律责任。

《实施条例》第二条规定：招标投标法第三条所称工程建设项目，是指工程以及与工程建设有关的货物、服务。《实施条例》所称的工程，是指建设工程，包括建筑物和构筑物的新建、改建、扩建及其相关的装修、拆除、修缮等；所称与工程建设有关的货物，是指构成工程不可分割的组成部分，且为实现工程基本功能所必需的设备、材料等；所称与工程建设有关的服务，是指为完成工程所需的勘察、设计、监理等服务。《实施条例》第八十四条规定：政府采购的法律、行政法规对政府采购货物、服务的招标投标另有规定的，从其规定。可见，只要是建设工程类招标，都归此条例管，以前《政府采购法》里有关工程招标的约定，转到《实施条例》中来约束。

4.2 建设工程招标

4.2.1 招标人

4.2.1.1 招标人概念

招标人是指在招标投标活动中以择优选择中标人为目的的提出招标项目，进行招标的法人或者其他组织（《招标投标法》第八条）。根据《中华人民共和国民法通则》第三十六条的规定，法人是具有民事权利能力和民事行为能力，并依法享有民事权利和承担民事义务的组织，包括企业法人、机关事业单位法人和社会团体法人。

招标人必须提出招标项目，进行招标。所谓提出招标项目，是根据实际情况和《招标投标法》的有关规定，提出和确定拟招标的项目，办理有关审批手续，落实项目的资金来源等。进行招标，是指提出招标方案，撰写或决定招标方式，编制招标文件，发布招标公告，审查潜在投标人资格，主持开标，组建评标委员会，确定中标人，签订合同等。这些工作既可由招标人自行办理，也可委托招标代理机构代而行之。如果是由招标机构办理，也是代表了招标人的意志，并在其授权范围内行事，仍被视为是招标人进行招标。

建设单位作为招标人办理招标应具备下列条件：
（1）法人或依法成立的其他组织。
（2）有与招标工程相适应的经济、技术管理人员。
（3）有组织编制招标文件的能力。
（4）有审查投标单位资质的能力。
（5）有组织开标、评标、定标的能力。

招标人有权自行选择招标代理机构，委托其办理招标事宜。招标人具有编制招标文件和组织评标能力的，可以自行办理招标事宜。招标人应当与被委托的招标代理机构签订书面委托合同，合同约定的收费标准应当符合国家有关规定。

4.2.1.2 招标代理机构

招标代理机构是依法设立、从事招标代理业务并提供相关服务的社会中介组织。招标代理机构应当具备下列条件：
（1）有从事招标代理业务的营业场所和相应资金。
（2）有能够编制招标文件和组织评标的相应专业力量。
（3）有符合《招标投标法》规定的可以作为评标委员会成员人选的技术、经济等方面的专家库。

招标代理机构代理招标业务，应当遵守《招标投标法》和《实施条例》关于招标人的规定。招标代理机构不得在所代理的招标项目中投标或者代理投标，也不得为所代理的招标项目的投标人提供咨询。招标代理机构与行政机关和其他国家机关不得存在隶属关系或者其他利益关系。

4.2.1.3 招标代理机构的从业资格

《招标投标法》规定：从事工程建设项目招标代理业务的招标代理机构，其资格由国务院或者省、自治区、直辖市人民政府的建设行政主管部门认定。具体办法由国务院建设行政主管部门会同国务院有关部门制定。从事其他招标代理业务的招标代理机构，其资格认定的主管部门由国务院规定。

《实施条例》规定：招标代理机构在其资格许可和招标人委托的范围内开展招标代理业务，任何单位和个人不得非法干涉。招标代理机构应当拥有一定数量的取得招标职业资格的专业人员。取得招标职业资格的具体办法由国务院人力资源社会保障部门会同国务院发展改革部门制定。招标代理机构不得涂改、出租、出借、转让资格证书。

《工程建设项目招标代理机构资格认定办法》（2007年）规定：工程招标代理机构资格分为甲级、乙级和暂定级。甲级工程招标代理机构可以承担各类工程的招标代理业务。乙级工程招标代理机构只能承担工程总投资1亿元人民币以下的工程招标代理业务。暂定级工程招标代理机构，只能承担工程总投资6000万元人民币以下的工程招标代理业务。

申请甲级工程招标代理资格的机构，除具备《工程建设项目招标代理机构资格认定办

法》(2007年)第八条规定的基本条件外,还应当具备下列条件:
(1) 取得乙级工程招标代理资格满3年。
(2) 近3年内累计工程招标代理中标金额在16亿元人民币以上(以中标通知书为依据,下同)。
(3) 具有中级以上职称的工程招标代理机构专职人员不少于20人,其中具有工程建设类注册执业资格人员不少于10人(其中注册造价工程师不少于5人),从事工程招标代理业务3年以上的人员不少于10人。
(4) 技术经济负责人为本机构专职人员,具有10年以上从事工程管理的经验,具有高级技术经济职称和工程建设类注册执业资格。
(5) 注册资本金不少于200万元人民币。

申请甲级工程招标代理机构资格的,应当向机构工商注册所在地的省、自治区、直辖市人民政府建设主管部门提出申请。省、自治区、直辖市人民政府建设主管部门应当自受理申请之日起20日内初审完毕,并将初审意见和申请材料报国务院建设主管部门。国务院建设主管部门应当自省、自治区、直辖市人民政府建设主管部门受理申请材料之日起40日内完成审查,公示审查意见,公示时间为10日。

申请乙级工程招标代理资格的机构,除具备《工程建设项目招标代理机构资格认定办法》(2007年)第八条规定的基本条件外,还应当具备下列条件:
(1) 取得暂定级工程招标代理资格满1年。
(2) 近3年内累计工程招标代理中标金额在8亿元人民币以上。
(3) 具有中级以上职称的工程招标代理机构专职人员不少于12人,其中具有工程建设类注册执业资格人员不少于6人(其中注册造价工程师不少于3人),从事工程招标代理业务3年以上的人员不少于6人。
(4) 技术经济负责人为本机构专职人员,具有8年以上从事工程管理的经历,具有高级技术经济职称和工程建设类注册执业资格。
(5) 注册资本金不少于100万元人民币。

乙级、暂定级工程招标代理机构资格的具体实施程序,由省、自治区、直辖市人民政府建设主管部门依法确定。省、自治区、直辖市人民政府建设主管部门应当将认定的乙级、暂定级的工程招标代理机构名单在认定后15日内,报国务院建设主管部门备案。

工程招标代理机构资格证书分为正本和副本,由国务院建设主管部门统一印制,正本和副本具有同等法律效力。

甲级、乙级工程招标代理机构资格证书的有效期为5年,暂定级工程招标代理机构资格证书的有效期为3年。

甲级、乙级工程招标代理机构的资格证书有效期届满,需要延续资格证书有效期的,应当在其工程招标代理机构资格证书有效期届满60日前,向原资格许可机关提出资格延续申请。对于在资格有效期内遵守有关法律、法规、规章、技术标准,信用档案中无不良行为记录,且业绩、专职人员满足资格条件的甲级、乙级工程招标代理机构,经原资格许可机关同意,有效期延续5年。暂定级工程招标代理机构的资格证书有效期届满,需继续从事工程招标代理业务的,应当重新申请暂定级工程招标代理机构资格。

值得注意的是,按照《中央投资项目招标代理资格管理办法》(国家发改委2012年第

13号令），凡在中华人民共和国境内从事中央投资项目招标代理业务的招标代理机构，应专门进行资格认定和管理。采用委托招标方式的中央投资项目，应委托具备相应资格的中央投资项目招标代理机构办理相关招标事宜。中央投资项目招标代理资格分为甲级、乙级和预备级。甲级招标代理机构可以从事所有中央投资项目的招标代理业务。乙级招标代理机构可以从事总投资 5 亿元人民币及以下中央投资项目的招标代理业务。预备级招标代理机构可以从事总投资 2 亿元人民币及以下中央投资项目的招标代理业务。

4.2.2 招标方式与招标条件

4.2.2.1 招标方式

《中华人民共和国招标投标法》第十条规定：招标分为公开招标和邀请招标。根据我国法律规定：公开招标，是指招标人以招标公告的方式邀请不特定的法人或者其他组织投标；邀请招标，是指招标人以投标邀请书的方式邀请特定的法人或者其他组织投标。

《实施条例》第三条规定：依法必须进行招标的工程建设项目的具体范围和规模标准，由国务院发展改革部门会同国务院有关部门制订，报国务院批准后公布施行。按照国家有关规定需要履行项目审批、核准手续的依法必须进行招标的项目，其招标范围、招标方式、招标组织形式应当报项目审批、核准部门审批、核准。项目审批、核准部门应当及时将审批、核准确定的招标范围、招标方式、招标组织形式通报有关行政监督部门。

国有资金占控股或者主导地位的依法必须进行招标的项目，应当公开招标。《中华人民共和国招标投标法》第三条规定：在中华人民共和国境内进行下列工程建设项目包括项目的勘察、设计、施工、监理以及与工程建设有关的重要设备、材料等的采购，必须进行招标：

（1）大型基础设施、公用事业等关系社会公共利益、公众安全的项目。

（2）全部或者部分使用国有资金投资或者国家融资的项目。

（3）使用国际组织或者外国政府贷款、援助资金的项目。

但有下列情形之一的，可以邀请招标：

（1）技术复杂、有特殊要求或者受自然环境限制，只有少量潜在投标人可供选择。

（2）采用公开招标方式的费用占项目合同金额的比例过大。但具体多大项目必须公开招标，由相关建设行政部门或发改部门在审批、核准项目时做出认定。

《实施条例》对建设工程公开招标的情况进行了界定：除《招标投标法》第六十六条规定的可以不进行招标的特殊情况外，有下列情形之一的，也可以不进行公开招标：

（1）需要采用不可替代的专利或者专有技术。

（2）采购人依法能够自行建设、生产或者提供。

（3）已通过招标方式选定的特许经营项目投资人依法能够自行建设、生产或者提供。

（4）需要向原中标人采购工程、货物或者服务，否则将影响施工或者功能配套要求。

（5）国家规定的其他特殊情形。

原国家计委制定了适用于全国的《工程建设项目招标范围和规模标准规定》，该标准不仅规定了各类工程建设项目，还包括服务和货物的采购，规定达到以下标准必须进行招标：

（1）施工单项合同估算价在 200 万元人民币以上的。

(2) 重要设备、材料等货物的采购，单项合同估算价在 100 万元人民币以上的。
(3) 勘察、设计、监理等服务的采购，单项合同估算价在 50 万元人民币以上的。
(4) 单项合同估算价低于上述（1）、（2）、（3）项规定的规模标准，但项目总投资额在 3000 万元人民币以上的。

目前，原国家计委的这部行政规章仍然有效。继财政部出台《政府采购货物和服务招标投标管理办法》后，2005 年 2 月，国家发改委又一次与原建设部、原铁道部、交通部、原信息产业部、水利部、民航总局携手，联合颁发了《工程建设项目货物招标投标办法》。根据《工程建设项目货物招标投标办法》，依法必须进行招标的工程建设项目，按国家有关投资项目审批管理规定，凡应报送项目审批部门审批的，招标人应当在报送的可行性研究报告中将货物招标范围、招标方式（公开招标或邀请招标）、招标组织形式（自行招标或委托招标）等有关招标内容报项目审批部门核准。项目审批部门应当将核准招标内容的意见抄送有关行政监督部门。企业投资项目申请政府安排财政性资金的，其招标内容由资金申请报告审批部门依法在批复中确定。《实施条例》第六条肯定并细化了《工程建设项目货物招标投标办法》的规定。

4.2.2.2 招标条件

批建的建设工程项目只有在具备一定条件以后，才能依法进行招标。这些条件主要体现为三个方面：一是要落实建设资金；二是要已完成相关审批手续；三是要进行一些必要的准备工作。

对建设工程勘察设计类的招标，《工程建设项目勘察设计招标投标办法》（2003 年）规定，在招标时应当具备下列条件：
(1) 按照国家有关规定需要履行项目审批手续的，已履行审批手续，取得批准。
(2) 勘察设计所需资金已经落实。
(3) 所必需的勘察设计基础资料已经收集完成。
(4) 法律法规规定的其他条件。

对建设工程施工类的招标，《工程建设项目施工招标投标办法》（2003 年）规定，依法必须招标的工程建设项目，应当具备下列条件才能进行施工招标：
(1) 招标人已经依法成立。
(2) 初步设计及概算应当履行审批手续的，已经批准。
(3) 招标范围、招标方式和招标组织形式等应当履行核准手续的，已经核准。
(4) 有相应资金或资金来源已经落实。
(5) 有招标所需的设计图纸及技术资料。

建设工程项目具备必要的条件以后，招标人可向当地建设行政主管部门或其招标监管机构提出招标申请，经审查批准后，方可进行招标活动。

4.2.3 招标要求

4.2.3.1 建设工程招标的限制性要求

1. 招标方式上的限制

为了规范招标投标活动，保护国家利益、社会公共利益和招标投标活动当事人的合法权益，提高经济效益，保证项目质量，除涉及军事机密、应急救灾、不可替代的技术专利、已通过招标方式选定的特许经营等情况外，一般的国家重点项目和政府投资项目都必须进行公开招标。任何单位和个人不得将依法必须进行招标的项目化整为零或者以其他任何方式规避招标。

2. 信息发布的要求

招标人应当按照资格预审公告、招标公告或者投标邀请书规定的时间、地点发售资格预审文件或者招标文件。资格预审文件或者招标文件的发售期不得少于5日。招标人采用公开招标方式的，应当发布招标公告。依法必须进行招标的项目的招标公告，应当通过国家指定的报刊、信息网络或者其他媒介发布。

招标公告应当载明招标人的名称和地址、招标项目的性质、数量、实施地点和时间以及获取招标文件的办法等事项。

3. 禁止实行差别待遇的要求

招标投标活动应当遵循公开、公平、公正和诚实信用的原则。依法必须进行招标的项目，其招标投标活动不受地区或者部门的限制。任何单位和个人不得违法限制或者排斥本地区、本系统以外的法人或者其他组织参加投标，不得以任何方式非法干涉招标投标活动。

招标人有下列行为之一的，属于以不合理条件限制、排斥潜在投标人或者投标人：

(1) 就同一招标项目向潜在投标人或者投标人提供有差别的项目信息。

(2) 设定的资格、技术、商务条件与招标项目的具体特点和实际需要不相适应或者与合同履行无关。

(3) 依法必须进行招标的项目以特定行政区域或者特定行业的业绩、奖项作为加分条件或者中标条件。

(4) 对潜在投标人或者投标人采取不同的资格审查或者评标标准。

(5) 限定或者指定特定的专利、商标、品牌、原产地或者供应商。

(6) 依法必须进行招标的项目非法限定潜在投标人或者投标人的所有制形式或者组织形式。

(7) 以其他不合理条件限制、排斥潜在投标人或者投标人。

4. 其他要求

(1) 投标有效期。招标人应当在招标文件中载明投标有效期。投标有效期从提交投标文件的截止之日起算。

(2) 招标人在招标文件中要求投标人提交投标保证金的，投标保证金不得超过招标项目估算价的2%。投标保证金有效期应当与投标有效期一致。依法必须进行招标的项目的境内投标单位，以现金或者支票形式提交的投标保证金应当从其基本账户转出。

4.2.3.2 建设工程施工项目招标无效的情形

按照相关规定，下列情况下，建筑工程施工项目招标无效：

(1) 未在指定的媒介发布招标公告的。

(2) 邀请招标不依法发出投标邀请书的。

(3) 自招标文件或资格预审文件出售之日起至停止出售之日止，少于5个工作日的。

(4) 依法必须招标的项目，自招标文件开始发出之日起至提交投标文件截止之日止，少于20日的。

(5) 应当公开招标而不公开招标的。
(6) 不具备招标条件而进行招标的。
(7) 应当履行核准手续而未履行的。
(8) 不按项目审批部门核准内容进行招标的。
(9) 在提交投标文件截止时间后接收投标文件的。
(10) 投标人数量不符合法定要求不重新招标的。

被认定为招标无效的建设工程施工项目，应依法重新招标。

4.3 建设工程投标

4.3.1 投标人

4.3.1.1 投标人概念

投标人是响应招标、参加投标竞争的法人或者其他组织。所谓响应招标，是指获得招标信息或收到投标邀请书后购买招标文件，接受资格审查、编制投标文件等活动。所谓参加投标竞争，是指按招标文件的要求并在规定的时间内提交投标文件的活动。

投标人参加依法必须进行招标的项目的投标，不受地区或者部门的限制，任何单位和个人不得非法干涉。与招标人存在利害关系可能影响招标公正性的法人、其他组织或者个人，不得参加投标；单位负责人为同一人或者存在控股、管理关系的不同单位，不得参加同一标段投标或者未划分标段的同一招标项目投标。否则，投标人的相关投标均无效。

4.3.1.2 投标人应具备的条件

《招标投标法》规定：投标人应当具备承担招标项目的能力；国家有关规定对投标人资格条件或者招标文件对投标人资格条件有规定的，投标人应当具备规定的资格条件。投标人发生合并、分立、破产等重大变化的，应当及时书面告知招标人。投标人不再具备资格预审文件、招标文件规定的资格条件或者其投标影响招标公正性的，其投标无效。

投标人应当按照招标文件的要求编制投标文件。投标文件应当对招标文件提出的实质性要求和条件做出响应。招标项目属于建设施工的，投标文件的内容应当包括拟派出的项目负责人与主要技术人员的简历、业绩和拟用于完成招标项目的机械设备等。

大型建设工程项目，往往不是一个投标人所能完成的，所以法律允许几个投标人组成联合体参与投标。两个以上法人或者其他组织可以组成一个联合体，以一个投标人的身份共同投标。联合体各方均应当具备承担招标项目的相应能力；国家有关规定或者招标文件对投标人资格条件有规定的，联合体各方均应当具备规定的相应资格条件。由同一专业的单位组成的联合体，按照资质等级较低的单位确定资质等级。所以联合体最好按不同专业组成，否则就是"强弱联合"了。

联合体各方应当签订共同投标协议，明确约定各方拟承担的工作和责任，并将共同投标协议连同投标文件一并提交招标人。联合体中标的，联合体各方应当共同与招标人签订合同，就中标项目向招标人承担连带责任。

招标人不得强制投标人组成联合体共同投标，不得限制投标人之间的竞争。招标人应当在资格预审公告、招标公告或者投标邀请书中载明是否接受联合体投标。招标人接受联合体投标并进行资格预审的，联合体应当在提交资格预审申请文件前组成。资格预审后联合体增减、更换成员的，其投标无效。联合体各方在同一招标项目中以自己名义单独投标或者参加其他联合体投标的，相关投标均无效。

4.3.2 投标要求

4.3.2.1 基本要求

投标人不得相互串通投标报价，不得排挤其他投标人的公平竞争，损害招标人或者其他投标人的合法权益。投标人不得与招标人串通投标，损害国家利益、社会公共利益或者他人的合法权益。禁止投标人以向招标人或者评标委员会成员行贿的手段谋取中标。投标人不得以低于成本的报价竞标，也不得以他人名义投标或者以其他方式弄虚作假，骗取中标。

4.3.2.2 属于或视为投标人串标的行为

按照法律规定，以下情况属于投标人相互串通投标：
（1）投标人之间协商投标报价等投标文件的实质性内容。
（2）投标人之间约定中标人。
（3）投标人之间约定部分投标人放弃投标或者中标。
（4）属于同一集团、协会、商会等组织成员的投标人按照该组织要求协同投标。
（5）投标人之间为谋取中标或者排斥特定投标人而采取的其他联合行动。

按照法律规定，以下情况视为投标人相互串通投标：
（1）不同投标人的投标文件由同一单位或者个人编制。
（2）不同投标人委托同一单位或者个人办理投标事宜。
（3）不同投标人的投标文件载明的项目管理成员为同一人。
（4）不同投标人的投标文件异常一致或者投标报价呈规律性差异。
（5）不同投标人的投标文件相互混装。
（6）不同投标人的投标保证金从同一单位或者个人的账户转出。

4.4 开标、评标与中标

开标、评标与中标，既是招标的重要环节，也是投标的重要步骤。

4.4.1 开标

开标是指招标人将所有按招标文件要求密封并在投标文件递交截止时间前递交的投标文件公开启封揭晓的过程。我国《招标投标法》规定，开标应当在招标文件中确定的地点，在招标文件确定的提交投标文件截止时间的同一时间公开进行。

开标由招标人主持，邀请所有投标人参加。开标时，要当众宣读投标人名称、投标报价、工期、工程质量、项目负责人姓名，有无撤标情况，密封情况及招标人认为其他需向所有投标人公开的内容。开标过程应当记录，并存档备查。虽然法律法规并没有明确谁应在开标记录上签字，但一般所有投标人代表、招标人代表、招标代理代表都应对开标记录签字确认，有的地方还规定要监督机构代表签字确认。

招标项目设有标底的,招标人应当在开标时公布。投标人少于3个的,不得开标;招标人应当重新招标。投标人对开标有异议的,应当在开标现场提出,招标人应当当场做出答复,并制作记录。

4.4.2 评标

评标就是根据招标文件的规定和要求,对各投标人的投标文件进行审查、评审和比较。评标由招标人依法组建的评标委员会负责。

4.4.2.1 评标委员会

(1) 评标委员会的组成。依法必须进行招标的项目,其评标委员会由招标人的代表和有关技术、经济等方面的专家组成,成员人数为5人以上单数,其中技术、经济等方面的专家不得少于成员总数的2/3。

(2) 评标委员会的专家资格。专家应当从事相关领域工作满8年并具有高级职称或者具有同等专业水平。

(3) 评标委员会专家人选的确定。由招标人从国务院有关部门或者省、自治区、直辖市人民政府有关部门提供的专家名册或者招标代理机构的专家库内的相关专业的专家名单中确定;一般招标项目可以采取随机抽取方式,特殊招标项目可以由招标人直接确定。评标委员会成员与投标人有利害关系的,应当主动回避。评标委员会成员的名单在中标结果确定前应当保密。有关行政监督部门按照规定的职责分工,对评标委员会成员的确定方式、评标专家的抽取和评标活动进行监督。行政监督部门的工作人员不得担任本部门负责监督项目的评标委员会成员。

(4) 评标专家库。国家实行统一的评标专家专业分类标准和管理办法。具体标准和办法由国务院发展改革部门会同国务院有关部门制定。省级人民政府和国务院有关部门应当组建综合评标专家库。

4.4.2.2 评标要求

任何单位和个人不得非法干预、影响评标的过程和结果。招标人应当向评标委员会提供评标所必需的信息,但不得明示或者暗示其倾向或者排斥特定投标人。

(1) 独立、客观、公正。评标委员会成员应当客观、公正地履行职务,遵守职业道德,按照招标文件规定的评标标准和方法,客观、公正地对投标文件提出评审意见,对所提出的评审意见承担个人责任。评标委员会成员不得私下接触投标人,不得收受投标人的财物或者其他好处。

(2) 保守秘密。评标委员会成员和参与评标的有关工作人员不得透露对投标文件的评审和比较、中标候选人的推荐情况以及与评标有关的其他情况。

(3) 坚持评标标准。评标委员会应当按照招标文件确定的评标标准和方法,对投标文件进行评审和比较。招标文件没有规定的评标标准和方法不得作为评标的依据。

4.4.2.3 评标过程和程序

(1) 评标过程的澄清。投标文件中有含义不明确的内容、明显文字或者计算错误,评标委员会认为需要投标人做出必要澄清、说明的,应当书面通知该投标人。投标人的澄清、说明应当采用书面形式,并不得超出投标文件的范围或者改变投标文件的实质性内容。评标委员会不得暗示或者诱导投标人做出澄清、说明,不得接受投标人主动提出的澄清、说明。

（2）标价的确认。对于投标文件中存在前后矛盾的投标文件，除招标文件另有约定外，应按以下原则进行修正：当以数字表示的金额与文字表示的金额有差异时，以文字表示的金额为准；当单价与数量相乘不等于合价时，以单价计算为准，如果单价有明显的小数点位置差错，应以标出的合价为准，同时对单价予以修正；当各细目的合价累计不等于总价时，应以各细目合价累计数为准，修正总价。

（3）评标的确认。评标委员会完成评标后，应当向招标人提出书面评标报告。评标报告应当由评标委员会全体成员签字。对评标结果有不同意见的评标委员会成员应当以书面形式说明其不同意见和理由，评标报告应当注明该不同意见。评标委员会成员拒绝在评标报告上签字又不书面说明其不同意见和理由的，视为同意评标结果。

有下列情况之一的，评标委员会应当否决其投标：
1) 投标文件未经投标单位盖章和单位负责人签字。
2) 投标联合体没有提交共同投标协议。
3) 投标人不符合国家或者招标文件规定的资格条件。
4) 同一投标人提交两个以上不同的投标文件或者投标报价，但招标文件要求提交备选投标的除外。
5) 投标报价低于成本或者高于招标文件设定的最高投标限价。
6) 投标文件没有对招标文件的实质性要求和条件做出响应。
7) 投标人有串通投标、弄虚作假、行贿等违法行为。

4.4.3 中标

4.4.3.1 中标候选人

评标结束，评标委员会要推荐合格的中标候选人。中标候选人应当不超过3个，并标明排序。中标人的投标应当符合下列条件之一：能够最大限度地满足招标文件中规定的各项综合评价标准；能够满足招标文件的实质性要求，并且经评审的投标价格最低，但是投标价格低于成本的除外。中标候选人的经营、财务状况发生较大变化或者存在违法行为，招标人认为可能影响其履约能力的，应当在发出中标通知书前由原评标委员会按照招标文件规定的标准和方法审查确认。

招标人应当自收到评标报告之日起3日内公示中标候选人，公示期不得少于3日。投标人或者其他利害关系人对依法必须进行招标的项目的评标结果有异议的，应当在中标候选人公示期间提出。招标人应当自收到异议之日起3日内做出答复；做出答复前，应当暂停招标投标活动。

4.4.3.2 中标通知书

招标人根据评标委员会提出的书面评标报告和推荐的中标候选人确定中标人。招标人也可以授权评标委员会直接确定中标人。

国有资金占控股或者主导地位的依法必须进行招标的项目，招标人应当确定排名第一的中标候选人为中标人。排名第一的中标候选人放弃中标、因不可抗力不能履行合同、不按照招标文件要求提交履约保证金，或者被查实存在影响中标结果的违法行为等情形，不符合中标条件的，招标人可以按照评标委员会提出的中标候选人名单排序依次确定其他中标候选人为中标人，也可以重新招标。

中标人确定后，招标人应当向中标人发出中标通知书，并同时将中标结果通知所有未中标的投标人。招标人应当自确定中标人之日起 15 日内，向有关行政监督部门提交招标投标情况的书面报告。

中标通知书对招标人和中标人具有法律效力。中标通知书发出后，招标人改变中标结果的，或者中标人放弃中标项目的，应当依法承担法律责任。

4.4.3.3 中标合同的签订

招标人和中标人应当自中标通知书发出之日起 30 日内，按照招标文件和中标人的投标文件订立书面合同。合同的标的、价款、质量、履行期限等主要条款应当与招标文件和中标人的投标文件的内容一致。招标人和中标人不得再行订立背离合同实质性内容的其他协议。中标人应当按照合同约定履行义务，完成中标项目。

中标人不得向他人转让中标项目，也不得将中标项目肢解后分别向他人转让。中标人按照合同约定或者经招标人同意，可以将中标项目的部分非主体、非关键性工作分包给他人完成。接受分包的人应当具备相应的资格条件，并不得再次分包。中标人应当就分包项目向招标人负责，接受分包的人就分包项目承担连带责任。

招标文件要求中标人提交履约保证金的，中标人应当按照招标文件的要求提交。履约保证金不得超过中标合同金额的 10%。招标人最迟应当在书面合同签订后 5 日内向中标人和未中标的投标人退还投标保证金及银行同期存款利息。

4.5 城乡建设工程招投标管理机构与招投标监管

《实施条例》规定：设区的市级以上地方人民政府可以根据实际需要，建立统一规范的招标投标交易场所，为招标投标活动提供服务。招标投标交易场所不得与行政监督部门存在隶属关系，不得以营利为目的。

4.5.1 行业主管部门

国务院发展改革部门指导和协调全国招标投标工作，对国家重大建设项目的工程招标投标活动实施监督检查。国务院工业和信息化、住房城乡建设、交通运输、铁道、水利、商务等部门，按照规定的职责分工对有关招标投标活动实施监督。

县级以上地方人民政府发展改革部门指导和协调本行政区域的招标投标工作。县级以上地方人民政府有关部门按照规定的职责分工，对招标投标活动实施监督，依法查处招标投标活动中的违法行为。如果县级以上地方人民政府对其所属部门有关招标投标活动的监督职责分工另有规定的，只要不违反国家法律法规，则可以从县级以上地方人民政府及其所属部门的规定。

国家有关行政监督部门和地方人民政府所属部门按照国家有关规定需要履行项目审批、核准手续的，依法审核招标项目，其招标范围、招标方式、招标组织形式应当报项目审批、核准部门审批、核准。其他项目由招标人申请有关行政监督部门做出认定。

项目审批、核准部门不依法审批、核准项目招标范围、招标方式、招标组织形式的，对单位直接负责的主管人员和其他直接责任人员依法给予处分。有关行政监督部门不依法履行职责,对违反招标投标法和本条例规定的行为不依法查处,或者不按照规定处理投诉、不依法公告对招标投标当事人违法行为的行政处理决定的,对直接负责的主管人员和其他直接责任人员依法给予处分。项目审批、核准部门和有关行政监督部门的工作人员徇私舞弊、滥用职权、玩忽职守,构成犯罪的,依法追究刑事责任。

4.5.2 纪检监察部门

《招标投标法》规定:有关行政监督部门依法对招标投标活动实施监督,依法查处招标投标活动中的违法行为。

《实施条例》规定:财政部门依法对实行招标投标的政府采购工程建设项目的预算执行情况和政府采购政策执行情况实施监督。监察机关依法对与招标投标活动有关的监察对象实施监察。

依法必须进行招标的项目的招标投标活动违反《招标投标法》和《实施条例》的规定,对中标结果造成实质性影响,且不能采取补救措施予以纠正的,招标、投标、中标无效,应当依法重新招标或者评标。

4.5.3 国家工作人员

国家工作人员利用职务便利,以直接或者间接、明示或者暗示等任何方式非法干涉招标投标活动,有下列情形之一的,依法给予记过或者记大过处分;情节严重的,依法给予降级或者撤职处分;情节特别严重的,依法给予开除处分;构成犯罪的,依法追究刑事责任:

(1) 要求对依法必须进行招标的项目不招标,或者要求对依法应当公开招标的项目不公开招标。

(2) 要求评标委员会成员或者招标人以其指定的投标人作为中标候选人或者中标人,或者以其他方式非法干涉评标活动,影响中标结果。

(3) 以其他方式非法干涉招标投标活动。

4.5.4 投诉与处理

投标人或者其他利害关系人认为招标投标活动不符合法律、行政法规规定的,可以自知道或者应当知道之日起10日内向有关行政监督部门投诉。投诉应当有明确的请求和必要的证明材料。不过就招标过程中资格预审文件有异议、开标过程中的异议及中标结果有异议且在其公示期内的投诉,投标人应当先向招标人提出异议。

投诉人就同一事项向两个以上有权受理的行政监督部门投诉的,由最先收到投诉的行政监督部门负责处理。行政监督部门应当自收到投诉之日起3个工作日内决定是否受理投诉,并自受理投诉之日起30个工作日内做出书面处理决定;需要检验、检测、鉴定、专家评审的,所需时间不计算在内。

投诉人捏造事实、伪造材料或者以非法手段取得证明材料进行投诉的,行政监督部门应当予以驳回。行政监督部门处理投诉,有权查阅、复制有关文件、资料,调查有关情况,相关单位和人员应当予以配合。必要时,行政监督部门可以责令暂停招标投标活动。行政监督部门的工作人员对监督检查过程中知悉的国家秘密、商业秘密,应当依法予以保密。

4.6 本章案例分析

4.6.1 案例背景

2012年9月28日,中部某省N县发布招标公告,就该县投资800万元的市政道路进行招标。招标文件在该县的公共资源交易中心购买。购买招标文件的时间是9月30日到10月8日。招标文件规定,标书每本500元。招标文件中规定要交8万元投标保证金。但投标人在购买招标文件时,临时被口头告知要想投标,需要向招标人缴纳200万元的诚信保证金。

因为公告发出第2天(也就是9月29日)很多投标人才开始看到公告,所以第二天来购买标书的投标人还比较少,3天后,就是国庆假期。国庆期间放假7天,直到10月8日是上班的第一天,很多投标人才到现场来购买标书。但是,很多投标人已无法购买到标书,因为这天已经是购买标书的最后一天了。于是,现场意见纷纷,局面几乎失控。众多投标人聚众讨要说法,不得已,N县公共资源交易中心召开紧急会议,防止事态扩大。

4.6.2 案例分析

经过调查分析,这是一起比较典型的违反招标法律法规的假招标案件,是招标人既想应付上级部门的检查完善各项手续和程序,让相关监管机关抓不到把柄,又充满内幕交易的招标。不过,这造假的招标,掩盖的痕迹很明显。

首先,招标文件的发售和购买时间就有问题。相关法律法规规定,招标文件的发售时间应不应少于5日,虽然法律没有明确规定是5个日历日还是5个工作日,但一般都不应少于5日。如果5日包括休息日,那就应该在休息日内保证投标人能购买到标书。本案例中,招标公告是9月28日当天下午发出的,投标人一般是第二天才看到网上的公告,因国庆期间放假,实际上留给投标人购买标书的时间只有9月29日、9月30日两天时间。这是招标人故意打的擦边球,明摆着就是不让潜在的投标人来购买招标文件。

其次,招标公告和招标文件中没有规定要交诚信保证金,却又口头告知要交200万元的诚信保证金。这是采取瞒天过海的伎俩。因为,招标文件和招标公告上没有写,纪委和监察部门查无实据,万一举报起来,招标人留有后路好找借口。

再次,200万元的诚信保证金是没有法律依据的。法律法规只规定了要交履约保证金,没有所谓诚信保证金的说法,履约保证金不得超过中标合同金额的10%。"招标文件要求中标人提交履约保证金的,中标人应当按照招标文件的要求提交。"本案例中,800万元的项目,只能交不超过80万的履约保证金。不过,既然是履约保证金,那就是在中标以后才能交的,而不是在递交投标文件之后、开标之前递交履约保证金。开标之前已递交了8万元的投标保证金,这是法律规定的。

最后,履约保证金即使要交,也要在招标文件中说明,而不能私下告知。而且,履约保证金要缴纳到受监控的账户。

纵观本案例,是一件彻头彻尾的招标人想串通内定进行走过场、假招标的案件。招标人设置高额保证金,就是设置门槛,想吓退别的投标人来投标。招标人私下将招标文件发售给几个潜在的投标人,这些潜在的投标人根本就是一个人找来陪标的,而且也没有交那200万元的保证金。此事后来被监察机关纠正处理,并进行内部通报。

习 题 与 思 考 题

1. 判断题(正确的打"√",错误的打"×")

(1) 国务院发展改革部门指导和协调全国招标投标工作,对国家重大建设项目的工程招标投标活动实施监督检查。(　　)

(2) 监察机关依法对与招标投标活动有关的监察对象实施监察。(　　)

(3) 招标投标交易场所不得与行政监督部门存在隶属关系。(　　)

(4) 招标文件发售,自招标公告发出之日起不得少于20日。(　　)

(5) 招标人有权自行选择招标代理机构。(　　)

(6) 一个招标项目只能有一个标底,但标底不一定要保密。(　　)

2. 单项选择题

(1) 《中华人民共和国招标投标法实施条例》自(　　)起施行。
A. 2011年11月30日　　　　　　　　B. 2012年2月1日
C. 2012年6月1日　　　　　　　　　D. 2012年3月1日

(2) (　　)指导和协调本行政区域的招标投标工作。
A. 县级以上地方政府财政部门　　　　B. 县级以上地方政府监察部门
C. 县级以上地方政府建设部门　　　　D. 县级以上地方政府发展改革部门

(3) 招标人应在投标截止时间至少(　　)前,以书面形式通知所有获取资格预审文件或者招标文件的潜在投标人。
A. 5日　　　B. 10日　　　C. 15日　　　D. 20日

(4) 招标人应当在招标文件中载明投标有效期。投标有效期从(　　)之日起算。
A. 提交投标文件的截止　　　　　　　B. 发布公告
C. 开标　　　　　　　　　　　　　　D. 中标公示

(5) 中标人应当按照招标文件的要求提交履约保证金。履约保证金不得超过中标合同金额的(　　)。
A. 1%　　　B. 5%　　　C. 10%　　　D. 20%

3. 问答题

(1) 建设工程招标应遵循的原则是什么?
(2) 建设工程应具备什么样的条件才可以进行招标?
(3) 甲级招标代理机构应具备哪些条件?
(4) 招标的方式有几种?它们之间的区别是什么?
(5) 评标时,选取中标人的原则是什么?
(6) 我国现行建设工程招标投标管理机构有哪些?其职责是什么?
(7) 投标联合体的资格和责任有哪些规定?
(8) 评标委员会的组建和组成有什么要求?
(9) 招标人必须具备的条件是什么?

(10) 投标人必须具备的条件是什么?

4. 案例分析题

(1) 某医院决定投资 1 亿元，兴建一幢现代化的住院综合楼。其中土建工程采用公开招标的方式选定施工单位，但招标文件对省内投标人与省外投标人提出了不同要求，也明确了投标保证金的数额。该医院委托某造价咨询公司为该项工程编制标底。2012 年 10 月 6 日招标公告发出后，共有 A、B、C、D、E、F 等 6 家省内的建筑单位参加了投标。招标文件规定 2012 年 10 月 30 日为提交投标文件的截止时间，2012 年月 11 月 13 日举行开标会。其中，E 单位在 2012 年 10 月 30 日提交了投标文件，但 2012 年 11 月 1 日才提交投标保证金。

开标会由该省住建厅主持。开标会上，招标人公开了某造价咨询公司所编制的标底，高达 6200 多万元，而参与投标的 A、B、C、D 等 4 家投标人的投标报价均在 5200 万元以下，与标底相差 1000 万余元，引起了这些投标人的异议，D 投标人临时撤回投标文件以示抗议。A、B、C、D 这 4 家投标单位还向该省住建厅投诉，称某造价咨询公司擅自更改招标文件中的有关规定，多计漏算多项材料价格。为此，该医院请求省住建厅对原标底进行复核。2013 年 1 月 28 日，被指定进行标底复核的省建设工程造价总站（以下简称总站）拿出了复核报告，证明某造价咨询公司在编制标底的过程中确实存在这 4 家投标单位所提出的问题，复核标底额与原标底额相差近 1000 万元。

由于上述问题久拖不决，导致中标书在评标 3 个月后一直未能发出。为了能早日开工，该院在获得了省住建厅的同意后，更改了中标金额和工程结算方式，确定某省公司 F 单位为中标单位。

问题：

1) 上述招标程序中，有哪些不妥之处? 请说明理由。

2) E 单位的投标文件应当如何处理? 为什么?

3) 对 D 单位撤回投标文件的要求应当如何处理? 为什么?

4) 问题久拖不决后，某医院能否要求重新招标? 为什么?

5) 如果重新招标，给投标人造成的损失能否要求该医院赔偿? 为什么?

(2) 某房地产公司计划在北京开发金额 4000 万元的某住宅建设项目，采用公开招标的形式。发出招标公告后，共有 A、B、C、D、E 5 家施工单位购买了招标文件。招标文件规定：2013 年 1 月 20 日上午 10：30 为提交投标文件截止时间；投标人在提交投标文件的同时，需向招标单位提供投标保证金 20 万元。

在 2013 年 1 月 20 日，A、B、C、D 4 家投标单位在上午 10：30 前将投标文件送达，E 单位在上午 11：00 送达。各单位均按招标文件的要求提交了投标保证金。

在上午 10：25 时，B 单位向招标人递交了一份投标价格下降 5% 的书面说明。

在开标过程中，招标人发现 C 单位的投标袋密封处仅有投标单位公章，没有法定代表人印章或签字。

问题：

1) B 单位向招标人递交的书面说明是否有效?

2) C 单位的投标文件是否无效?

3) 通常情况下，废标的条件有哪些?

第5章 城乡建设工程勘察设计法规

本章介绍了建设工程勘察设计与工程建设标准化法规的概念与作用,详尽地阐述了工程勘察设计文件的编制与审批的主要内容,并分别介绍了建设工程勘察设计市场管理、建筑工程抗震及工程建设标准化制定、审批、实施与监督等方面的有关规定。

5.1 概述

5.1.1 建设工程勘察设计的概念

建设工程勘察,是指根据建设工程的要求,查明、分析、评价建设场地的地质地理环境特征和岩土工程条件,编制建设工程勘察文件的活动。

建设工程设计,是指根据建设工程的要求,对建设工程所需的技术、经济、资源、环境等条件进行综合分析、论证,编制建设工程设计文件的活动。

建设工程勘察、设计应当与社会、经济发展水平相适应,做到经济效益、社会效益和环境效益相统一。从事建设工程勘察、设计活动,应当坚持先勘察、后设计、再施工的原则。

5.1.2 建设工程勘察设计有关法规的立法概况

建设工程勘察设计法律法规是指调整工程勘察设计活动中所产生的各种社会关系的法律规范的总称。

目前,我国工程勘察设计方面的立法取得了重大进展和成绩,但立法层次总的说来还比较低,主要由国务院、住建部及相关部委的条例、规章和规范性文件组成。现行的关于建设工程勘察设计的法律法规主要有以下内容:

1978年原国家建委颁发的《设计文件的编制和审批办法》,1983年原国家计委颁发的《基本建设设计工作管理暂行办法》和《基本建设勘察工作管理暂行办法》,1986年原国家计委和原对外经济贸易部联合颁发的《中外合作设计工程项目暂行规定》,2006年建设部颁发的《全国优秀工程勘察设计奖评选办法》(建质〔2006〕302号)和2011年颁发的《全国优秀工程勘察设计奖评选办法》(建质〔2011〕103号)1992年原建设部和原对外经济贸易部联合颁发的《成立中外合营工程设计机构审批管理的规定》。

此外,还有《建设工程勘察设计市场管理规定》(1999年,原建设部令第65号),《国务院办公厅转发建设部等部门关于工程勘察设计单位体制改革若干意见的通知》(国办发〔1999〕101号),《建设工程勘察设计管理条例》(2000年,国务院令第293号),《建设工程勘察设计企业资质管理规定》(2001年,原建设部令第93号),《工程勘察设计收费管理规定》(计价格〔2002〕10号),《建设工程勘察设计资质管理规定》(2007年,原建设部令第160号）等。其中，在《建筑法》出台之后的关于勘察设计的条例和规章，一般都是援引这部法律，关于勘察设计招投标的规定则是援引《招标投标法》。

现行有效的规范建设工程勘察设计活动的法规和规章主要有《建设工程质量管理条例》（2000年，国务院令第279号）、《建设工程勘察设计管理条例》（2000年，国务院令第293号）、《外商投资建设工程设计企业管理规定》（2002年，原建设部和外经贸部令第114号）、《工程建设项目勘察设计招标投标办法》（2003年，发改委令第2号）、《建设工程勘察设计资质管理规定》（2007年，原建设部令第160号）、《建设部关于修改〈建设工程勘察质量管理办法〉的决定》（2007年，原建设部令第163号）等。

《建设工程勘察设计管理条例》是国务院于2000年9月颁发的规范勘察设计活动的最新的行政法规。该条例对以下内容作了全面具体的规定：建设工程勘察设计单位的资质资格管理，建设工程勘察设计发包与承包，建设工程勘察设计文件的编制与实施，建设工程勘察设计活动的监督与管理，违反《建设工程勘察设计管理条例》的处罚规则。

为适应我国市场经济的需要，进一步加强对建设工程勘测设计行为的规范和管理，部分业内人士希望国家将来能制定《中华人民共和国工程勘察设计法》，整合目前所实行的《勘察设计条例》和《建筑法》中关于勘察设计的条文规定。这对工程勘察设计的法制建设将有极大的推动作用。

5.1.3 建设工程勘察设计法规的调整对象

5.1.3.1 行政管理关系

国家对从事建设工程勘察设计活动的单位，实行资质管理制度；对从事建设工程勘察设计活动的专业技术人员，实行执业资格注册管理制度。国务院建设行政主管部门对全国的建设工程勘察、设计活动实施统一监督管理，县级以上地方人民政府建设行政主管部门对本行政区域内的建设工程勘察、设计活动实施监督管理。

5.1.3.2 经济技术合同关系

建设单位与建设工程勘察设计单位之间的经济合同关系受《中华人民共和国合同法》、《中华人民共和国建筑法》、《建设工程质量管理条例》等相关法律和行政法规的调整。

5.1.3.3 内部管理关系

依据建设技术法规、质量法规和管理法规，规范勘察设计单位内部的计划管理、技术管理、质量管理，以及各种形式的经济责任制等内部管理关系。

5.2 工程建设标准与勘察设计标准

工程建设标准涉及范围广泛，包括房屋建筑、交通运输、水利、电力、通信、采矿冶炼、石油化工、轻工、林业、农牧渔业、市政公用设施等。工程建设标准为这些行业的工程建设提供勘察、设计、施工和管理的合理依据，使之获得最佳经济效益和社会效益。

5.2.1 工程建设标准的内容与特点

5.2.1.1 工程建设标准概念

1. 标准概念

标准是指对重复性事物和概念所做的统一性规定。它以科学技术和实践经验的综合成果为基础，经有关方面协商统一，由主管机构批准以特定形式发布作为共同遵守的准则和依据。

2. 工程建设标准概念

工程建设标准是指对基本建设中各类工程的勘测、规划、设计、安装、验收等需要协调统一的事项所制定的指标。工程建设标准包括技术标准、经济标准和管理标准。

5.2.1.2 制定工程建设标准的意义

制定和实施各项建设标准，并逐步使其各系统的标准形成相辅相成、共同作用的完整体系，即实现工程建设标准化是实现现代化建设的重要手段，也是现阶段我国建设领域一项重要的经济、技术政策。它可保证工程建设的质量及安全生产，全面提高工程建设的经济效益、社会效益和环境效益。国家鼓励在建设工程勘察、设计活动中采用先进技术、先进工艺、先进设备、新型材料和现代管理方法。

5.2.1.3 工程建设标准范围

工程建设标准包括标准、规范、规程。规范、规程是标准的形式之一，如建筑规范。其内容一般指：

（1）勘察、规划、设计、施工及验收等的质量要求。
（2）有关安全、卫生、环境保护的技术要求。
（3）有关术语、符号、代号、量与单位、建筑模数和制图方法。
（4）试验、检验和评定等方法。
（5）工程建设的信息技术要求。

按上述五个方面的技术要求制定的标准，一般分别简称为：质量标准；安全、卫生、环境保护标准；基础标准；试验、质量评定标准和信息技术标准。

5.2.1.4 工程建设标准种类

从不同角度划分，工程建设标准有不同种类。

（1）按标准的内容分。工程建设标准可分为技术标准、经济标准和管理标准三类。
（2）按适用范围分。依据《中华人民共和国标准化法》的规定，标准分为国家标准、行业标准、地方标准和企业标准。

国家标准是指为了在全国范围统一技术要求和国家需要控制的技术要求所制定的标准。工程建设国家标准由国务院建设行政主管部门负责制定计划、组织草拟、审查批准，由国务院标准化行政主管部门和国务院建设行政主管部门联合发布。

行业标准是指对没有国家标准，而又需要在全国某个行业范围内统一技术要求所制定的标准。行业标准由行业主管部门负责编制本行业标准的计划、组织草拟、审查批准和发布。

地方标准是指没有国家标准、行业标准，而又需要在某个地区范围内统一技术要求所制定的标准。地方标准根据当地的气象、地质、资源等特殊情况的技术要求制定。

企业标准是指没有国家标准、行业标准、地方标准，而企业为了组织生产需要在企业内部统一技术要求所制定的标准。企业标准是企业自己制定的，只适用于企业内部，作为本企业组织生产的依据，而不能作为合法交货、验收的依据。

国家鼓励企业制定优于国家标准、行业标准、地方标准的企业标准，这主要是为了充分发挥企业的优势和特长,增强竞争能力,提高经济效益。

(3)按执行效力分。工程建设标准可分为强制性标准和推荐性标准。强制性标准是指必须执行的标准,如工程建设勘察、规划、设计、施工及验收等通用的综合标准和质量标准等。推荐性标准是指当事人自愿采用的标准,凡是强制性标准以外的标准皆为推荐性标准。

5.2.1.5 工程建设标准特点

(1)强制性。工程建设强制性标准是工程建设活动必须遵守和执行的标准。

(2)综合性。工程建设标准的内容所涉及的面广,制定标准考虑因素多。

(3)相对稳定性。工程建设标准发布实施后,在一定时间范围内有效。

5.2.2 工程建设勘察设计标准

工程勘察设计标准是工程建设标准的重要组成部分。《基本建设设计工作管理暂行办法》、《基本建设勘察工作管理暂行办法》规定:工程勘测设计标准包括工程建设勘察设计规范和标准设计两种。

(1)工程建设勘察设计规范。它是强制性勘察设计标准。一经颁发,就是技术法规,在一切工程建设勘察、设计工作中都必须执行。勘察设计规范分为国家、部、省(自治区、直辖市)、设计单位四级。

(2)标准设计。它是推荐性设计标准。一经颁发,建设单位和设计单位要因地制宜地积极采用,凡无特殊理由的不得另行设计。标准设计分为国家、部、省(自治区、直辖市)三级。

5.2.3 工程建设标准化法规

工程建设标准化是在长期的工程实践中制定、修订、发布和实施的各项工程建设标准。它使工程建设各系统中的各种标准形成相互联系、相辅相成、共同作用的有机整体,是建立良好的建设秩序和创造明显的社会经济效益的重要基础性工作。工程建设标准化有利于促进技术进步,改进产品质量,统一建设工程设计的技术要求、安全要求和施工方法;有利于保障建设工程生产的安全和质量,维护国家和人民的利益。

工程建设标准化法规是指调整工程建设标准的制定、修订、发布、实施与监督活动中所产生的各种社会关系的法律规范的总称。改革开放初期,国务院发布了《中华人民共和国标准化管理条例》,国家建设行政主管部门颁发了《工程建设标准规范管理办法》。之后,全国人大常委会颁发了《中华人民共和国标准化法》,1992年12月原建设部根据《中华人民共和国标准化法》制定并颁发了《工程建设国家标准管理办法》。

5.2.4 工程建设标准的制定与实施

5.2.4.1 工程建设标准的编制原则

(1)在国民经济发展的总目标和总方针的指导下进行,体现国家的技术政策和经济政策,贯彻执行国家的有关法律、法规和方针、政策,密切结合自然条件,合理利用资源,充分考虑使用和维修的要求,做到安全适用、技术先进、经济合理。

(2)适应工程建设和科学技术发展的需要,对需要进行科学试验或测试验证的项目,应当纳入各级主管部门的科研计划,认真组织实施,写出成果报告。

(3) 在充分做好调查研究和认真总结经验的基础上,根据工程建设标准体系表的要求,综合考虑相关标准之间的构成和协调配套。

(4) 从实际出发,保证重点,统筹兼顾,根据需要和可能,分别轻重缓急,做好计划的综合平衡。

(5) 积极采用新技术、新工艺、新设备、新材料,纳入标准的新技术、新工艺、新设备、新材料,应当经有关主管部门或受委托单位鉴定,有完整的技术文件,且经实践检验行之有效。

(6) 积极采用国际标准和国外先进标准,凡经过认真分析论证或测试验证,并且符合我国国情的,应当纳入国家标准。

(7) 其条文规定应当严谨明确,文句简练,不得模棱两可;其内容深度、术语、符号、计量单位等应当前后一致,不得矛盾。

(8) 做好与现行相关标准之间的协调工作。对需要与现行工程建设国家标准协调的,应当遵守现行工程建设国家标准的规定;确有充分依据对其内容进行更改的,必须经过国务院建设行政主管部门审批,方可另行规定。

(9) 充分发扬民主,反复征求意见,先充分协商、调查研究,后做结论形成标准。

5.2.4.2 工程建设国家标准编制程序

1. 准备阶段
2. 征求意见阶段
3. 送审阶段
4. 报批阶段

国务院各行政主管部门制定工程建设行业标准时,不得擅自更改强制性国家标准。

5.2.4.3 工程建设标准的审批和发布

工程建设国家标准由国务院建设行政主管部门审查批准,由国务院标准化行政主管部门统一编号,由国务院标准化行政主管部门和国务院建设行政主管部门联合发布。工程建设行业标准由国务院有关行政主管部门审批、编号和发布。工程建设地方标准的制定方法,由省、自治区、直辖市人民政府规定。

5.2.4.4 工程建设标准的复审与修订

由标准的管理部门或单位适时组织复审工作。一般5年进行一次。最终意见由标准的批准部门批准后,在指定的刊物上公布。标准的修订一般包括全面修订和局部修订。全面修订与制定标准的要求基本一致。局部修订需要按照国务院建设行政主管部门的统一规定执行。

5.2.4.5 工程建设标准的实施与监督

工程建设标准的实施只有在生产建设中得到贯彻执行,才能实现其作用效果。因此,工程建设标准的实施是工程建设标准化工作的重要任务之一。凡是从事工程建设的部门、单位和个人,必须执行工程建设强制性标准。对于不符合强制性标准的工程,从项目建议书开始不予立项,可行性研究报告不予审批。不按强制性标准规范施工,质量达不到合格标准的工程不得验收。

工程建设的勘察、规划、设计、科研和施工单位必须加强工程建设标准化管理,对工程建设标准的实施进行经常性检查,并按隶属关系向上级建设行政主管部门报告标准的实施情况,各级建设行政主管部门应当对所属企业单位实施标准的监督管理。工程质量监督机构和安全机构,应当根据现行的工程建设强制性标准,对工程建设质量和安全进行监督。工程建设标准发布后,工程建设标准管理单位应当建立健全工程建设标准管理机构。管理单位应当加强其领导,进行经常性的督促检查,定期研究和解决国家标准日常管理工作中的问题。

1. 推荐性标准的实施与监督

推荐性标准是自愿采用的标准,需要由工程建设单位与工程承包单位在签订工程承包合同中予以确认,作为在工程实施中共同遵守的技术依据,并受《中华人民共和国合同法》约束。推荐性标准的实施和监督与强制性标准有着本质的区别。因为推荐性标准是在工程承包合同中确认的,是由建设单位委托的监理单位或其他单位以工程合同为准绳,进行监理和监督的。

2. 强制性标准的实施与监督

对违反强制性标准而造成安全隐患或工程质量事故的,由当地建设行政主管部门或其授权的工程质量监督机构、安全监督机构在各自的职权范围内责令其停止施工,根据造成隐患的危险程度,责令有关单位采取处理措施,并可处以罚款。对因违反强制性标准而造成工程建设重大事故的,由有关行政主管部门或当地政府建设行政主管部门给予行政处罚。构成犯罪的,由司法机关依法追究刑事责任。

5.3 工程建设勘察设计文件

5.3.1 工程建设勘察设计任务的获取

我国工程勘察设计市场实行备案制度,建立全国统一的建设工程勘察设计市场。《建设工程勘察设计管理条例》和《建设工程勘察设计资质管理规定》的要求。建设工程勘察、设计发包依法实行招标发包或直接发包。

勘察设计单位从事设计业务时,一般应通过招投标方式进行。建设工程勘察设计应当依照《中华人民共和国招标投标法》、《建筑工程设计招标投标管理办法》以及《建设工程勘察设计管理条例》,对建设工程勘察设计的发包与承包都有具体的规定,实行招标发包或直接发包。实行招标发包的,应当以投标人的业绩、信誉和勘察、设计人员的能力以及勘察、设计方案的优劣为依据,进行综合评定。

下列建设工程的勘察、设计,经有关主管部门批准,可以直接发包,勘察设计单位可以直接从建设单位获得勘察设计业务的委托:

(1) 采用特定的专利或者专有技术的。
(2) 建筑艺术造型有特殊要求的。
(3) 国务院规定的其他建设工程的勘察、设计。

发包方不得将建设工程勘察、设计业务发包给不具有相应勘察、设计资质等级的建设工程勘察、设计单位。承包方必须在建设工程勘察、设计资质证书规定的资质等级和业务范围内承揽建设工程的勘察、设计业务。但发包方可以将整个建设工程的勘察、设计发包给一个勘察、设计单位；也可以将建设工程的勘察、设计分别发包给几个勘察、设计单位。

除建设工程主体部分的勘察、设计外，经发包方书面同意，承包方可以将建设工程其他部分的勘察、设计再分包给其他具有相应资质等级的建设工程勘察、设计单位。不过，建设工程勘察、设计单位不得将所承揽的建设工程勘察、设计转包。

建设工程勘察、设计的发包方与承包方，都应当执行国家规定的建设工程勘察、设计程序，且发包方与承包方应当签订建设工程勘察、设计合同。

5.3.2 建设工程设计的原则和依据

5.3.2.1 设计原则

工程设计是工程建设的主导环节和初始环节，对工程建设的质量、进度、投资效益起着决定性的作用。为保证工程设计的质量和水平，相关法规规定，工程设计必须遵循以下主要原则：

（1）贯彻经济、社会发展规划和产业政策、城乡规划

经济、社会发展规划及产业政策，是国家在某一个时期的建设目标和指导方针，建设工程设计必须贯彻其精神。如我国奥运会场馆的中央空调工程设计，就大量地实践了这个原则。

（2）综合利用资源，满足环保要求

建设工程设计中，要充分利用和考虑能源、水源等资源要求，贯彻可持续发展的理念。如要采取节约能源的措施，提倡区域集中供热，重视余热利用，积极开展太阳能、地热能在建筑空调工程中的应用。在建设工程设计中，要采取行之有效的措施，防止粉尘、废气、余热、噪声等对环境和周围生活区、办公区的污染。

（3）遵守工程建设技术标准

做设计就要熟悉规范，规范是对基本知识、理论在工程设计中的概括和指导，是经济、社会、管理、逻辑、系统论知识在工程设计上的反映。工程建设中，各项技术标准和规范，尤其是国家强制性条文和规定，工程设计时必须严格遵守，否则会产生严重的质量、安全、环境等问题。

（4）采用新技术、新工艺、新材料、新设备

在建设工程设计中，应广泛吸收国内外先进的科研成果和技术经验，结合我国的国情和工程实际情况，积极采用新技术、新工艺、新材料和新设备，以保证建设工程设计的先进性和可靠性。

（5）重视技术和经济效益的结合

工程设计，一定要具有可行性、合理性、前瞻性、适用性、扩展性。工程项目，一定是一个社会的产物，一定牵涉到管理，一定要讲究社会效益和经济效益。所以，应该经济节约、技术可行，为业主和使用者提供一个解决方案。采用落后技术或淘汰技术的工程肯定不好，但技术领先而不成熟的工程也不见得好，至于片面追求技术创新而导致经济浪费的工程方案更不好，那么，为了过分节约乃至怕担风险而不敢采用新技术、新材料和新设备的工程设计也未必正确。因此，技术先进和经济节约既可能是一致的，也可能是矛盾的。这时候，就要求工程设计人员具有"工程"的概念，为业主考虑，在全寿命周期内考虑技术、经济的合理性和可行性，给业主提供合理而科学可行的人居环境解决方案。即考

虑技术可行和经济合理,又考虑技术创新和适当超前;即满足当下适用又考虑以后扩展方便,防止重复建设造成的浪费和折腾。

(6) 公共建筑和住宅要注意美观、适用和协调

工程设计中,要注意美观、适用和协调的原则。一是要符合城市的整体格调和协调;二是要与局部的外环境和周围的建筑相协调;三是建筑本身内部要注意美观和协调,同时,要兼顾适用、合理和可行的原则。

5.3.2.2 设计依据

建设工程项目的设计依据,一是建设项目建议书(亦称计划任务书或设计任务书)或经批准的可行性研究报告,这是进行工程设计、编制设计文件的主要依据。计划任务书的编制,要按有关规定执行,其深度应能满足开展设计的要求。如有可能,工程设计单位应积极参加项目建议书的编制、建设地址的选择、建设规划的制定及试验研究等设计的前期工作。

对大型水利枢纽、水电站、大型矿山、大型工厂等重点项目,在项目建议书批准前,可根据工程长远规划的要求,进行必要的工程地质和水文勘察、资源调查、经济调查,并进行多种方案的技术经济比较等方面的基础工作,从中了解和掌握有关情况,收集必要的设计基础资料,为编制设计文件做好准备。

建设工程项目的设计依据,二是建设工程设计的标准和规范,这是工程设计人员的"宪法"和"法律",特别是其中的强制性条款,不得违反。

5.3.3 勘察设计文件的编制

编制建设工程勘察文件,应当真实、准确,满足建设工程规划、选址、设计、岩土治理和施工的需要。

编制建设工程勘察、设计文件,应当以下列规定为依据:

(1) 项目批准文件。
(2) 城市规划。
(3) 工程建设强制性标准。
(4) 国家规定的建设工程勘察、设计深度要求。

铁路、交通、水利等专业建设工程,还应当以专业规划的要求为依据。

编制方案设计文件,应当满足编制初步设计文件和控制预算的需要;编制初步设计文件,应当满足编制施工招标文件、主要设备材料订货和编制施工图设计文件的需要;编制施工图设计文件,应当满足设备材料采购、非标准设备制作和施工的需要,并注明建设工程合理使用年限。

设计文件中选用的材料、构配件、设备,应当注明其规格、型号、性能等技术指标,其质量要求必须符合国家规定的标准。除有特殊要求的建筑材料、专用设备和工艺生产线等外,设计单位不得指定生产厂、供应商。

5.3.4 工程设计阶段的任务和内容

5.3.4.1 工程设计阶段的划分

根据《基本建设设计工作管理暂行办法》的规定,设计阶段可根据建设项目的复杂程

度而决定。一般建设项目的设计可按初步设计和施工图设计两个阶段进行；技术复杂的建设项目，可增加技术设计阶段，即按初步设计、技术设计和施工图设计三个阶段进行。一些牵涉面广的项目，如大型矿区、油田、林区、垦区、联合企业等存在总体开发部署等重大问题，在进行一般设计前还可进行总体规划设计或总体设计。

5.3.4.2 各设计阶段的内容与深度

1. 总体设计

总体设计一般由文字说明和图纸两部分组成。其内容包括：建设规模、产品方案、原料来源、工艺流程概况、主要设备配备、主要建筑物及构筑物、公用和辅助工程、"三废"治理及环境保护方案、占地面积估计、总图布置及运输方案、生活区规划、生产组织和劳动定员估计、工程进度和配合要求、投资估算等。总体设计应当满足开展初步设计的要求，以及主要大型设备、材料的预安排和土地征用谈判的要求。

2. 初步设计

初步设计一般应包括文字说明和图纸，即包括设计依据、设计指导思想、产品方案、各类资源的用量和来源、工艺流程、主要设备选型及配置、总图运输、主要建筑物和构筑物、公用及辅助设施、新技术采用情况、主要材料用量、外部协作条件、占地面积和土地利用情况、综合利用和"三废"治理、生活区建设、抗震和人防措施、生产组织和劳动定员、各项技术经济指标、建设顺序和期限、总概算等。

初步设计的深度应满足以下要求：设计方案的比选和确定、主要设备和材料的订货、土地征用、基建投资的控制、施工图设计的编制、施工组织设计的编制、施工准备和生产准备等。

3. 技术设计

技术设计的内容，由有关部门根据工程的特点和需要自行制定。其深度应满足确定方案中重大技术问题和有关实验、设备制造等方面的要求。

4. 施工图设计

施工图设计应根据已获批准的初步设计进行。其深度应满足以下要求：设备、材料的安排和非标准设备的制作、施工图预算的编制、施工要求等。

施工图设计文件包括：

（1）合同要求所涉及的所有专业的设计图纸（含图纸目录、说明和必要的设备、材料表）以及图纸总封面；对于建筑工程设计，设计说明中还应有建筑节能设计的专项内容。

（2）合同要求的工程预算书。

（3）工程设计计算书。计算书不属于必须交付的设计文件，但应按规定要求编制并归档保存。

在施工图设计阶段，工程设计文件应包括图纸目录、设计说明和施工说明、设备表、设计图纸、计算书。

图纸目录应先列新绘图纸，后列选用的标准图或重复利用图。

5.3.5 建设工程的抗震设防设计

我国是一个地震多发的国家，2008年的汶川地震、2010年的玉树地震和2013年的芦山地震，都给人民群众造成了严重的生命财产损失。建设工程的抗震设计，是工程勘察设计必须要考虑的重要内容之一。建设工程抗震是指通过编制、实施抗震防灾规划，对建设工程进行抗震设防和抗震加固，最大限度地抵抗和防御地震灾害的活动。抗震设防是为了防御地震对建筑物、构筑物产生的破坏，在工程设计和施工中所采取的预防性抗震措施与手段。

5.3.5.1 建设工程抗震规划

1. 抗震防灾工作任务

贯彻执行抗震工作的法律、法规，组织制定抗震工作的规划、计划，负责管理工程（房屋、工程设施、构筑物等）的抗震设防和抗震加固，编制、实施抗震防灾规划和综合抗震防御体系区域规划，调查、评估震后工程灾害，指导并参与抢险救灾和震后恢复重建工作。

2. 抗震防灾规划

抗震防灾规划分为三类：城市抗震防灾规划、企业抗震防灾规划和综合抗震防御体系区域规划。

（1）地震烈度为6度及6度以上城市和今后有可能发生破坏性地震的城市应当编制城市抗震防灾规划。城市抗震防灾规划是城市总体规划的专业规划，应与城市总体规划相协调。城市抗震防灾规划由城市建设行政主管部门会同有关部门共同编制和组织实施，按城市规模及性质等实行分级审批。城市抗震防灾规划内容分为甲、乙、丙三类模式。国家和省重点抗震城市、省会城市和百万人口以上的城市按照甲类模式编制，位于地震基本烈度6度的大城市和7度以上（含7度）的大、中城市按乙类模式编制，其他城市和城镇按丙类模式编制。

（2）形成独立工矿区的企业、大型联合企业、地震破坏后有可能造成严重次生灾害的企业、对国计民生全局有重大影响的企业应当编制企业抗震防灾规划。企业抗震防灾规划应包括以下主要内容：纲要，震前抗震防灾对策，生命线工程抗震，次生灾害的防止和控制，地震发生时紧急抢险，震后恢复等。企业抗震防灾规划由企业组织编制和实施，由企业主管部门审批。

（3）抗震重点防御区应当编制综合抗震防御体系区域规划。综合抗震防御体系区域规划内容主要包括：区域性的库坝、邮电、电力、铁道、交通等，以及城市和农村的抗震对策、措施和震后开展地区或城市间的相互协调、支持等。综合抗震防御体系区域规划由抗震重点防御区的建设行政主管部门组织有关行业部门共同编制和组织实施，在同一省区内的，由省、自治区、直辖市人民政府审批；跨省、自治区、直辖市的，由国务院建设行政主管部门审批。

新建工程抗震设防在进行工程选址、可行性研究时，应按照国务院发展改革行政主管部门、国务院建设行政主管部门的有关规定，提出抗震设防依据、工程建设场地抗震安全评价、设防标准及方案论证等。

5.3.5.2 建设工程抗震设防设计

1. 建设工程的设防范围和标准

地震烈度为6度及6度以上地区和今后有可能发生破坏性地震地区所有新建、改建、扩建工程必须进行抗震设防。

村镇建设中的公共建筑、统建的住宅及乡镇企业的生产、办公用房，必须进行抗震设防；其他工程应根据当地经济发展水平，按照因地制宜、就地取材的原则，采取抗震措施，提高村镇房屋的抗震能力。

2. 抗震设防标准

建设工程的抗震设防标准、设防烈度应当按照国务院建设行政主管部门有关规定和国家现行抗震设计规定确定。工程勘察设计单位在所承担的建设工程勘察设计活动中，应当严格遵守现行抗震设计规范和有关规定。

工程项目的设计文件应有抗震设防的内容，包括设防依据、设防标准、方案论证等。新建工程采用新技术、新材料和新结构体系，均应通过相应级别的抗震性能鉴定，符合抗震要求方可采用。工程项目抗震设计质量由建设行政主管部门会同有关部门进行审查、监督。

5.3.5.3　抗震设防的实施

施工单位应当严格按图纸施工。遵守有关施工规程和规范，对抗震设防措施不得任意更改。各级工程质量监督部门，对工程质量进行检查时，应同时对抗震设防措施进行监督和检查。

建设项目进行竣工验收时，应当对抗震设防的设计要求、构造措施等进行验收。

5.3.5.4　建设工程震后恢复重建

破坏性地震发生后，建设行政主管部门应组织有关部门详细调查和核实地震对城乡建设、工程建设造成的灾害，为恢复重建提供正确的决策依据。遭受严重破坏的城市，应根据恢复重建规划进行重建。恢复重建的抗震设防标准，必须经上级建设行政主管部门批准后执行，任何单位和个人不得擅自提高或降低。

尽快制定恢复重建规划。应根据震害情况，按照一次规划、分期实施、先重点后一般的原则编制，经当地人民政府批准后实施。对震损房屋、工程设施和设备的拆除，必须严格按照国家有关规定执行。

5.3.6　工程设计文件的修改

设计文件是工程建设的主要依据，经批准后就具有一定的严肃性，不得任意修改和变更。如必须修改，则需有关部门批准，其批准权限视修改内容所涉及的范围而定。根据《建设工程勘察设计管理条例》和《人民防空工程施工图设计文件审查管理办法》，修改设计文件应遵守以下规定：

建设单位、施工单位、监理单位不得修改建设工程勘察、设计文件；确需修改建设工程勘察、设计文件的，应当由原建设工程勘察、设计单位修改。经原建设工程勘察、设计单位书面同意，建设单位也可以委托其他具有相应资质的建设工程勘察、设计单位修改。修改单位对修改的勘察、设计文件承担相应责任。

施工单位、监理单位发现建设工程勘察、设计文件不符合工程建设强制性标准、合同约定的质量要求的，应当报告建设单位，建设单位有权要求建设工程勘察、设计单位对建设工程勘察、设计文件进行补充、修改。

建设工程勘察、设计文件内容需要作重大修改的，建设单位应当报经原审批机关批准后，方可修改。

对于建设工程勘察、设计文件中规定采用的新技术、新材料，可能影响建设工程质量和安全,又没有国家技术标准的,应当由国家认可的检测机构进行试验、论证,出具检测报告,并经国务院有关部门或者省、自治区、直辖市人民政府有关部门组织的建设工程技术专家委员会审定后,方可使用。

任何单位或者个人不得擅自修改审查合格的施工图。如遇特殊情况确需修改时,对初步设计审查意见进行的调整和修改应合理。

5.3.7 工程设计文件的审批

5.3.7.1 审批权限

工程设计文件的审批是建设工程勘察设计市场管理的重要环节。我国现行有效的勘察市场管理法规有《建设工程勘察设计管理条例》、《建设工程勘察设计资质管理规定实施意见》(建市〔2007〕202号)、《建筑工程设计招标投标管理办法》、《外商投资建设工程设计企业管理规定》等规章。

在我国,建设项目设计文件的审批实行分级管理、分级审批的原则。《基本建设设计工作管理暂行办法》对设计文件具体审批权限规定如下:

(1) 大中型建设项目的初步设计和总概算及技术设计,按隶属关系由国务院主管部门或省、直辖市、自治区审批。

(2) 小型建设项目初步设计的审批权限由主管部门或省、直辖市、自治区自行规定。

(3) 总体规划设计或总体设计的审批权限与初步设计的审批权限相同。

(4) 各部直接代管的下放项目的初步设计以国务院主管部门为主,会同有关省、直辖市、自治区审查或批准。

(5) 施工图设计除主管部门规定要审查者外,一般不再审批。设计单位要对施工图负责,并向生产、施工单位进行技术交底并听取意见。

5.3.7.2 审批趋势

将来,随着我国政府职能的转变,我国的设计文件审批和修改必将进一步改革,政府对设计文件的审批内容侧重于宏观、规划、安全、环保和职业卫生等内容,其他内容由建设单位进行自行审查将是发展的趋势。

5.4 建设工程施工图设计文件审查

5.4.1 施工图设计文件审查意义与概念

建设工程设计审查是保证工程领域经济、社会和环境效益统一的重要措施,是根据国家相关法律法规依法进行、执行强制性设计标准的必要步骤,是提高设计质量的根本保证。《建设工程质量管理条例》规定:建设单位、勘察单位、设计单位、施工单位、工程监理单位依法对建设工程质量负责。

建设单位应当将施工图设计文件报县级以上人民政府建设行政主管部门或者交通、水利等其他有关部门审查。施工图设计文件审查的具体办法,由国务院建设行政主管部门会同国务院其他有关部门制定,一般是对施工图设计文件中涉及公共利益、公众安全、工程建设强制性标准的内容进行审查。施工图设计文件未经审查批准的,不得使用。

施工图设计文件未经审查批准的,不得使用。建设工程设计文件审查主要是指施工图文件审查,所以一些工程人员习惯将设计文件审查称为审图。施工图审查是指国务院建设行政主管部门和省、自治区、直辖市人民政府建设行政主管部门,依照《建筑工程施工图设计文件审查暂行办法》认定的设计审查机构,根据国家的法律、法规、技术标准与规范,对施工图进行结构安全和强制性标准、规范执行情况等进行的独立审查。

根据国务院颁发的《建设工程质量管理条例》,原建设部出台了《关于印发〈建筑工程施工图设计文件审查暂行办法〉的通知》(建设〔2000〕41号)和《关于颁发施工图设计文件审查要点的通知》(建质〔2003〕2号)、《关于印发〈建筑工程施工图设计文件审查有关问题的指导意见〉的通知》(建设技〔2000〕21号)、《房屋建筑和市政基础设施工程施工图设计文件审查管理办法》(2004年,原建设部令第134号)、国家人防办出台的《人民防空工程施工图设计文件审查管理办法》(国人防〔2009〕282号),对审图的具体工作进行了规定。

5.4.2 施工图设计文件审查机构

施工图审查是政府建设行政主管部门对建筑工程勘察设计质量监督管理的重要环节,是基本建设必不可少的程序,工程建设有关各方必须认真贯彻执行。

工程勘察设计文件应当经县级以上人民政府建设行政主管部门或者其他有关部门(以下简称工程勘察质量监督部门)审查。工程勘察质量监督部门也可以委托施工图设计文件审查机构(以下简称审查机构)对工程勘察文件进行审查。

国务院建设行政主管部门负责全国的施工图审查管理工作。省、自治区、直辖市人民政府建设行政主管部门负责组织本行政区域内的施工图审查工作的具体实施和监督管理工作。

5.4.2.1 施工图审查机构应具备的条件

设计审查机构的设立,应当坚持内行审查的原则。符合以下条件的机构方可申请承担设计审查工作:

(1) 具有符合设计审查条件的工程技术人员组成的独立法人实体。

(2) 有固定的工作场所,注册资金不少于20万元。

(3) 有健全的技术管理和质量保证体系。

(4) 地级以上城市(含地级市)的审查机构,具有符合条件的结构审查人员不少于6人;勘察、建筑和其他配套专业的审查人员不少于7人。县级城市的设计审查机构应具备的条件,由省级人民政府建设行政主管部门规定。

(5) 审查人员应当熟练掌握国家和地方现行的强制性标准、规范。

施工图设计审查人员必须具备下列条件:

(1) 具有10年以上结构设计工作经历,独立完成过5项二级以上(含二级)项目工程设计的一级注册结构工程师、高级工程师,年满35周岁,最高不超过65周岁。

(2) 有独立工作能力,并有一定语言文字表达能力。

(3) 有良好的职业道德。

上述人员经省级建设行政主管部门组织考核认定后,可以从事审查工作。

5.4.2.2 施工图审查机构的审查范围及管理

1. 施工图审查机构的划分及审查范围

施工图审查机构分为甲、乙、丙三个级别。

甲级审查机构的审查人员个人资格应符合《建筑工程施工图设计文件审查暂行办法》的规定，拥有结构审查人员不少于6人，勘察、建筑和其他配套专业的审查人员不少于7人。乙级和丙级审查机构的条件由省、自治区、直辖市建设行政主管部门确定，并报建设部备案。

甲级审查机构的审查范围不受限制；乙级审查机构审查范围为建筑工程设计分级标准规定的二级及以下工程的施工图设计文件；丙级审查机构审查范围为三级工程的施工图设计文件。

2. 施工图审图机构的设立及管理

甲级审查机构由住建部批准。乙级和丙级审查机构由省、自治区、直辖市建设行政主管部门批准。县及县级市是否设置审查机构由省、自治区、直辖市建设行政主管部门视当地具体情况决定。各地设置审查机构的数量，由省、自治区、直辖市建设行政主管部门根据当地建筑工程建设规模和施工图审查工作的需要确定，实行总量控制。

施工图设计文件审查机构审查的重点是对施工图设计文件中涉及安全、公众利益和强制性标准、规范的内容进行审查。建设行政主管部门可结合施工图设计文件报审这一环节，加强对该项目勘察设计单位资质和个人的执业资格情况、勘察设计合同及其他涉及勘察设计市场管理等内容的监督管理。

符合规定的直辖市、计划单列市、省会城市的设计审查机构，由省、自治区、直辖市建设行政主管部门初审后，报国务院建设行政主管部门审批，并颁发施工图设计审查许可证；其他城市的设计审查机构由省级建设行政主管部门审批，并颁发施工图设计审查许可证。取得施工图设计审查许可证的机构，方可承担审查工作。

首批通过建筑工程甲级资质换证的设计单位，申请承担设计审查工作时，建设行政主管部门应优先予以考虑。已经过省、自治区、直辖市建设行政主管部门或计划单列市、省会城市建设行政主管部门批准设立的专职审查机构，按《建筑工程施工图设计文件审查暂行办法》做适当调整、充实，并取得施工图设计审查许可证后，可继续承担审查工作。住建部会经常公布施工图审查机构的名单。

5.4.3 施工图设计文件审查范围与内容

5.4.3.1 施工图审查范围

建筑工程设计等级分级标准中的各类新建、改建、扩建的建筑工程项目均属审查范围。省、自治区、直辖市人民政府建设行政主管部门，可结合本地的实际，确定具体的审查范围。建设单位应当将施工图报送建设行政主管部门，由建设行政主管部门委托有关审查机构，进行结构安全和强制性标准、规范执行情况等内容的审查。

5.4.3.2 施工图审查的主要内容

(1) 建筑物的稳定性、安全性审查，包括地基基础和主体结构体系是否安全、可靠。

(2) 是否符合消防、节能、环保、抗震、卫生、人防等有关强制性标准、规范。

(3) 施工图是否达到规定的深度要求。

(4) 是否损害公众利益。

施工图设计文件中除涉及安全、公众利益和强制性标准、规范的内容外，其他有关设计的经济、技术合理性和设计优化等方面的问题，可以由建设单位通过方案竞选或设计咨询的途径加以解决。

5.4.4 施工图设计文件审查程序

5.4.4.1 施工图文件报送程序

建设单位将施工图报建设行政主管部门审查时，还应同时提供下列资料：
(1) 批准的立项文件或初步设计批准文件。
(2) 主要的初步设计文件。
(3) 工程勘察成果报告。
(4) 结构计算书及计算软件名称。

为简化手续，提高办事效率，凡需进行消防、环保、抗震等专项审查的项目，应当逐步做到有关专业审查与结构安全性审查统一报送、统一受理；通过有关专项审查后，由建设行政主管部门统一颁发设计审查批准书。城市市政基础设施工程的施工图审查工作，参照《建筑工程施工图设计文件审查暂行办法》执行。铁道、交通、水利等专业工程的施工图审查办法，由国务院有关专业部门参照《建筑工程施工图设计文件审查暂行办法》制定，并报国务院建设行政主管部门备案。

5.4.4.2 施工图审查步骤

施工图审查的各个环节都应实现程序规范化，基本步骤如下：
(1) 建设单位向建设行政主管部门报送施工图，应有书面登记。
(2) 建设行政主管部门委托审查机构进行审查，应向审查机构发出委托审查通知书。
(3) 审查机构完成审查，应向建设行政主管部门提交技术性审查报告。
(4) 审查结束，建设行政主管部门向建设单位发出程序性审查批准书。
(5) 报审施工图设计文件和有关资料应存档备查。

以上各环节都应由省、自治区、直辖市建设行政主管部门制定统一的文本格式，并报建设部勘察设计司备案。

5.4.4.3 施工图文件审查要求

审查机构应当在收到审查材料后 20 个工作日内完成审查工作，并提出审查报告；特级和一级项目应当在 30 个工作日内完成审查工作，并提出审查报告，其中重大及技术复杂项目的审查时间可适当延长。

审查合格的项目，审查机构向建设行政主管部门提交项目施工图审查报告，由建设行政主管部门向建设单位通报审查结果，并颁发施工图审查批准书。对审查不合格的项目，提出书面意见后，由审查机构将施工图退回建设单位，并由原设计单位修改，重新送审。施工图审查批准书，由省级建设行政主管部门统一印制，并报国务院建设行政主管部门备案。

施工图审查报告的主要内容，应当符合《建筑工程施工图设计文件审查暂行办法》规定的要求，并由审查人员签字、审查机构盖章。凡应当审查而未经审查或者审查不合格的施工图项目，建设行政主管部门不得发放施工许可证，施工图也不得交付施工。

施工图一经审查批准,不得擅自进行修改。如遇特殊情况需要进行涉及审查主要内容的修改时,必须重新报请原审批部门,由原审批部门委托审查机构审查后再批准实施。

建设单位或者设计单位对审查机构做出的审查报告如有重大分歧时,可由建设单位或者设计单位向所在省、自治区、直辖市人民政府建设行政主管部门提出复查申请,由省、自治区、直辖市人民政府建设行政主管部门组织专家论证并做出复查结果。

建筑工程竣工验收时,有关部门应当按照审查批准的施工图进行验收。

施工图审查工作所需经费,由施工图审查机构向建设单位收取。具体取费标准由省、自治区、直辖市人民政府建设行政主管部门商当地有关部门确定。

5.4.5 施工图设计文件审查各方责任

5.4.5.1 建设单位的责任

建设单位要对报送建设行政主管部门的审查材料的真实性负责;建设单位施工图设计文件未经审查或者审查不合格,擅自施工的,责令改正,并处20万元以上50万元以下的罚款。

5.4.5.2 设计单位和设计人员的责任

勘察、设计单位对提交的勘察报告、设计文件的真实性负责,并积极配合审查工作。勘察设计单位及其设计人员对自己的勘察设计文件质量负责。《建设工程质量管理条例》和《建设工程勘察设计管理条例》等法规规定:设计单位对工程质量负责。

5.4.5.3 审查机构及其审查人员的责任

施工图审查机构和审查人员应当依据法律、法规和国家与地方的技术标准认真履行审查职责。施工图审查机构应当对审查的图纸质量负相应的审查责任,但不代替设计单位承担设计质量责任。施工图审查机构不得对本单位,或与本单位有直接经济利益关系的单位完成的施工图进行审查。

施工图审查机构应当履行下列职责:

(1) 监督检查工程勘察企业有关质量管理文件、文字报告、计算书、图纸图表和原始资料等,是否符合有关规定和标准。

(2) 发现勘察质量问题,及时报告有关部门依法处理。

审查机构未按照规定审查,给建设单位造成损失的,依法承担赔偿责任;情节严重的,由工程勘察质量监督部门撤销委托。

审查人员要在审查过的图纸上签字。对玩忽职守、徇私舞弊、贪污受贿的审查人员和机构,由建设行政主管部门依法给予暂停或者吊销其审查资格,并处以相应的经济处罚。构成犯罪的,依法追究其刑事责任。

5.4.5.4 建设行政主管部门的责任

建设行政主管部门在施工图审查工作中主要负责制定审查程序、审查范围、审查内容审查标准并颁发审查批准书;负责制定审查机构和审查人员条件,批准审查机构,认定审查人员;对审查机构和审查工作进行监督并对违规行为进行查处;对施工图设计审查负依法监督和管理的行政责任。

5.5 建设工程勘察设计的监督与管理

5.5.1 监督管理机构

《建设工程勘察设计管理条例》规定：国务院建设行政主管部门对全国的建设工程勘察、设计活动实施统一监督管理。国务院铁路、交通、水利等有关部门按照国务院规定的职责分工，负责对全国的有关专业建设工程勘察、设计活动的监督管理。

县级以上地方人民政府建设行政主管部门对本行政区域内的建设工程勘察、设计活动实施监督管理。县级以上地方人民政府交通、水利等有关部门在各自的职责范围内，负责对本行政区域内的有关专业建设工程勘察、设计活动的监督管理。

5.5.2 监督管理内容

5.5.2.1 勘察设计资质管理

国家对设计市场实行从业单位资质、个人执业资格准入管理制度。各级建设主管部门和铁路、交通、水利、信息产业、民航等有关部门按职权范围负责对全国建设工程勘察、工程设计资质的统一监督管理，包括对勘察设计单位和个人的勘察设计资质证书的发放、年审、行政执法等工作。

5.5.2.2 勘察设计质量管理

根据《建设工程质量管理条例》、《建设工程勘察设计管理条例》、《建设工程勘察质量管理办法》等法规政策的规定，国务院建设行政主管部门对全国的建设工程勘察质量实施统一监督管理。国务院铁路、交通、水利等有关部门按照国务院规定的职责分工，负责对全国的有关专业建设工程勘察质量的监督管理。县级以上地方人民政府建设行政主管部门对本行政区域内的建设工程勘察质量实施监督管理。县级以上地方人民政府有关部门在各自的职责范围内，负责对本行政区域内的有关专业建设工程勘察质量的监督管理。建设工程质量监督管理，可以由建设行政主管部门或者其他有关部门委托的建设工程质量监督机构具体实施。

5.5.2.3 勘察设计市场秩序管理

建设行政主管部门和有关管理部门按各自职责分工，对设计市场活动进行监督管理，依法查处设计市场活动中的违法行为，维护和保障设计市场秩序。对建设工程勘察设计市场，要遵循公开、公正、平等竞争的监管原则，禁止任何单位和个人以任何理由分割、封锁、垄断设计市场。

建设行政主管部门对在勘察设计文件中弄虚作假的单位和个人将依法予以处罚。

5.5.3 中外合作建设工程设计企业的有关规定

根据原建设部和原外经贸部近日联合发布《外商投资建设工程设计企业管理规定》和原建设部《关于外国企业在中华人民共和国境内从事建设工程设计活动的管理暂行规定》（建市〔2004〕78号）的相关规定，国家对外商投资建设工程设计企业的设立、资质的申请和审批，实行分级、分类管理。

外商投资建设工程设计企业在中华人民共和国境内从事建设工程设计活动,应当遵守中国的法律、法规、规章。外商投资建设工程设计企业在中华人民共和国境内的合法经营活动及合法权益受中国法律、法规、规章的保护。

国务院对外贸易经济合作行政主管部门负责外商投资建设工程设计企业设立的管理工作,国务院建设行政主管部门负责外商投资建设工程设计企业资质的管理工作。省、自治区、直辖市人民政府对外贸易经济行政主管部门在授权范围内负责外商投资建设工程设计企业设立的管理工作,省、自治区、直辖市人民政府建设行政主管部门负责本行政区域内的外商投资建设工程设计企业资质的管理工作。

5.5.4 建设工程勘察设计的收费与罚则

我国对工程勘察和工程设计的收费,根据建设项目投资额的不同情况,分别实行政府指导和市场调节价。建设项目总投资估算额500万元及以上的工程勘察和工程设计收费实行政府指导价,建设项目总投资估算额500万元以下的工程勘察和工程设计收费实行市场调节价。

实行政府指导价的工程勘察和工程设计收费,其基准价根据《工程勘察收费标准》或者《工程设计收费标准》计算,除另有规定者外,浮动幅度为上下20%。发包人和勘察人、设计人应当根据建设项目的实际情况在规定的浮动幅度内协商确定收费额。

5.5.4.1 勘察设计收费

1. 工程勘察

通用工程勘察收费按照下列公式计算:

(1) 工程勘察收费＝工程勘察收费基准价×(1±浮动幅度值)

(2) 工程勘察收费基准价＝工程勘察实物工作收费＋工程勘察技术工作收费

(3) 工程勘察实物工作收费＝工程勘察实物工作收费基价×实物工作量×附加调整系数

(4) 工程勘察技术工作收费＝工程勘察实物工作收费×技术工作收费比例

2. 工程设计

通用工程设计收费按照下列公式计算:

(1) 工程设计收费＝工程设计收费基准价×(1±浮动幅度值)

(2) 工程设计收费基准价＝基本设计收费＋其他设计收费

(3) 基本设计收费＝工程设计收费基价×专业调整系数×工程复杂程度调整系数×附加调整系数

各系数可参考国家标准和当地政府的规定。

5.5.4.2 勘察设计违法责任和查处

我国规定,任何单位和个人对建设工程勘察、设计活动中的违法行为都有权检举、控告、投诉的义务。

1. 建设单位的责任

发包方将建设工程勘察、设计业务发包给不具有相应资质等级的建设工程勘察、设计单位的,责令改正,处50万元以上100万元以下的罚款。

2. 勘察设计单位的责任

(1) 非法承揽勘察设计业务的责任

工程勘察、设计单位超越其资质等级许可的范围或者以其他建设工程勘察、设计单位的名义承揽建设工程勘察、设计业务的，责令停止违法行为，处合同约定的勘察费、设计费1倍以上2倍以下的罚款；有违法所得的，予以没收；可以责令停业整顿，降低资质等级；情节严重的，吊销资质证书。

以欺骗手段取得资质证书承揽工程的，吊销资质证书，处合同约定的勘察费、设计费1倍以上2倍以下的罚款，有违法所得的，予以没收。

(2) 非法转包的责任

建设工程勘察、设计单位将所承揽的建设工程勘察、设计转包的，责令改正，没收违法所得，处合同约定的勘察费、设计费25%以上50%以下的罚款，可以责令停业整顿，降低资质等级；情节严重的，吊销资质证书。

(3) 不按规定进行设计的责任

有下列行为之一的，责令改正，处10万元以上30万元以下的罚款：勘察单位未按照工程建设强制性标准进行勘察的；设计单位未根据勘察成果文件进行工程设计的；设计单位指定建筑材料、建筑构配件的生产厂、供应商的；设计单位未按照工程建设强制性标准进行设计的。

3. 勘察设计执业人员的责任

未经注册，擅自以注册建设工程勘察、设计人员的名义从事建设工程勘察、设计活动的，责令停止违法行为，没收违法所得，处违法所得2倍以上5倍以下罚款；给他人造成损失的，依法承担赔偿责任。

建设工程勘察、设计注册执业人员和其他专业技术人员未受聘于一个建设工程勘察、设计单位或者同时受聘于两个以上建设工程勘察、设计单位，从事建设工程勘察、设计活动的，责令停止违法行为，处违法所得2倍以上5倍以下的罚款；情节严重的，可以责令停止执行业务或者吊销资格证书；给他人造成损失的，依法承担赔偿责任。

责令停业整顿、降低资质等级和吊销资质证书、资格证书的行政处罚，由颁发资质证书、资格证书的机关决定；其他行政处罚，由建设行政主管部门或者其他有关部门依据法定职权范围决定。被吊销资质证书的，由工商行政管理部门吊销其营业执照。

4. 国家机关工作人员的责任

国家机关工作人员在建设工程勘察、设计活动的监督管理工作中玩忽职守、滥用职权、徇私舞弊，构成犯罪的，依法追究刑事责任；尚不构成犯罪的，依法给予行政处分。

5.6 本章案例分析

5.6.1 案例背景

2012年8月，广东省某市天×投资有限公司欲在该市工业园区建一大型储粮仓库，经人介绍与金×建筑设计有限公司相识，金×建筑设计有限公司自称具有乙级设计资质，能进行各种库房的设计。2012年11月2日，天×投资有限公司与金×建筑设计有限公司双方就库房的工程设计进行了协商，并且签订了《民用建设工程设计合同》一份。工程设计合同的签订日期为 2012 年 11 月 2 日。当时双方约定设计费为 8 万元，该合同共 5 页 8 条，在合同的尾部双方单位及法定代表人都有签名盖章。

2012 年 11 月 14 日金×建筑设计有限公司把设计图纸交付给天×投资有限公司。2012 年 11 月 20 日天×投资有限公司即按该设计图纸开始施工，天×投资有限公司于 2012 年 12 月 10 日支付给金×建筑设计有限公司设计费 4 万元。

2013 年 3 月 20 日该工程竣工交付使用后，在未达到设计容量时即出现墙体外拱，致使该库房部分报废，部分需整体加固。2013 年 3 月 30 日，天×投资有限公司对该库房墙体外拱、裂纹等原因及加固所需的费用等申请进行鉴定，其主要结论为："综合上述情况分析及验算结果，天×投资有限公司在该市工业区建造的粮仓，出现的墙体、混凝土构件变形开裂，是金×建筑设计有限公司设计出现重大失误造成的。经计算所需的加固费用为 138.85 万元。"

5.6.2 案例分析

经有关部门查明，金×建筑设计有限公司注册资本为 30 万元，实收资本 30 万元，公司类型为有限责任公司，经营范围为建筑工程设计、建筑设计技术咨询，成立日期为 2004 年 8 月 15 日，年检日期为 2011 年 3 月 20 日，上面加盖有该市工商行政管理局的印章。工程设计证书为：主行业为化工工程，跨行业为建筑工程，证书等级为丙级，发证机关为原广东省建设委员会（上面并加盖有本单位的印章）。

本案例中，金×建筑设计有限公司在资质范围外开展工程设计业务，致使提供的设计图纸质量不合格，是出现工程质量问题和造成损失的主要原因。根据《建设工程勘察设计管理条例》的规定：建设工程勘察、设计单位应当在其资质等级许可的范围内承揽建设工程勘察、设计业务。

天×投资有限公司如果投诉到建设行政主管部门，建设行政主管部门将"禁止建设工程勘察、设计单位超越其资质等级许可的范围或者以其他建设工程勘察、设计单位的名义承揽建设工程勘察、设计业务。"责令停止违法行为，处合同约定的勘察费、设计费 1 倍以上 2 倍以下的罚款，有违法所得的，予以没收；可以责令停业整顿，降低资质等。因此，将面临 8 万到 16 万元的罚款以及责令停业整顿、降低资质等级等行政处罚。

处理结果：

后来，天×投资有限公司直接上诉到法院，法院根据《中华人民共和国合同法》第二百八十条的规定："勘察、设计的质量不符合要求，造成发包人损失的设计人应当继续完善勘察、设计，减收或者免收勘察、设计费并赔偿损失，"进行判决。就本案而言，工程已竣工，且出现重大设计质量问题，继续完善设计已无可能。法院判决金×建筑设计有限公司赔偿天×投资有限公司 138.85 万元，并返还设计费 2 万元，另外赔偿各种诉讼受理费 3 万元。

本案例中，金×建筑设计有限公司提出图纸没有审核，天×投资有限公司也应负一定责任。关于该图纸使用前是否必须经县级以上地方人民政府审核备案的问题，根据 2004 年原建设部令第 134 号《房屋建筑和市政基础设施工程施工图设计文件审查管理办法》的规定："本办法所称施工图审查，是指建设主管部门认定的施工图审查机构按照有关法律、法规，对施工图涉及公共利益、公众安全和工程建设强制性标准的内容进行的审查。施工图未经审查合格的,不得使用。"天×投资有限公司所建的民用粮仓不属于涉及公共利益、公众安全及工程建设强制性标准的内容,故不应受该令的约束。

习 题 与 思 考 题

1. 单项选择题

(1) 关于建设工程勘察与设计任务的发包,下列说法错误的是(   )。
A. 发包方可以将整个工程建设勘察设计发包给一个勘察设计单位
B. 发包方可以将工程建设的勘察设计分别发包给几个勘察设计单位
C. 工程建设勘察设计单位不得将所承揽的工程建设勘察设计转包
D. 工程建设勘察设计单位不得将所承揽的工程建设勘察设计分包

(2) 工程项目的设计成果完成后,由(   )负责组织签订、验收和向设计审批部门报批。
A. 设计人   B. 监理人   C. 审图机构   D. 发包人

(3) 审查机构应当在收到审查材料后(   )个工作日内,完成审查工作并提出审查报告。
A. 5   B. 10   C. 15   D. 20

(4) 甲级施工图审查机构由(   )批准。
A. 国务院   B. 住房和城乡建设部
C. 各省建设行政主管部门   D. 各行业主管部门

(5) 甲级施工图审查机构,要求勘察、建筑和其他配套专业的审查人员不少于(   )人。
A. 5   B. 6   C. 7   D. 10

2. 多项选择题(一个以上答案正确)

(1) 根据《建设工程勘察设计管理条例》,可以直接发包的工程建设勘察、设计项目有(   )。
A. 采用特定专利的项目   B. 采用特定的专有技术的项目
C. 小型项目   D. 私人投资的项目
E. 建筑艺术造型有特定要求的项目

(2) 任何单位和个人对建设工程勘察、设计活动中的违法行为都有权(   )。
A. 检举   B. 申诉   C. 控告   D. 抗辩
E. 投诉

(3) 未经注册,擅自以注册建设工程勘察、设计人员的名义从事建设工程勘察设计活动的(   )。
A. 责令停止违法行为   B. 没收违法所得
C. 处违法所得2倍以上5倍以下罚款   D. 情节严重的,吊销资质证书

(4) 工程建设国家标准编制程序分为(   )。
A. 准备阶段   B. 征求意见阶段   C. 送审阶段   D. 报批阶段

(5) 抗震防灾规分为以下几类(   )。
A. 城市抗震防灾规划

B. 企业抗震防灾规划

C. 综合抗震防御体系区域规划

3. 问答题

(1) 现行的勘察设计的法律法规主要有哪些？

(2) 工程建设标准的编制原则是什么？

(3) 工程建设勘察设计的编制依据是什么？

(4) 工程建设勘察设计文件的审批权限是什么？

(5) 施工图设计文件审查机构的设立条件有哪些要求？

(6) 施工图设计文件审查机构的法律责任是什么？

4. 案例分析题

某工程为新区建设项目审批改革试点工程之一，其建筑功能复杂，建筑方案特别不规则，根据《建筑抗震设计规范》GB 50011—2010 第 3.4.1 条规定，特别不规则的建筑应进行专门研究和论证，采取特别的加强措施。但这样一来，不仅所需时间较长，且会增加工程成本，建设方希望能对方案的结构平面布置做出合理调整，但由于各种条件限制，设计方觉得调整方案困难重重。审查事务中心负责跟踪其进度的专门人员得知这一情况后，告知建设方，根据审改方案，在建设单位选择审查机构并签订审查合同时，可自主选择申请政府部门技术指导或委托审查机构技术咨询，并在合同中约定具体是哪个阶段（方案、初步设计、施工图或任意组合阶段）。

最终建设方和审查机构商定，要求审图公司提前介入该工程的设计，对初步设计和施工图设计两个阶段提供技术咨询服务。审查机构也积极配合，凭借工程师们多年的工作经验，不仅对建筑平面布置进行了合理调整，在技术方面也给出了很多建设性意见，使问题得到了圆满解决。更重要的是，在建设单位、设计院和审查机构的多次沟通、协调下，很多问题在初步设计阶段和施工图编制阶段就做了合理的规避和处理，因此施工图设计文件审查很快顺利通过。审查机构的提前介入，不仅提高了工程设计质量，而且也为建设方有效地压缩了前期时间，节约了成本。

问题：

在进行项目设计阶段，审查机构可以在哪个阶段介入，提供哪些服务？

第6章 建设工程施工与监理法规

本章介绍了建设工程施工与监理法律法规的发展历史,以及施工监理现行的主要的法律法规和规章制度,重点介绍了建筑工程施工许可制度。

6.1 建设工程施工的法律法规

6.1.1 概述

按《建筑法》的定义,建筑活动,是指各类房屋建筑及其附属设施的建造和与其配套的线路、管道、设备的安装活动。施工是建筑活动的主要内容,我国没有综合性的建筑施工法律,有关建筑施工的法律体现在《建筑法》的相关章节中。广义的建筑施工法律包括以下内容:建筑安全生产管理、建筑工程质量管理、建筑工程发包与承包、建筑监理等,有关这些施工法律法规在其他章节专门论述。狭义的建筑施工法规有原建设部颁布施行的《建筑工程施工许可管理办法》(2001年修正)。

6.1.2 建筑施工许可制度

为了加强对建筑活动的监督管理,维护建筑市场秩序,保证建筑工程的质量和安全,根据《建筑法》、《建筑工程施工许可管理办法》的规定,凡在中华人民共和国境内从事各类房屋建筑及其附属设施的建造、装修装饰和与其配套的线路、管道、设备的安装,以及城镇市政基础设施工程的施工,建设单位在开工前应当依照规定,向工程所在地的县级以上人民政府建设行政主管部门申请领取施工许可证。

按规定必须申请领取施工许可证的建筑工程未取得施工许可证的,一律不得开工。任何单位和个人不得将应该申请领取施工许可证的工程项目分解为若干限额以下的工程项目,规避申请领取施工许可证。

6.1.3 申请施工许可证的条件

建设单位申请领取施工许可证,应当具备下列条件:
(1) 已经办理该建筑工程用地批准手续。
(2) 在城市规划区的建筑工程,已经取得建设工程规划许可证。
(3) 施工场地已经基本具备施工条件,需要拆迁的,其拆迁进度符合施工要求。
(4) 已经确定施工企业。按照规定应该招标的工程没有招标,应该公开招标的工程没有公开招标,或者肢解发包工程,以及将工程发包给不具备相应资质条件的,所确定的施工企业无效。
(5) 有满足施工需要的施工图纸及技术资料,施工图设计文件已按规定进行了审查。

（6）有保证工程质量和安全的具体措施。施工企业编制的施工组织设计中有根据建筑工程特点制定的相应质量、安全技术措施，专业性较强的工程项目编制了专项质量、安全施工组织设计，并按照规定办理了工程质量、安全监督手续。

（7）按照规定应该委托监理的工程已委托监理。

（8）建设资金已经落实。建设工期不足1年的，到位资金原则上不得少于工程合同价的50%，建设工期超过1年的，到位资金原则上不得少于工程合同价的30%。建设单位应当提供银行出具的到位资金证明，有条件的可以实行银行付款保函或者其他第三方担保。

（9）法律、行政法规规定的其他条件。

6.1.4 施工许可证的办理程序

申请办理施工许可证，应当按照下列程序进行：

（1）建设单位向发证机关领取《建筑工程施工许可证申请表》。

（2）建设单位持加盖单位及法定代表人印鉴的《建筑工程施工许可证申请表》，并附《建筑工程施工许可管理办法》第四条规定的证明文件，向发证机关提出申请。

（3）发证机关在收到建设单位报送的《建筑工程施工许可证申请表》和所附证明文件后，对于符合条件的，应当自收到申请之日起15日内颁发施工许可证；对于证明文件不齐全或者失效的，应当限期要求建设单位补正，审批时间可以自证明文件补正齐全后作相应顺延；对于不符合条件的，应当自收到申请之日起15日内书面通知建设单位，并说明理由。

建筑工程在施工过程中，建设单位或者施工单位发生变更的，应当重新申请领取施工许可证。

6.1.5 不需要申请领取施工许可证的情况

并不是每个工程都需要申领施工许可证，下列情况不需要申领施工许可证。

1. 国务院建设行政主管部门确定的限额以下的小型工程

根据2001年7月4日原建设部发布的《建筑工程施工许可管理办法》第二条规定，所谓的限额以下的小型工程指的是：工程投资额在30万元以下或者建筑面积在300平方米以下的建筑工程。同时，该《办法》也进一步做出了说明，省、自治区、直辖市人民政府建设行政主管部门可以根据当地的实际情况，对限额进行调整，并报国务院建设行政主管部门备案。

2. 作为文物保护的建筑工程

《建筑法》第八十三条规定：依法核定作为文物保护的纪念建筑物和古建筑等的修缮，依照文物保护的有关法律规定执行。作为文物保护的建筑工程施工不需要申领施工许可证。

3. 临时性建筑

工程建设中经常会出现临时性建筑，例如工人的宿舍、食堂等。这些临时性建筑由于其生命周期短，《建筑法》和《建筑工程施工许可管理办法》也明确规定此类工程不需要申请施工许可证。

4. 抢险救灾工程

由于此类工程的特殊性，《建筑法》和《建筑工程施工许可管理办法》均明确规定此类工程开工前不需要申请施工许可证。

5. 军用房屋建筑

由于此类工程涉及军事秘密，不宜过多公开信息，《建筑法》第八十四条明确规定：军用房屋建筑工程建筑活动的具体管理办法，由国务院、中央军事委员会依据本法制定。军事房屋建筑工程施工许可的管理，按国务院、中央军事委员会制定的办法执行，并不需要申领施工许可证。

6. 按照国务院规定的权限和程序批准开工报告的建筑工程

此类工程开工的前提是已经有经批准的开工报告，而不是施工许可证，因此，此类工程自然是不需要申请施工许可证的。《建筑工程施工许可管理办法》明确规定，按照国务院规定的权限和程序批准开工报告的建筑工程，不再领取施工许可证。

7. 农民自建房

按《建筑工程施工许可管理办法》的规定，农民自建两层以下（含两层）住宅工程，不需要申领施工许可证。

6.1.6 施工许可证的管理

建设单位申请领取施工许可证的工程名称、地点、规模，应当与依法签订的施工承包合同一致。施工许可证应当放置在施工现场备查。施工许可证不得伪造和涂改。

6.1.6.1 施工许可证废止的条件

《建筑法》第九条规定：建设单位应当自领取施工许可证之日起3个月内开工。因故不能按期开工的，应当向发证机关申请延期；延期以2次为限，每次不超过3个月。既不开工又不申请延期或者超过延期时限的，施工许可证自行废止。

6.1.6.2 重新核验施工许可证的条件

在建的建筑工程因故中止施工的，建设单位应当自中止施工之日起1个月内向发证机关报告，报告内容包括中止施工的时间、原因、在施部位、维修管理措施等，并按照规定做好建筑工程的维护管理工作。

建筑工程恢复施工时，应当向发证机关报告；中止施工满1年的工程恢复施工前，建设单位应当报发证机关核验施工许可证。

6.1.6.3 重新办理开工报告的条件

按照国务院规定重新办理开工报告的工程属于施工许可制度的特殊情况。对于这类工程的管理，《建筑法》第十一条规定：按照国务院有关规定批准开工报告的建筑工程，因故不能按期开工或者中止施工的，应当及时向批准机关报告情况。因故不能按期开工超过6个月的，应当重新办理开工报告的批准手续。

6.2 建设工程监理的法律法规

6.2.1 概述

工程建设监理是指监理单位受项目法人的委托，依据国家批准的工程项目建设文件、有关工程建设的法律、法规和工程建设监理合同及其他工程建设合同，对工程建设实施的监督管理。我国没有专门的建设工程监理法律，但在《中华人民共和国建筑法》里有关于工程监理的规定。工程监理的法规和规范有《工程建设监理规定》、《建设工程监理规范》GB/T 50319—2013 等。广义的工程监理法规还有《建设工程质量管理条例》和《工程建设标准强制性条文》等。

6.2.2 建设工程监理法规的发展

我国建设监理制度从 1988 年起步，历经了 20 年的创新发展，已经形成了中国特色的工程管理制度。工程监理在提高质量、缩短工期、降低造价方面取得了显著的效果。

我国的建设工程监理，最早是在交通领域开始的。后来，建设监理制度逐渐推广到其他建设领域。我国建设工程监理的发展历程经过了以下几个阶段：

1. 试点阶段（1988～1992 年）

1988 年 7 月 25 日，原建设部发布《关于开展建设监理工作的通知》，提出建立具有中国特色的建设监理制度。1988 年 8 月 12 日至 13 日，原建设部在北京召开建设监理试点工作会议（即第一次全国建设监理工作会议），研究落实《通知》的要求，商讨监理试点工作的目的、要求，确定监理试点单位的条件等事宜。同年 11 月 28 日，原建设部又发出了《关于开展建设监理试点工作的若干意见》，决定建设监理制先在北京、上海、天津、南京、宁波、沈阳、哈尔滨、深圳八市和能源、交通的水电与公路系统进行试点。

原交通部作为建设工程监理制的试点单位，利用世界银行贷款先后修建了很多基础交通设施，如陕西省西安至三原一级公路、京津塘高速公路和天津港东突堤工程。在以上工程修建中，承包方按照国际通行的 FIDIC（菲迪克）合同条款要求，都实行了国际招标及工程监理制，从而逐步形成了适合中国国情的交通建设工程监理模式。

2. 稳步发展阶段（1993～1995 年）

1992 年，我国为工程监理制定了一系列的规章制度，包括《工程建设监理单位资质管理试行办法》、《监理工程师资格考试和注册试行办法》、《关于发布建设工程监理费有关规定的通知》。到 1992 年底，全国有 28 个省、市、自治区及国务院的 20 个工业、交通等部门先后开展了建设监理工作，累计对 1636 项、投资额 2396 亿元的工程项目实施监理。1993 年，在全国第五次建设监理工作会议上，原建设部全面总结了监理试点的成功经验，根据形势发展的需要和全国监理工作的现状，部署了结束试点、转向稳步发展阶段的各项工作。1995 年 10 月，原建设部、原国家工商行政管理局印发了《工程建设监理合同》示范文本；同年 12 月，原建设部、原国家计委颁发了《工程建设监理规定》。

3. 全面推行阶段（1996 年开始至今）

从 1996 年开始，在全国全面推行建设工程监理制度。1997 年 11 月 1 日，第八届全国人民代表大会常务委员会第二十八次会议通过了《中华人民共和国建筑法》，《建筑法》第三十条规定："国家推行建筑工程监理制度。"这是我国第一次以法律的形式对工程监理做出规定。2000 年 1 月 30 日发布施行的《建设工程质量管理条例》（国务院令第 279 号），对工程监理单位的质量责任和义务做出了具体的规定。2004 年 2 月 1 日起施行的《建设工程安全生产管理条例》（国务院令第 393 号），对工程监理承担建设工程安全生产的监理责任做出了规定。截至 2009 年 12 月底，全国共有监理企业 5867 家，其中综合资质55家，甲级2050家，乙级及以下3762家，国家注册监理工程师11万余人，监理从业人员超过56万人。监理工作覆盖了房屋建筑、市政公用工程、冶炼、石油化工、水利水电、电力、公路、港航、通信等等众多类别的工程项目。

为了提高工程监理的质量，我国还对监理工程师开展继续教育，使注册监理工程师及时掌握与工程监理有关的法律法规、标准规范和政策，熟悉工程监理与工程项目管理的新理论、新方法，了解工程建设新技术、新材料、新设备及新工艺，适时更新业务知识，不断提高注册监理工程师业务素质和执业水平，以适应开展工程监理业务和工程监理事业发展的需要。

2006年，原建设部制定了《注册监理工程师管理规定》（原建设部令第147号）。为了做好注册监理工程师继续教育工作，并根据《注册监理工程师注册管理工作规程》（建市监函〔2006〕28号）中有关继续教育的规定，原建设部建筑市场管理司制定了《注册监理工程师继续教育暂行办法》（建市监函〔2006〕62号），使我国建设监理走上了规范发展的道路，建设监理法规也日趋完善。

6.3 建设工程施工监理制度

我国实施建设工程监理制度。建设工程监理是指工程监理单位接收建设单位的委托，代表建设单位进行项目管理的过程。根据《建筑法》的相关规定，建设单位与其委托的工程监理单位应当订立书面委托合同。工程监理单位应当根据建设单位的委托，客观、公正地执行监理业务。建设单位和工程监理单位之间是一种委托代理关系，适用《民法通则》有关代理的法律规定。

6.3.1 建设工程监理的原则

我国《建设工程监理规范》GB/T 50319—2013明确规定，实施建设工程监理前，监理单位必须与建设单位签订书面建设工程委托监理合同，合同中应包括监理单位对建设工程质量、造价、进度进行全面控制和管理的条款，建设单位与承包单位之间涉及建设工程合同有关的联系活动，应通过监理单位进行。建设工程监理工作应严格按照以下原则进行：

（1）建设工程总监理工程师负责制。总监理工程师是工程监理活动的权利主体。根据总监理工程师承担责任的要求，总监理工程师全面领导建设工程的监理工作，包括组建项目监理机构，主持编制建设工程监理规划，组织实施监理活动，对监理工作总结、监督、评价。同时，总监理工程师是工程监理的责任主体。责任是总监理工程师负责制的核心，它构成了对总监理工程师的工作压力与动力，也是确定总监理工程师权力和利益的依据。所以总监理工程师应是向业主和监理单位所负责任的承担者。

（2）公正、独立、自主的原则。监理单位应公正、独立、自主地开展监理工作，维护建设单位和承包单位的合法权益。监理工程师在建设工程监理中必须尊重科学、尊重事实，组织各方协同配合，维护有关各方的合法权益。为此，必须坚持公正、独立、自主的原则。建设单位与承建单位虽然都是独立运行的经济主体，但他们追求的经济目标有差异，监理工程师应在按合同约定的权、责、利关系的基础上，协调双方的一致性。

(3) 权责一致的原则。承担监理任务的监理工程师应该明确自己被建设单位所授予的监理职权以及所应承担的职责，这种职权授予，应体现在业主与监理单位之间签订的委托监理合同之中，还应作为业主与承包单位之间建设工程合同的合同条件。因此，监理工程师在明确业主提出的监理目标和监理工作内容要求后，应与业主协商，明确相应的授权，达成共识后明确反映在委托监理合同中及建设工程合同中。据此，监理工程师才能开展监理活动。因此，在委托监理合同实施中，监理单位应给总监理工程师充分授权，体现权责一致的原则。

(4) 综合效益的原则。建设工程监理活动既要考虑业主的经济效益，也必须考虑与社会效益和环境效益的有机统一。虽经业主的委托和授权，但监理工程师应首先严格遵守国家的建设管理法律、法规、标准等，既对业主负责，又要对国家和社会负责。只有在符合宏观经济效益、社会效益和环境效益的条件下，业主投资项目的微观经济效益才得以实现。

(5) 严格监理的原则。严格监理，就是各级监理人员严格按照国家政策、法规、规范、标准和合同控制建设工程的目标，依照既定的程序和制度，认真履行职责，对承建单位进行严格监理。

6.3.2 强制监理的范围

并不是所有的工程都需要实行监理，《建筑法》第三十条规定："国家推行建筑工程监理制度。国务院可以规定实行强制监理的建筑工程的范围。"

2000年1月30日施行的《建设工程质量管理条例》第十二条，规定了必须强制实行监理的建设工程范围。在此基础上，《建设工程监理范围和规模标准规定》（2001年1月17日原建设部令第86号发布）则对必须强制实行监理的建设工程做出了更加具体的规定。

以下建设工程必须实行监理：

(1) 国家重点建设工程。国家重点建设工程，是指依据《国家重点建设项目管理办法》所确定的对国民经济和社会发展有重大影响的骨干项目。

(2) 大中型公用事业工程。大中型公用事业工程，是指项目总投资额在3000万元以上的下列工程项目：供水、供电、供气、供热等市政工程项目，科技、教育、文化等项目，体育、旅游、商业等项目，卫生、社会福利等项目，其他公用事业项目。

(3) 成片开发建设的住宅小区工程。成片开发建设的住宅小区工程，建筑面积在5万平方米以上的住宅建设工程必须实行监理；5万平方米以下的住宅建设工程，可以实行监理，具体范围和规模标准，由省、自治区、直辖市人民政府建设行政主管部门规定。为了保证住宅质量，对高层住宅及地基、结构复杂的多层住宅应当实行监理。

(4) 利用外国政府或者国际组织贷款、援助资金的工程。范围包括：使用世界银行、亚洲开发银行等国际组织贷款资金的项目，使用国外政府及其机构贷款资金的项目，使用国际组织或者国外政府援助资金的项目。

(5) 国家规定必须实行监理的其他工程。国家规定必须实行监理的其他工程是指：1) 项目总投资额在3000万元以上关系社会公共利益、公众安全的下列基础设施项目：煤炭、石油、化工、天然气、电力、新能源等项目，铁路、公路、管道、水运、民航以及其他交通运输业等项目，邮政、电信枢纽、通信、信息网络等项目，防修、灌溉、排涝、发电、引（供）水、滩涂治理、水资源保护、水土保持等水利建设项目，道路、桥梁、地铁和轻轨交通、污水排放及处理、垃圾处理、地下管道、公共停车场等城市基础设施项目，生态环境保护项目，其他基础设施项目；2) 学校、影剧院、体育场馆项目。

6.3.3 工程建设监理程序

工程监理的主要依据是法律、法规、技术标准、相关合同及文件。监理工作需要依法依规依程序进行。为提高工程监理的质量，工程监理工作必须遵循下列程序进行：

（1）确定项目总监理工程师，成立项目监理机构。监理单位应根据建设工程的规模、性质、业主对监理的要求，委派称职的人员担任项目总监理工程师，总监理工程师是一个建设工程监理工作的总负责人，他对内向监理单位负责，对外向业主负责。

监理机构的人员构成是监理投标书中的重要内容，是业主在评标过程中认可的，总监理工程师在组建项目监理机构时，应根据监理大纲内容和签订的委托监理合同内容组建，并在监理规划和具体实施计划执行中进行及时的调整。

（2）编制建设工程监理规划。建设工程监理规划是开展工程监理活动的纲领性文件。

（3）制定各专业监理实施细则。施工组织、施工方案、施工工艺是否合理、科学，原材料质量是否符合要求，质量控制参数是否准确，开工条件是否具备等，这些都是保证工程质量的基础和前提，是监理控制质量的首要环节，必须牢牢把握，一旦这个环节没有把握好，那么后续环节的质量控制也就难以如愿，工序质量、分项工程质量也就难以保证。

（4）规范化地开展监理工作。监理工作规范化体现在：一是工作的时序性，这是指监理的各项工作都应按一定的逻辑顺序先后展开；二是职责分工的严密性，建设工程监理工作是由不同专业、不同层次的专家群体共同来完成的，他们之间严密的职责分工是协调进行监理工作的前提和实现监理目标的重要保证；三是工作目标的确定性，在职责分工的基础上，每一项监理工作的具体目标都应是确定的，完成的时间也应有时限规定，从而能通过报表资料对监理工作及其效果进行检查和考核。

（5）参与验收，签署建设工程监理意见。建设工程施工完成以后，监理单位应在正式验交前组织竣工预验收，在预验收中发现的问题，应及时与施工单位沟通，提出整改要求。监理单位应参加业主组织的工程竣工验收，签署监理单位意见。

（6）向业主提交建设工程监理档案资料。建设工程监理工作完成后，监理单位向业主提交的监理档案资料应在委托监理合同文件中约定。如在合同中没有做出明确规定，监理单位一般应提交设计变更、工程变更资料，监理指令性文件，各种签证资料等档案资料。

6.3.4 工程建设监理工作内容

一般地，建设工程监理贯穿于工程建设的全过程，在设计阶段、施工招标阶段、材料供应阶段和施工组织阶段乃至合同阶段都可以引入监理工作，代表业主进行监理。建设工程监理的内容依监理阶段的不同而不同，本章仅论述施工阶段的监理内容，这也是建设工程监理的最主要环节。工程建设监理，总的工作内容是控制工程建设质量和建设工期，控制工程建设投资规模，进行工程建设合同管理，协调有关单位的工作关系。

工程建设监理的工作内容：进行工程建设的投资控制、建设工期控制、工程质量控制、安全控制，进行信息管理、工程建设合同管理，协调有关单位之间的工作关系，即所谓的"四控、两管、一协调"。

其中心任务是质量控制，质量是永恒的主题，离开了质量，什么进度控制、费用控制都等于白控制。而安全、环保也是建立在质量的基础上，质量与安全是一个有机的结合体，紧密联系在一起，如果工程质量低劣，那工程势必存在安全隐患，甚至造成结构坍塌等严重质量安全事故，也就无法保证安全。因此，质量控制是监理的中心工作，必须牢牢抓住。作为一名监理人员，必须牢固树立"百年大计，质量第一"的思想，牢固树立"精品工程"的意识，牢固树立"细节决定成败，质量决定品牌"的理念，在平时的监理工作中，要正确处理好质量与进度、质量与投资的关系。

6.3.5 外资、中外合资和国外贷款、赠款、捐款建设的工程监理

国外公司或社团组织在中国境内独立投资的工程项目建设，如果需要委托国外监理单位承担建设监理业务时，应当聘请中国监理单位参加，进行合作监理。

中国监理单位能够监理的中外合资的工程建设项目，应当委托中国监理单位监理。若有必要，可以委托与该工程项目建设有关的国外监理机构监理或者聘请监理顾问。

国外贷款的工程项目建设，原则上应由中国监理单位负责建设监理。如果贷款方要求国外监理单位参加的，应当与中国监理单位进行合作监理。

国外赠款、捐款建设的工程项目，一般由中国监理单位承担建设监理业务。外资、中外合资和国外贷款建设的工程项目的监理费用计取标准及付款方式，参照国际惯例由双方协商确定。

6.4 工程建设监理各方的关系

工程建设监理活动最主要的当事人有建设单位、承包单位和监理单位。建设单位，又称业主，在招标阶段则称招标单位。承建单位，又称承包单位或承包商，在招标阶段则称投标单位，中标后称为中标单位。监理单位，是指依法成立的、独立从事工程监理业务的社会经济实体，受建设单位的委托与其签订监理合同，承担工程建设监理业务的单位。为使各方的权利和义务得到保证和约束，有利于工程建设的顺利进行，国际咨询工程师联合会（FIDIC）编制了FIDIC合同文本，住建部、国家工商行政管理总局等部门也编制了各种施工与监理的合同文本，这些合同文件对建设单位、监理单位以及承包单位之间的关系进行了明确的规定。

6.4.1 建设单位与承包单位之间的关系

建设单位和承包单位是雇佣与被雇佣的关系，它们之间的关系是合同关系，是合同条件中的两个主体。建设单位采用招标方式选择承包单位，签订中标合同，将工程发包给承包单位，这是一种通过合同确定的经济法律关系，因此，他们是一种平等的民事合同关系。建设单位和承包单位应受制于施工合同，各自履行合同条款规定。如果建设单位和承包单位不按承包合同的约定完成工程或支付工程款项，则违约者要赔偿对方损失。

6.4.2 建设单位与监理单位之间的关系

建设单位和监理单位之间是委托合同关系，监理单位由建设单位通过监理委托合同确定，监理单位代表建设单位利益进行工作。但监理单位代表建设单位，受其委托从事工程建设监理活动，应当遵循守法、诚信、公正、科学的准则。因此，建设单位不得随意干涉监理工作，否则为侵权违约。监理必须保持公正，不得和承包单位有经济联系，更不能串通承包单位侵犯建设单位利益。

有部分建设单位认为，监理单位是自己花钱聘请的，监理人员应该完全按照建设单位的意愿和要求去开展工作。这显然与国家的有关法律、法规相违背。监理单位虽然受建设单位委托，但显然不存在隶属关系或依附关系，而监理单位应该是一个独立的第三方，监理人员应该以独立、客观、公正、科学的态度和方法处理各类问题，不得依附和偏袒任何一方。

6.4.3 承包单位与监理单位之间的关系

监理单位和承包单位没有合同关系，而是监理与被监理的关系，这种关系由建设单位与承包单位所签订的合同所确定。在监理过程中，监理单位代表建设单位的利益工作，但也要维护承包单位的合法利益，正确而公正地处理好工程变更、索赔和款项支付，若监理单位的行为是不公正的，承包单位可以向有关部门申诉，使监理单位离开。监理单位应按照公正、独立、自主的原则，开展工程建设监理工作，公平地维护项目法人和被监理单位的合法权益。

6.5 监理单位的权利、责任与义务

工程建设监理是一种特殊的工程建设活动。它与其他工程建设活动有明显的区别和差异。这些区别和差异使得工程建设监理与其他工程建设活动之间划出了清楚的界限。作为工程项目建设阶段过程中特殊独立的一方，监理单位承担着对整个项目的监督和管理。然而，在现实的工程项目建设过程中，对"监理"的含义理解不清，监理单位对自己定位不清，长期以来，监理单位权利被忽视、义务被随意增加、责任被"无限化"。监理人在行使职责时，存在着不同程度的"潜规则"，在很大程度上制约着工程监理市场的健康发展。监理单位应明确自己的权利和义务，使监理工作能够正确定位。

6.5.1 监理单位的权利

监理单位的权利，一是来自于《建筑法》的相关规定，二是来自于《合同法》的规定，即根据委托人和监理单位所签订的合同约定，一般来说，监理单位有如下权利：

(1) 选择工程总承包人的建议权。
(2) 选择工程分包人的认可权。
(3) 对工程建设有关事项包括工程规模、设计标准、规划设计、生产工艺设计和使用功能要求，向委托人的建议权。
(4) 工程监理人员认为工程施工不符合工程设计要求、施工技术标准和合同约定的，

有权要求建筑施工企业改正。对工程设计中的技术问题，按照安全和优化的原则，向设计人提出建议；如果拟提出的建议可能会提高工程造价，或延长工期，应当事先征得委托人的同意。当发现工程设计不符合国家颁布的建设工程质量标准或设计合同约定的质量标准时，监理人应当书面报告委托人并要求设计人更正。

（5）审批工程施工组织设计和技术方案，按照保质量、保工期和降低成本的原则，向承包人提出建议，并向委托人提出书面报告。

（6）主持工程建设有关协作单位的组织协调，重要协调事项应当事先向委托人报告。

（7）征得委托人同意，监理人有权发布开工令、停工令、复工令，但应当事先向委托人报告。如在紧急情况下未能事先报告时，则应在24小时内向委托人做出书面报告。

（8）工程上使用的材料和施工质量的检验权。对于不符合设计要求和合同约定及国家质量标准的材料、构配件、设备，有权通知承包人停止使用；对于不符合规范和质量标准的工序、分部分项工程和不安全施工作业，有权通知承包人停工整改、返工。承包人得到监理机构复工令后才能复工。

（9）工程施工进度的检查、监督权，以及工程实际竣工日期提前或超过工程施工合同规定的竣工期限的签认权。

（10）在工程施工合同约定的工程价格范围内，工程款支付的审核和签认权，以及工程结算的复核确认权与否决权。未经总监理工程师签字确认，委托人不支付工程款。

6.5.2 监理单位的义务

（1）依法、独立、科学地开展监理的义务。工程监理单位应当根据建设单位的委托，客观、公正地执行监理任务。监理单位应当依照法律、法规以及有关技术标准、设计文件和建设工程承包合同，代表建设单位对施工质量实施监理，并对施工质量承担监理责任。

（2）在工程资质范围内开展监理的义务。工程监理单位应当依法取得相应等级的资质证书，并在其资质等级许可的范围内承担工程监理业务。监理单位应根据监理工程的性质、规模、复杂程度等情况，选派相应素质和数量的监理人员，组成由总监理工程师领导的项目监理工作小组进场监理。

（3）维护建设单位合法权益的义务。监理单位在履行监理合同的义务期间，应认真、勤奋地工作，为建设单位提供与其水平相适应的咨询意见，公正维护各方面的合法权利。

（4）替业主单位保密的义务。监理单位在与建设单位的合同期内或合同终止后，未征得有关方同意，不得泄露与监理工程、合同业务有关的保密资料。

（5）按时主动向建设单位报告的义务。监理单位应按合同约定派出监理工作需要的监理机构及监理人员，向建设单位报送委派的总监理工程师及其监理机构主要成员名单、监理规划，完成监理合同专用条件中约定的监理工程范围内的监理业务。在履行合同义务期间，应按合同约定定期向委托人报告监理工作。

（6）不得与承包单位有经济往来的义务。工程监理单位与被监理单位以及建筑材料、设备供应商之间的关系是限制性的，即有隶属关系或者其他利害关系的，不得承担该项建设工程的监理业务。

（7）妥善使用和及时移交建设单位财务的义务。监理单位可以使用属于委托人的财产、设施和物品。在监理工作完成或中止时，应将其设备和剩余物品按合同约定的时间和方式移交给委托人。

（8）监理单位不得转让合同约定的权利和义务。已签订工程监理合同的监理业务不得转让。并且，监理单位承接业务，应根据国家规定标准收取监理费，并按规定向质监机构缴纳质量监督费，建设单位则不再向质量监督机构缴纳质量监督费。

6.5.3 监理单位的职责

监理单位必须坚持依法、公平、公正、独立的原则进行工程监理工作，维护建设单位与承建单位的合法权益，其主要责任如下：

（1）监理单位在责任期内，应当履行监理合同中约定的义务。由于监理单位失职或决策指导错误而造成损失的，监理单位要承担经济责任并赔偿损失费用。如果工程监理单位与承包单位串通，为承包单位谋取非法利益，给建设单位造成经济损失的，还应当与承包单位承担连带赔偿责任。

（2）监理单位在监理过程中，因违反国家法律、法规，造成重大质量、安全事故的，应承担相应的经济责任和法律责任。工程监理单位不按照委托监理合同的约定履行监理义务，对应当监督检查的项目不检查或者不按照规定检查，给建设单位造成损失的，应当承担相应的赔偿责任。

（3）施工总包单位在施工时须接受监理单位的督促和检查，并提供工作方便；监理单位要为施工创造条件，按时按计划做好监理工作，凡事先未说明又不按时完成监理的，视同已被监理单位认可。建设监理单位应根据现行有关法律、法规和技术标准、规范、规程、勘察设计文件及合同对工程进行监理，并接受质监机构的监督。

6.6 建设工程监理机构及监管职责

6.6.1 工程监理的管理与监督机构

我国规定国家发改委和住建部共同负责推进建设监理事业的发展，住建部归口管理全国工程建设监理工作。省、自治区、直辖市人民政府建设行政主管部门归口管理本行政区域内工程建设监理工作。国务院工业、交通等部门管理本部门的工程建设监理工作。

6.6.2 监管职责

6.6.2.1 国家住建部的主要职责

国家住建部的主要职责：

（1）起草并商国家发改委制定、发布工程建设监理行政法规，监督实施。

（2）审批甲级监理单位资质。

（3）管理全国监理工程师资格考试、考核和注册等项工作。

（4）指导、监督、协调全国工程建设监理工作。

6.6.2.2 地方住建厅的主要职责

省、自治区、直辖市人民政府建设行政主管部门的主要职责：

（1）贯彻执行国家工程建设监理法规，起草或制定地方工程建设监理法规并监督实施。

（2）审批本行政区域内乙级、丙级监理单位的资质，初审并推荐甲级监理单位。

（3）组织本行政区域内监理工程师资格考试、考核和注册工作。

（4）指导、监督、协调本行政区域内的工程建设监理工作。

6.6.2.3 其他行业部门的主要职责

国务院工业、交通等部门的主要职责：

（1）贯彻执行国家工程建设监理法规，根据需要制定本部门工程建设监理实施办法，并监督实施。

（2）审批直属的乙级、丙级监理单位资质，初审并推荐甲级监理单位。

（3）管理直属监理单位的监理工程师资格考试、考核和注册工作。

（4）指导、监督、协调本部门工程建设监理工作。

6.7 本章案例分析

6.7.1 案例背景

G省某"十二五"重点建设工程项目，总投资9000万元。建设单位通过招标选择了一家具有甲级资质的监理单位（以下简称M公司），承担施工招标代理和施工阶段的监理工作，并在监理中标通知书发出后第45天与该监理单位签订了委托监理合同。之后，双方又另行签订了一份监理酬金比监理中标价降低10%的协议。

M公司在代理施工公开招标中，有A、B、C、D、E、F、G、H等施工单位报名参与投标。经M公司组织专家进行资格预审，各投标人均符合招标文件要求，建设单位最终确定G施工单位中标，并按照《建设工程施工合同（示范文本）》与该施工单位签订了施工合同。

工程按期进入安装调试阶段后，由于雷电引发了一场火灾。火灾结束后48小时内，G施工单位向项目监理机构M公司通报了火灾损失情况：工程本身损失150万元；总价值100万元的待安装设备彻底报废；G施工单位人员烧伤所需医疗费及补偿费预计15万元，租赁的施工设备损坏赔偿10万元；其他单位临时停放在现场的一辆价值25万元的汽车被烧毁。另外，大火扑灭后G施工单位停工5天，造成其他施工机械闲置损失2万元，以及必要的管理保卫人员费用支出1万元，并预计工程所需清理、修复费用200万元。发生火灾后，G施工单位向监理单位M公司提出损失情况审核，M公司以总监理工程师出差为由，一直拒绝G公司的审核要求。为顺利得到建设单位的赔偿，G公司向M公司行贿30万元，M公司遂按G公司的要求，夸大事故中的损失，向建设单位提交了G公司的索赔申请并签字确认。

6.7.2 案例分析

M公司是建设单位招标委托的监理单位。按规定，工程监理单位与被监理工程的承包单位以及建筑材料、建筑构配件和设备供应单位不得有隶属关系或者其他利害关系。M公司可以承担建设单位的招标代理工作，在满足相应资质标准的前提下，可以同时申请工程监理企业资质、工程招标代理资格及工程造价咨询企业资质。但本案例中，M公司并无招标代理的资格，何况是9000万元的重点工程招标。

工程监理单位应当在其资质等级许可的监理范围内，承担工程监理业务。工程监理单位应当根据建设单位的委托，客观、公正地执行监理任务。监理单位应按照公正、独立、自主的原则，开展工程建设监理工作，公平地维护项目法人和被监理单位的合法权益。本案例中，M公司无故拖延甚至拒绝G公司的正当索赔要求。由于雷电引发的火灾属于不可抗力，且G公司已尽到足够的保管责任，G公司的索赔是正当合法的。M公司以总监理工程师出差为由刁难G公司，是不对的，违反了法律法规的规定。

G公司向M公司行贿后，M公司违反原则替G公司办事索赔，侵犯了建设单位的合法权益，这也违反了相关法律法规的规定。

本案例中，监理单位M公司先故意损害承建单位的利益，后故意损害建设单位的利益。按规定，监理单位可以由人民政府建设行政主管部门给予警告、通报批评、责令停业整顿、降低资质等级、吊销资质证书的处罚，并可处以罚款。

习 题 与 思 考 题

1. 单项选择题

（1）下列工程，必须申领施工许可证的是（　　）。
A. 救灾工程　　　　　　　　B. 文物修缮工程
C. 6层以上的农民自建房　　　D. 军事用途建筑

（2）对于符合条件的，发证机关应当自收到申请之日起（　　）日内颁发施工许可证。
A. 3　　　　B. 5　　　　C. 15　　　　D. 20

（3）建设单位应当自领取施工许可证之日起（　　）个月内开工。
A. 1　　　　B. 2　　　　C. 3　　　　D. 6

（4）施工许可证，应该由（　　）向建设行政主管部门申领。
A. 建设单位　　B. 施工单位　　C. 监理单位　　D. 设计单位

（5）甲级监理单位的资质，应该由（　　）单位颁发。
A. 国务院
B. 住建部
C. 各省、自治区、直辖市建设行政主管部门
D. 地级市住建局

（6）目前建设工程监理，主要以（　　）为主。
A. 施工阶段的质量、安全、造价、进度控制及合同管理
B. 以协助建设单位进行工程项目可行性研究

C. 优选设计单位、设计方案和施工单位
D. 协调建设单位与工程建设有关各方的工作关系

(7)《建设工程监理规范》(GB/T 50319—2013) 规定，在施工过程中，工地例会的会议纪要由（　　）负责起草，并经与会各方代表会签。

A. 项目监理机构　　　　　　　　B. 建设单位
C. 专业监理工程师　　　　　　　D. 施工单位

2. 多项选择题（一个以上答案正确）

(1) 监理单位从事工程建设监理活动，应当遵循（　　）准则。

A. 守法　　　B. 诚信　　　C. 公正　　　D. 科学

(2) 下列工程，必须进行监理的是（　　）。

A. 大、中型工程项目
B. 市政、公用工程项目
C. 政府投资兴建和开发建设的办公楼、社会发展事业项目和住宅工程项目
D. 外资、中外合资、国外贷款、赠款、捐款建设的工程项目

(3) 下列费用中，不属于监理直接成本的是（　　）。

A. 管理人员工资、津贴等　　　　B. 监理辅助人员的工资、津贴等
C. 承揽监理业务的有关费用　　　D. 业务培训费

(4) 依据《建设工程监理范围和规模标准规定》，下列工程不需要实行监理的是（　　）。

A. 总投资额为 2 亿元的电视机厂改建项目
B. 建筑面积 4 万平方米的住宅建设项目
C. 总投资额为 300 美元的联合国粮农组织的援助项目
D. 总投资额为 2000 万元的科技项目

(5) 工程建设监理的依据是（　　）。

A. 批准的工程项目建设文件
B. 有关工程建设的法律、法规
C. 工程建设监理合同
D. 其他工程建设合同

3. 问答题

(1) 施工许可证的申领条件是什么？
(2) 哪些工程不需要申领施工许可证？
(3) 建设工程监理的原则和程序是什么？
(4) 监理单位有哪些权利和义务？
(5) 工程项目强制监理的范围是什么？

4. 案例分析题

S 市一幢商住楼工程项目，建设单位 A 与施工单位 B 和监理单位 C 分别签订了施工承包合同和施工阶段委托监理合同。该工程项目的主体为钢筋混凝土框架式结构，设计要求混凝土抗压强度达到 C20。在主体工程施工至第三层时，钢筋混凝土柱浇筑完毕拆模后，监理工程师发现，第三层全部 80 根钢筋混凝土柱的外观质量很差，不仅蜂窝麻面严

重，而且表面的混凝土质地酥松，用锤轻敲即有混凝土碎块脱落。经检查，施工单位提交的从9根柱施工现场取样的混凝土强度试验结果表明，浮土抗压强度值均达到或超过了设计要求值，其中最大值达到C30的水平，监理工程师对施工单位提交的试验报告结果十分怀疑。

问题：

（1）在上述情况下，作为监理工程师，你认为应当按什么步骤处理？

（2）常见工程质量问题产生的原因主要有哪几方面？如何从监理的角度保证工程质量？

第 7 章　建设工程安全生产管理法规

本章介绍了建设工程安全生产管理的概念与意义，重点介绍了目前有关建设工程安全生产管理的法律法规和规章制度。

7.1　概述

7.1.1　建设工程安全生产管理的概念与意义

7.1.1.1　建设工程安全生产管理的概念

安全生产管理就是针对人们在安全生产过程中的安全问题，运用有效的资源，发挥人们的智慧，通过人们的努力，进行有关决策、计划、组织和控制等活动，实现生产过程中人与机器设备、物料环境的和谐，达到安全生产的目标。

建设工程，是指土木工程、建筑工程、线路管道和设备安装工程及装修工程。建设工程安全生产管理就是指建设行政主管部门、建设安全监督管理机构、建设施工企业及有关单位对建筑安全生产过程中的安全工作进行组织、计划、控制、监督、协调、改进等一系列致力于满足生产安全的管理活动。

7.1.1.2　建设工程安全生产管理的意义

建设工程安全生产管理对工程建设有着重要意义，能够有效保障人民生命和财产安全，防止和减少生产安全事故，保证建设工程顺利进行，减少不必要的伤害和损失，紧密衔接各建设工程环节，确保建设工程高质量标准施工、竣工。

国家对建筑施工企业实行安全生产许可制度。建筑施工企业未取得安全生产许可证的，不得从事建筑施工活动。

7.1.2　建设工程安全生产管理法规现状

改革开放以来，我国各项建设工程事业蓬勃发展，建设工程安全生产管理得到了社会的日益重视。建设工程安全生产管理工作的重要性已在各项事业中不断得到体现，我国建设工程安全生产管理的法规约束不断得到深化。为了加强安全生产监督管理，防止和减少生产安全事故，保障人民群众生命和财产安全，促进经济发展，我国颁布了一系列与建设安全生产管理相关的法律法规。我国颁布了《中华人民共和国安全生产法》，对生产企业的安全生产进行了严格的要求，但还没有专门的建筑安全生产法，有关建设工程安全生产的法律规定，更多地体现在《中华人民共和国建筑法》中。

7.1.2.1　《中华人民共和国安全生产法》

《中华人民共和国安全生产法》（以下简称《安全生产法》）由中华人民共和国第九届全国人民代表大会常务委员会第28次会议于2002年6月29日通过，并自2002年11月1

日起施行。

《安全生产法》包括7章97条，其立法的目的主要是为了加强安全生产监督管理，防止和减少生产安全事故，保障人民群众生命和财产安全，促进经济发展。《安全生产法》对生产经营单位的安全生产保障、从业人员的权利和义务、安全生产的监督管理、生产安全事故的应急救援与调查处理四个主要方面做出了规定。

在中华人民共和国领域内从事生产经营活动的单位的安全生产，适用《安全生产法》；有关法律、行政法规对消防安全和道路交通安全、铁路交通安全、水上交通安全、民用航空安全另有规定的除外。

7.1.2.2 《中华人民共和国建筑法》

1997年11月1日第八届全国人民代表大会常务委员会第二十八次会议通过《中华人民共和国建筑法》。《建筑法》共8章，其中第五章对建筑安全生产管理进行了专门的规定。《建筑法》的颁布施行，对提高建筑工程质量和加强建筑安全生产管理发挥了重要作用。但是，随着社会的发展和工程领域的新变化，原有的《建筑法》已不适用于新的发展要求，为此，国家经过调研和认真讨论，与2011年4月22日第十一届全国人民代表大会常务委员会第二十次会议通过了《关于修改〈中华人民共和国建筑法〉的决定》，对《建筑法》进行了重新修订和颁布。

7.1.2.3 《建设工程安全生产管理条例》

《建设工程安全生产管理条例》（以下简称《安全生产管理条例》）于2003年11月12日经国务院第28次常务会通过，2003年11月24日以中华人民共和国国务院令第393号的形式公布，自2004年2月1日起施行。

《安全生产管理条例》立法的目的在于加强建设工程安全生产监督管理，保障人民群众生命和财产安全。《建筑法》和《安全生产法》是制定该条例的基本法律依据。《安全生产管理条例》是《建筑法》和《安全生产法》在工程建设领域的进一步细化与延伸。《安全生产管理条例》共8章71条，分别对建设单位、施工单位、工程监理单位及勘察、设计和其他有关单位的安全责任做出了规定。

7.2 建筑施工企业安全生产许可证管理规定

《建筑施工企业安全生产许可证管理规定》是原建设部依据《安全生产许可证条例》于2004年7月5日发布施行的。其使用范围为建筑施工企业。这里所指的建筑施工企业包括从事土木工程、建筑工程、线路管道和设备安装工程及装修工程的新建、扩建、改建和拆除等有关活动的企业。

7.2.1 安全生产许可证主管部门

国务院建设主管部门负责中央管理的建筑施工企业安全生产许可证的颁发和管理。省、自治区、直辖市人民政府建设主管部门负责本行政区域内前款规定以外的建筑施工企业安全生产许可证的颁发和管理，并接受国务院建设主管部门的指导和监督。

市、县人民政府建设主管部门负责本行政区域内建筑施工企业安全生产许可证的监督管理，并将监督检查中发现的企业违法行为及时报告安全生产许可证颁发管理机关。

7.2.2 安全生产许可证的申请与颁发

建筑施工企业从事建筑施工活动前，应当依照规定向省级以上建设主管部门申请领取安全生产许可证。

中央管理的建筑施工企业（集团公司、总公司）应当向国务院建设主管部门申请领取安全生产许可证。其他建筑施工企业，包括中央管理的建筑施工企业（集团公司、总公司）下属的建筑施工企业，应当向企业注册所在地省、自治区、直辖市人民政府建设主管部门申请领取安全生产许可证。

建设主管部门应当自受理建筑施工企业的申请之日起 45 日内审查完毕；经审查符合安全生产条件的，颁发安全生产许可证；不符合安全生产条件的，不予颁发安全生产许可证，书面通知企业并说明理由。企业自接到通知之日起应当进行整改，整改合格后方可再次提出申请。

建设主管部门审查建筑施工企业安全生产许可证申请，涉及铁路、交通、水利等有关专业工程时，可以征求铁路、交通、水利等有关部门的意见。

安全生产许可证的有效期为 3 年。安全生产许可证有效期满需要延期的，企业应当于期满前 3 个月向原安全生产许可证颁发管理机关申请办理延期手续。企业在安全生产许可证有效期内，严格遵守有关安全生产的法律法规，未发生死亡事故的，安全生产许可证有效期届满时，经原安全生产许可证颁发管理机关同意，不再审查，安全生产许可证有效期延期 3 年。

建筑施工企业变更名称、地址、法定代表人等，应当在变更后 10 日内，到原安全生产许可证颁发管理机关办理安全生产许可证变更手续。

7.3 建设工程安全生产管理机构

7.3.1 建设行政主管部门的安全监管机构

国务院负责安全生产监督管理的部门依照《安全生产法》的规定，对全国安全生产工作实施综合监督管理。县级以上地方人民政府负责安全生产监督管理的部门依照《安全生产法》的规定，对本行政区域内安全生产工作实施综合监督管理。

国务院建设行政主管部门对全国的建设工程安全生产实施监督管理。国务院铁路、交通、水利等有关部门按照国务院规定的职责分工，负责有关专业建设工程安全生产的监督管理。

县级以上地方人民政府建设行政主管部门对本行政区域内的建设工程安全生产实施监督管理。县级以上地方人民政府交通、水利等有关部门在各自的职责范围内，负责本行政区域内的专业建设工程安全生产的监督管理。

建设行政主管部门和其他有关部门应当将有关资料的主要内容抄送同级负责安全生产监督管理的部门。

建设行政主管部门或者其他有关部门可以将施工现场的监督检查委托给建设工程安全监督机构具体实施。

7.3.2 企业内部建设工程安全生产管理机构

目前,建设工程安全生产管理机构的设置要求主要是按住房和城乡建设部颁发的《关于印发〈建筑施工企业安全生产管理机构设置及专职安全生产管理人员配备办法〉的通知》(建质〔2008〕91号)的规定执行。

为规范建筑施工企业和建设工程项目安全生产管理机构的设置及专职安全生产管理人员的配置工作,根据《建设工程安全生产管理条例》,国家建设行政主管部门制定了《建筑施工企业安全生产管理机构设置及专职安全生产管理人员配备办法》。

安全生产管理机构是指建筑施工企业及其在建设工程项目中设置的负责安全生产管理工作的独立职能部门。

根据规定,建筑施工企业,即从事土木工程、建筑工程、线路管道和设备安装工程及装修工程的新建、改建、扩建和拆除等活动的建筑施工企业应当依法设置安全生产管理机构,在企业主要负责人的领导下开展本企业的安全生产管理工作。

安全生产管理机构的职责主要包括:1)宣传和贯彻国家有关安全生产法律法规和标准;2)编制并适时更新安全生产管理制度并监督实施;3)组织或参与企业生产安全事故应急救援预案的编制及演练;4)组织开展安全教育培训与交流;5)协调配备项目专职安全生产管理人员;6)制定企业安全生产检查计划并组织实施;7)监督在建项目安全生产费用的使用;8)参与危险性较大工程安全专项施工方案专家论证会;9)通报在建项目违规违章查处情况;10)组织开展安全生产评优评先表彰工作;11)建立企业在建项目安全生产管理档案;12)考核评价分包企业安全生产业绩及项目安全生产管理情况;13)参加生产安全事故的调查和处理工作;14)企业明确的其他安全生产管理职责。

7.3.3 企业安全生产管理机构的设置

建筑施工企业安全生产管理机构专职安全生产管理人员的配备应满足下列要求,并应根据企业经营规模、设备管理和生产需要予以增加:

1)建筑施工总承包资质序列企业:特级资质不少于6人;一级资质不少于4人;二级和二级以下资质企业不少于3人。2)建筑施工专业承包资质序列企业:一级资质不少于3人;二级和二级以下资质企业不少于2人。3)建筑施工劳务分包资质序列企业:不少于2人。4)建筑施工企业的分公司、区域公司等较大的分支机构(以下简称分支机构)应依据实际生产情况配备不少于2人的专职安全生产管理人员。

7.4 建设工程安全生产管理各方的责任

7.4.1 安全生产责任管理制度

安全生产责任制度,是指将各项保证安全生产的责任事项具体落实到各有关建设单位、具体管理人员和不同岗位人员身上的制度。这一制度是安全第一、预防为主方针的具体体现,是人们在长期生产实践中,用血的代价换来的行之有效、必须坚持的安全生产制度。在建设活动中,只有明确安全责任,分工负责,才能形成完整有效的安全管理体系,

7.4 建设工程安全生产管理各方的责任

激发每个企业、每个人保证安全生产的责任感，严格执行保证建设安全生产的法律、法规和安全规程、技术规范，防患于未然，减少和杜绝建设生产活动中的安全事故，为建设生产活动创造一个良好的环境。

7.4.2 建设单位的安全责任

7.4.2.1 向施工单位提供资料的责任

建设单位应当向施工单位提供施工现场及毗邻区域内供水、排水、供电、供气、供热、通信、广播电视等地下管线资料，气象和水文观测资料，相邻建筑物和构筑物、地下工程的有关资料，并保证资料的真实、准确、完整。

建设单位因建设工程需要，向有关部门或者单位查询前款规定的资料时，有关部门或者单位应当及时提供。建设单位提供的资料将成为施工单位后续工作的主要参考依据。这些资料如果不真实、准确、完整，并因此导致了施工单位的损失，施工单位可以就此向建设单位要求赔偿。

有下列情形之一的，建设单位应当按照国家有关规定办理申请批准手续：
(1) 需要临时占用规划批准范围以外场地的。
(2) 可能损坏道路、管线、电力、邮电通讯等公共设施的。
(3) 需要临时停水、停电、中断道路交通的。
(4) 需要进行爆破作业的。
(5) 法律、法规规定需要办理报批手续的其他情形。

7.4.2.2 依法履行合同的责任

建设单位不得对勘察、设计、施工、工程监理等单位提出不符合建设工程安全生产法律、法规和强制性标准规定的要求，不得压缩合同约定的工期。

建设单位与勘察、设计、施工、工程监理等单位都是完全平等的合同双方的关系，不存在建设单位是勘察、设计、施工、工程监理等单位的上级管理单位的关系。建设单位对这些单位的要求，必须要以合同为依据，并不得违反相关的法律、法规。

7.4.2.3 提供安全生产费用的责任

安全生产需要资金保证，而这笔资金的源头就是建设单位。只有建设单位提供了用于安全生产的费用，施工单位才可能有保证安全生产的费用。《安全生产管理条例》第八条规定：建设单位在编制工程概算时，应当确定建设工程安全作业环境及安全施工措施所需费用。

7.4.2.4 不得推销劣质材料的责任

建设单位不得明示或者暗示施工单位购买、租赁、使用不符合安全施工要求的安全防护用具、机械设备、施工机具及配件、消防设施和器材。

7.4.2.5 提供安全施工措施资料的责任

建设单位在申请领取施工许可证时，应当提供建设工程有关安全施工措施的资料。依法批准开工报告的建设工程，建设单位应当自开工报告批准之日起15日内，将保证安全施工的措施报送建设工程所在地的县级以上地方人民政府建设行政主管部门或者其他有关部门备案。

7.4.2.6 对拆除工程进行备案的责任

建设单位应当将拆除工程发包给具有相应资质等级的施工单位。建设单位应当在拆除工程施工15日前，将下列资料报送建设工程所在地的县级以上地方人民政府建设行政主管部门或者其他有关部门备案：

(1) 施工单位资质等级证明。
(2) 拟拆除建筑物、构筑物及可能危及毗邻建筑的说明。
(3) 拆除施工组织方案。
(4) 堆放、清除废弃物的措施。

实施爆破作业的，应当遵守国家有关民用爆炸物品管理的规定。

7.4.3 监理单位的安全责任

工程监理单位应当审查施工组织设计中的安全技术措施或者专项施工方案是否符合工程建设强制性标准。

工程监理单位在实施监理过程中，发现存在安全事故隐患的，应当要求施工单位整改；情况严重的，应当要求施工单位暂时停止施工，并及时报告建设单位。施工单位拒不整改或者不停止施工的，工程监理单位应当及时向有关主管部门报告。工程监理单位和监理工程师应当按照法律、法规和工程建设强制性标准实施监理，并对建设工程安全生产承担监理责任。

7.4.4 施工单位的安全责任

7.4.4.1 具备安全生产资质

施工单位从事建设工程的新建、扩建、改建和拆除等活动，应当具备国家规定的注册资本、专业技术人员、技术装备和安全生产等条件，依法取得相应等级的资质证书，并在其资质等级许可的范围内承揽工程。

施工单位的项目负责人应当由取得相应执业资格的人员担任，对建设工程项目的安全施工负责，落实安全生产责任制度、安全生产规章制度和操作规程，确保安全生产费用的有效使用，并根据工程的特点组织制定安全施工措施，消除安全事故隐患，及时、如实报告生产安全事故。

垂直运输机械作业人员、安装拆卸工、爆破作业人员、起重信号工、登高架设作业人员等特种作业人员，必须按照国家有关规定经过专门的安全作业培训，并取得特种作业操作资格证书后，方可上岗作业。

7.4.4.2 建立和健全安全生产机构及组织

施工单位的主要负责人、项目负责人、专职安全生产管理人员应当经建设行政主管部门或者其他有关部门考核合格后方可任职。

施工单位应当设立安全生产管理机构，配备专职安全生产管理人员。

施工单位主要负责人依法对本单位的安全生产工作全面负责。施工单位应当建立健全安全生产责任制度和安全生产教育培训制度，制定安全生产规章制度和操作规程，保证本单位安全生产条件所需资金的投入，对所承担的建设工程进行定期和专项安全检查，并做好安全检查记录。

建设工程实行施工总承包的，由总承包单位对施工现场的安全生产负总责。

总承包单位依法将建设工程分包给其他单位的，分包合同中应当明确各自的安全生产方面的权利、义务。总承包单位和分包单位对分包工程的安全生产承担连带责任。

分包单位应当服从总承包单位的安全生产管理，分包单位不服从管理导致生产安全事故的，由分包单位承担主要责任。

7.4.4.3 严格按照安全生产操作规程进行施工

建筑施工企业在编制施工组织设计时，应当根据建筑工程的特点制定相应的安全技术措施；对专业性较强的工程项目，应当编制专项安全施工组织设计，并采取安全技术措施。

施工单位应当向作业人员提供安全防护用具和安全防护服装，并书面告知危险岗位的操作规程和违章操作的危害。施工单位应当将施工现场的办公、生活区与作业区分开设置，并保持安全距离；职工的膳食、饮水、休息场所等应当符合卫生标准。施工单位不得在尚未竣工的建筑物内设置员工集体宿舍。施工单位对因建设工程施工可能造成损害的毗邻建筑物、构筑物和地下管线等，应当采取专项防护措施。

建设工程施工前，施工单位负责项目管理的技术人员应当对有关安全施工的技术要求向施工作业班组、作业人员做出详细说明，并由双方签字确认。施工单位应当遵守有关环境保护法律、法规的规定，在施工现场采取措施，防止或者减少粉尘、废气、废水、固体废物、噪声、振动和施工照明对人和环境的危害和污染。

施工单位应当在施工现场各种出入口、洞口、施工起重机械、临时用电设施、脚手架、基坑边沿、爆破物及有害危险气体和液体存放处等危险部位，设置明显的安全警示标志。安全警示标志必须符合国家标准。

施工中发生事故时，建筑施工企业应当采取紧急措施减少人员伤亡和事故损失，并按照国家有关规定及时向有关部门报告。

7.4.4.4 保证充足的安全生产经费

施工单位对列入建设工程概算的安全作业环境及安全施工措施所需费用，应当用于施工安全防护用具及设施的采购和更新、安全施工措施的落实、安全生产条件的改善，不得挪作他用。

按《建设工程安全生产管理条例》第38条的规定，建筑施工企业必须为从事危险作业的人员办理意外伤害保险。意外伤害保险费由施工单位支付。实行施工总承包的，由总承包单位支付意外伤害保险费。意外伤害保险期限自建设工程开工之日起至竣工验收合格止。

7.4.5 勘察单位的安全责任

勘察单位要确保勘察文件的质量，以保证后续工作的安全。《安全生产管理条例》第十二条规定：勘察单位应当按照法律、法规和工程建设强制性标准进行勘察，提供的勘察文件应当真实、准确，满足建设工程安全生产的需要。

科学勘察，以保证周边建筑物安全的责任。《安全生产管理条例》第十二条还规定：勘察单位在勘察作业时，应当严格执行操作规程，采取措施保证各类管线、设施和周边建筑物、构筑物的安全。

7.4.6 设计单位的安全责任

7.4.6.1 科学设计的责任
设计单位应当按照法律、法规和工程建设强制性标准进行设计，防止因设计不合理导致生产安全事故的发生。建筑工程设计应当符合按照国家规定制定的建筑安全规程和技术规范，保证工程的安全性能。

7.4.6.2 提出安全建议的责任
设计单位应当考虑施工安全操作和防护的需要，对涉及施工安全的重点部位和环节在设计文件中注明，并对防范生产安全事故提出指导意见。采用新结构、新材料、新工艺的建设工程和特殊结构的建设工程，设计单位应当在设计中提出保障施工作业人员安全和预防生产安全事故的措施建议。

7.5 建设工程安全生产管理方针和基本制度

我国建设工程安全生产管理，必须坚持安全第一、预防为主的方针。国家鼓励建设工程安全生产的科学技术研究和先进技术的推广应用，推进建设工程安全生产的科学管理。

7.5.1 教育培训管理制度

企业的教育培训管理由安全生产管理部门组织实施，车间的培训由各车间的主要负责人组织实施，班组的培训由各班组长负责组织实施。

教育培训要本着"要精、要管用"的原则，培训应有针对性和实效性。培训的内容应包括：安全生产的法律法规、基本知识、管理制度、操作规程、操作技能及事故案例分析等。

企业培训以安全生产的法律法规、方针政策、规范和企业的规章制度为主，车间、班组培训以安全操作规程、劳动纪律、岗位职责、工艺流程、事故案例剖析等为主，特种作业人员培训以特种设备的操作规程、特种作业人员的安全知识为主，重大危险源的相关人员培训以危险源的危险因素、现实情况、可能发生的事故、注意事项为主。

7.5.2 检查和监督管理制度

安全生产监督检查的主要目的是督促生产经营单位认真执行安全生产法律法规及国家标准、行业标准的各项规定，具备安全生产条件，落实主体责任，纠正违法行为，排除事故隐患，实现安全生产。

国家安全生产监督管理总局指导、协调、监督全国安全生产检测检验工作和检测检验机构资质管理。

7.5.3 劳动保护管理制度

安全生产单位应根据国家和地方政府相关法律法规的要求，制定相应的劳动保护管理制度，做出明确规定，认真贯彻执行各项劳动保护法律、法规、条例和规定，切实解决生产中出现的有关安全生产方面的问题，不断改善劳动条件。用科学的方法建立健全安全生产单位的劳动保护管理制度,为劳动者提供必要的劳动用品及护具,改善劳动者的工作环境,及时做好劳动者的安全健康检查及档案记录。

7.5.3.1 劳动防护用品管理制度

《劳动保护用品监督管理规定》所称劳动防护用品,是指劳动者在劳动过程中为免遭或减轻事故伤害或职业危害所配备的防护装备。

使用劳动防护用品的一般要求:

劳动防护用品使用前应首先做一次外观检查。检查的目的是认定用品对有害因素防护效能的程度,用品外观有无缺陷或损坏,各部件组装是否严密,启动是否灵活等。

劳动防护用品的使用必须在其性能范围内,不得超极限使用;不得使用未经国家指定、未经检测部门认可(国家标准)和检测不达标准的产品;不能随便代替,更不能以次充好;严格按照使用说明书正确使用劳动防护用品。

7.5.3.2 劳动安全保护管理制度

为了保护劳动者的劳动安全,防止和消除劳动者在劳动和生产过程中的伤亡事故,防止生产设备遭到破坏,我国《劳动法》和其他相关法律、法规制定了劳动安全技术规程。安全技术规程主要包括:

(1) 机器设备的安全。

(2) 电气设备的安全。

(3) 锅炉、压力容器的安全。

(4) 建筑工程的安全。

(5) 交通道路的安全。

企业必须按照这些安全技术规程使各种生产设备达到安全标准,切实保护劳动者的劳动安全。

7.5.3.3 劳动卫生保护的管理制度

为了保护劳动者在劳动生产过程中的身体健康,避免有毒、有害物质的危害,防止、消除职业中毒和职业病,我国制定了有关劳动卫生方面的法律、法规和标准:《中华人民共和国劳动法》、《中华人民共和国环境保护法》、《中华人民共和国职业病防治法》、《国务院关于加强防尘防毒工作的决定》、《关于防止厂矿企业中粉尘危害的决定》、《防暑降温措施管理办法》、《中华人民共和国尘肺病防治条例》、《工业企业设计卫生标准》GBZ 1—2010、《工业企业厂界环境噪声排放标准》GB 12348—2008 等。这些法律、法规都制定了相应的劳动卫生规程,主要包括以下内容:

(1) 防止粉尘危害。

(2) 防止有毒、有害物质的危害。

(3) 防止噪声和强光的刺激。

(4) 防暑降温和防冻取暖。

(5) 通风和照明。

(6) 个人保护用品的供给。

企业必须按照这些劳动卫生规程达到劳动卫生标准,才能切实保护劳动者的身体健康。

7.5.4 市场准入与奖惩制度

7.5.4.1 市场准入制度

为确保安全生产，国家对生产经营单位及从业人员都实行了严格的市场准入制度。生产经营单位必须具备法律、法规以及国家标准或行业标准规定的安全生产条件。条件不具备的，不得从事生产经营活动。《建筑法》第十四条规定：从事建筑活动的专业技术人员，应当依法取得相应的执业资格证书，并在执业资格证书许可的范围内从事建筑活动。

《安全生产管理条例》第十七条规定：在施工现场安装、拆卸施工起重机械和整体提升脚手架、模板等自升式架设设施，必须由具有相应资质的单位承担。

7.5.4.2 奖惩制度

为了更好地贯彻安全生产方针、政策、法规，落实安全生产的各项规章制度，根据国家相关法律规定，安全生产单位应制定相应的奖惩制度。

国家实行生产安全事故责任追究制度，依法追究生产安全事故责任人的法律责任。

生产、建设单位法定代表人对实现本单位、本部门的安全管理目标负总责。各级生产负责人对实现安全管理目标负直接领导责任。各级各部门的管理人员按各自的安全职责，为实现安全管理目标努力工作。

项目经理是施工企业法定代表人在施工项目上的代理人，对项目施工的安全生产负总责，必须严格执行国家的法律、法规定和公司的各项安全生产规章制度，加强领导，群防群治，确保安全生产。

7.5.5 生产安全事故的应急救援与调查处理制度

7.5.5.1 生产安全事故的应急救援

县级以上地方人民政府建设行政主管部门应当根据本级人民政府的要求，制定本行政区域内建设工程特大生产安全事故应急救援预案。施工单位应当制定本单位生产安全事故应急救援预案，建立应急救援组织或者配备应急救援人员，配备必要的应急救援器材、设备，并定期组织演练。施工单位应当根据建设工程施工的特点、范围，对施工现场易发生重大事故的部位、环节进行监控，制定施工现场生产安全事故应急救援预案。实行施工总承包的，由总承包单位统一组织编制建设工程生产安全事故应急救援预案，工程总承包单位和分包单位按照应急救援预案，各自建立应急救援组织或者配备应急救援人员，配备救援器材、设备，并定期组织演练。

7.5.5.2 生产安全事故的调查处理

1. 生产安全事故的分类

生产安全事故，分为特别重大安全事故、重大安全事故、较大安全事故、一般安全事故，是指生产经营单位在生产经营活动中突然发生的，伤害人身安全和健康，或者损坏设备设施，或者造成经济损失的，导致原生产经营活动暂时中止或永远终止的意外事件。

根据生产安全事故（以下简称事故）造成的人员伤亡或者直接经济损失，事故一般分为以下等级：

（1）特别重大事故，是指造成30人以上死亡，或者100人以上重伤（包括急性工业中毒，下同），或者1亿元以上直接经济损失的事故。

(2) 重大事故，是指造成 10 人以上 30 人以下死亡，或者 50 人以上 100 人以下重伤，或者 5000 万元以上 1 亿元以下直接经济损失的事故。

(3) 较大事故，是指造成 3 人以上 10 人以下死亡，或者 10 人以上 50 人以下重伤，或者 1000 万元以上 5000 万元以下直接经济损失的事故。

(4) 一般事故，是指造成 3 人以下死亡，或者 10 人以下重伤，或者 1000 万元以下直接经济损失的事故。

2. 生产安全事故的调查处理

施工单位发生生产安全事故，应当按照国家有关伤亡事故报告和调查处理的规定，及时、如实地向负责安全生产监督管理的部门、建设行政主管部门或者其他有关部门报告；特种设备发生事故的，还应当同时向特种设备安全监督管理部门报告。接到报告的部门应当按照国家有关规定，如实上报。

实行施工总承包的建设工程，由总承包单位负责上报事故。发生生产安全事故后，施工单位应当采取措施防止事故扩大，保护事故现场。需要移动现场物品时，应当做出标记和书面记录，妥善保管有关证物。

建设工程生产安全事故的调查、对事故责任单位和责任人的处罚与处理，按照有关法律、法规的规定执行。国务院安全生产监督管理部门可以会同国务院有关部门，制定事故等级划分的补充性规定。

事故报告应当及时、准确、完整，任何单位和个人对事故不得迟报、漏报、谎报或者瞒报。事故调查处理应当坚持实事求是、尊重科学的原则，及时、准确地查清事故经过、事故原因和事故损失，查明事故性质，认定事故责任，总结事故教训，提出整改措施，并对事故责任者依法追究责任。

7.6 本章案例分析

7.6.1 案例背景

2013 年 2 月 17 日 15 时许，某市 M 建筑安装公司所承担的某工程 1♯ 机组冷却塔施工工地发生一起高处坠落事故，造成 7 人死亡。M 建筑安装公司所承担的工程项目，经该省发展和改革委员会批准建设，建设单位为某电力公司。M 建筑安装公司中标后，其中 1♯ 机组冷却塔工程分包给 W 建筑公司承建，由 S 工程监理公司进行工程监理。

2013 年 2 月 16 日下午，W 建筑公司项目执行经理带领所属施工人员来到工地，并组织所属施工人员进行检查、照相，准备办理《安全上岗证》，为组织对 1♯ 冷却塔井架吊桥平台进行拆除作业的前期准备（1♯ 冷却塔的施工作业已于 2012 年 10 月 15 日停止，停止作业时间为 2012 年 10 月 15 日至 2013 年 3 月 1 日。此次提前开工未经批准，属违规开工）。2 月 17 日上午，W 建筑公司现场负责人安排施工班长组织拆除作业前的技术交底工作，并向总包单位管理人员汇报了准备组织施工的有关情况。当日 13 时许，班长带领 11 名工人沿井架爬梯步道上到井架吊桥平台，在班长的指挥下进行平台下降作业。

冷却塔吊桥平台是冷却塔施工的高空运料平台，由前桥、后桥（包括一段首桥）两部分组成，连接方式为伸缩式，其中前桥共分为 4 节，根据施工需要可以伸缩，整个吊桥平台靠 11 个倒链拉结在竖井架上。吊桥降落施工时,受力的手拉倒链应同步匀速降落,且受力倒链与备用倒链依次倒换。

当日 13 时 40 分,分包单位负责人到施工平台现场进行检查,约 14 时 10 分离开。15 时许,吊桥平台下降 1 m 后(总高度为 46.25 m),根据下降距离需要调整倒链,此时在可伸缩的前桥平台左端(面向冷却塔)的操作工张某,在没有使挂设的备用倒链受力的情况下,就将受力倒链解掉,使平台前桥前端两侧倒链受力不均,造成前桥平台失去平衡。在施工班长的指挥下,又有 4 人赶到前桥左端去拉升倒链,造成倾斜加剧,前桥自重和动荷载及相应的力将作为滑道用的首桥槽钢下翼冲击下弯曲变形,前桥掉出轨道,班长等 7 人从高处坠落,造成 7 人死亡,直接经济损失 62 万元。

7.6.2 案例分析

7.6.2.1 事故原因分析

1. 技术方面

在前桥平台左端(面向水塔)拉倒链的操作工张某,在平台下降至 46.25 m 高度时,需用备用倒链交换受力倒链,但是张某在没有使用备用倒链的情况下,拆卸了受力倒链,造成吊桥前桥失衡、倾斜、脱轨。

按作业指导书(安全操作规程)要求,吊桥平台拆除前应先将前桥收缩起来,由前向后逐步收缩,最后用倒链封死,然后将平台降至底部。此次作业前,4 节吊桥只收缩两节半,还留一节半在外,未全部收缩进来,由于操作程序错误,以致工人站在前桥上作业。

拆除如此复杂危险的吊桥平台,本应由项目负责人或项目技术负责人亲自指挥。由于项目负责人指派工人班长组织现场施工,且未严格按照安全技术操作规程指挥,对于张某的操作失误未能及时采取有效措施加以制止。当平台失衡倾斜时,王某不但未安排操作人员立即撤离,反而指挥并带头与其他人员赶到前桥左端去拉升倒链,造成处于危险区域的人员增多(正常作业时,前桥只有 2 人),倾斜加剧,导致前桥脱轨。另外作业人员未正确使用安全带。

2. 管理方面

分包单位现场负责人在该工程复工前,未向总包单位报批井架拆卸方案,没有经总包单位批准并开具安全施工作业票,属违规开工。同时,该负责人违章指挥,安排没有取得高空作业证的工人上岗作业,使得作业人员在不具备高空作业资格、不熟悉该工种操作技能的情况下进行拆除作业。

分包单位 W 建筑公司,安全生产责任制不落实,企业安全培训教育工作不力,企业职工的安全意识和安全素质不高,安全基础工作薄弱,该公司分管安全工作的副经理缺位,是造成这次事故的管理原因之一。

总包单位和监理公司对 W 建筑公司进入工地后没有进行认真审查,对其未办理有关手续和擅自开工没有及时制止和进行有效监督,也是此次事故的管理原因之一。

7.6.2.2 结论与处理

经调查分析认定,此次事故是一起违反安全生产管理规定、违章指挥、违章操作造成的高处坠落责任事故。W 建筑公司工人张某违反安全技术操作规程,在没有挂好备用倒链的情况下,解去拉结受力倒链,造成前桥失衡、倾斜、脱轨,人员从高处坠落,对此次事故负有直接责任。W建筑公司班长是该作业现场具体指挥者,由于现场指挥不当,对现场作业人员没有正确使用安全带的行为没有纠正,而且自己也未正确使用安全带,紧急情况下,又处理失误,对此次事故负有直接责任。

W建筑公司项目经理作为该工程项目第一负责人,严重失职。冷却塔吊桥平台的拆除工作属专业性较强的作业项目,按照规定应预先编制专项施工方案,并指派技术人员现场指挥。而该施工单位现场负责人违反规定未编制施工方案,还指派工人班长指挥作业,由于作业人员未经培训,造成操作失误,项目负责人应负违章指挥的责任。W建筑公司安全科负责人,没有对该工程项目及时进行监管,安全管理不力、不到位,负有重要管理责任。

W建筑公司主要负责人作为该公司安全第一责任人,对公司安全管理工作不重视,在分管安全生产的副经理缺位的情况下,未能及时调整充实;企业安全生产工作基础薄弱,安全保障体制不规范,负有主要领导责任。

建设单位某电力公司该工地项目管理人员,对该项目没有做到全过程、全方位的跟踪管理,对分包单位违规开工和此次事故负有重要管理责任。建设单位和监理公司对施工现场的违法违章行为监管不力,对此次事故负有重要责任。

7.6.2.3 教训

施工现场的总包单位和分包单位应深刻吸取事故教训,举一反三,高度重视安全生产工作,加强对各项目工地的现场安全生产管理,尽快健全和完善各级、各部门和各岗位的安全生产责任制,并制定切实可行的考核措施,做到安全责任明确,每项工作有章可循,有法可依。

这起事故暴露了各地对外来建筑施工队伍管理的漏洞。目前各地对外来建筑施工队伍基本上依靠其内部自行监管,由于这些单位人员流动性较大,给政府监管部门和总承包单位安全监管工作带来被动,再加上有些总包单位本身安全管理制度就不健全,安全意识差,安全管理松懈,以包代管或者包而不管。因此,各地应本着属地管理和谁主管谁负责、谁审批谁负责的原则,建设行政行业主管部门、安全生产监察部门等有关部门应明确对建设工程劳务专业分包的安全生产监管程序和监管办法,以避免出现监管缺位和程序混乱现象。

建筑施工企业应将施工作业设备、器械(特别是高空作业器械)的结构、性能、特点及易出现问题的排除处理方法等有关知识与技能,对所有参与施工的人员进行培训,禁止未经培训人员上岗作业。

建筑施工企业应加强对施工现场的监督和检查,制定检查制度和整改措施,每一个工作程序都要进行全面检查,不应留有死角;应做到责任明确,措施落实,隐患消除,确保安全生产。施工现场应进一步制定严格的管理制度,责任落实到人,管理人员必须到位,坚决杜绝违规开工、违章指挥、违章作业和无证上岗等现象,坚决做到生产必须安全,不安全就不生产。

这起发生在电力建设行业和外来建筑承包队伍中的重大伤亡事故,给人民生命及国家财产造成了严重损失,教训深刻,从而也暴露了安全生产管理工作中的薄弱环节,特别是对分包单位安全管理的监督控制问题,应引起各有关部门及企业的高度重视,切实吸取事故教训,加大对外来承包工程队伍的监督检查力度,重点查处违章作业、违章指挥,有效遏制事故。

7.6.2.4 法律责任分析

结合现行的法律法规，本类案例违反了以下有关的法律法规。

1. 违反《建筑法》的有关规定

《建筑法》第十四条规定：从事建筑活动的专业技术人员，应当依法取得相应的执业资格证书，并在执业资格证书许可的范围内从事建筑活动。《建筑法》第十九条规定：建筑工程依法实行招标发包。《建筑法》第二十六条规定：承包建筑工程的单位应当持有依法取得的资质证书，并在其资质等级许可的业务范围内承揽工程。禁止建筑施工企业超越本企业资质等级许可的业务范围或者以任何形式用其他建筑施工企业的名义承揽工程。禁止建筑施工企业以任何形式允许其他单位或者个人使用本企业的资质证书、营业执照，以本企业的名义承揽工程。

《建筑法》第二十八条规定：禁止承包单位将其承包的全部建筑工程转包给他人，禁止承包单位将其承包的全部建筑工程肢解以后以分包的名义分别转包给他人。《建筑法》第三十八条规定：建筑施工企业在编制施工组织设计时，应当根据建筑工程的特点制定相应的安全技术措施；对专业性较强的工程项目，应当编制专项安全施工组织设计，并采取安全技术措施。

此外，本案例中，总包单位、分包单位还违反了《建筑法》第四十四至四十六条的规定。

2. 违反《安全生产管理条例》的有关规定

《安全生产管理条例》第十四条规定：工程监理单位在实施监理过程中，发现存在安全事故隐患的，应当要求施工单位整改；情况严重的，应当要求施工单位暂时停止施工，并及时报告建设单位。工程监理单位和监理工程师应当按照法律、法规和工程建设强制性标准实施监理，并对建设工程安全生产承担监理责任。

《安全生产管理条例》第十七条规定：在施工现场安装、拆卸施工起重机械和整体提升脚手架、模板等自升式架设设施，必须由具有相应资质的单位承担。安装拆卸施工起重机械和整体提升脚手架、模板等自升式架设设施，应当编制拆装方案、制定安全施工措施，并由专业技术人员现场监督。施工起重机械和整体提升脚手架、模板等自升式架设设施安装完毕后，安装单位应当自检，出具自检合格证明，并向施工单位进行安全使用说明，办理验收手续并签字。

《安全生产管理条例》第二十一条规定：施工单位主要负责人依法对本单位的安全生产工作全面负责。施工单位应当建立健全安全生产责任制度和安全生产教育培训制度，制定安全生产规章制度和操作规程，保证本单位安全生产条件所需资金的投入，对所承担的建设工程进行定期和专项安全检查，并做好安全检查记录。施工单位的项目负责人应当由取得相应执业资格的人员担任，对建设工程项目的安全施工负责，落实安全生产责任制度、安全生产规章制度和操作规程，确保安全生产费用的有效使用，并根据工程的特点组织制定安全施工措施，消除安全事故隐患，及时、如实报告生产安全事故。

《安全生产管理条例》第二十六条规定：施工单位应当在施工组织设计中编制安全技术措施和施工现场临时用电方案，对下列达到一定规模的危险性较大的分部分项工程编制专项施工方案，并附具安全验算结果，经施工单位技术负责人、总监理工程师签字后实施，由专职安全生产管理人员进行现场监督：基坑支护与降水工程、土方开挖工程、模板工程、起重吊装工程、脚手架工程、拆除爆破工程、国务院建设行政主管部门或者其他有关部门规定的其他危险性较大的工程。《安全生产管理条例》第三十三条规定：作业人员应当遵守安全施工的强制性标准、规章制度和操作规程，正确使用安全防护用具、机械设备等。

3. 违反《安全生产法》的有关规定

《安全生产法》第二十一条规定：生产经营单位应当对从业人员进行安全生产教育和培训，保证从业人员具备必要的安全生产知识，熟悉有关的安全生产规章制度和安全操作规程，掌握本岗位的安全操作技能。《安全生产法》第二十二条规定：生产经营单位采用新工艺、新技术、新材料或者使用新设备，必须了解、掌握其安全技术特性，采取有效的安全防护措施，并对从业人员进行专门的安全生产教育和培训。

《安全生产法》第三十六条规定：生产经营单位应当教育和督促从业人员严格执行本单位的安全生产规章制度和安全操作规程。《安全生产法》第三十八条规定：生产经营单位的安全生产管理人员应当根据本单位的生产经营特点，对安全生产状况进行经常性检查；对检查中发现的安全问题，应当立即处理。

《安全生产法》第四十九条规定：从业人员在作业过程中，应当严格遵守本单位的安全生产规章制度和操作规程，服从管理，正确佩戴和使用劳动防护用品。《安全生产法》第五十三条规定：县级以上地方各级人民政府应当根据本行政区域内的安全生产状况，组织有关部门按照职责分工，对本行政区域内容易发生重大生产安全事故的生产经营单位进行严格检查；发现事故隐患，应当及时处理。

习 考 思 题

1. 单项选择题

（1）（　　）是建筑生产中最基本的安全管理制度，是所有安全规章制度的核心。

A. 质量事故处理制度　　　　　　　B. 质量事故统计报告制度
C. 安全生产责任制度　　　　　　　D. 安全生产监督制度

（2）建设工程安全生产管理基本制度中，不包括（　　）。

A. 群防群治制度　　　　　　　　　B. 伤亡事故处理报告制度
C. 事故预防制度　　　　　　　　　D. 安全责任追究制度

（3）《建设工程安全生产管理条例》第八条规定，建设单位在编制工程概算时，应当确定（　　）所需费用。

A. 抢险救灾　　　　　　　　　　　B. 建设工程安全作业环境及安全施工措施
C. 对相关人员的培训教育　　　　　D. 建筑工程安全作业

（4）《建设工程安全生产管理条例》第十条规定，建设单位在申请领取施工许可证时，应当提供（　　）。

A. 建设工程有关安全施工措施的资料　B. 建设工程的全部造价
C. 建设工程相应的施工进度　　　　　D. 建设工程安全生产负责人员名单

（5）《建设工程安全生产管理条例》第十条规定，依法批准开工报告的建设工程，建设单位应当自开工报告批准之日起（　　）内，将保证安全施工的措施报送建设工程所在地的县级以上地方人民政府建设行政主管部门或者其他有关部门备案。
A. 30 日　　　　B. 60 日　　　　C. 15 日　　　　D. 90 日

(6)《建设工程安全生产管理条例》第十一条规定，建设单位应当将拆除工程发包给（　　）的施工单位。
A. 能完成拆除任务　　　　B. 具有相应资质等级
C. 专业拆除　　　　D. 达到拆除施工要求

(7)《建设工程安全生产管理条例》第十四条第一款规定，工程监理单位应当审查施工组织设计中的安全技术措施或者专项施工方案是否符合工程建设（　　）。
A. 整体安全要求　　　　B. 强制性标准
C. 一般要求　　　　D. 基本要求

(8) 工程监理单位在实施监理过程中，发现存在安全事故隐患的，应当要求施工单位整改；情况严重的，应当要求施工单位暂时停止施工，并及时报告建设单位。施工单位拒不整改或者不停止施工的，工程监理单位应当及时向（　　）报告。
A. 建设单位　　　　B. 有关主管部门
C. 建设行政部门　　　　D. 当地人民政府

2. 多项选择题（一个以上答案正确）

(1) 建筑施工企业安全生产管理工作中，（　　）是清除隐患、防止事故、改善劳动条件的重要手段。
A. 安全监察制度　　　　B. 伤亡事故报告处理制度
C. "三同时"制度　　　　D. 安全检查制度

(2) 国家对建筑施工企业实施安全生产许可证制度的目的是（　　）。
A. 改善劳动条件　　　　B. 促进企业生产经营发展
C. 严格规范安全生产条件　　　　D. 进一步加强安全生产监督管理

(3) 编制安全技术措施计划的一般步骤中，属于制订安全技术措施计划工作之前的工作有（　　）。
A. 风险确定　　　　B. 危险源识别
C. 风险评价　　　　D. 工作活动分类

(4) 下列说法正确的是（　　）。
A. 分包单位应当接受总承包单位的安全生产管理
B. 分包单位各负其责，不需要接受总承包单位的安全生产管理
C. 如果分包单位不服从总承包单位的安全管理导致生产安全事故的，由分包单位自己承担责任
D. 总承包单位与分包单位对所有工程的安全生产承担连带责任

(5) 施工单位的下列行为中，违反了《建设工程安全生产管理条例》的是（　　）。
A. 施工前，施工单位负责项目管理的技术人员没有向作业人员对有关安全施工的技术要求作技术交底
B. 施工前，施工单位的负责人没有向作业人员对有关安全施工的技术要求作技术交底
C. 施工现场入口没有设置安全警示标志

D. 施工单位在尚未竣工的房屋内设置员工宿舍
E. 施工单位擅自修改工程图纸进行施工

3. 问答题

(1) 现行的建设工程安全管理的法律法规有哪些？
(2) 建设工程事故分哪几类？事故处理的流程是什么？
(3) 建设单位的安全责任包括哪些内容？
(4) 建筑施工企业取得安全生产许可证，应当具备哪些安全生产条件？
(5) 施工单位的安全责任，包括哪些主要内容？

4. 案例分析题

某建筑工程公司因效益不好，公司领导决定进行改革，减员增效。经研究：将公司安全部撤销，安全管理人员8人中，4人下岗，4人转岗，原安全部承担的工作转由工会中的2人负责。由于公司领导撤销安全部门，整个公司的安全工作仅仅由2名负责工会工作的人兼任，致使该公司上下对安全生产工作普遍不重视，安全生产管理混乱，经常发生人员伤亡事故。

问题：

试分析该公司的做法违反了哪些法律法规的规定？应该受到什么样的处罚？

第 8 章 建设工程质量管理法规

8.1 概述

8.1.1 建设工程质量的概念

8.1.1.1 质量的概念
　　质量的含义包括产品质量、工序质量、工作质量三个方面。产品质量即产品的使用价值，能够满足国家建设和人民需要所具备的自然属性，包括产品的适应性、可靠性、安全性、经济性和使用寿命等。工序质量即生成过程能稳定地生产合格产品的能力。产品的生产过程就是质量特性形成的过程，控制产品质量，就必须控制产品质量形成过程中影响质量的各因素。工作质量即企业为达到产品质量标准所做的管理工作、组织工作和技术工作的效率和水平，包括经营决策工作质量和现场执行工作质量。
　　上述三者之间的关系：产品质量是企业生产的最终成果，它取决于工序质量和工作质量；工作质量则是工序质量、产品质量和经济效果的保证和基础。

8.1.1.2 建设工程质量
　　建设工程质量是指建设工程满足相关国家规定和合同约定的要求，包括其在适用、安全、经济、美观、环境保护等方面所有明显和隐含能力的特性总和。建设工程勘察、设计、施工的质量必须符合国家有关安全标准的要求，具体管理办法由国务院规定。
　　建设工程质量有广义和狭义之分。从狭义上说，建设工程质量是指工程实体质量，它是指在国家现行的有关法律、法规、技术标准、设计文件和合同中，对工程的安全、适用、经济、美观等特性的综合要求。广义上的建设工程质量除狭义的范围外，还包括工程参与者的服务质量和工作质量。它反映在他们的服务是否及时、主动，态度是否诚恳、守信，管理水平是否先进，工作效率是否高效等方面。一般来讲，国外趋向于从广义来理解建设工程质量，但本书还是特指工程本身的质量，即狭义意义上的建设工程质量。
　　工程建设标准化是在建设领域内有效地实行科学管理、强化政府宏观调控的基础和手段，对确保建设工程质量和安全、促进建设工程技术进步、提高建设工程经济效益和社会效益等都具有重要意义。有关建设工程安全的国家标准不能适应确保建设安全的要求时，应当及时修订。
　　建设工程质量关系到社会公共利益，关系到国民经济发展和人民生命财产安全。加强对建设工程质量的管理，保证建设工程质量，就是保护人民生命和财产安全。国家出台了一系列法律、法规、规章、制度来规范建筑市场各主体强化工程实施过程中的质量。如国务院根据《中华人民共和国建筑法》，于 2000 年 1 月颁发了《建设工程质量管理条例》，该条例与《建筑法》配套，在加强建设工程质量管理、保证建设工程质量、保护人民生命财产安全以及规范建设市场等方面都有重要意义。

8.1.1.3 建设工程质量的特点

与其他产品质量相比，建设工程质量具有如下特点：

(1) 影响因素多，质量变动大

决策、设计、材料、机械、环境、施工工艺、管理制度以及参建人员素质等直接或间接影响工程质量。工程项目建设不同于一般工业产品，有固定的生产流程，有规范化的生产工艺和完善的检测技术，有成套的生产设备和稳定的生产环境。同时，由于影响项目施工质量的偶然性因素和系统性因素都较多，因此工程质量波动较大。

(2) 隐蔽性强，终检局限大

工程项目在施工过程中，由于工序交接多，中间产品多，隐蔽工程多，若不及时检查实质，事后再看表面，就容易产生第二判断错误，也就是说，容易将不合格的产品，认为是合格的产品；反之，若检查不认真，测量仪表不准，读数有误，则就会产生第一判断错误，也就是说容易将合格的产品，认为是不合格的产品。这点，在进行质量检查验收时，应特别注意。而工程项目建成后，不可能像某些工业产品那样，再拆卸或解体检查内在的质量，或重新更换零件；即使发现质量有问题，也不可能像工业产品那样实行"包换"或"退款"。而工程项目的终检无法进行工程内在质量的检验，无法发现隐蔽的质量缺陷。

(3) 对社会环境影响大

与工程规划、设计、施工质量的好坏有密切关系的不仅仅是使用者，而是整个社会。工程质量不仅直接影响着人民的生活、生产，而且还影响着社会可持续发展的环境，特别是有关绿化、"三废"和噪声等方面的问题。

8.1.2 建设工程质量标准的概念与分类

8.1.2.1 建设工程质量管理的概念

建设工程质量管理是指确立和实现质量方针的全部职能及工作内容，并对其实施效果进行评价和改进的一系列活动。建设工程质量团里的基本模式是对建设工程质量进行策划、实施、检查和改进。

8.1.2.2 建设工程质量标准的分类

工程建设标准是由政府机关颁布的，是对新建工程项目所做最低限度技术要求的规定，是建设法律、法规体系的重要组成部分。工程建设标准侧重于单项技术要求，主要包括工程项目的分类等级、允许使用荷载、建筑面积及层高层数的限制、防火与疏散以及结构、材料、供暖、通风、照明、给水排水、消防、电梯、通信、动力等的基本要求。

1. 根据标准的约束性划分

(1) 强制性标准

第一种是保障人体健康，人身、财产安全的标准和法律、行政性法规规定强制性执行的国家和行业标准，强制性国家标准是以 GB 开头的标准，是国家通过法律的形式明确要求对于一些标准所规定的技术内容和要求必须执行，不允许以任何理由或方式加以违反、变更。强制性国家标准具有法律属性。强制性国家标准一经颁布，必须贯彻执行；否则对造成恶劣后果和重大损失的单位和个人，要受到经济制裁或承担法律责任。第二种是省、自治区、直辖市标准化行政主管部门制定的工业产品的安全、卫生要求的地方标准，在本行政区域内是强制性标准。

对工程建设业来说，下列标准属于强制性标准：工程建设勘察、规划、设计、施工（包括安装）及验收等通用的综合标准和重要的通用的质量标准；工程建设通用的有关安全、卫生和环境保护的标准；工程建设重要的术语、符号、代号、计量与单位、建筑模数和制图方法标准；工程建设重要的通用的试验、检验和评定等标准；工程建设重要的通用的信息技术标准；国家需要控制的其他工程建设通用的标准。

（2）推荐性标准

推荐性标准又称为非强制性标准或自愿性标准，是指生产、交换、使用等方面，通过经济手段或市场调节而自愿采用的一类标准。国家鼓励企业自愿采用推荐性标准。

2. 根据标准的内容划分

（1）设计标准，是指从事工程设计所依据的技术文件。

（2）施工及验收标准，施工标准是指施工操作程序及其技术要求的标准；验收标准是指检验、接收竣工工程项目的规程、办法与标准。

（3）建设定额，是指国家规定的消耗在单位建筑产品上活劳动和物化劳动的数量标准，以及用货币表现的某些必要费用的额度。

3. 根据标准的属性划分

（1）技术标准，是指对标准化领域中需要协调统一的技术事项所制定的标准。

（2）管理标准，是指对标准化领域中需要协调统一的管理事项所制定的标准。

（3）工作标准，是指对标准化领域中需要协调统一的工作事项所制定的标准。

4. 根据标准的适用范围划分

（1）国家标准：是对需要在全国范围内统一的技术要求所制定的标准。

（2）行业标准，是对没有国家标准而又需要在全国某个行业范围内统一的技术要求所制定的标准。

（3）地方标准，是对没有国家标准和行业标准而又需要在该地区范围内统一的技术要求所制定的标准。

（4）企业标准，是对企业范围内需要协调、统一的技术要求、管理事项和工作事项所制定的标准。

8.1.3 建设工程质量标准体系

8.1.3.1 建设工程质量管理体系

我国建设工程质量管理体系包括纵向管理体系和横向管理体系。

纵向管理是国家对建设工程质量进行的监督管理，它具体由建设行政主管部门及其授权的机构实施，这种管理贯穿在工程建设全过程的各个环节之中。这种管理，既对工程建设从计划、规划、土地管理、环保消防等方面进行监督管理，又对工程建设的主体实行从资质认定和审查、成果质量检测、验证和奖惩等方面的监督管理，还对工程建设中各种活动如工程招投标、工程施工、验收、维修等进行监督管理。

横向管理又包括两个方面，一是工程承包单位自己对所承担工作的质量管理，如勘察单位、设计单位、施工单位，它们要按要求建立专门的质检机构，配备相应的质检人员，建立相应的质量保证制度，如审核校对制、培训上岗制、质量抽检制、各级质量责任制和部门领导质量责任制等；二是建设单位对所建工程的管理，它可成立相应的机构和人员，对所建工程的质量进行监督管理，也可委托监理单位对工程建设的质量进行监理。现在，世界大多数国家都推行监理制，我国也正在推行和完善这一制度。

8.1.3.2 质量管理体系文件组成

（1）质量记录，是产品质量水平和质量体系中各项质量活动过程及结果的客观反映，是证明各阶段产品质量达到要求和质量体系运行的有效证据。

（2）质量计划，是为了确保过程的有效运行和控制，在程序文件的指导下，针对特定的产品、过程、合同或项目，而制定出专门质量措施和活动顺序的文件。

（3）程序文件，是质量手册的支持性文件，是组织落实质量管理工作建立的各项管理标准、规章制度，是组织各职能部门为贯彻落实质量手册而规定的实施细则。

（4）质量手册，是组织最重要的质量法规性文件，是阐明组织的质量政策、质量体系和质量实践的文件，是实施和保持质量体系过程中长期遵循的纲领性文件。

8.1.3.3 质量管理体系认证标准

1987年3月，国际标准化组织（ISO）正式发布《质量管理和质量保证》ISO 9000系列标准，受到世界各国欢迎，已为各国广泛采用。

1992年，我国也发布了等同采用国际标准的《质量管理和质量保证》GB/T 19000—1992/ISO 9000系列标准，这些标准，既可作为生产企业质量保证工作的依据，也是企业申请质量体系认证的认证标准。

我国等同采用ISO 9000系列标准制定GB/T 19000系列标准，由5个标准组成：

(1)《质量管理和质量保证——选择和使用指南》GB/T 19000—1992/ISO 9000。此系列标准是在总结国际成功经验的基础上，从质量管理的共性出发，阐述了质量管理工作的基本原则、基本规律和质量体系要素的基本构成，它适用于不同体制、不同行业的生产，同样也适用于建筑企业的质量管理工作；阐明了质量方针、质量管理、质量体系、质量控制和质量保证五个重要质量术语的概念及其相互关系；阐述了企业应力求达到的质量目标及质量体系环境特点和质量体系标准的类型；规定了标准的应用范围、标准的应用程序；规定了证实文件应包括的内容以及供需双方签订合同前应做的准备。

(2)《质量体系——设计、开发、生产、安装和服务的质量保证模式》GB/T 19001—1994/ISO 9001。此标准是三个质量保证模式中质量水平最高、覆盖环节最多，而且质量体系要素最多的质量保证标准，阐述了从产品设计、产品开发到售后服务全过程的质量体系要素的要求。该标准比较其他两个标准增加了对设计质量控制条款和售后服务条款的质量体系要素。

(3)《质量体系——生产和安装的质量保证模式》GB/T 19002—1994/ISO 9002。此标准适用于设计已定型、生产过程复杂或产品价值昂贵的生产条件，阐述了从原材料采购至产品交付使用全过程的质量体系要求，是三个模式中应用率较高的模式标准。

(4)《质量体系——最终检验和试验的质量保证模式》GB/T 19003—1994/ISO 9003。此标准适用于产品相对简单或比较成熟的产品。该标准明确规定此范围的12项质量体系要素构成及其主要内容，是三个模式标准中质量体系要素内容和数量相对较少的模式标准。

(5)《质量管理和质量体系要素——指南》GB/T 19004—1992/ISO 9004。此标准是指导企业建立质量体系的指导标准，是在总结了不同行业、不同企业的基本要求后，提出了企业建立质量体系一般应包括的基本要素。

8.1.3.4 我国建设工程质量标准的主要法律依据

这些法律依据包括以下几个法律、法规：

（1）1988年12月29日由全国人大常委会颁布的《中华人民共和国标准化法》。

（2）1992年12月30日由原建设部颁布施行的《工程建设国家标准管理办法》与《工程建设行业标准管理办法》；

（3）1997年11月1日由全国人大常委会颁布的《中华人民共和国建筑法》（2011年修订）。

（4）2000年1月30日由国务院颁布施行的《建筑工程质量管理条例》。

（5）2000年4月20日由原建设部颁布施行的《工程建设标准强制性条文》（2013年修订，建标〔2013〕32号）；

（6）2003年9月3日由国务院颁布的《中华人民共和国认证认可条例》。

8.1.4 建设工程质量法规现状

建设工程质量管理一直是国家建设工程管理的重要内容，有关工程建设质量的立法工作也一直是工程建设法规的立法重点之一。

有关建设工程质量管理的法律、法规，如现行的《中华人民共和国建筑法》，其中第六章即为"建筑工程质量管理"，专门对建设工程质量管理进行约束。2000年1月30日国务院发布施行的《建设工程质量管理条例》是《建筑法》的配套法规之一，它对建设行为主体的有关责任和义务做出了十分明确的规定。除此以外，国务院建设行政主管部门及其相关部门还颁发了一系列的法规和规章制度来对建设工程质量管理进行约束，如《建筑工程质量监督条例（试行）》(1983年)、《建筑工程质量监督站工作暂行规定》(1985年)、《建筑工程质量检验工作的规定》(1985年)、《关于确保工程质量的几项措施》(1986年)、《建设工程质量监督管理规定》(1990年)、《关于提高住宅工程质量的规定》(1992年)、《关于建筑企业加强质量管理工作的意见》(1995年) 等。

8.2 各方对建设工程质量管理的责任与义务

建设工程各方主体涉及建设工程的全部参与者，它包括政府建设行政主管部门、建设单位、勘察设计单位、施工单位、监理单位和材料设备供应单位及其相关人员。

8.2.1 政府主管部门

政府及其主管部门对建设工程各主体进行监督管理，在建设工程质量管理方面，其主要的责任与义务有：

（1）对建设单位的建设、管理能力进行审查。

（2）对勘察设计单位，施工、监理、构配件生产、房地产开发单位等实行资格等级认证、生产许可证和业务范围的监督管理。

（3）实行执业工程师注册制和执业资格制度。

（4）国务院建设行政主管部门和国务院铁路、交通、水利等有关部门应当加强对有关建设工程质量的法律、法规和强制性标准执行情况监督检查的责任和义务。

（5）县级以上地方人民政府建设行政主管部门和其他有关部门应当加强对有关建设工程质量的法律、法规和强制性标准执行情况监督检查的责任和义务。

8.2.2 建设单位

建设单位（在招投标阶段，也叫发包单位）是指投资建设该项建筑工程的主体，也称业主（国外一般称业主）。按理说，建设单位对建设工程质量最关心，但我国的建设单位很多是政府部门或开发商，建设单位与业主往往是两个不同的主体，加之大量的建设工程是国有投资，建设单位（尤其是某些负责人）有时候并不承担工程质量低劣的严重后果。2000年1月30日由国务院颁布施行的《建设工程质量管理条例》对建设单位的质量责任和义务做出了明确规定。

8.2.2.1 依法发包工程的责任

通过工程发包，选取具有相应资质、技术和经济实力、享有良好信誉的承包商来承包工程建设，是确保工程质量的重要环节。

《建设工程质量管理条例》规定：建设单位应当将工程发包给具有相应资质等级的单位，建设单位不得将建设工程肢解发包。肢解发包是指建设单位将应当由一个承包单位完成的建设工程分解成若干部分发包给不同的承包单位的行为。同时还进一步规定，应当招标的工程项目，建设单位应依法招标。

8.2.2.2 依法委托监理的责任

对于国家规定强制实行监理的工程，建设单位应当委托具有相应资质等级的工程监理单位进行监理，也可以委托具有工程监理相应资质等级并与被监理工程的施工承包单位没有隶属关系或者其他利害关系的该工程的设计单位进行监理。委托监理的建设单位应与工程建设监理单位签订监理合同，明确双方的责任、权利和义务。

8.2.2.3 依法报批、接受政府监督的责任

建设单位在工程设计完成后，应进行施工图设计审查。建设单位应当将施工图设计文件报县级以上人民政府建设行政主管部门或者其他有关部门审查，施工图设计文件未经审查批准的，不得使用。

建设单位在领取施工许可证或者开工报告前，应当按照国家有关规定办理工程质量监督手续；组织设计和施工单位认真进行交底和图纸会审，施工中应当按照国家现行有关工程建设法律、法规和技术标准及合同规定，对工程质量进行检查，建设单位收到建设工程竣工报告后，应当组织设计、施工、工程监理等有关单位进行竣工验收。

8.2.2.4 遵守国家规定及技术标准的责任

建立工程建设的技术标准及相关规定，是保证建设工程质量的重要措施，任何单位和个人都必须严格遵守，不得随意更改和破坏。

建设单位在工程发包时不得迫使承包方以低于成本的价格竞标，不得任意压缩合理工期。

工程建设过程中，建设单位不得明示或暗示设计单位或施工单位违反工程建设强制性标准，降低工程质量。

按照合同约定，由建设单位采购建筑材料、建筑构配件和设备的，建设单位应保证建

筑材料、建筑构配件和设备符合设计文件和合同要求。建设单位不得明示或暗示施工单位使用不合格的建筑材料、建筑构配件和设备。按合同约定由建设单位自己提供建筑材料、建筑构配件和设备的，其质量也必须符合国家现行有关法律、法规和技术标准的要求。

在进行涉及建筑主体和承重结构变动的装修时，应委托原设计单位或具有相应资质等级的设计单位进行设计，没有设计方案的，不得强行施工。房屋建筑使用者在装修过程中，不得擅自变动房屋建筑主体结构和承重结构。

8.2.2.5 提供材料、组织竣工验收的责任

（1）建设单位必须根据工程特点和技术要求，按有关规定选择相应资质等级的勘察设计、施工单位，并签订工程承包合同，合同中必须有质量条款，明确质量责任。建设单位有责任向有关的勘察、设计、施工、工程监理等单位提供工程有关的原始资料，并保证其真实、准确、齐全。

（2）在收到工程竣工报告后，建设单位应负责组织设计、施工、工程监理等有关单位对工程进行验收，并应按国家有关档案管理的规定，及时收集、整理建设项目各环节的文件资料，建立健全建设项目档案。

（3）在工程验收后，负责及时向建设行政主管部门或其他有关部门移交建设项目档案。

8.2.2.6 法律责任

如建设单位未尽上述责任，将分别受到限期改正、责令停工、处以罚款等处罚；构成犯罪的，还将追究单位、直接责任人及直接负责的主管人员的刑事责任。《建筑法》规定，未取得施工许可证或者开工报告未经批准擅自施工的，责令改正，对不符合开工条件的责令停止施工，可以处以罚款。《建设工程质量管理条例》规定，建设单位未取得施工许可证或者开工报告未经批准，擅自施工的，责令停止施工，限期改正，处工程合同价款1%以上2%以下罚款。《建筑法》规定，发包单位将工程发包给不具有相应资质条件的承包单位的，或者将建筑工程肢解发包的，责令改正，处以罚款。在工程发包与承包中索贿、受贿、行贿，构成犯罪的，依法追究刑事责任；不构成犯罪的，分别处以罚款，没收贿赂的财物，对直接负责的主管人员和其他直接责任人员给予处分。《建筑法》规定，建设单位要求建筑设计单位或施工单位违反建筑工程质量、安全标准，降低工程质量的，责令改正，可以处以罚款；构成犯罪的，依法追究刑事责任。涉及建筑主体或者承重结构变动的装修工程擅自施工的，责令改正，处以罚款；造成损失的，承担赔偿责任；构成犯罪的，依法追究刑事责任。

8.2.3 勘察设计单位

8.2.3.1 遵守执业资质等级制度的责任

勘察设计单位必须在其资质等级允许的范围内承揽工程勘察设计任务，不得擅自超越资质等级或以其他单位的名义承揽工程；不得允许其他单位或个人以本单位名义承揽工程；不得转包或违法分包所承揽的工程。

8.2.3.2 建立质量保证体系的责任

勘察设计单位应建立健全质量保证体系。勘察设计单位应按照国家有关法律、法规、技术标准和合同要求进行勘察工作，并建立健全科学有效的质量管理程序和质量管理责任

制，明确单位的法定代表人、项目负责人、审核人及与勘察作业有关人员的质量责任。

工程勘察项目负责人应组织有关人员做好现场踏勘、调查、按要求编写《勘察纲要》，并对勘察过程中各项作业的资料验收和签字。

工程勘察工作的原始记录应在勘察工程中及时整理、核对，确保取样、记录的真实和准确，严禁离开现场后再追记和补记。

工程勘察企业的法定代表人、项目负责人、审核人、审定人等相关人员应在勘察文件上签字或盖章，并对勘察设计质量负责，其相关责任分别为：企业法定代表人对勘察质量负全面责任；项目负责人对项目的勘察文件负主要责任；项目审核人、审定人对其审核、审定项目的勘察文件负审核、审定的责任。

勘察设计单位必须按照工程强制性标准进行勘察设计，并对勘察、设计的质量负责。注册建筑师、注册结构工程师等执业人员应在设计文件上签字，对设计文件的质量负责。

8.2.3.3 遵守国家工程建设强制性标准及有关规定的责任

工程勘察文件应符合国家规定的勘察深度要求，勘察成果必须真实准确，评价应准确可靠，并对勘察成果质量负法律责任和相应的经济责任。

设计单位要根据勘察成果文件进行设计，设计文件应符合国家现行有关法律、法规、工程设计技术标准和合同的规定，设计文件应符合国家规定的设计深度要求，满足相应设计阶段的技术要求，并注明工程合理使用年限。

凡设计所选用的产品，应注明规格、型号、性能等技术指标，其质量必须符合国家规定的标准；除有特殊要求的建筑材料、专用设备、工艺生产线等外，设计单位不得指定生产厂家或供应商。

8.2.3.4 施工验槽、技术交底和事故处理的责任

工程勘察企业应当参与施工验槽，技术解决工程设计和施工中与勘察工作有关的问题。

设计单位应就审查合格的施工图向施工单位做出详细说明，做好设计交底工作，对大中型建设工程、超高层建筑以及采用新技术、新结构的工程，设计单位还应向施工现场派驻设计代表。

当其所设计的工程发生质量事故时，设计单位应参与质量事故分析，并对因设计造成的质量事故，提出相应的技术处理方案。

8.2.3.5 法律责任

勘察设计单位当其违反国家的法律、法规及相关规定，没有尽到上述责任时，根据情节轻重，将会受到责令改正、没收违法所得、罚款、责令停业整顿、降低资质等级、吊销资质证书等处罚。造成损失的，依法承担赔偿责任。

注册建筑师、注册结构工程师等注册执业人员因过错造成质量事故的，责令停止执业1年；造成重大事故的，吊销执业资格证书，5年内不予注册；情节特别恶劣的，终身不予注册。

勘察设计单位违反国家规定，降低工程质量标准，造成重大安全事故，构成犯罪的，要依法追究直接责任人员的刑事责任。

8.2.4 施工单位

8.2.4.1 遵守执业资质等级制度的责任

施工单位应当依法取得相应等级的资质证书,并在其资质等级许可的范围内承揽工程施工任务,不得超越本单位等级许可的业务范围或以其他施工单位的名义承揽工程。

禁止施工单位允许其他单位或个人以本单位的名义承揽工程(即挂靠)。

施工单位也不得将自己承包的工程再进行转包或非法分包,国家严禁将工程层层转包,但在业主同意和有关部门备案下,在某些范围内可以进行分包,如劳务分包、不超过30%工程量的分包等。

8.2.4.2 建立质量保证体系的责任

施工单位有健全质量保证体系、建立并落实质量责任制度的责任,要明确确定工程项目的项目经理、技术负责人和管理负责人。建筑物在合理使用寿命内,必须确保地基基础工程和主体结构的质量。

施工单位必须建立健全并落实质量责任制度,并建立健全教育培训制度,加强对职工的教育培训,未经教育培训或考核不合格的人员,不得上岗作业。

施工单位还有加强计量检测工作的责任,严格工序管理,做好隐蔽工程的质量检查和记录。隐蔽工程在隐蔽前,施工单位应当通知建设单位、监理单位和建设工程质量监督机构。

8.2.4.3 遵守技术标准、严格按图施工的责任

施工单位必须按照工程设计图纸和施工技术标准施工,不得偷工减料。工程设计的修改由原设计单位负责,建筑施工单位不得擅自修改工程设计。

施工过程中如发现设计文件和图纸的差错,应及时向设计单位提出修改意见和建议,不得擅自处理。

施工单位必须按照工程设计要求、施工技术标准和合同约定,对材料、构配件和设备及商品混凝土进行检验,未经检验或检验不合格的上述物品,不得使用。施工单位必须按施工技术标准对试块、试件及有关材料实行见证取样制度,应当在建设单位或者工程监理单位监督下现场取样,并送具有相应资质等级的质量检测单位进行检测。

施工单位对施工中出现质量问题的建设工程或竣工验收不合格的建设工程,应负责返修。建筑工程竣工时,屋顶、墙面不得留有渗漏、开裂等质量缺陷,对已发现的质量缺陷,建筑施工单位应当修复。建筑工程竣工验收合格后才可交付使用,未经验收或验收不合格的,不得交付使用。

若主体施工过程中发生质量问题,发包人应当按合同规定及时通知承包人进行返工或采取其他补救措施而不能擅自返工。若发包人通知主体承包人应及时返工而承包人未及时返工,发包人则可以指定其他承包人返工,所需费用从主体承包人应得的工程款中扣除。

8.2.4.4 总包单位与分包单位之间的质量责任

建设工程实行总承包的,总承包单位应对全部建设工程质量负责;实行勘察、设计、施工、采购的一项或多项总承包的,总承包单位应对其承包的建设工程或采购的设备的质量负责。

总承包单位依法进行分包的,分包单位应按合同的约定对其分包工程的质量向总承包

单位负责,总承包单位与分包单位对分包工程的质量承担连带责任。分包单位应当接受总承包单位的质量管理。

8.2.4.5 法律责任

施工单位未尽上述质量责任时,根据其违法行为的严重程度将会受到责令改正、罚款、降低资质等级、责令停业整顿、吊销资质证书等处罚。

对不符合质量标准的工程,要负责返工、修理,并赔偿因此造成的损失。

对降低工程质量标准,造成重大安全事故,构成犯罪的,要依法追究直接责任人员的刑事责任。

8.2.5 监理单位

8.2.5.1 遵守执业资质等级制度的责任

工程监理企业应当依法取得相应等级的资质证书,并在其资质等级许可的范围内承担工程,不得以其他监理单位的名义承担工程监理业务。

禁止工程监理单位允许其他单位或个人以本单位名义承担监理业务。

工程监理单位也不得将自己承担的工程监理业务进行转让。

8.2.5.2 回避的责任

工程监理单位不得与被监理工程的施工承包单位以及建筑材料、建筑构配件和设备供应单位有隶属关系或者其他利害关系,以保证监理活动的客观、公正。

8.2.5.3 坚持质量标准、依法进行现场监理的责任

工程监理单位应选派具有相应资质的总监理工程师和监理工程师进驻施工现场。

监理单位应当依照法律、法规及有关技术标准、设计文件和建设工程承包合同及工程监理规范的要求,对承包单位在施工质量、建设工期和建设资金使用等方面,代表建设单位实施监理,并对施工质量承担监理责任。采取旁站、巡视和平行检验等形式,对建设工程实施监理,对违反有关规范及技术标准的行为进行制止,责令改正。

对工程使用的建筑材料、构配件和设备的质量进行检验,不合格者,不得批准使用。

工程监理单位不得与建设单位或施工单位串通一气,弄虚作假,降低工程质量。

8.2.5.4 法律责任

工程监理单位未尽上述责任影响工程质量时,根据其违法行为的严重程度,给予责令改正、没收非法所得、罚款、降低资质等级、吊销资质证书等处罚。《建筑法》规定:工程监理单位不按照委托监理合同的约定履行监理义务,对应当监督检查的项目不检查或者不按照规定检查,给建设单位造成损失的,应当承担相应的赔偿责任。工程监理单位与承包单位串通,为承包单位谋取非法利益,给建设单位造成损失的,应当与承包单位承担连带赔偿责任。

造成重大安全事故,构成犯罪的,要依法追究直接责任人员的刑事责任。

8.2.6 材料与设备供应单位

建筑材料、构配件及设备的供需双方均应签订购销合同,并按合同条款进行质量验收。建筑材料、构配件生产及设备供应单位必须具备相应的生产条件、技术装备和质量保证体系,具备必要的检测人员和设备,严把产品看样、订货、储存、运输和检验的质

量关。

建筑材料、构配件生产及设备供应单位对其生产或供应的产品质量负责。建筑材料、构配件及设备质量应当符合下列要求：

（1）符合国家或行业现行有关技术标准规定的合格标准和设计要求。

（2）符合在建筑材料、构配件及设备或其包装上注明采用的标准，符合以建筑材料、构配件及设备说明、实物样品等方式表明的质量状况。

其产品或包装上的标识应符合下述要求：

（1）有产品质量检验合格证明。

（2）有中文标明的产品名称、生产厂厂名和厂址。

（3）产品包装和商标样式符合国家有关规定和标准要求。

（4）设备应有产品详细的使用说明书，电器设备还应附有线路图。

（5）实施生产许可证或使用产品质量认证标志的产品，应有生产许可证或质量认证的编号、批准日期和有效日期。

8.3 政府对建设工程质量的监督管理

8.3.1 工程质量监督与检测制度

8.3.1.1 建设工程质量监督制度

为了加强政府对工程质量的监督管理，我国从20世纪80年代中期逐步建立了政府建设工程质量监督制度，各地、各部门相继成立了工程质量监督站，这一制度在确保建筑工程质量、减少重大事故等方面发挥了重要作用。《建筑法》和《建设工程质量管理条例》的实施，为建筑工程质量监督制度提供了法律依据。

1. 建设工程质量监督管理机构

工程质量监督机构是指经省级以上建设行政主管部门或其他有关部门考核，具有法人独立资格的单位（俗称质监站）。它受政府建设行政主管部门或有关单位的委托，对建设工程质量具体实施监督管理，并对委托的政府有关部门负责。《建设工程质量管理条例》规定从事房屋建筑工程和市政基础设施工程质量监督的机构，必须按照国家有关规定经国务院建设行政主管部门或者省、自治区、直辖市人民政府建设行政主管部门考核；从事专业建设工程质量监督的机构，必须按照国家有关规定经国务院有关部门或者省、自治区、直辖市人民政府有关部门考核。经考核合格后，方可实施质量监督。建设工程质量监督工作由各省、自治区、直辖市人民政府建设行政主管部门委托的建设工程质量监督机构进行具体实施。工程质量监督机构必须拥有一定数量的质量监督工程师，有满足工程质量监督检查工作需要的工具和设备。

国务院发展和改革部门按照国务院规定的职责，组织稽查特派员，对国家出资的重大建设项目实施监督检查。国务院经济贸易主管部门按照国务院规定的职责，对国家重大技术改造项目实施监督检查。市、县建设工程质量监督站和国务院各工业、交通部门所设的专业建设工程质量监督站为建设工程质量监督的实施机构。根据原建设部发布的《建设工程质量监督管理规定》，凡新建、扩建、改建的工业、交通和民用、市政公用工程及构配件生产，均应接受建设工程质量监督机构的监督。

国务院建设行政主管部门对全国的建设工程质量实施统一监督管理，国务院铁路、交通、水利等有关部门按照国务院规定的职责分工，负责对全国有关专业建设工程质量的监督管理。县级以上地方人民政府建设行政主管部门对本行政区域内的建设工程质量实施监督管理；县级以上地方人民政府交通、水利等有关部门在各自的职责范围内，负责对本行政区域内的专业建设工程质量的监督管理。这种管理体制明确了政府各部门的职责，职权划分清晰，权利与职责一致，谁管理谁负责，有利于对建设工程质量实施监督管理。

建设工程质量监督管理制度具有几个特点：一是权威性，建设工程质量监督体现的是国家的意志，任何单位和个人从事工程建设活动都应服从监督管理；二是强制性，这种监督是由国家的强制力来保证的，任何单位和个人不服从监督管理都将受到法律的制裁；三是综合性，这种监督管理并不局限于某一阶段或某一方面，而是贯穿于建设活动的全过程，并适用于建设单位、勘察单位、设计单位、监理单位和施工单位。

2. 工程质量监督机构的工作职责

（1）制定监督工作方案，办理建设单位工程建设项目报建手续，收取监督费。

（2）检查施工现场工程建设各方主体的质量行为和建设工程的实体质量，按照国家有关法律、法规和工程建设强制性技术标准，对建设工程的地基基础、主体结构及相关的材料、构配件的质量进行抽查，发现有影响工程质量的问题时，有权采取局部暂停施工等强制性措施，直到问题得到改正。

（3）对建设单位组织的竣工验收实施监督，察看其验收程序是否合法，资料是否齐全，实物质量是否有严重缺陷。

（4）工程竣工验收后，工程质量监督机构应向其委托的政府部门报送建设工程质量监督报告，主要内容为地基基础和主体结构质量检查的结论、工程竣工验收是否符合规定，以及历次抽查发现的质量问题及处理情况。

（5）对需要实施行政处罚的，报告其委托的政府主管部门进行行政处罚。

3. 建设工程质量监督的工作程序

（1）建设单位在开工前1个月，应到监督站办理监督手续，提交勘察设计资料等有关文件。监督站在接到文件资料后2周内，应确定该工程的监督员，并通知建设、勘察、设计、施工单位，同时应提出监督计划。

（2）工程开工前，监督员应对受监工程的勘察、设计和施工单位的资质等级及营业范围进行核查，凡不符合规定要求的不许开工；监督员还要对施工图中的建筑结构、安全、防火和卫生等方面进行审查，使之符合相应标准的要求。

（3）工程施工中，监督员将按监督计划对工程质量进行抽查。房屋建筑和构筑物工程的抽查重点是地基基础、主体结构和决定使用功能、安全性能的重要部位，其他工程的监督重点视工程性质决定。

（4）工程完工后，监督站在施工单位验收的基础上对工程质量等级进行核查，应当及时对该工程是否达到竣工验收条件进行检查。

4. 监督站的权利与责任

（1）对不按技术标准和有关文件要求设计和施工的单位，可给予警告或通报批评。

（2）对发生严重工程质量问题的单位可令其及时妥善处理，对情节严重的，可按有关规定进行罚款,如为在施工程,则应令其停工整顿。

(3) 对核验不合格的工程,可做出返修加固的决定,直至达到合格方准交付使用。

(4) 对造成重大质量事故的单位,可参加有关部门组成的调查组,提出调查处理意见。

(5) 对工程质量优良的单位,可提请当地建设行政主管部门给予奖励。

(6) 因监督人员失误、失职、渎职而使建设工程出现重大质量事故或在核验中弄虚作假的,主管部门将视情节轻重,对其给予批评、警告、记过直至撤职的处分,触及刑法的将由司法机关追究刑事责任。

5. 建设工程质量监督与监理的关系

工程质量监督与监理有相似点,如两者都是由独立于建设单位、施工单位之外的专门机构来实施,都要对工程质量进行监督管理等。但是它们有本质区别。

(1) 工程质量监督机构是代表政府对工程建设实施质量监督与认证,对政府负责,具有一定的行政强制性;而监理单位是受业主的委托,按照委托的内容对工程建设进行监督管理,对业主负责,具有服务性。

(2) 工程质量监督主要是对施工质量进行监督,部分地区也包括对设计质量的监督;监理的范围包括工程建设的全过程,即招标、设计、施工、材料设备手续、设备安装调试等环节,对工期、质量、造价、安全等方面进行监督管理。

(3) 工程质量监督的依据是技术标准、规范,内容是技术标准、规范的执行情况;监理的依据是依法确立的合同,监理工程实际上是监督合同双方履行合同约定义务的一系列活动。

(4) 工程质量监督的目的是保证质量特别是施工质量,监理的目的是追求包括工期、造价、质量、安全等在内的综合的经济效益、社会效益乃至环境效益。

(5) 工程质量监督的手段是行政手段,如禁止不符合技术标准、规范的工程投入使用,以促使施工单位保证工程质量;监理的手段主要是经济手段(如分部分项工程不合理,监理工程师不予签认工程量、不予拨付工程款等)促使受监各方自觉提高工程质量,从而保证工程质量和合同的履行。

8.3.1.2 建设工程质量检测制度

1. 建设工程质量检测机构

建设工程质量检测工作是对工程质量进行监督管理的重要手段之一。建设工程质量检测机构需经省级以上人民政府建设行政主管部门,国务院工业、交通行政主管部门或其授权的机构考核合格后,方可承担建筑工程质量的检测任务。它是对建设工程、建筑构件、制品及建筑材料和设备的质量进行检测的法定单位。建设工程质量检测机构,分为国家、省、市、县四级。它所出具的检测报告具有法定效力,国家级检测机构出具的检测报告,在国内为最终裁定,在国外具有代表国家的性质。

2. 建设工程质量检测机构的权限

国家级检测机构受国务院建设行政主管部门的委托,有权对指定的国家重点工程进行检测复核,并向国务院建设行政主管部门提出检测复核报告和建议。各地检测机构有权对本地区正在施工的建设工程所用的建筑材料、混凝土、砂浆和建筑构件等进行随机抽样检测,并向本地建设工程质量主管部门和质量监督部门提出抽检报告和建议。

受国家建设行政主管部门和国家标准部门的委托，国家级检测机构有权对建筑构件、制品及有关材料、设备等产品进行抽样检验。各地检测机构，受同级建设主管部门和标准部门委托，有权对本地区的建筑构件、制品进行抽样检测。对违反技术标准、失去产品质量控制的产品，检测单位有权提出请主管部门做出责令其停止生产、不合格产品不准出厂、已出厂的不得使用的决定。

3. 建设工程质量检测机构的任务

建设工程质量国家检测中心是国家级建设工程质量检测机构，主要任务是：承担重大建设工程质量的检测和试验任务；负责建设工程所用的构件、制品及有关材料、设备的质量认证和仲裁检测工作；负责对结构安全、建设功能的鉴定，参加重大工程质量事故的处理和仲裁检测工作等。

各省、自治区、直辖市的建设工程质量检测中心和市、县级的建设工程质量检测站，主要承担本地区建设工程和建筑构件、制品以及建筑现场所用材料质量的检测工作和参加本地区工程质量事故的处理和仲裁检测工作，还可参与本地区建筑新构件、新技术、新产品的科技成果鉴定等工作。

8.3.2 工程质量验评与奖励制度

8.3.2.1 建设工程质量验评制度

建设工程质量应按现行国家标准、行业标准进行验评。现行的建设工程质量分为优良、合格、不合格三级，先由施工单位自行检验评定等级，再由监督站进行核验。

国家还实行工程竣工验收制度。以"验评分离、强化验收、完善手段、过程控制"为指导思想进行验收。交付验收的建设工程，应当符合下列要求：

（1）完成建设工程设计和合同中约定的各项内容，具备国家规定的竣工条件。

（2）工程质量经有关质量监督机构核定符合要求。

（3）具有完整的工程技术经济资料。

（4）工程所用的主要建筑材料、建筑构配件和设备具有出厂检验合格证明和技术标准规定的必要的进场实验报告。

（5）已签署工程保证书，建设工程竣工验收合格后，方可交付使用。

根据有关规定，工程的竣工验收，依工程规模大小和复杂程度，分别由国家发改委或工程项目审批、主管部门，或地方政府组织验收委员会或验收组进行。验收委员会或验收组由银行、物资、环保、劳动、统计、消防及其他有关部门组成，建设单位、接管（物业管理）单位、施工单位、勘察设计单位参加验收工作。验收时，除听取有关单位工作报告外，还要审阅工程档案资料并实地查验建筑工程和设备安装情况，并对工程设计、施工和设备质量等方面做出全面的评价。不合格的工程不予验收；对遗留问题提出具体解决意见，限期落实解决。

8.3.2.2 建设工程质量奖励制度

国家为鼓励建筑企业加强管理，搞好工程质量，争创国际先进水平，促进全行业工程质量的提高，实行了优秀工程奖励制度。这些奖励包括优秀工程勘察设计奖、国家优秀工程奖、鲁班奖、詹天佑奖等。

1. 优秀工程勘察设计奖

2011年7月19日,住房和城乡建设部以建质〔2011〕103号文的形式,发布了修订后的《全国优秀工程勘察设计奖评选办法》。按照该办法,住房和城乡建设部负责全国优秀工程勘察设计奖的评选工作,委托中国勘察设计协会等相关协会办理具体事务工作。

全国优秀工程勘察设计奖是我国工程勘察设计行业国家级最高奖项,包括优秀工程勘察、优秀工程设计、优秀工程建设标准设计、优秀工程勘察设计计算机软件,分设金质奖和银质奖。每次评选的获奖项目总数不超过200项,其中金质奖与银质奖的比例原则上为30%和70%。达不到评定等级标准的奖项可空缺。全国优秀工程勘察设计奖每两年评选一次。

全国优秀工程勘察奖评选范围包括:

(1) 结构主体工程完成2年以上(以项目业主或有关部门证明的日期为准)的岩土工程(工程地质)勘察项目,地下工程竣工后经2年以上时间检验的岩土工程设计、治理项目。

(2) 规划、建设方验收后的工程测量项目(含城市规划测量项目)。

(3) 地下水开采达到设计要求,或暂未达到设计水平但有开采性抽水试验(试验抽水能力大于设计水量)或经两年以上长期观测资料验证,并经相关机构认可的水资源评价(论证)、钻井工程、专门水文地质勘察(评价)等水文地质勘察项目。

(4) 地质条件复杂的大型水利、铁道、公路等工程勘察,可按批准立项文件或批准的初步设计分期、分单项或以单位工程申报,按整个项目申报时,其子项目原则上不再另行申报。

全国优秀工程设计奖评选范围包括:

(1) 建成并经过交(竣)工验收,且经过2年及以上(以项目业主或有关部门验收证明的日期为准)生产运营(使用);季节性生产的项目,还需经过一个完整生产考核期的生产运营,已形成生产能力或独立功能的整体工程设计项目(包括新建、扩建和改建项目)。

(2) 大型工程设计项目如矿井、水利工程、铁道、公路等,可按批准立项文件或批准的初步设计分期、分单项或以单位工程申报,按整个项目申报时,其子项目原则上不再另行申报。

(3) 经规定程序审查批准并付诸实施的城乡规划项目及其他规划项目(如江河流域规划、水利工程专项规划等)。

全国优秀工程建设标准设计奖评选范围包括:

(1) 经省、自治区、直辖市住房和城乡建设主管部门,国务院有关部门或行业协会审查批准出版的工程建设标准设计。

(2) 经地方或行业标办审查、批准,出版发行的工程建设标准设计。

(3) 申报项目须经过2年以上实际应用,且使用效果显著。

全国优秀工程勘察设计计算机软件奖评选范围包括:

(1) 具有自主知识产权,适用于工程勘察设计行业的国产软件。

(2) 引进后经二次开发,适用于工程勘察设计行业的软件。

(3) 申报软件应通过鉴定和行业测评,经过2年以上实际应用,且具有显著经济效益或能提高管理效率。

我国工程勘察设计单位在国外（境外）独立承接的工程勘察、工程设计项目可以申报优秀工程勘察设计奖。申报材料需附项目合同、上级主管部门或业主对工程勘察、工程设计的评价证明及竣工质量验收证明，以及当地有关主管部门的环保、消防、安全证明材料。引进国外（境外）技术或者中外合作设计建在我国境内的工程设计项目，由中方进行基础设计（建筑方案设计、初步设计）的项目也可以申报。

全国优秀工程勘察设计奖免费评审，分初评、综评、公示和审定等环节。

2. 国家优质工程奖

国家优质工程奖是中华人民共和国优质产品奖（简称国家质量奖）的一部分，是工程建设质量方面的最高荣誉奖励。国家优质工程奖是工程建设行业设立最早、规格要求最高、奖牌制式和国家优质产品奖统一的国家级质量奖，评选范围涵盖建筑、铁路、公路、化工、冶金、电力等工程建设领域的各个行业，评定的内容从工程立项到竣工验收形成工程质量的各个工程建设程序和环节，评定和奖励（颁发奖牌和奖状）的单位有建设、设计、监理、施工等参与工程建设的相关企业。

国家优质工程的评定，倡导和注重工程质量的全面、系统性管理，工程质量主要包括工程项目的勘查设计质量和施工单位的施工质量以及监理单位的监理质量，是工程项目内涵和外延的具体体现。国家优质工程奖是由国家工程建设质量奖审定委员会组织审定，冠以"国家优质工程金质奖"、"国家优质工程银质奖"名义的奖项。

2013年1月25日，中国施工企业管理协会以中施企协字〔2013〕4号文的形式，公布了《国家优质工程审定办法》。国家优质工程奖评审工作由国家工程建设质量奖审定委员会（以下简称审定委员会）负责专业技术审查并提出最终推荐名单，中国施工企业管理协会会长办公会议审定，中国施工企业管理协会颁布。

（1）国家优质工程的评选范围：

1）工业建设项目：冶金、有色金属、煤炭、石油、天然气、石油化工、化学工业、电力工业、核工业、建材等。

2）交通和水利以及通信工程：公路、铁路、桥梁、隧道、机场、港口、内河航运、水利、通信等。

3）市政园林工程：城市道路、立交桥、高架桥、城市隧道、轨道交通、自来水厂、污水处理厂、园林建筑等。

以上建设工程，参与评选的工程规模略。

4）建筑工程包括：1.5万座（含）以上的体育场；5000座（含）以上的体育馆；3000座（含）以上的游泳馆；2000座（含）以上的影剧院；300间（含）以上客房的饭店、宾馆；350米（含）以上的广播电视发射塔；建筑面积3000平方米（含）以上的古建筑修缮、历史遗迹重建工程；建筑面积超过4万平方米的其他单体公共建筑工程或者建筑面积超过6万平方米的其他群体建筑工程，西部地区建筑面积超过2万平方米的公共建筑工程；建筑面积超过15万平方米，西部地区超过10万平方米的住宅小区工程，小区内公建、道路、生活设施配套齐全、合理，庭院绿化符合要求，物业管理优良。

除上述范围外，投资额在3亿元（含）以上的完整工业建设项目；投资额在2亿元（含）以上的完整交通工程（不含二级及以下公路）、完整市政和园林工程；投资额在1亿元（含）以上，科技含量高、设计理念先进、施工工艺新颖、社会效益显著，能代表本行业建设领先水平并具有重要历史意义的工程项目,经秘书处审核可以列入评选范围。

(2) 参加评选的工程项目,必须满足下述条件:

1) 参与国家优质工程评选的项目,其施工质量、设计水平、科技含量、节能环保、综合效益应达到同期国内领先水平,并已同时获得省部级(含)以上的工程质量奖和优秀设计奖。

2) 未能参与省部级(含)以上优秀设计奖评选的工程项目,中国施工企业管理协会组织专家进行设计水平评审,对优秀设计项目以适当形式予以表彰,并可作为国家优质工程奖的评选依据。

3) 未能参与省部级(含)以上工程质量奖和优秀设计奖评选的境外工程,由中国施工企业管理协会认定的相应机构提供能说明工程质量和设计水平的证明材料。

4) 参与国家优质工程评选的项目,必须按照《招标投标法》及相关法律、法规规定,选择勘察设计、施工、监理单位。严格执行国家相关行业管理规定和政策。

5) 参与国家优质工程评选的项目应通过竣工验收并投入使用一年以上四年以内。其中,住宅项目竣工后投入使用满三年,入住率在90%以上。

6) 国家优质工程奖获奖项目取得显著科技进步,对推动产业升级、行业或区域经济发展贡献巨大,在国际上属于领先水平的,可授予国家优质工程金质奖荣誉。例如,2008年获优质工程金奖的有华能玉环电厂一期($2\times1000MW$)新建工程、长江口深水行道治理二期工程、沈阳至大连高速公路改扩建工程等。

3. 鲁班奖

"鲁班奖"全称为"中国建设工程鲁班奖",这是我国建筑工程施工方面的最高奖项。1987年由中国建筑业联合会设立,1993年移交中国建筑业协会,2008年6月13日,中国建筑业协会以建协〔2008〕17号文的形式颁布了《中国建设工程鲁班奖(国家优质工程)评选办法》。主要目的是为了鼓励建筑施工企业加强管理,搞好工程质量,争创一流工程,提高我国工程质量水平、技术装备水平和经营水平。目前,这项标志着中国建筑业工程质量的最高荣誉,由住建部、中国建筑业协会颁发。

凡已列入国家或省、自治区、直辖市、计划单列市及国务院各部门建设计划,达到一定规模,并已形成生产能力和使用功能的新建的大型公共建筑和市政工程,大中型工业交通建设项目中的主要建筑工程或设备安装工程均可申请参加评选,个别工程规模较小,达不到规模要求,但建设风格独特,工程质量特别优良且具有代表性,各界反映都好的工程也可申报参评,但应从严掌握。

参评工作应按建筑企业的隶属关系向各地建筑业协会申报,没有成立建筑业协会的向建设行政主管部门申报,经初审合格后上报中国建筑业协会,中国建筑业协会要组织复查小组并会同有关地区或部门的相关人员共同进行复查,然后交评审委员会进行审议,并以无记名投票方式确定获奖工程。建设工程鲁班奖是我国建筑行业在工程质量方面的最高荣誉,获奖工程质量应达到国内一流水平。

鲁班奖的评选工作在住房和城乡建设部指导下由中国建筑业协会组织实施,本着对人民负责、对历史负责的精神,坚持"优中选优"和公开、公正、公平的原则。评选结果报住房和城乡建设部。建设工程鲁班奖每年评选一次,每年获奖数额不超过100个。获奖单位为获奖工程的主要承建单位、参建单位。

4. 詹天佑奖

"詹天佑奖"全称为"中国土木工程詹天佑奖",是中国土木工程设立的最高奖项。该奖由中国土木工程学会、詹天佑土木工程科技发展基金会联合设立。主要目的是为了推动土木工程建设领域的科技创新活动,促进土木工程建设的科技进步,进一步激励土木工程界的科技与创新意识。因此,该奖又被称为建筑业的"科技创新工程奖"。根据2011年2月詹天佑基金理事会修订的条例,基本的参评条件有:

①必须在勘察、设计、施工以及工程管理等方面有所创新和突破(尤其是自主创新),整体水平达到国内同类工程领先水平。

②必须突出体现应用先进的科学技术成果,有较高的科技含量,具有一定的规模和代表性。

③必须贯彻执行节能、节地、节水、节材以及环境保护等可持续发展方针。

④工程质量必须合格。

⑤必须通过竣工验收。对建筑、市政等实行一次性竣工验收的工程,必须是已经完成竣工验收并经过一年以上使用核验的工程;对铁路、公路、港口、水利等实行"交工验收或初验"与"正式竣工验收"两阶段验收的工程,必须是已经完成竣工验收的工程。

根据詹天佑奖的评选工程范围和标准,由学会各级组织、建设行政主管部门和专家提名参选工程;根据上述提名,经评委会进行遴选,提出候选工程;由候选工程的建设总负责单位填报《申报表》和有关申报材料;最后由指导委员会和评委会最后审定。奖项的评审由评选委员会组织进行,评选委员会由各专业土木工程专家组成。对荣获大奖的主要单位授予"詹天佑"金像和荣誉证书;在获奖工程上嵌挂"获奖标牌";在科技、建设及学术报刊上发表获奖名单,在评奖年度举行颁奖大会。

8.3.3 企业质量体系与产品质量认证制度

8.3.3.1 企业质量体系

《中华人民共和国产品质量法》把质量体系认证制度分为两类:一类是企业质量体系认证制度,另一类是产品质量认证制度。《产品质量法》对企业质量体系认证制度作了规定:国家根据国际通用的质量管理标准,推行企业质量体系认证制度。企业根据自愿原则可以向国务院产品质量监督部门认可的或者国务院产品质量监督部门授权的部门认可的认证机构申请企业质量体系认证。经认证合格的,由认证机构颁发企业质量体系认证证书。法律的规定概括了四层含义。一是开展企业质量体系认证的依据;二是指明了这是一项激励引导的制度,国家积极推行;三是明确了企业质量体系认证由企业自愿申请的原则;四是明确规定了国务院产品质量监督部门对全国质量体系认证工作实施统一管理的原则。

因此,企业质量体系认证是指依据国际通用的《质量管理和质量保证》系列标准,经过国家认可的质量体系认证机构对企业的质量体系进行全面审核与评价,对于符合条件要求的,通过颁发认证证书的形式,证明企业质量管理和质量保证能力符合相应标准要求的活动。质量体系认证的作用有:提高企业作为供方的质量信誉;增强企业竞争能力,提高经济效益;降低承担产品责任的风险;保证产品质量,降低废次品损失。

经过多年的实践证明,企业质量体系认证制度的建立加强了建筑企业的基础管理工作,使其规范化、法制化;加强了工程项目的质量管理,提高了员工素质;加强了施工过程的控制，提高了工程质量。

8.3.3.2 产品质量认证制度

产品质量认证是指按照产品标准和相应的技术要求，经认证机构确认并通过颁发认证证书和认证标志，来证明某产品符合相应标准和技术要求的活动。对重要的建筑材料和设备，推行产品质量认证制度。经认证合格的，由认证机构颁发质量认证证书，准许企业在产品或其包装上使用质量认证标志。使用单位经检验发现认证的产品质量不合格的，有权向产品质量认证机构投诉。产品质量认证制度实质上是一种提高商品信誉的标志，通过认证标志向社会和购买者提供产品的明示担保，证明认证产品的质量可以信赖。

推行产品质量认证制度的目的，是通过对符合认证标准的产品颁发认证标志，便于消费者识别，也有利于提高经认证合格的企业和产品的市场信誉，增强产品的市场竞争能力，以激励企业加强质量管理，提高产品质量水平。同时，由作为第三方的认证机构对产品质量进行认证，已成为许多国家保证产品质量的一种普遍做法。经过质量认证的产品可以方便地进入国际市场，有利于进一步促进我国对外经济贸易的发展。

8.3.3.3 两者区别

企业质量体系认证与产品质量认证的显著区别是：认证的对象不是产品，而是企业的质量体系；认证依据的标准不是产品标准而是质量管理标准；认证的结论不是产品是否符合产品标准，而是证明企业质量体系是否符合质量管理标准。获得企业质量体系认证的企业，并不等于获得产品质量认证，因此，不得在其产品上使用产品质量认证标志。

8.3.4 建材使用许可制度

为了保证建设工程中使用的建筑材料性能符合规定标准，从而确保建设工程质量，我国规定建材使用许可制度。这一制度包括建材生产许可制度、建材产品质量认证制度及建材进场检验制度等。

8.3.4.1 建材生产许可证制度

国家规定，对于一些重要的建筑产品，如钢材、水泥等，实行生产许可证制度。生产这些建材产品的生产企业必须具备相应的生产条件、技术装备、技术人员和质量保证体系，经有关部门审核批准取得相应资质等级并获得生产许可证后，才能进行这些建材产品的生产。其生产销售的建材产品或产品包装上，应标有产品质量检验合格证明，还应标明生产许可证的编号、批准日期和有效日期。未获生产许可证的任何企业不得生产这类建材产品。

8.3.4.2 建材产品质量认证制度

国家有关部门规定，对重要的建筑材料和设备，推行产品质量认证制度。经认证合格的，由认证机构颁发质量认证证书，准许企业在产品或包装上使用质量认证标志。使用单位经检验发现认证的建材产品质量不合格的，有权向产品质量认证机构投诉。同时规定，销售已经过质量认证的建材产品，在产品或包装上除标有产品质量检验合格证明外，还应标明质量认证的编号、批准日期和有效日期。

8.3.4.3 建筑材料进场检验制度

为保证建筑的结构安全及其质量，住建部还规定，建筑施工企业必须加强对进场的建筑材料、构配件及设备质量的检查、检测。对各类建筑材料、构配件等都必须按规定进行检查或复试。凡影响结构安全的主要建筑材料、构配件及设备的采购与使用必须经同级技术负责人同意。质量不合格的建筑材料、构配件及设备，不得使用在工程上，并进一步规定，对进入施工现场的屋面防水材料，不仅要有出厂合格证，还必须要有进场试验报告，确保其符合标准和设计要求。未经检验而直接使用质量不符合要求的建材、设备及构配件的施工企业将承担相应责任。

8.4 本章案例分析

8.4.1 案例背景

西南某省冠×花园建设工程项目，位于长江边上的蓝×路。该项目的开发商为君×物流有限公司，施工单位为天×水利水电建设工程有限公司，监理单位江×工程项目管理有限公司。

2012年5月13日，该市建设工程质量安全监督局根据该省住建厅质量安全大检查的通知要求，会同项目建设、监理、设计、施工等单位共同对该项目2号楼、4号楼的工程建设质量进行检查。在检查中发现：2号楼①轴线基础出现不均匀沉降，山墙部位出现斜向裂缝，室内一、二层填充墙出现不同程度斜向裂缝，室内地面出现下沉；4号楼山墙部位出现斜向裂缝，室内一、二、三层填充墙出现不同程度斜向裂缝。

同时，还发现以下问题：施工过程中，主体结构工程未经验收，擅自隐蔽；该工程开工至检查仍未办理施工许可证；质量保证体系混乱，管理人员到位情况差，施工现场未见任何质量保障资料。建设单位、施工单位和监理单位都不同程度地出现重大责任问题，该项目存在重大事故隐患。

8.4.2 案例分析

通过对该项目的深入了解，这是一起比较典型的违反建设工程质量监督和管理法规的事件。在该项目中，各方都不同程度地存在失职和违反法律规定的问题。

第一，建设单位，该工程开工至检查仍未办理施工许可证，这违反了建设程序管理的法律法规，属于"无票乘车"。该项目中，基础分部工程经施工图审查机构审查为独立柱基础，后经设计单位变更为人工挖孔桩，属重大设计变动，而施工图未经施工图审查机构重新审查。按相关法律法规规定：建设单位在工程设计完成后，应进行施工图设计审查。建设单位应当将施工图设计文件报县级以上人民政府建设行政主管部门或者其他有关部门审查，施工图设计文件未经审查批准的，不得使用。重大的设计变更，施工图需要重新报批。

第二，施工单位，施工单位在该项目中，没有建立质量管理体系。直接违反了《建设工程质量管理条例》第三十条"施工单位必须建立、健全施工质量的检验制度，严格工序管理，作好隐蔽工程的质量检查和记录"的规定。另外，该项目的隐蔽工程没有验收，施工单位就进行了隐蔽。也违反了"隐蔽工程在隐蔽前，施工单位应当通知建设单位和建设工程质量监督机构"的规定。该项目中，桩基部位设计单位要求做静载试验，施工单位实际未按设计要求做静载试验；而基础人工挖孔桩混凝土标准养护试件见证取样数量不足，设计施工图要求人工挖孔桩（一柱一桩）为 37 根（37 组），实际见证取样送检数量为 10 根（10 组）；另外，施工单位未按质量管理要求施工，现场采用小钢模，混凝土采用现场自拌混凝土。

第三，监理单位，监理单位未建立现场项目部，未见监理单位人员到场开展工作。

处理结果：

该市建设质量安全监督站按《建筑法》第七条、第六十四条，《建设工程质量管理条例》第十一条、第三十条、第三十一条、第五十六条、第五十七条、第六十五条和该省《建筑市场责任主体不良行为记录暂行管理办法》的规定，做出了如下处理：

（1）责令该项目立即停止施工并进行整改。

（2）对施工企业施工图未审查擅自要求施工扣 3 分，未取得施工许可证擅自施工扣 5 分，未对涉及结构安全的试块试件以及有关材料取样检测扣 3 分，违反工程建设强制性标准、施工质量达不到勘察设计和相关质量规范、规定要求扣 6 分，合计扣 17 分。

（3）对建设、施工、监理企业进行全市通报批评，录入省住建厅网站不良记录名单。

（4）对相关质量责任主体单位违法行为进行立案行政处罚。

通过以上分析发现，该市建设质量安全监督站的处罚比较合适中肯。类似这样的案例在实际中其实并不是个案，尤其是在内地三、四线城市，建设程序有时并不是遵守得很好，工程质量监督有时形同虚设，经常会造成一些豆腐渣工程，给人民的生命财产安全带来了很大隐患，由此可见，加强建设工程质量监督管理法规的学习和执行非常有必要。

习 题 与 思 考 题

1. 判断题（正确的打"√"，错误的打"×"）

（1）工程质量监督机构是接受业主的委托，依据委托的内容对工程建设进行监督，对业主负责，是具有服务性质的机构。（　　）

（2）水泥出厂日期超过三个月后应复查试验并按试验结果使用。（　　）

（3）鲁班奖每年评审一次。（　　）

（4）全国优秀工程勘察设计奖是我国工程勘察设计行业国家级最高奖项。（　　）

（5）全国优秀工程勘察设计奖包括优秀工程勘察、优秀工程设计、优秀工程建设标准设计、优秀工程勘察设计计算机软件。（　　）

（6）全国优秀工程勘察设计奖分设金质奖和银质奖。（　　）

2. 多项选择题（一个以上答案正确）

（1）《工程建设标准强制性条文》的作用和意义是（　　）。

A. 进一步加强建设工程质量的需要

B. 进一步加强安全生产的需要

C. 把《工程建设标准强制性条文》作为实施处罚的依据

D. 工程建设标准体制深化改革的需要

（2）我国建设工程质量管理体系分为（　　）。

A. 纵向管理　　　　　　　　B. 横向管理

C. 交叉管理　　　　　　　　D. 行政管理

（3）全国优秀工程勘察设计奖免费评审，分（　　）等环节。

A. 初评　　　　B. 综评　　　　C. 公示　　　　D. 审定
(4) 现行的建设工程质量分为（　　）。
A. 优良　　　　B. 合格　　　　C. 不合格　　　D. 优秀

3. 问答题

(1) 建设工程质量标准是怎么划分的？各有那些？

(2) 施工单位对建设工程质量管理有哪些责任和义务？

(3) 简述建设工程质量监督与监理的关系。

(4) 企业质量体系和产品质量认证制度各自含义是什么？两者有何区别？

4. 案例分析题

（某市 2010 年公选建设局副局长试题）2010 年初，某省某县县城附近发生切坡边坡垮塌，垮塌体体积约 2 万立方米，致使已投入使用的一幢建筑面积约 5000 平方米的 8 层楼房被淹没，造成近 70 人死亡 4 人受伤。需要注意的是：

(1) 该切坡边坡是在没有任何勘察资料和没有进行工程设计的情况下进行的。

(2) 该项目无任何施工资料，房屋工程有关部门已签发合格证。

(3) 事故发生前近 30 个小时内，居民曾多次打电话给当地建委报告险情，而且地质灾害发生时护坡治理工作仍未完成。

(4) 有关规划将灾害发生地确定为建设用地。

问题：

如果你作为州建设局领导，在此事件属实的情况下，请谈谈：

(1) 造成这次事故的主要原因是什么？

(2) 垮塌建筑工程违反了哪些法律法规，并应吸取哪些教训？

(3) 结合这次事故的教训，如何加强和改进建设工程质量管理工作？

第9章 建设工程合同管理法规

本章介绍合同的基本概念，订立的基本程序、基本原则、基本形式与主要条款，以及建设合同订立当事人的权利、义务与违约责任等方面的基本知识。重点阐述了建设工程勘察设计合同、建设工程施工合同、工程建设监理委托合同及与工程建设相关的其他合同的订立、履行与违约责任等方面的内容，同时还介绍了建设工程合同的示范文本。

需要指出的是，除建设工程合同外，工程建设过程中，还会涉及很多其他合同，如设备、材料的合同，工程监理的合同等，只要是通过招投标中标来签订的，都属于本章的论述范围。

9.1 概述

9.1.1 合同定义与特征

合同，又称契约，是指当事人之间确立一定权利义务关系的协议。广义的合同，泛指一切能发生某种权利义务关系的协议。根据我国《合同法》的规定："合同是平等主体的自然人、法人、其他组织之间设立、变更、终止民事权利义务关系的协议。"可见，我国的《合同法》采用了狭义的合同概念，即合同是平等主体之间确立民事权利义务的协议。

合同具有以下法律特征：
(1) 合同是一种法律行为。
(2) 合同是两个或两个以上当事人意愿表示一致的法律行为。
(3) 合同当事人的法律地位平等。
(4) 合同是当事人的合法行为。

9.1.2 建设工程合同分类与特征

9.1.2.1 建设工程合同定义

建设工程合同，是指一方依约定完成建设工程，另一方按约定验收工程并支付酬金的合同。前者称为承包人，后者称为发包人。具体一点说，建设工程合同是指建设单位（业主、发包方或投资责任方）与勘察、设计、建筑安装单位（承包方或承包商）依据国家规定的基本建设程序和有关合同法规，以完成建设工程为内容，明确双方的权利与义务关系而签订的书面协议。建设工程合同是承包人进行工程建设，发包人支付价款的合同。表 9-1 说明了合同与意向书的区别。

建设工程合同属于承揽合同的特殊类型，它是《合同法》中记名合同的一种，属于《合同法》的调整范围。因此，法律对建设工程合同没有特别规定的，适用法律对合同的相关规定。

9.1 概　述

合同与意向书的区别　　　　　　　　　　　　　表 9-1

区别项目	区 别 内 容
概念不同	意向书是具有缔约意图的当事人就合同订立的相关事宜而进行的约定，一般不涉及合同的内容等细节问题；合同是平等主体的自然人、法人、其他组织之间设立、变更、终止民事权利义务关系的协议
效力不同	意向书不会对当事人实体权利、义务产生直接的影响，其签订并不必然导致合同的签订；而合同规定当事人的实体权利、义务，当事人应按合同约定行使权利、履行义务
后果不同	违反意向书的约定导致合同未能订立的，要承担缔约过失责任；而违反合同的约定，要承担违约责任

9.1.2.2　建设工程合同的种类

建设工程合同根据承包的内容不同，可分为建设工程勘察合同、建设工程设计合同与建设工程施工合同。

（1）工程勘察合同，是指勘察人（承包人）根据发包人的委托，完成对建设工程项目的勘察工作，由发包人支付报酬的合同。

（2）工程设计合同，是指设计人（承包人）根据发包人的委托，完成对建设工程项目的设计工作，由发包人支付报酬的合同。

勘察、设计合同的内容包括提交有关基础资料和文件（包括概预算）的期限、质量要求、费用以及其他协作条件等条款。

（3）工程施工合同，是指施工人（承包人）根据发包人的委托，完成建设工程项目的施工工作，发包人接受工作成果并支付报酬的合同。施工合同的内容包括工程范围、建设工期、中间交工工程的开工和竣工时间、工程质量、工程造价、技术资料交付时间、材料和设备供应责任、拨款和结算、竣工验收、质量保修范围和质量保证期、双方相互协作等条款。

值得注意的是，监理合同是指由建设单位（发包人）委托具有监理资质的监理单位对其发包工程的施工质量、工期、资金使用等方面进行监督的合同，在性质上属委托合同而非承揽合同。因此，严格说来，监理合同并不属建设工程合同范围，《合同法》也未将其列入建设工程合同部分进行规定。

建设工程合同根据合同联系结构的不同，可分为总承包合同与分别承包合同，还可分为总包合同与分包合同。

（1）总承包合同与分别承包合同

总承包合同，是指发包人将整个建设工程承包给一个总承包人而订立的建设工程合同。总承包人就整个工程对发包人负责。

分别承包合同，是指发包人将建设工程的勘察、设计、施工工作分别承包给勘察人、设计人、施工人而订立的勘察合同、设计合同、施工合同。勘察人、设计人、施工人作为承包人，就其各自承包的工程勘察、设计、施工部分，分别对发包人负责。

（2）总包合同与分包合同

总包合同，是指发包人与总承包人或者勘察人、设计人、施工人就整个建设工程或者建设工程的勘察、设计、施工工作所订立的承包合同。总包合同包括总承合同与分别承包合同，总承包人和承包人都直接对发包人负责。

分包合同，是指总承包人或者勘察人、设计人、施工人经发包人同意，将其承包部分的工作承包给第三人所订立的合同。分包合同与总包合同是不可分离的。分包合同的发包人就是总包合同的总承包人或者承包人（勘察人、设计人、施工人）。分包合同的承包人即分包人，就其承包部分的工作与总承包人或者勘察、设计、施工承包人向总包合同的发包人承担连带责任。分包一般不能超过总包工程量的30%。

上述几种承包方式，均为我国法律所承认和保护。但对于建设工程的肢解承包、转包以及再分包这几种承包方式，均为我国法律所禁止。

9.1.2.3 建设工程合同的特征

（1）建设工程合同的标的具有特殊性。建设工程合同是从承揽合同中分化出来的，也属于一种完成工作的合同。与承揽合同不同的是，建设工程合同的标的为不动产建设项目。也正由于此，使得建设工程合同又具有内容复杂、履行期限长、投资规模大、风险较大等特点。

（2）建设工程合同的当事人具有特定性。作为建设工程合同当事人一方的承包人，一般情况下只能是具有从事勘察、设计、施工资格的法人。这是由建设工程合同的复杂性所决定的。

（3）建设工程合同签订程序和监管具有特殊性。由于建设工程合同与国民经济建设和人民群众生活都有着密切的关系，因此该合同的订立和履行，必须符合国家基本建设计划的要求，并接受有关政府部门的管理和监督。

（4）建设工程合同的形式具有特殊性。建设工程合同应当采用书面形式。法律、行政法规规定合同应当办理有关手续的，还应当符合有关规定的要求，例如，必须是招投标手续完备，有中标通知书等才可以签建设工程合同。

目前，我国已进入市场经济时期，政府对建设工程市场只进行宏观调控，建设行为主体均按市场规律平等参与竞争，各行为主体的权利和义务都必须通过签订合同进行约定。因此，建设工程合同已成为市场经济条件下保证工程建设活动顺利进行的主要调控手段之一，其对规范建设工程交易市场、招投标市场而言是非常重要的。

9.1.3 建设工程合同管理的立法发展概况

我国已初步建立社会主义市场经济。市场经济，本质上是法治经济。建设工程的合同立法，是我国法制建设的重点内容之一。

建设工程合同的立法，同《民法通则》、《合同法》、《招标投标法》、《物权法》等立法过程紧密联系在一起。我国改革开放以来，先后制定了《经济合同法》、《涉外经济合同》和《技术合同法》，对保护合同当事人的合法权益、维护社会经济秩序、促进市场经济发展起了非常重要的作用。1999年10月1日施行的《中华人民共和国合同法》（以下简称《合同法》），总结和完善了原有的3部合同法，原有的这3部合同法规随之废止。在《合同法》中，又专门将建设工程合同单列出来，针对建设工程合同的特点进行了更为具体的规定，它已成为我国建设工程合同管理中效力最高的法律依据。

建设工程合同相关法律体系，包括《民法通则》（1986年）、《担保法》（1995年）、《合同法》（1999年）、《招标投标法》（1999年）、《劳动争议调解仲裁法》（2007年）、《保险法》（2009年修订）、《招标投标法实施条例》（2011年）、《建筑法》（2011年修改）、

《民事诉讼法》(2012年修改)等。这些法律中,都有关于合同(或建设工程合同)的相关内容或规定。

此外,除法律外,国家部委还先后颁发了一些行政法规和条例来规范建设工程合同的管理。如原建设部、国家工商行政总局联合颁发的《建设工程勘察设计合同管理办法》(建设〔2005〕50号)等。

除上述法律法规之外,为规范建设工程合同格式及内容,住建部还先后制定发布了建设工程勘察合同、建设工程设计合同、建设工程施工合同、建筑装饰工程施工合同、工程建设监理合同等示范文本,也可以看作是广义的建设工程法规加以参考和选用。

9.2 建设工程合同的订立

9.2.1 建设工程合同的订立原则

9.2.1.1 平等原则

《合同法》规定:合同当事人的法律地位平等,一方不得将自己的意志强加给另一方。所谓平等,是指当事人之间在合同的订立、履行和承担违约责任等方面都处于平等的法律地位,彼此的权利、义务对等。合同的当事人,无论是法人和其他组织之间,还是法人、其他组织和自然人之间,只要他们以合同主体的身份参加到合同法律关系中,那么他们之间就处于平等的法律地位,法律予以平等的保护。订立工程合同必须体现发包人和承包人在法律地位上完全平等。

9.2.1.2 自愿原则

所谓自愿原则,是指是否订立合同、与谁订立合同、订立合同的内容以及变更不变更合同,都要由当事人依法自愿决定。《合同法》规定:当事人依法享有自愿订立合同的权利,任何单位和个人不得非法干预。

9.2.1.3 公平原则

《合同法》规定:当事人应当遵循公平原则确定各方的权利和义务。所谓公平原则,是指当事人在设立权利、义务、承担民事责任方面,要公正、公允、合情、合理。贯彻该原则最基本的要求,即是发包人与承包人的合同权利、义务、承担责任要对等而不能显失公平。

9.2.1.4 诚实信用原则

《合同法》规定:当事人行使权利、履行义务应当遵循诚实信用原则。诚实信用原则,主要是指当事人在订立、履行合同的全过程中,应当抱着真诚的善意,相互协作,密切配合,言行一致,表里如一,说到做到,正确、适当地行使合同规定的权利,全面履行合同规定的义务,不弄虚作假、尔虞我诈。

诚实信用原则是一切民事行为都应遵循的"黄金原则",在法律规定不明确时,法院可据此行使公平裁量权。

9.2.1.5 合法原则

《合同法》规定,当事人订立、履行合同,应当遵守法律、行政法规。所谓合法原则,主要是指在合同法律关系中,合同主体、合同的订立形式、订立合同的程序、合同的内容、履行合同的方式、对变更或者解除合同权利的行使等都必须符合我国法律、行政法规的规定。实践中，常常出现因为违反法律、行政法规的强制性规定而导致工程合同无效或部分无效的现象。

9.2.1.6 不损害社会公共利益的原则

《合同法》第七条规定，当事人订立、履行合同，应当遵守法律、行政法规，尊重社会公德，不得扰乱社会经济秩序，损害社会公共利益。第五十二条第四项亦规定，损害社会公共利益的，合同应确认无效。因此，建设工程合同不得损害国家、集体、第三人以及社会公共利益，否则无效。

9.2.2 建设工程合同的订立条件

建设工程合同应当采用书面形式。《合同法》规定：当事人订立合同，采取要约、承诺方式。建设工程合同的订立方式，更多的是通过招标投标的具体方式来进行。根据我国《招标投标法》对招标、投标的规定，招标、投标、中标实质上就是要约、承诺的一种具体方式。招标人通过媒体发布招标公告，或向符合条件的投标人发出招标文件，为要约邀请；投标人根据招标文件内容在约定的期限内向招标人提交投标文件，为要约；招标人通过评标确定中标人，发出中标通知书，为承诺；招标人和中标人按照中标通知书、招标文件和中标人的投标文件等订立书面合同时，合同成立并生效。

以施工合同的订立为例来说明建设工程合同的订立。施工合同的签订，应当遵守国家的法律、法规和国家计划，遵循平等互利、协商一致、等价有偿的原则。承办人员签订合同，应取得法定代表人的授权委托书。施工合同一经依法订立，即具有法律效力，当事人的合法权益受到法律保护；任何一方不得擅自转让、变更。承发包双方之外的任何单位和个人，不得非法干预施工合同的签订和履行。

承发包双方签订施工合同，必须具备相应资质条件和履行施工合同的能力。对合同范围内的工程实施建设时，发包方必须具备组织协调能力；承包方必须具备有关部门核定的资质等级并持有营业执照等证明文件。

国家重大建设工程合同，应当按照国家规定的程序和国家批准的投资计划、可行性研究报告等文件订立。签订施工合同必须具备以下条件：

（1）初步设计已经批准。
（2）工程项目已经列入年度建设计划。
（3）有能够满足施工需要的设计文件和有关技术资料。
（4）建设资金和主要建筑材料设备来源已经落实。
（5）招标投标工程，中标通知书已经下达。

9.2.3 建设工程合同的订立程序

订立合同的程序是指订立合同的当事人，经过平等协商，就合同的内容取得一致意见的过程。签订合同一般要经过要约与承诺两个步骤，而建筑工程合同的签订有其特殊性，需要经过要约邀请、要约和承诺三个步骤。

要约邀请是指当事人一方邀请不特定的另一方向自己提出要约的意思表示。在建设工程合同签订的过程中，招标人（业主）发布招标通告或招标邀请书的行为就是一种要约邀请行为，其目的就是邀请承包方投标。

要约就是指当事人一方向另一方提出合同条件，希望另一方订立合同的意思表示。在建设合同签订过程中，投标人向招标人递交投标文件的投标行为就是一种要约行为，投标文件中应包含建设工程合同具备的主要条款，如工程造价、工程质量、工程工期等内容，作为要约的投标对承包方具有法律约束力，表现在承包方在投标生效后无权修改或撤回投标文件以及一旦中标就要与招标人签订合同，否则就要承担相应的法律责任。

《招标投标法》第四十六条规定：招标人和中标人应当自中标通知书发出之日起30日内，按照招标文件和中标人的投标文件订立书面合同。招标人和中标人不得再行订立背离合同实质性内容的其他协议。

承诺是指要约人完全同意要约的意思表示。它是要约人愿意按照要约的内容与要约人订立合同的允诺。承诺的内容必须要与要约完全一致，不得有任何修改，否则将视为拒绝要约或反要约。在招标投标过程中，招标人经过开标、评标和中标过程，最后发出中标通知书，即受到法律的约束，不得随意变更或解除。

当中标公示期过后，就应该通过当事人的平等谈判，在协商一致的基础上由合约各方签订一份内容完备、逻辑周密、含义清晰，同时又保证责、权、利关系平衡的合同，从而最大限度地减少合同执行中的漏洞、不确定性和争端，保证合同的顺利实施。

建设工程合同经过以下步骤即为成立。

(1) 当事人采用合同书形式订立合同的，自双方当事人签字或者盖章时合同成立，双方当事人签字或者盖章的地方为合同成立的地点。

(2) 当事人采用信件、数据电文等形式订立合同的，可以在合同成立之前要求签订确认书。签订确认书时合同成立。

(3) 法律、行政法规规定或者当事人约定采用书面形式订立合同，当事人未采用书面形式但一方已经履行主要义务，对方接受的，该合同成立。

(4) 采用合同书形式订立合同，在签字或者盖章之前，当事人一方已经履行主要义务，对方接受的，该合同成立。

下列文件是合同的一部分，包括中标人提交的投标函和报价一览表、资格声明函、中标通知书和其他相关投标文件。

中标合同的签订、执行与验收是整个招标工作的重要环节，招投标双方必须按照合同的约定，全面履行合同，任何一方悔约，都要承担相应的赔偿责任。一项建设工程，是现代工程技术、管理理论和项目建设实践相结合的产物。建筑工程管理的过程，也就是合同管理的过程，即从招标投标开始直至合同履行完毕——包括合同的前期规划、合同谈判、合同签订、合同执行、合同变更、合同索赔等一个完整的动态管理过程。

9.2.4 建设工程合同的违约责任

与通常的合同立法多任意性规范不同，关于建设工程合同的立法中强制性规范占了相当的比例，相当部分的合同责任因此成为法定责任，使得建设工程合同的主体责任呈现出较强的法定性。如关于施工开工前应取得施工许可证的要求，合同订立程序中的招标发包规定，对承包人转包的禁止性规定与分包的限制性规定，以及对承包人质量保修责任的规定等，均带有不同程度的强制性，从而部分或全部排除了当事人的缔约自由。

9.2.4.1 建设工程合同的违约

《合同法》第六十条规定，当事人应当按照约定全面履行自己的义务。说明只要是合同中明确规定的，当事人必须遵守，这是合同法律效力的具体表现。任何合同义务的不履行，都是对合同规定的违反，都将构成违约。违约行为的表现形式多种多样，归纳起来可作如下分类：

按照是否完全违背缔约目的，违约行为可分为根本违约和非根本违约。

按照合同是否履行与履行状况，违约行为可分为不履行和不适当履行。不履行是指当事人不按合同约定履行义务；不适当履行，又称不完全履行，是指当事人履行义务不符合合同约定。不履行进一步可分为履行不能和拒绝履行，履约不能属于债务人客观上无法履行义务，拒绝履行属于债务人能够履行义务而主观上不履行。不适当履行进一步可分为瑕疵履行和加害履行。瑕疵履行是指因债务人的履行有瑕疵，致使履行本身的价值或效用减少或丧失；加害履行是指债务人的履行不仅有瑕疵，而且瑕疵还导致债权人的其他权益受到损害。

按照迟延履行的主体，违约行为可分为债务人给付迟延和债权人受领迟延。

9.2.4.2 违约责任的承担方式

违约行为的后果直接导致对合同义务的不履行，必须承担相应的违约责任。违约责任以违约行业作为发生前提，具有惩罚和补偿双重属性。《合同法》以严格责任作为承担违约责任的归责原则，不论违约人在主观上是否有过错，都应当承担违约责任。关于违约责任的承担方式，《合同法》等法律规定，可以采用继续履行、停止违约行为、赔偿损失、支付违约金、执行定金罚则及其他补救措施。

根据建设工程合同，承包人应当按时按质按量完成工程建设，发包人应当及时检查验收并支付工程价款。无论是发包人还是承包人，只要其不履行合同规定的义务，都将构成违约行为。针对不同性质的违约行为，债权人有权依照《合同法》等法律的规定要求违约的债务人承担相应的违约责任。

9.2.4.3 建设工程合同发包人的主要义务和违约责任

1. 勘察、设计合同发包人

在建设工程中，勘察、设计合同发包人的主要义务是：向勘察人、设计人提供开展工作所需的基础资料和技术要求，并对提供的时间、进度和资料的可靠性负责；为勘察人、设计人提供必要的工作和生活条件；按照合同规定向勘察人、设计人支付勘察、设计费；维护勘察人、设计人的工作成果，不得擅自修改，不得转让给第三人重复使用。

《合同法》针对勘察、设计合同发包人的违约行为提出了三种具体方式，即发包人变更计划、发包人提供的资料不准确、发包人未按照期限提供必需的勘察设计工作条件。这三种违约行为都将导致勘察人、设计人支出额外的工作量，从而造成勘察、设计费用的不合理增加。为此发包人应当承担不履行、不适当履行或迟延履行的违约责任，按照勘察人、设计人实际消耗的工作量增付费用。

《合同法》第二百八十五条规定，因发包人变更计划，提供的资料不准确，或者未按照期限提供必需的勘察、设计工作条件而造成勘察、设计的返工、停工或者修改设计，发包人应当按照勘察人、设计人实际消耗的工作量增付费用。在这里，发包人通过赔偿损失的方式承担违约责任。

如果发包人未按合同规定的方式、标准和期限向勘察人、设计人支付勘察、设计费，发包人应当承担不履行或迟延履行的违约责任，适用《合同法》第一百零九条的规定，当事人一方未支付价款或者报酬的，对方可以要求其支付价款或者报酬。发包人迟延支付勘察、设计费的，除应支付勘察、设计费外，还应承担其他的违约责任，如支付违约金、赔偿逾期利息等。由于发包人擅自修改勘察设计成果而引起的工程质量问题，发包人应当承担责任；发包人擅自将勘察设计成果转移给第三人使用，发包人应当赔偿相应的损失。原建设部、原国家工商行政管理局颁布的《建设工程设计合同》规定，甲方应保护乙方的设计版权，未经乙方同意，甲方对乙方交付的设计文件不得复制或向第三方转让或用于本合同外的项目，如发生以上情况，乙方有权索赔。

2. 施工合同发包人的主要义务和违约责任

在建设工程中，施工合同发包人的主要义务是：作好施工前的各项准备工作；为施工人提供必要的条件，配合施工人的工作；按照合同规定向施工人支付工程预付款；在不妨碍施工人正常作业的情况下，进行必要的监督检查；按照合同规定向施工人支付工程进度款；组织竣工验收，支付竣工结算款。

如果合同约定由发包人提供原材料、设备、场地、技术资料，而发包人未按约定的时间和要求提供这些条件，如果发包人未按约定支付工程预付款或工程进度款，发包人应承担不履行、不适当履行或迟延履行的违约责任，适用《合同法》第二百八十三条规定，发包人未按照约定的时间和要求提供原材料、设备、场地、资金、技术资料的，承包人可以顺延工程日期，并有权要求赔偿停工、窝工等损失。在这里，发包人承担违约责任的方式是赔偿损失，施工人有权要求工期和费用索赔。

如果出现发包人提供的技术资料存在错误、发包人变更设计文件、发包人变更工程量、发包人未按约定及时提供建筑材料和设备、发包人未提供必要的工作条件致使施工人无法正常作业等情况，发包人应当承担不履行、不适当履行或迟延履行的违约责任，施工人可以停建、缓建，及时通知发包人并向发包人索赔损失。为此《合同法》第二百八十四条规定，因发包人的原因致使工程中途停建、缓建的，发包人应当采取措施弥补或者减少损失，赔偿承包人因此造成的停工、窝工、倒运、机械设备调迁、材料和构件积压等损失和实际费用。在这里，发包人承担违约责任的方式是采取补救措施和赔偿损失。

9.2.4.4 建设工程合同承包人的主要义务和违约责任

1. 勘察、设计合同承包人的主要义务和违约责任

在建设工程中，勘察、设计合同承包人的主要义务是：按照勘察、设计合同规定的进度和质量要求向发包人提交勘察、设计成果；配合施工，进行技术交底，解决施工过程中有关设计的问题，负责设计修改，参加工程竣工验收。

勘察、设计的质量是决定建设工程质量的基础。如果勘察、设计的质量存在缺陷，整个建设工程的质量也就失去了保障。勘察、设计工作必须符合法律法规的有关规定，符合建设工程质量、安全标准，符合勘察、设计技术规范，符合勘察、设计合同的要求。如果勘察人、设计人提交的勘察、设计文件不符合质量要求，将承担瑕疵履行的违约责任；如果勘察人、设计人不按合同约定的期限提交勘察、设计文件，将承担迟延履行的违约责任。《合同法》第二百八十条规定，勘察、设计的质量不符合要求或者未按照期限提交勘

察、设计文件拖延工期，造成发包人损失的，勘察人、设计人应当继续完善勘察、设计，减收或者免收勘察、设计费并赔偿损失。在这里，勘察人、设计人通过继续履行和赔偿损失的方式承担违约责任。

2. 施工合同承包人的主要义务和违约责任

在建设工程中，施工合同承包人的主要义务是：作好施工准备工作；按照合同要求进行施工；在不影响正常作业的前提下，随时接受发包人对进度、质量的监督检查；按照合同规定，按质如期完成工程，参加竣工验收，进行工程交付；在规定的保修期内，针对由于本方原因造成的工程质量问题，无偿负责维修。

施工的质量是决定建设工程质量的关键。在施工过程中，施工人应当按照设计文件和施工规范进行施工，不得偷工减料、粗制滥造，不得擅自修改工程设计，否则施工人对施工质量应承担瑕疵履行的违约责任；施工人不得延误工期，否则将承担迟延履行的违约责任。为此《合同法》第二百八十一条规定，因施工人的原因致使建设工程质量不符合约定的，发包人有权要求施工人在合理期限内无偿修理或者返工、改建。经过修理或者返工、改建后，造成逾期交付的，施工人应当承担违约责任。在这里，施工人承担违约责任的方式主要表现为继续履行，同时还要承担逾期交付引起的违约责任，发包人可从支付违约金、减少价款、行使担保债权等方式中选择适当方式要求施工人承担违约责任。

建设工程质量关系到国家利益、社会公共利益和社会公众安全，关系到使用者的自身权益以及第三者的人身财产。施工人不仅应对施工质量负责，而且应对建设工程合理使用期间的质量安全承担责任。如果由于施工人的原因，在合理使用期限内发生了质量事故，造成发包人、最终用户或者第三者人身财产损害，那么施工人不仅应承担加害履行的违约责任，而且还要依法承担相应的侵权责任，从而发生施工人违约责任与侵权责任之间的责任竞合。为此《合同法》第二百八十二条规定，因承包人的原因致使建设工程在合理使用期限内造成人身和财产损害的，承包人应当承担损害赔偿责任。发包人可以选择违约责任或者侵权责任要求施工人赔偿损失，其他受损害人可以根据侵权责任要求施工人承担损害赔偿责任。

9.3 建设工程合同的主要内容与条款

9.3.1 建设工程施工合同

发包人和承包人根据已获批准的初步设计、技术设计、施工图和总概算等文件，就合同的内容协商一致时，即可订立建筑施工和安装工程承包合同。在签订建设工程施工合同之前，还应审查中标人是否具有承担施工合同内规定的资质等级证书，是否经工商行政管理部门审查注册，是否依法经营独立核算，是否具有承担该工程施工的能力以及目前的财务情况和社会信誉是否良好等，否则，可依法取消该中标人的中标资格。

9.3.1.1 施工合同文件的组成

签订施工合同，必须按照《建设工程施工合同（示范文本）》的合同条件，明确约定合同条款。对可能发生的问题，要约定解决办法和处理原则。

9.3 建设工程合同的主要内容与条款

合同一般应具备以下主要内容：工程名称、地点、范围、内容，工程价款及开竣工日期；双方的权利、义务和一般责任；施工组织设计的编制要求和工期调整的处置办法；工程质量要求、检验与验收方法；合同价款调整与支付款方式；材料、设备的供应方式与质量标准；设计变更；竣工条件与结算方式；违约责任及处置办法；争议解决方式；安全生产防护措施。

目前，我国建设工程采用的基本合同模式，国家统一出台了《标准施工招标文件》（以下统称为《标准文件》），此《标准文件》有施工合同文件的参考格式和内容。一般来说，广义的合同文件由以下几个部分组成：

（1）合同协议书。应按施工招标文件确定的格式拟定，合同协议书是合同双方的总承诺，具体内容应约定在协议书附件和其他文件中。

（2）中标通知书。应由发包人在施工招标确定中标人后，按施工招标文件确定的格式拟定。

（3）投标函及投标函附录。投标函及投标函附录中包含有合同双方在合同中相互承诺的条件，应附入合同文件。

（4）专用合同条款和通用合同条款。专用合同条款和通用合同条款是整个施工合同中最重要的合同文件，它根据《合同法》的公平原则，约定了合同双方在履行合同全过程中的工作规则，其中通用合同条款是要求各建设行业共同遵守的共性规则，专用合同条款则是由各行业根据其行业的特殊情况自行约定的行业规则。但各行业自行约定的行业规则不能违背通用合同条款已约定的通用规则。

（5）技术标准和要求。技术标准和要求的内容是施工合同中根据工程的安全、质量和进度目标，约定合同双方应遵守的技术标准的内容和要求，技术标准中的强制性规定必须严格遵守。

（6）图纸。图纸是施工合同中为实施工程施工的全部工程图纸和有关文件。

（7）已标价工程量清单是投标人在投标阶段的报价承诺，合同实施阶段用于发包人支付合同价款，工程完工后用于合同双方结清合同价款的依据。

（8）其他合同文件。其他合同文件是合同双方约定需要进入合同的其他文件。

建设工程施工标准合同中，其合同条款中比较重要的内容：

（1）合同文件及解释顺序。招标代理机构编制招标文件合同部分时，一般都会比较注意通用条款、专用条款、协议书、保修书、安全承诺、履约保函等合同文件，而往往忽视了构成合同文件的其他内容，从而忽略了其合同文件的解释优先顺序，直至真的发生合同争议，才发现解释顺序太重要了。《标准文件》在通用合同总则中将优先顺序载明了，是不能更改的。

（2）招标人和中标人的权利和义务。《标准文件》在合同条件里明确了招标人和中标人的权利和义务。例如，施工前的现场条件中应由招标人承担的部分：水、电接口，道路开通时间，地下管线资料，水准点与坐标控制点交验等；应由中标人承担的部分：钻空和勘探性开挖，邻近建筑物、构筑物、文物安全保护，交通、环卫、噪声的管理，转包和分包的情况，材料的保管使用，完工清理等；还有双方共同承担的内容：双方风险损失，保险，专利，临时设施等。应按照国家相关要求和建筑行业的行规认真编制，要显示公平、公正、合理、合法。

(3) 工期延误。在履行合同过程中,由于发包人的原因造成工期延误的,承包人有权要求发包人延长工期和(或)增加费用,并支付合理利润。实际进度与进度计划不符时,监理人应当指示承包人对进度计划进行修订,重新提交给监理人审批。

(4) 验收方法和标准。验收执行国家标准和/(或)各行业标准,应载明验收时段和方法。

(5) 质量、安全、环保、节能条款。应在合同中单独签订,或要求投标人在投标文件中递交书面承诺。

(6) 计量与支付。计量与支付是招标投标各方比较注意的内容,与招标文件中载明的报价方式密切相关,对投标人的报价有着极其重要的影响,而且在专用条款中需提前约定的内容比较多。其中需注意:

1) 价款是否调整,如何调整,应在合同中说明。
2) 工程预付款的支付方式、数额(一般按工程合同总价款的比例)、抵扣方式。
3) 按进度支付时的工程量确认。
4) 支付进度款的时间和所占比例。
5) 保修金的比例和支付时间、方式。
6) 其他应在专用合同条款中确定的条件。

9.3.1.2 通用条款与专用条款

(1) 通用条款。前面已经论述,建设工程合同条款由通用条款和专用条款构成。但是,建设工程通过招标确认中标人以后,在签订合同的时候,一般只有通用条款。因为,目前,一般沿用中华人民共和国 2012 年版简明标准施工招标文件中的合同条款,而该标准合同只有通用合同条款,没有专用合同条款格式。这是在合同条款中给各部、委、办留有余地,以便将来由各部委依据通用合同条款,并结合各部和各领域的具体情况,在不改变通用合同条款基本原则的条件下,编写专用合同条款格式。

就建设工程施工合同来说,通用合同条款是参照《FIDIC 合同条件》,融进我国管理体制和以往工程合同管理经验,以及参照英国 ICE 和世界银行合同文本,同时结合我国各行业合同条款的通用条件依据国家法律法规的规定进行编写的。招标文件中的通用合同条款部分,一般会完全使用《标准文件》中载明的条款。

(2) 专用条款。专用合同条款是招标文件的重要内容。施工招标文件中载明的合同主要条件是双方签合同的依据,一般不允许更改。编制合理、合法的专用合同条款,是招标代理机构比较重要的工作,要与招标人协商,对招标人所提出的不合理要求,不能一味迁就,要讲道理说服。招标文件中的合同条款是招标人单方面订立的,强迫投标人同意了,才能参加投标,即由要约人(招标人或合同中的发包人)向受要约人(投标人或合同中的承包人)发出要约,而一旦选定中标人,招标文件里的合同条件就成为受要约人的"承诺",具有了法律约束力。这里与《合同法》的规定条件有所不同,即承诺的提前。它是一般法与特殊法的关系问题,有些盘根错节,在此不做讨论。

工程施工招标不像其他项目招标,它在招标文件中由招标人制定和载明的专用合同条款,常规上一般不允许偏差,如果投标人在投标时不同意合同条款,中标的可能性基本为零(中标后合同签订时的变更除外)。所以,招标文件中专用合同条款的编制必须公平、合理,不得含有霸王条款和(或)一边倒的条件,《标准文件》通用条款中已经制定的,不允许更改，那是依据相关国家法律法规的规定合理编制的。专用条款中不得再制定与通用条款抵触的内容，如通用条款中说明另有约定的，应在专用条款中约定，以免造成今后合同签订和实施过程中不必要的麻烦。

9.3.2 编制通用合同条款的指导原则

建设工程施工标准合同是编制好的合同示范文本，已明确了工程范围、建设工期、中间交工工程、质量标准、工程造价、材料和设备供应责任、工程款支付、工程变更管理、竣工验收、竣工结算等主要条款。依法必须招标的工程建设项目的招标人，应当严格按照法律规定及招标文件的约定签订合同，同时，招标人应当按照相关法律法规，将合同签订情况和合同价在指定媒介上公开，方便群众监督。

对招标人或招标代理机构来说，编制通用合同条款，要遵守以下指导原则：

(1) 遵守中华人民共和国的法律、行政法规和部门规章，遵守工程所在地的地方法规、自治条例、单行条例和地方政府规章，遵守合同有效性的必要条件。

(2) 按《合同法》的公平原则设定合同双方的责任、权利和义务。公正、公平的合同理念是工程顺利实施的重要保障。合同双方的责任、权利和义务，各项合同程序和条款内容的设定均应贯彻《合同法》的公平原则。

(3) 根据我国现行的建设管理制度设定合同管理的程序和内容。

我国现行的建设管理制度包括项目法人责任制、招标投标制和建设监理制等，以及国家和相关部门有关建设管理的规章和规定。合同条款设定的各项管理程序不能违背现行的建设管理制度。

(4) 学习《FIDIC合同条件》的精华，编制适合我国国情的合同条款。FIDIC合同涉及的工作内容能基本覆盖工程建设过程中遇到的合同问题。合同的基本属性——公平原则要到位；合同双方的责任、权利和义务的约定要清晰；要坚持设定的各项合同程序严密、科学，操作性强；要强调解决合同事宜的及时性，在履约过程中及时解决好支付、合同变更和争议等合同问题。

9.3.3 建设工程合同示范文本

9.3.3.1 施工合同示范文本

1999年，我国颁布《合同法》以后，原建设部和原国家工商行政管理局对原有的几种示范文本根据新《合同法》的要求制定了新版建设工程合同示范文本。住建部、国家工商行政管理总局于2013年4月23日颁布了第三版《建设工程施工合同（示范文本）》（以下简称《示范文本》）。

该《示范文本》由合同协议书、通用合同条款、专用合同条款三部分组成。

合同协议书是《示范文本》中总纲性文件。合同协议书的内容包括工程概况、工程承包范围、合同工期、质量标准、合同价款、组成合同的文件等。通用合同条款具有很强的通用性，基本适用于各类建设工程。通用合同条款由20条组成。专用合同条款对其作必要的修改和补充。

9.3.3.2 监理合同示范文本

住建部、国家工商行政管理总局在2012年联合制定并颁布了第三版《建设工程监理合同（示范文本）》。合同示范文本由协议书、通用条件和专用条件三部分组成。

（1）协议书是一份标准的格式化文件，主要内容是双方确认的监理工程概况、合同文件的组成、委托的范围、价款与酬金、合同生效和订立时间等。

（2）监理合同的通用条件共8条，是通用条款，适用于各类工程的监理委托；是合同双方应遵守的基本条件，包括双方的权利、义务、责任、合同生效、变更与终止、监理报酬等方面。

（3）监理合同的专用条件是指对监理合同的地域特点、项目特征、监理范围和监理内容、委托人的常驻代表、监理报酬、赔偿金额等，根据双方当事人意愿而进行补充与修订的一些特殊条款。

9.3.3.3 勘察设计合同示范文本

勘察、设计合同的内容包括提交有关基础资料和文件（包括概预算）的期限、质量要求、费用以及其他协作条件等条款。

原建设部和原国家工商行政管理局在2000年印发了第二版《建设工程勘察合同（示范文本）》和《建设工程设计合同（示范文本）》。

《建设工程勘察合同》共10条，分别为：工程概况；发包人按时向勘察人提供的资料文件；勘察人向发包人如何提供勘察成果；取费标准与拨付办法；双方责任；违约责任；补充协议；合同纠纷解决方式；合同生效时间与签证等。

《建设工程设计合同》一共有8条，分别为：合同签订的依据；设计项目的名称、阶段、规模、投资、设计内容及标准；甲方向乙方提交的资料和文件；乙方向甲方如何交付设计文件；设计费支付方式；双方责任；违约责任；其他条款等。

9.4 建设工程合同的履行

合同履行（performance of the contract），指的是合同规定义务的执行。任何合同规定义务的执行，都是合同的履行行为；相应地，凡是不执行合同规定义务的行为，都是合同的不履行。因此，合同的履行，表现为当事人执行合同义务的行为。

9.4.1 合同履行原则

合同履行原则，是当事人在履行合同时所应遵循的基本准则。

9.4.1.1 全面履行原则

《合同法》第六十条第一款规定：当事人应当按照约定全面履行自己的义务。这一规定，确立了全面履行原则。全面履行原则，又称适当履行原则或正确履行原则。它要求当事人按合同约定的标的及其质量、数量，合同约定的履行期限、履行地点，适当的履行方式，全面完成合同义务的履行原则。

9.4.1.2 实际履行原则

实际履行原则是指合同当事人必须严格按照合同规定的标的履行自己的义务。未经权利人同意，不得以其他标的代替履行或者以支付违约金和赔偿金来免除合同规定的义务。实际履行基本含义为两个方面：一是当事人应自觉按约定的标的履行，不得任意以其他标的代替约定标的，尤其不能简单地用货币代替合同规定的实物或行为；二是当事人一方不履行或不完全履行时,首先应承担按约履行的责任,不得以偿付违约金或赔偿损失来代替合同标的,履行对方当事人有权要求其实际履行。

在合同履行中贯彻实际履行原则具有十分重要的意义。从根本上说实际履行原则反映了社会化大生产的根本要求。建设工程,一般都涉及国家重大基础设施建设,具有不可替代的特点,因此必须贯彻实际履行原则。

9.4.2 合同的变更、转让与解除

9.4.2.1 合同的变更

1. 变更的概念与分类

建设工程合同变更的概念有广义和狭义之分。从广义上理解,建设工程合同的变更不仅包括合同内容的变更,而且还包括合同主体的变更。从狭义上理解,建设工程合同的变更仅指合同内容的变更。由于合同主体的变更实际上是合同权利义务的转让,而且我国《合同法》将合同变更与合同转让进行了区分,因此这里的建设工程合同变更是指狭义上的变更,即建设工程合同内容的变更。

根据我国《合同法》的规定,建设工程合同的变更,包括法定变更与协议变更两种情形。法定变更即依据法律规定而变更合同内容。协议变更,即合同当事人在合意的基础上,以协议的方式对合同的内容进行变更。

2. 变更的内容与方式

建设工程合同的变更,其内容可涉及工程承包范围、工期、合同价款、原材料供应等广泛的范围,但发包人单方的变更一般仅限于工程设计。

建设工程合同的变更,是发包人与承包人双方协商一致的结果,非经双方协商一致,则不发生变更。但是,发包人单方变更工程设计是发包人的一项法定权利,承包人必须按发包人依法变更后的设计要求进行施工,否则就构成违约。当然,因发包人变更设计给承包人造成的损失必须予以赔偿。

3. 变更的效力

关于建设工程合同变更的效力,由于建设工程合同的变更是在原合同的基础上将合同内容发生变化,因此建设工程合同依法变更后,发包人与承包人应按变更后的合同履行义务,任何一方违反变更后的合同内容都将违约。同时,由于建设工程合同的变更只是原合同内容的局部变更而非全部变更,因此对原合同中未变更的内容,仍然继续有效,双方应继续按原合同约定的内容履行义务。

建设工程合同的变更不具有溯及既往的效力,已经履行的债务不因合同的变更而失去法律依据。也就是说,无论是发包人还是承包人,均不得以变更后的合同条款作为重新调整双方在变更前的权利义务关系的依据。

9.4.2.2 合同的转让

合同转让是合同当事人一方依法将其合同的权利和义务全部或者部分转让给第三人的合法行为。合同权利的转让也称债权转让或债权让与,是合同中享有权利的一方当事人即债权人,在不改变合同内容的前提下,通过与第三人订立合同从而将债权的全部或部分转让与他的合法行为。

合同权利的转让,并不改变合同权利的内容,而是由合同一方当事人(且是债权人)

将债权转让给合同当事人之外的第三人，合同权利的转让并不包括合同的义务内容；合同权利的转让可以是全部转让也可以是部分转让，在全部转让时，受让人取代原债权人成为合同关系的新债权人，原债权人脱离合同关系；在部分转让时，受让人作为第三人加入到原合同关系之中，与原债权人共同享有债权。

合同转让应当经过对方同意或者通知对方方可产生法律效力。根据《合同法》的有关规定，合同中的权利人即债权人转让权利的，应当通知履行义务的另一方当事人即债务人，未经通知，该转让对债务人不发生效力。债务人将合同的义务全部或者部分转移给第三人的，应当经债权人同意。

以下情形合同不得转让：第一，根据合同性质不得转让的，合同如果是规定特定权利义务关系的合同或者是特定主体的合同，则合同不得转让；第二，按照当事人约定不得转让的，如果双方当事人在订立合同时在合同中约定合同不得转让，则该约定对双方当事人都有约束力；第三，依照法律规定不得转让的。如果该合同成立是由国家部门批准成立的，则该合同的转让也必须经原合同批准部门批准，如果批准部门不予批准，该合同不能转让。

值得注意的是，合同的转让与合同的分包、转包是两码事。

9.4.2.3 合同的解除

合同解除是指合同有效成立后，于合同未全部履行前，因当事人一方或双方的意思表示，而使基于合同发生的权利义务关系终止的行为。合同解除适用于有效成立的合同。合同只有在成立以后、履行完毕以前，才能发生合同解除的效力。对于无效和可撤销合同，不发生合同解除，而应由《合同法》的合同无效或可撤销制度来调整。

建设工程施工合同解除后，已经完成的建设工程质量合格的，发包人应当按照约定支付相应的工程价款；已经完成的建设工程质量不合格的，参照最高人民法院关于审理建设工程施工合同纠纷案件适用法律问题的解释（法释〔2004〕14号）第三条的规定处理。因一方违约导致合同解除的，违约方应当赔偿因此而给对方造成的损失。

变更或解除合同应签订书面协议。建设工程解除合同的，应在签订协议之日起5日内将协议报送原备案部门。

9.4.3 合同的担保

9.4.3.1 担保的定义

建设工程合同担保，是指在工程建设活动中，根据法律法规规定或合同约定，由担保人向债权人提供的，保证债务人不履行债务时，由担保人代为履行或承担责任的法律行为。

9.4.3.2 担保的种类

根据我国法律规定，合同的担保形式有定金、保证、抵押、留置、质押五种。

（1）定金。定金是指缔约一方为了保证合同的履行，在订立合同前向对方给付一定数额的货币的担保形式，如购买房屋的定金。

（2）保证。保证是指保证人以自己的名义作为一方当事人的关系人，向另一方当事人作履行合同的担保的一种方式。保证合同履行的第三人是保证人，被担保履行合同的义务人为被保证人。

(3) 抵押。抵押是合同当事人一方用自己或第三方财物为另一方当事人提供清偿债务的权利。

(4) 留置。留置是用标的物作为担保的一种形式，根据法律规定，当义务人未在法定或约定的期限内全面履行合同时，权利人有权处置所留置的财物。

(5) 质押。质押是当事质押人一方以动产或某种权利作为抵押的一种担保形式。

我国《民法通则》第八十九条规定了保证、抵押、定金、留置四种债的担保方式。其中跟建设工程密切相关的担保方式有以下几种：

① 投标保证金：是指为了避免因投标人投标后随意撤回、撤销投标或随意变更应承担相应的义务给招标代理机构造成损失，要求投标人提交的担保。投标保证金的形式有很多种，通常有现金、支票，银行汇票，不可撤销信用证，银行保函，由保险公司或者担保公司出具的投标保证书。

② 履约担保：是指发包人在招标文件中规定的，要求承包人提交保证履行合同义务的担保。履行担保一般有三种形式，即银行保函、履约担保书和保留金。

③ 预付款担保：是指承包人与发包人签订合同后，承包人正确、合理使用发包人支付的预付款的担保。预付款担保一般有两种形式：银行保函；发包人与承包人约定的其他形式，如由担保公司担保或采取抵押等担保形式。

9.4.3.3 建设工程担保立法

我国除了专门的《担保法》之外，还出台了建设工程的担保规章制度。2004年，为进一步规范建筑市场主体行为，降低工程风险，保障从事建设工程活动各方的合法权益和维护社会稳定，根据《中华人民共和国建筑法》、《中华人民共和国招标投标法》、《中华人民共和国合同法》、《中华人民共和国担保法》及有关法律法规，原建设部颁发了《关于在房地产开发项目中推行工程建设合同担保的若干规定（试行）》。

9.4.4 合同的索赔

9.4.4.1 索赔的概念

索赔是指由于合同一方违约而使对方遭受损失时的由无违约方向违约方提出的费用补偿要求。任何项目，不可预见的风险是客观存在的，外部环境是动态变化的，因此在项目实施中，特别是在大型工程实施过程中，索赔是不可避免的。索赔是合同文件赋予合同双方的权利，通过索赔，弥补己方的损失。索赔同时建立了合同双方相互制约的一种机制，促进双方提高各自管理水平。

9.4.4.2 发包人索赔成立的条件

按《建设工程施工合同（示范文本）》规定，承包人未能按合同约定履行自己的各项义务或发生错误而给发包人造成损失时，发包人可以按合同约定向承包人提出索赔。FIDIC《施工合同条件》中，业主（发包人）的索赔主要限于施工质量缺陷和拖延工期等违约行为导致的业主损失。《合同法》281条规定：因施工人的原因致使建设工程质量不符合约定的，发包人有权要求施工人在合理期限内无偿修理或者返工、改建。经过修理或者返工、改建后，造成逾期交付的，施工人应当承担违约责任。

9.4.4.3 承包人索赔成立的条件

(1) 与合同相对照，事件已造成了承包人施工成本的额外支出，或总工期延误。

（2）造成费用增加或工期延误的原因，按合同约定不属于承包人应承担的责任，包括行为责任或风险责任。

（3）承包人按合同规定的程序提交了索赔意向通知和索赔报告。

9.4.4.4 索赔的程序

索赔事件发生后，承包人应在索赔事件发生后的28日内向监理人递交索赔意向通知书，声明将对此事件提出索赔。如果超过这个期限，监理人和发包人有权拒绝承包人的索赔要求。

如果索赔事件的影响持续存在，承包人应在索赔事件的影响结束后的28日内，提交最终详细报告，提出索赔论证资料和累计索赔额。

如果索赔事件发生时，现场施工非常紧张，监理人不希望立即处理索赔而分散各方抓施工管理的精力，监理人有权不马上处理该项索赔，但承包人的索赔意向通知必须在事件发生后的28日内提出，否则他就失去了就该项事件请求补偿的索赔权利。

监理人在接到正式索赔报告以后，应首先认真研究承包人报送的索赔资料，客观分析事件发生的原因。

监理人对承包人提交的索赔报告审查的主要内容包括：事态调查、损害事件原因分析、分析索赔理由、实际损失分析、证据资料分析。

9.4.5 建设行政主管部门对建设合同的监督

9.4.5.1 建设工程合同的审查或备案

根据原建设部第124号令，建设工程合同必须备案。分包工程发包人应当在订立分包合同后7个工作日内，将合同送工程所在地县级以上地方人民政府建设行政主管部门备案。分包合同发生重大变更的，分包工程发包人应当自变更后7个工作日内，将变更协议送原备案机关备案。具体的备案方法，当地政府有一些具体的实施细节。

9.4.5.2 建设工程合同的监管内容

根据《合同法》第127条规定合同行政监管主要是对利用合同危害国家利益、社会利益的违法行为负责监督管理，即对合同的不法性进行行政监管。在《合同法》第52条列举规定的5种不法性合同即无效合同都是行政监管的内容。

建设工程合同无效有以下几种类型：

1）超越资质等级订立的工程合同承包人订立工程合同；

2）违法招标投标订立的工程合同建设工程，如串标、规避招标订立的合同，《招标投标法》和《房屋建筑和市政基础设施工程施工招标投标管理办法》等有具体的规定；

3）违反国家政策、法律法规的工程合同，如违规项目等；

4）违法分包、转包的工程合同根据《建筑法》规定，如果承包人擅自分包、肢解分包或者转包的，工程合同无效。

9.5 本章案例分析

9.5.1 案例背景

某建筑公司通过公开投标，取得了位于广×市经济开发区滨江中路黄×花园二期住宅工程的施工工程。该公司于 2011 年 7 月 23 日取得中标通知书。通知书载明建筑面积 34245 平方米，总造价 3000 万元，工期 260 天，工程结算按总造价下浮 4%，要求 7 月 30 日签订《建设工程合同》。

2011 年 7 月 26 日，该建筑公司和开发商天×地产有限公司签订《建设工程合同》，7 月 30 日签订《建设工程合同》并在该市招投标办公室备案，并依此合同交纳了定额管理费，总造价下浮 4% 为 2880 万元。同年 8 月 29 日，双方对 7 月 30 日合同进行了工商鉴证。

后来，双方又签订了"补充协议"一份，双方约定工程总造价下浮 2%，为 2940 万元进行结算，主要条款如工期、质量、工程款支付等与规定相同。验收合格后，留 3% 为保修金。"补充协议"内容主要体现在付款方面，工程预付款 50 万元，单体主体竣工验收合格付 30%，剩余 70% 工程款在全部工程竣工验收合格后的 1 年内扣除保修金后分期付清。总造价下浮 2% 为工程结算款。该合同没有进行备案和审查。

2012 年 10 月 28 日，工程完工，该建筑公司请求开发商天×地产有限公司对其工程进行验收并将工程结算资料交予甲方。业主于 2013 年 5 月 20 日组织验收，工程质量合格。组织验收后，天×地产有限公司共付款 1200 万元，比中标合同约定金额少付 1740 万元。该建筑公司多次要求支付工程款，某天×地产有限公司均以"补充协议"付款时间未到，整体工程尚未竣工等因素予以拒绝。某建筑公司于是寻找律师起诉法院，要求解决工程款拖欠问题。

9.5.2 案例分析

根据对案件事实的分析，结合对《建筑法》、《招标投标法》、《合同法》等实质精神的理解，这是一起阴阳合同（黑白合同）的典型案件。本案例中，"补充协议"属于黑合同，没有经过主管部门的审查和备案，这是无效合同。合同争议双方均援引"补充协议"的约定，是错误的。双方应以有效合同结算工程款的结论进行结算。

《建设工程施工合同管理办法》规定：发包方须在施工合同正式签订之前，将双方协商一致的合同草案，送建设行政主管部门或其授权机构审查。合同签订之日起 5 日内，将合同文本报建设行政主管部门或其授权机构和开户银行备案。

本案中，发生争议后，应按总造价下浮 4%，为 2880 万元进行结算，付款进度也要以审查备案的合同条款为准。

习题与思考题

1. 单项选择题

(1) 下列不属于建设工程合同订立应遵循的原则是（　　）。

A. 平等、自愿原则　　B. 公平原则　　C. 合法原则　　D. 公开原则

(2) 建设工程的建设合同不包括（　　）合同。

A. 勘察　　B. 设计　　C. 施工　　D. 造价

(3) 建设工程勘察合同法律关系的客体是指（　　）。

A. 物　　B. 行为　　C. 智力成果　　D. 财产

(4) 合同完备性审查的重点是（　　）。

A. 合同内容合法性审查　　　　　　B. 合同文件完备性审查
C. 合同条款完备性审查　　　　　　D. 工程项目合法性审查

(5) 业主的索赔主要根据(　　)提出。

A. 施工质量缺陷　　B. 设计变更　　C. 工程量减少　　D. 施工进度计划修改

2. 多项选择题（一个以上答案正确）

(1) 下列有关合同变更的说法，正确的是(　　)。

A. 必须是针对有效合同才可变更　　B. 合同变更只需经当事人一方同意
C. 合同变更后，必须按变更后的合同履行　　D. 变更合同是因为合同无效才变更
E. 合同变更的内容是尚未（或尚未完全）履行的合同

(2) 违约责任的前提是指(　　)。

A. 合同无效　　　　　　　　　　　B. 违反了有效合同
C. 违反了合同条款的有效部分　　　D. 违反了合同履行顺序
E. 提前履行

(3) 合同公证与合同鉴证相同点在于(　　)。

A. 范围　　　　　B. 内容　　　　　C. 目的　　　　　D. 性质
E. 效力

(4) 缔约过失责任的构成必须具备的条件包括(　　)。

A. 缔约一方受有损失　　　　　　　B. 缔约一方有违约行为
C. 缔约当事人有过错　　　　　　　D. 合同尚未成立
E. 合同已经成立

(5) 建设工程合同的特点有(　　)。

A. 合同标的物的特殊性　　　　　　B. 合同内容的多样性和复杂性
C. 合同履行期限的长期性　　　　　D. 合同监督的严格性

3. 问答题

(1) 建设工程合同的种类有哪些？
(2) 建设工程合同的订立原则是什么？
(3) 施工合同的订立，必须具备哪些条件？
(4) 建设工程合同的订立程序包括哪些步骤？
(5) 建设工程合同的主要内容是什么？
(6) 我国建设工程合同的法律法规体系包括哪些？
(7) 建设工程合同的执行原则是什么？
(8) 建设工程合同审查的主要内容是什么？
(9) 建设行政主管部门对建设工程合同的监管包括哪些内容？
(10) 建设工程合同的转让有什么要求？

4. 案例分析题

某城市拟新建一大型火车站，地方政府各有关部门组织成立建设项目法人，在项目建议书、可行性研究报告、设计任务书等经省发改委审核后，向国家发改委申请国家重大建设工程立项。

审批过程中，项目法人以公开招标方式与三家中标的一级建筑单位签订《建设工程总

承包合同》，约定由该三家建筑单位共同为车站主体工程承包商，承包形式为一次包干，估算工程总造价 18 亿元。但合同签订后，国家发改委公布该工程为国家重大建设工程项目，批准的投资计划中，主体工程部分仅为 15 亿元。因此，该立项下达后，委托方（项目法人）要求建筑单位修改合同，降低包干造价，建筑单位不同意，委托方诉至法院，要求解除合同。

问题：

（1）建设单位能否要求修改合同或解除合同？

（2）中标单位如果不同意修改合同，如何对建设单位进行索赔？

第 10 章 城镇房地产管理法规

本章主要介绍我国房地产及房地产管理法规的基本概念；介绍房地产开发商的概念和分级管理，房地产项目开发的管理法规；介绍国有土地上房屋征收与补偿的管理法规；介绍房地产交易的概念、内容、程序，房地产产权产籍的管理法规。

10.1 概述

10.1.1 房地产概述

房地产是房产和地产的总称。其中地产是指土地及其上下一定的空间，包括地下的各种基础设施、地面道路等；房产是指建设在土地上的各种房屋，包括住宅、厂房、仓库和商业、服务、文化、教育、卫生、体育以及办公用房等。房地产是不可分割的，房屋只能建设在土地上，房屋所有权转移，土地所有权或土地使用权也随之转移，反之亦然。作为法律意义上的财产，房地产是指经依法确认的、权属关系明确的、具有价值和使用价值的房屋等建筑物、构筑物及其占用范围内的土地使用权。

房地产是不动产的典型形式，具有不动产的基本属性，属于不动产的范畴。所谓不动产是指土地及其附属物，包括物质实体及其相关权益——不能移动或者如果移动就会改变其性质、损害其价值的有形财产，包括土地及其定着物，如建筑物及本地上生长的植物等。房地产属于不动产的主要部分，特定条件下，房地产也被看作不动产的同义词。

10.1.2 房地产管理机构

根据《城市房地产管理法》的规定，国务院建设行政主管部门、国土资源管理部门依照国务院规定的职权划分，各司其职，密切配合，管理全国房地产工作。县级以上地方人民政府房产管理、国土资源管理部门的机构设置及其职权由省、自治区、直辖市人民政府确定。

1. 国务院建设行政主管部门和国土资源管理部门负责全国的房地产管理工作

目前，国务院住房和城乡建设部、国土资源部分别是国务院建设行政主管部门和国土资源管理部门，两个部门各司其职，密切配合，管理全国房地产工作。

2. 县级以上地方人民政府房产、国土资源管理部门负责本行政区域内的房地产管理工作

我国县级以上地方人民政府房产管理部门，在省、自治区，是指各省、自治区的住房和城乡建设厅；在直辖市，分别是北京市住房和城乡建设委员会、天津市城乡建设和交通委员会、重庆市城乡建设委员会、上海市城乡建设和交通委员会；部分省会城市和副省级城市是指住房和城乡建设委员会；大部分地、县级政府的房产管理部门主要是该级政府的

住房和城乡建设委员会、城乡建设委员会、住房和城乡建设局、房地产管理局、房产管理局、房屋管理局、房屋产权管理局等，部分地方政府对其组织机构进行了整合，其房产管理的职能由新组建的局、委承担，如国土资源与房屋管理局、建设和交通委员会等。

我国县级以上地方人民政府国土资源管理部门，在省、自治区，主要指各省、自治区的国土资源厅，其中海南省为机构整合后组建的国土环境资源厅；在直辖市，分别是北京市国土资源局、天津市国土资源和房屋管理局、上海市规划和国土资源管理局、重庆市国土资源和房屋管理局；大部分地、县级政府的国土资源管理部门主要是该级政府的国土资源局，部分地方政府则是机构整合后组建的规划和国土资源委员会、国土资源和房屋管理局、国土资源和规划局、国土资源和城乡规划局、国土环境资源局等。

10.1.3　房地产管理立法概况

10.1.3.1　房地产管理法的基本概念

关于房地产管理法，有广义和狭义两种理解。

广义的房地产管理法是指调整房地产开发、经营以及管理过程中发生的社会关系的法律规范的总称，包括《城市房地产管理法》和与其相配套的一系列法律、行政法规、地方性法规及相关法规中有关房地产问题的规定。

狭义的房地产管理法仅指《中华人民共和国城市房地产管理法》。

本章所讲的房地产管理法是广义上的概念，它以《中华人民共和国城市房地产管理法》为核心和基础，包括相关配套法律法规在内的法规体系。

作为国家法律制度重要组成部分的房地产法具有如下特点。

1. 主体的多元性

房地产法的参与主体也就是房地产法律关系主体，即房地产法律关系的参加者。法律关系的主体包括国家、法人、非法人组织、自然人，这些主体虽然都可以成为房地产法律关系的主体，但其在房地产法律关系中所起的作用是不同的，从而显示出房地产法参与主体的多元性。概括地说，房地产法律关系的主体包括：房地产管理主体，包括国土资源管理部门、房产管理部门、规划管理部门、建设管理部门等；房地产所有权和使用权主体，包括国家土地所有权人、集体土地所有权人、房屋所有权人、建设用地使用权人、土地承包经营权人等；房地产开发主体，包括房地产开发企业、建筑施工企业等；房地产交易主体，包括房地产出卖方、买受方等；房地产服务主体，包括房地产经纪人、房地产交易行、房地产金融和保险机构、房地产估价机构、物业管理服务公司等。

2. 内容的综合性

房地产法规范内容的综合性主要体现在如下两个方面：第一，房地产法律法规的属性具有综合性。调整房地产关系的法律法规涉及众多的法律部门，如民法、行政法、经济法等，因此，房地产法律法规既包括单纯的民事法律法规（如《物权法》、《合同法》）、行政法律法规（如《城乡规划法》）、经济法律法规（如房地产税法），还包括综合性的法律法规，而且这种法律法规在房地产法占有核心的地位，如《城市房地产管理法》、《土地管理法》等。第二，房地产法律关系的性质具有综合性。从整体上说，房地产法律关系并不是单纯的民事法律关系，也不是单纯的行政法律关系或经济法律关系，而是具有综合性质的法律关系。当然，就某一具体的房地产法律关系而言，其应属于具有特定性质的法律关系。例如，房地产买卖关系就属于民事法律关系，房地产开发用地管理关系就属于行政法律关系，房地产税收关系就属于经济法律关系。

3. 调整范围的广泛性

房地产法以房地产关系为规范对象，而房地产关系涉及的范围相当广泛，因而房地产法的调整范围亦具有广泛性。房地产法的调整范围主要包括：房地产所有关系、房地产使用关系、房地产开发关系、房地产转让关系、房地产租赁关系、房地产抵押关系、房地产中介服务关系、房地产金融关系、房地产税收关系、房地产物业管理关系、房地产规划管理关系、房地产市场管理关系、涉外房地产关系等。随着我国房地产业及房地产市场的发展，房地产法的调整范围还将不断扩大。

4. 调整手段的国家干预性

基于房地产的特殊性及其在社会经济生活的重要作用，国家对房地产关系进行严格监督，从而体现了房地产法在调整手段上的国家干预性。政府的房地产管理部门，行使对房地产关系监督管理的职能。国家对房地产关系的监督管理体现在房地产关系的各个方面、各个领域。例如，房地产税收关系、房地产规划关系、房地产市场管理关系等本身就体现了一种管理与被管理的关系，国家干预性体现得最为直接和明显。而对于房地产转让关系、房地产租赁关系、房地产抵押关系等，国家虽然不进行直接干预，但国家通过实行登记制度，实现了对这类房地产关系的监督管理。国家对房地产关系进行监督管理的意义在于，一方面有利于调控房地产市场，进而房地产市场健康有序发展；另一方面有利于维护房地产权利人的利益，满足人们的基本生活需求。

10.1.3.2 房地产管理法的立法原则

房地产管理法的立法原则，是我国房地产立法、司法、法律解释和法学研究的基本依据和指导思想，也是房地产管理法的主要宗旨和基本准则。从现行法规体系和立法实践来看，我国房地产管理法的立法原则主要体现在以下几个方面。

1. 土地所有权与使用权分离原则

我国实行土地公有制，土地归国家或集体所有，但在土地利用上，则实行土地所有权与土地使用权相分离的原则，即在坚持土地公有不变的前提下，其他组织和个人需要使用土地的，应当设置相应的土地使用权，实行土地所有权与土地使用权相分离原则。

2. 市场调节与宏观调控相结合的原则

房地产市场是市场经济的重要组成部分，培育健康的房地产市场是我国立法的首要任务。为培育房地产市场，我国政府采取了诸多措施。例如，通过建立国有土地有偿使用制度和建设用地使用权出让、转让制度，初步建立起了土地供应市场；通过房屋制度改革，以商品房为主要交易对象的房产市场已经逐步建立；通过引入竞争机制，培育、健全了房地产开发市场；通过发展房地产抵押、租赁市场，丰富了房地产市场的流通方式等。

市场经济离不开宏观调控，对国计民生影响重大的房地产市场更需要政府的宏观调控，这是市场经济国家普遍采取的措施。我国对房地产的管理和宏观调控措施主要包括房地产开发的用地管理（国家实行土地用途管制制度，控制用地总量，严格限制农用地转为建设用地）、房地产交易价格的管理（国家实行房地产价格指导制度、房地产价格评估制度和房地产成交价格申报制度）、房地产的项目管理以及房地产的税费管理等。

3. 国家扶持发展居民住宅建设的原则

住宅建设是社会保障体系中的一个重要方面,从侧面反映了一个国家人民生活水平和社会物质水平的高低。也就是说,住宅不仅是一个经济问题,还是一个社会问题。国家为改善城镇居民住宅条件,鼓励、扶持发展居民住宅建设项目,在《城市房地产管理法》第四条中明确规定:国家根据社会、经济发展水平,扶持发展居民住宅建设,逐步改善居民的居住条件。将我国有关扶持发展居民住宅建设的政策法律化。《城市房地产管理法》第二十九条还规定:国家采取税收等方面的优惠措施鼓励和扶持房地产开发企业开发建设居民住宅。可见,国家扶持发展居民住宅建设也是房地产管理法立法的重要原则。

4. 登记公示原则

登记公示原则是不动产权属变动的基本原则。房地产属于不动产,其权属变更是以当事人在不动产所在地的登记机构办理变更登记为公示方式。登记程序的运用是登记机构涉入民事主体私人交易关系的标志,同时也是民事主体依托登记机构实现自己利益的过程,其目的指向不仅涵盖国家维持正当交易、保证交易安全的公共职能,还涉及民事主体能否有效实现私权的趋利机制,因此,它既验证不动产市场中世俗利益的流转,又具有超越利益维持正当交易秩序的积极功能。房地产交易中物权的变更实行登记公示原则,不仅是国家保证房地产交易安全、维护正常交易秩序的需要,也是保护房地产权利人合法权益的客观要求。因此,它是我国房地产管理立法所遵循的重要原则。这一原则在我国的《城市房地产管理法》、《城镇国有土地使用权出让和转让暂行条例》、《城市公有房屋管理条例》等法律法规中均有明确规定。

5. 保障房地产权利人合法权益原则

房地产权利人是依法对房地产享有某种利益的人,包括土地所有权人、房屋所有权人、土地使用权人、房地产抵押权人、房地产租赁权人等。他们所享有的权益受法律保护,《城市房地产管理法》第五条中明确规定:房地产权利人的合法权益受法律保护,任何单位和个人不得侵犯。保障房地产权利人的合法权益,是实现房地产交易安全和人们正常生产、生活秩序的前提和基础,在房地产立法、司法等各个环节上应坚持保障房地产权利人合法权益的原则。

10.1.3.3 房地产管理法的相关法律法规

由于房地产法律调整范围较为复杂,房地产法律的相关法律法规众多,主要包括以下几种表现形式。

1. 宪法

宪法是国家的根本大法,具有最高的法律效力。我国《宪法》对房地产管理作了如下原则性规定:城市的土地属于国家所有。农村和城市郊区的土地,除由法律规定属于国家所有的以外,属于集体所有;宅基地和自留地、自留山,也属于集体所有。国家为了公共利益的需要,可以依照法律规定对土地实行征收或者征用并给予补偿。任何组织或者个人不得侵占、买卖或者以其他形式非法转让土地。土地的使用权可以依照法律的规定转让。一切使用土地的组织和个人必须合理地利用土地。公民的合法的私有财产不受侵犯。国家为了公共利益的需要,可以依照法律规定对公民的私有财产实行征收或者征用并给予补偿。

2. 法律

狭义上的法律是指由全国人民代表大会及其常务委员会制定的规范性文件。我国有关房地产最主要的基础性法律包括《土地管理法》、《城市房地产管理法》、《农村土地承包法》、《物权法》。其他较为重要的法律包括《城乡规划法》、《建筑法》、《农业法》、《水土保持法》、《森林法》、《草原法》等。此外，还有一些与房地产有关的法律规范，散见于《民法通则》、《担保法》、《合同法》等法律之中。

3. 行政法规

行政法规是由国务院制定的有关行政管理和管理行政事项的规范性文件的总称。有关房地产的行政法规主要包括《土地管理法实施条例》、《城镇国有土地使用权出让和转让暂行条例》、《城市房地产开发经营管理条例》、《住房公积金管理条例》、《国有土地上房屋征收与补偿条例》等。

4. 地方性法规

地方性法规是指地方国家权力机关为保证宪法、法律和行政法规的遵守和执行，结合本行政区内的具体情况和实际需要，依照法律规定的权限通过和发布的规范性法律文件。有关房地产的地方性法规很多，它们也是房地产法的渊源。

5. 行政规章

行政规章是有关行政机关依法制定的关于行政管理的规范性文件的总称，分为部门规章和地方政府规章。部门规章是国务院所属部委根据宪法、法律和国务院行政法规，在本部门的权限内，发布的各种行政性的规范性文件。有关房地产的行政规章相当多，如《建设项目用地预审管理办法》、《规范国有土地租赁若干意见》、《闲置土地处置办法》、《协议出让国有土地使用权规定》、《关于变更土地登记的若干规定》、《划拨土地使用权管理暂行办法》、《城市房地产抵押管理办法》、《城市房地产转让管理规定》、《城市房屋租赁管理办法》、《城市房地产中介服务管理规定》、《商品房销售管理办法》、《城市商品房预预售管理办法》、《农村土地承包经营权流转管理办法》、《物业服务收费管理办法》、《房屋登记办法》、《土地登记办法》、《住宅专项维修资金管理办法》等。

地方政府规章是有权制定地方性法规的地方人民政府根据法律、行政法规制定的规范性文件。地方政府规章与部门规章一样，也是房地产法的渊源。

6. 司法解释

司法解释是由国家最高司法机关在适用法律过程中对具体应用法律问题所作的解释。其中，最高人民法院的司法解释对于房地产案件纠纷的解决发挥着重要作用。最高人民法院关于房地产法的司法解释主要有两类：一类是专门性的司法解释，如《关于审理房地产管理法施行前房地产开发经营案件若干问题的解答》、《关于审理商品房买卖合同纠纷案件适用法律若干问题的解释》、《关于审理涉及国有土地使用权合同纠纷案件适用法律问题的解释》等；另一类是综合性的司法解释，如《关于贯彻执行〈中华人民共和国民法通则〉若干问题的意见（试行）》、《关于适用〈中华人民共和国合同法〉若干问题的解释（一）》、《关于适用〈中华人民共和国担保法〉若干问题的解释》等。

10.2 房地产开发管理

房地产开发是房地产活动中的一项重要内容，属于房地产生产、流通、消费诸环节中的首要环节。所谓房地产开发，是指在依据《城市房地产管理法》取得国有土地使用权的土地上进行基础设施、房屋建设的行为。作为不动产，与其他商品的开发相比，房地产开发投资大、耗力多、周期长、高赢利、高风险的特点，使房地产开发活动在人们的生活中占据越来越重要的地位，经济越发达，时代越进步，房地产开发的范围越广，程度越深，内容越丰富。

10.2.1 开发商的管理

房地产开发商是以营利为目的从事房地产开发和经营的企业。开发商是房地产开发和经营的主体，是房地产市场的重要组成。房地产企业的开发、经营活动是否规范有序，直接关系着房地产业的健康发展。

10.2.1.1 开发商的分类

按房地产开发企业的不同经营性质，可将其分为房地产开发专营企业、兼营企业和项目公司三种类型。

1. 专营企业

房地产开发专营企业是指依法经登记注册成立，以房地产开发经营为主业的房地产综合开发企业。专营企业有独立健全的组织机构及同企业等级相适应的专职技术人员和经济管理人员。专营企业在经营期限内，可以对各项允许开发的项目进行投资建设、经营管理。专营企业在房地产开发市场中占有非常重要的地位，国家对专营房地产企业的资质管理也非常严格，2000年修订的《房地产开发企业资质管理规定》按照企业条件将房地产开发企业分为四个资质等级，不同资质等级的企业只能进行与其等级相适应的房地产项目的开发经营。

2. 兼营企业

房地产开发兼营企业是指以其他经营项目为主，兼营房地产开发经营的企业。房地产开发兼营企业不定资质等级。根据原建设部在1993年公布的《房地产开发企业资质管理规定》，凡符合其第十九条规定的资质标准的，经省级以上建设行政主管部门批准，就可以兼营房地产开发业务。但2000年原建设部修订的《房地产开发企业资质管理规定》没有再提兼营企业问题，并在第三条明确规定，未取得房地产开发资质等级证书的企业，不得从事房地产开发经营业务。

3. 项目公司

房地产开发项目公司是指以房地产开发项目为对象，从事单项房地产开发经营的企业。其经营对象只限于被批准的项目。被批准的项目开发、经营完毕后，应向工商行政管理部门办理核减经营范围的变更登记。该类房地产开发企业经建设行政主管部门审定，核发一次性《房地产开发企业资质等级证书》后，便可以申请单项房地产开发经营的开业登记。这类企业经营期限短，经营方式灵活，风险也比较小，部分合资、合作经营的房地产开发企业即属此种类型。

10.2.1.2 企业的设立

根据《城市房地产管理法》第三十条规定，专营房地产开发企业的设立应当符合以下条件。

1. 有自己的名称和组织机构

房地产开发企业是一个法人组织，应有自己的名称和组织机构。企业名称是企业的重要标志，它代表着企业的资信，是企业无形资产的一部分。组织机构是由企业的决策机构、管理机构、生产经营组织以及相应的分支机构组成的组织体系。有了自己的名称和健全的组织机构才能形成法人意志，对内执行法人事务，对外代表法人参加经济活动。

企业的名称必须在企业设立登记时，由工商行政主管部门核准。房地产开发企业的组织机构因企业的组织形式不同而不同，设立有限责任公司的，其组织机构包括股东会和董事会；采取股份有限公司形式时，其组织机构包括股东大会、董事会和监事会等。

2. 有固定的经营场所

固定的经营场所是指企业主要办事机构所在地。房地产开发企业必须有固定场所，不能流动性地从事生产经营活动。固定的经营场所是房地产企业进行开发活动的中心，是对外进行联系、开展经营活动所必需的场所，也是国家对企业进行监督管理的必要条件，有利于保护与房地产开发企业有经济往来的相对人。

这里的经营场所并非住所，企业的固定经营场所通常并非一个，而住所只能有一个。依照《民法通则》第三十九条的规定，法人以它的主要办事机构所在地为住所。房地产企业的诸多固定经营场所中，以其主要的办事机构为住所。

3. 有符合国务院规定的注册资本

注册资本是反映企业经济实力的重要标志，也是企业对外承担法律责任的基础。房地产开发属于周期长、规模大、资金回收较慢的行业，需要较大数额的资本作为企业正常运作的保证。因此，房地产开发企业的设立，必须具有符合法定数额的注册资本。《城市房地产开发经营管理条例》规定，设立房地产开发企业，必须有100万元以上的注册资本的最低限额，而且应是实有资本。此外，不同资质的房地产开发企业，有不同的注册资本要求。国务院还授权省、自治区、直辖市人民政府可以根据本地方的实际情况，对设立房地产开发企业的注册资本提出高于100万元的要求。

4. 有足够的专业技术人员

房地产开发企业除具有资金密集的特点外，还具有技术密集的特点。房地产开发这一行业的性质决定了各类专业技术人员是房地产开发企业必不可少的力量，它不仅需要规划、设计、施工等方面的专业技术人员，而且还需要经济、法律、会计、统计等方面的专业人员。根据《城市房地产开发经营管理条例》的规定，房地产开发企业设立的重要条件之一，是有4名以上持有资格证书的房地产专业、建筑工程专业的专职技术人员，2名以上持有资格证书的专职会计人员。各省、自治区、直辖市人民政府还可以根据本地的实际情况，对设立房地产开发企业的专业技术人员条件提出更高的要求。

5. 法律、法规规定的其他条件

房地产开发企业的设立还要符合其他法律和行政法规的规定。如设立有限责任公司、股份有限公司从事房地产开发经营的，应当执行《公司法》的有关规定；外商投资设立房地产开发企业的，应当依照外商投资企业法律、行政法规的规定，办理有关审批手续等。

10.2.1.3 资质的管理

开发商资质管理是房地产开发管理的重要内容，是规范房地产开发行为、保证房地产业健康发展的基本要求。

依照《城市房地产开发经营管理条例》和《房地产开发企业资质管理规定》的规定，房地产开发主管部门应当根据房地产开发企业的资产、专业技术人员和开发经营业绩等，对备案的房地产开发企业核定资质等级。房地产开发企业应当按照核定的资质等级，承担相应的房地产开发项目。未取得房地产开发资质等级证书（以下简称资质证书）的企业，不得从事房地产开发经营业务。

1. 资质等级

房地产开发企业按照企业条件分为一、二、三、四 4 个资质等级，各资质等级企业的条件如下：

（1）一级资质

一级资质企业的条件包括：注册资本不低于 5000 万元；从事房地产开发经营 5 年以上；近 3 年房屋建筑面积累计竣工 30 万平方米以上，或者累计完成与此相当的房地产开发投资额；连续 5 年建筑工程质量合格率达 100％；上一年房屋建筑施工面积 15 万平方米以上，或者完成与此相当的房地产开发投资额；有职称的建筑、结构、财务、房地产及有关经济类的专业管理人员不少于 40 人，其中具有中级以上职称的管理人员不少于 20 人，持有资格证书的专职会计人员不少于 4 人；工程技术、财务、统计等业务负责人具有相应专业中级以上职称；具有完善的质量保证体系，商品住宅销售中实行了《住宅质量保证书》和《住宅使用说明书》制度；未发生过重大工程质量事故。

（2）二级资质

二级资质企业的条件包括：注册资本不低于 2000 万元；从事房地产开发经营 3 年以上；近 3 年房屋建筑面积累计竣工 15 万平方米以上，或者累计完成与此相当的房地产开发投资额；连续 3 年建筑工程质量合格率达 100％；上一年房屋建筑施工面积 10 万平方米以上，或者完成与此相当的房地产开发投资额；有职称的建筑、结构、财务、房地产及有关经济类的专业管理人员不少于 20 人，其中具有中级以上职称的管理人员不少于 10 人，持有资格证书的专职会计人员不少于 3 人；工程技术、财务、统计等业务负责人具有相应专业中级以上职称；具有完善的质量保证体系，商品住宅销售中实行了《住宅质量保证书》和《住宅使用说明书》制度；未发生过重大工程质量事故。

（3）三级资质

三级资质企业的条件包括：注册资本不低于 800 万元；从事房地产开发经营 2 年以上；房屋建筑面积累计竣工 5 万平方米以上，或者累计完成与此相当的房地产开发投资额；连续 2 年建筑工程质量合格率达 100％；有职称的建筑、结构、财务、房地产及有关经济类的专业管理人员不少于 10 人，其中具有中级以上职称的管理人员不少于 5 人，持有资格证书的专职会计人员不少于 2 人；工程技术、财务等业务负责人具有相应专业中级以上职称，统计等其他业务负责人具有相应专业初级以上职称；具有完善的质量保证体系，商品住宅销售中实行了《住宅质量保证书》和《住宅使用说明书》制度；未发生过重大工程质量事故。

（4）四级资质

四级资质企业的条件包括：注册资本不低于 100 万元；从事房地产开发经营 1 年以上；已竣工的建筑工程质量合格率达 100％；有职称的建筑、结构、财务、房地产及有关经济类的专业管理人员不少于 5 人，持有资格证书的专职会计人员不少于 2 人；工程技术负责人具有相应专业中级以上职称，财务负责人具有相应专业初级以上职称，配有专业统计人员；商品住宅销售中实行了《住宅质量保证书》和《住宅使用说明书》制度；未发生过重大工程质量事故。

2. 资质等级的申请审批

(1) 暂定资质证书

房地产开发主管部门在收到房地产企业的备案申请后 30 日内，向符合条件的企业核发《暂定资质证书》。《暂定资质证书》有效期 1 年。房地产开发主管部门可以视企业经营情况延长《暂定资质证书》有效期，但延长期限不得超过 2 年。自领取《暂定资质证书》之日起 1 年内无开发项目的，《暂定资质证书》有效期不得延长。申请《暂定资质证书》的条件不得低于四级资质企业的条件。临时聘用或者兼职的管理、技术人员不得计入企业管理、技术人员总数。

(2) 资质等级申请

房地产开发企业应当在《暂定资质证书》有效期满前 1 个月内向房地产开发主管部门申请核定资质等级。房地产开发主管部门应当根据其开发经营业绩核定相应的资质等级。申请核定资质等级的房地产开发企业，应当提交下列证明文件：企业资质等级申报表；房地产开发企业资质证书（正、副本）；企业资产负债表和验资报告；企业法定代表人和经济、技术、财务负责人的职称证件；已开发经营项目的有关证明材料；房地产开发项目手册及《住宅质量保证书》、《住宅使用说明书》执行情况报告；其他有关文件、证明。

(3) 资质等级审批

房地产开发企业资质等级实行分级审批，其中一级资质由省、自治区、直辖市人民政府建设行政主管部门初审，报国务院建设行政主管部门审批；二级资质及二级资质以下企业的审批办法由省、自治区、直辖市人民政府建设行政主管部门制定。经资质审查合格的企业，由资质审批部门发给相应等级的资质证书。资质证书由国务院建设行政主管部门统一制作。资质证书分为正本和副本，资质审批部门可以根据需要核发资质证书副本若干份。任何单位和个人不得涂改、出租、出借、转让、出卖资质证书。企业遗失资质证书，必须在新闻媒体上声明作废后，方可补领。

3. 资质等级的监督管理

(1) 资质等级业务范围

一级资质的房地产开发企业承担房地产项目的建设规模不受限制，可以在全国范围承揽房地产开发项目。

二级资质及二级资质以下的房地产开发企业可以承担建筑面积 25 万平方米以下的开发建设项目，承担业务的具体范围由省、自治区、直辖市人民政府建设行政主管部门确定。

各资质等级企业应当在规定的业务范围内从事房地产开发经营业务，不得越级承担任务。

(2) 资质等级证书年检

房地产开发企业的资质实行年检制度。对于不符合原定资质条件或者有不良经营行为的企业，由原资质审批部门予以降级或者注销资质证书。

一级资质房地产开发企业的资质年检由国务院建设行政主管部门或者其委托的机构负责。二级资质及二级资质以下房地产开发企业的资质年检由省、自治区、直辖市人民政府建设行政主管部门制定办法。房地产开发企业无正当理由不参加资质年检的，视为年检不合格，由原资质审批部门注销资质证书。房地产开发主管部门应当将房地产开发企业资质年检结果向社会公布。

(3) 资质等级证书的变更、注销、吊销、降级和收回

企业变更名称、法定代表人和主要管理、技术负责人，应当在变更30日内，向原资质审批部门办理变更手续。

有以下情形时，应注销原资质等级证书：企业发生分立、合并的，应当在向工商行政管理部门办理变更手续后的30日内，到原资质审批部门申请办理资质证书注销手续，并重新申请资质等级；企业破产、歇业或者因其他原因终止业务时，应当在向工商行政管理部门办理注销营业执照后的15日内，到原资质审批部门注销资质证书。

有下列情形时，应当吊销资质证书：企业超越资质等级从事房地产开发经营的，由县级以上地方人民政府房地产开发主管部门责令限期改正，逾期不改正的，由原资质审批部门吊销资质证书，并提请工商行政管理部门吊销营业执照；企业开发建设的项目工程质量低劣，发生重大工程质量事故的，由原资质审批部门降低资质等级；情节严重的吊销资质证书，并提请工商行政管理部门吊销营业执照。

企业在商品住宅销售中不按照规定发放《住宅质量保证书》和《住宅使用说明书》的，由原资质审批部门予以警告、责令限期改正、降低资质等级。

企业有下列行为之一的，由原资质审批部门公告资质证书作废，收回证书：隐瞒真实情况、弄虚作假骗取资质证书的；涂改、出租、出借、转让、出卖资质证书的。

10.2.2 房地产项目的管理

10.2.2.1 建设用地管理

房地产用地是指进行房地产开发建设、经营使用的土地。根据我国现行法律要求，房地产用地只能是国有建设用地，开发商在国有土地上进行房地产开发建设，必须依法取得建设用地使用权。

1. 建设用地基本规定

(1) 土地所有权制度

我国土地实行社会主义公有制，即全民所有制和劳动群众集体所有制。其中全民所有即国有土地的所有权由国务院代表国家行使。城市市区的土地属于国家所有。农村和城市郊区的土地，除由法律规定属于国家所有的以外，属于农民集体所有；宅基地、自留地、自留山属于农民集体所有。

(2) 土地用途管制制度

我国对土地的用途实行国家管制制度。国家编制土地利用总体规划，规定土地用途，将土地分为农用地、建设用地和未利用地。严格限制农用地转为建设用地，控制建设用地总量，对耕地实行特殊保护。

使用土地的单位和个人必须严格按照土地利用总体规划确定的用途使用土地。

(3) 土地所有权和使用权分离制度

任何单位和个人不得侵占、买卖或者以其他形式非法转让土地，但土地使用权可以依法转让。国有土地和农民集体所有的土地，可以依法确定给单位或者个人使用。使用土地的单位和个人，有保护、管理和合理利用土地的义务。单位和个人依法使用的国有土地，

由县级以上人民政府登记造册，核发证书，确认使用权。

（4）建设用地及建设用地使用权

建设用地是指建造建筑物、构筑物的土地，包括城乡住宅和公共设施用地、工矿用地、交通水利设施用地、旅游用地、军事设施用地等；未利用地是指农用地和建设用地以外的土地。

建设用地使用权是指建设用地使用权人依法对国家所有的土地享有占有、使用、收益以及利用该土地建筑建筑物、构筑物及其附属设施的权利。

我国建设用地的取得方式只限于土地使用权出让和土地使用权划拨两种。

2. 建设用地使用权的出让

国有建设用地使用权出让是指国家以土地所有权人的身份将建设用地使用权在一定年限内出让给建设用地使用权人，并由建设用地使用权人向国家支付建设用地使用权出让金的行为。

国有建设用地使用权出让市场称为房地产市场的一级市场，是由国家垄断的。

（1）出让年限

土地使用权出让有年限限制，以合同约定的年限为限，且约定的使用年限不得超过国家规定的最高年限。最高年限根据建设用地的不同用途划分为：

1）居住用地 70 年。

2）工业用地 50 年。

3）教育、科技、文化、卫生、体育用地 50 年。

4）商业、旅游、娱乐用地 40 年。

5）综合或者其他用地 50 年。

（2）出让方式

根据现行法律，我国建设用地使用权出让可以采取协议、招标、拍卖、挂牌 4 种方式。商业、旅游、娱乐和商品住宅等各类经营性用地，必须以招标、拍卖或挂牌方式出让；其他用途土地的供地计划公布后，同一宗地有两个以上意向用地者的，也应当采用招标、拍卖或者挂牌方式出让。

1）协议出让

协议出让是指国家以协议方式将建设用地使用权在一定年限内出让给建设用地使用权人，由建设用地使用权人向国家支付建设用地使用权出让金的行为。协议出让土地方案和底价经有批准权的人民政府批准后，市、县人民政府国土资源管理部门应当与意向用地者就土地出让价格等进行协商，协商一致且议定的出让价格不低于出让底价的，方可达成协议。

2）招标出让

招标出让是指出让人发布招标公告，邀请特定或者不特定的自然人、法人和其他组织参加建设用地使用权投标，根据投标结果确定建设用地使用权人的行为。

3）拍卖出让

拍卖出让是指出让人发布拍卖公告，由竞买人在指定时间、地点进行公开竞价，根据出价结果确定建设用地使用权人的行为。

4）挂牌出让

挂牌出让是指出让人发布挂牌公告，按公告规定的期限将拟出让宗地的交易条件在指定的土地交易场所挂牌公布，接受竞买人的报价申请并更新挂牌价格，根据挂牌期限截止时的出价结果或者现场竞价结果确定建设用地使用权人的行为。

(3) 出让管理

1) 签订合同

土地使用权出让，应当签订书面出让合同。土地使用权出让合同由市、县人民政府国土资源管理部门与土地使用者签订。

土地使用者必须按照出让合同约定，支付土地使用权出让金；未按照出让合同约定支付土地使用权出让金的，国土资源管理部门有权解除合同，并可以请求违约赔偿。

土地使用者按照出让合同约定支付土地使用权出让金的，市、县人民政府国土资源管理部门必须按照出让合同约定，提供出让的土地；未按照出让合同约定提供出让的土地的，土地使用者有权解除合同，由国土资源管理部门返还土地使用权出让金，土地使用者并可以请求违约赔偿。

2) 变更用途

土地使用者需要改变土地使用权出让合同约定的土地用途的，必须取得出让方和市、县人民政府城市规划行政主管部门的同意，签订土地使用权出让合同变更协议或者重新签订土地使用权出让合同，相应调整土地使用权出让金。

3) 提前收回

国家对土地使用者依法取得的土地使用权，在出让合同约定的使用年限届满前不收回；在特殊情况下，根据社会公共利益的需要，可以依照法律程序提前收回，并根据土地使用者使用土地的实际年限和开发土地的实际情况给予相应的补偿。

4) 年限续期

土地使用权出让合同约定的使用年限届满，土地使用者需要继续使用土地的，应当至迟于届满前一年申请续期，除根据社会公共利益需要收回该幅土地的，应当予以批准。经批准准予续期的，应当重新签订土地使用权出让合同，依照规定支付土地使用权出让金。土地使用权出让合同约定的使用年限届满，土地使用者未申请续期或者虽申请续期但依照前款规定未获批准的，土地使用权由国家无偿收回。

3. 建设用地使用权的划拨

建设用地使用权划拨是指县级以上人民政府依法批准，在建设用地使用权人缴纳补偿、安置等费用后将该幅土地交付其使用，或者将建设用地使用权无偿交付给建设用地使用权人使用的行为。

(1) 基本特征

1) 划拨具有行政性

建设用地使用权划拨是市、县级以上人民政府代表国家将建设用地使用权授予建设用地使用权人使用，是通过单方授予而不是签订合同的方式创设建设用地使用权。在建设用地申请方申请建设用地时，市、县级以上人民政府有权决定是否授予建设用地使用权，申请方无权与之协商，也无须与其他建设用地申请方进行公开竞价。

建设用地使用权划拨虽然是一种行政行为，但其创设的建设用地使用权却是民事权利，这与建设用地使用权出让所创设的建设用地使用权在性质上是一致的。

2）划拨具有无偿性

建设用地使用权的划拨与出让不同，出让是一种有偿行为，而划拨则是一种无偿行为，建设用地使用权人无须支付出让金。根据规定，建设用地使用权划拨有两种形式：一是市、县级以上人民政府在建设用地使用权人缴纳补偿、安置等费用后，将建设用地交付其使用；二是市、县级以上人民政府无偿将建设用地交付给建设用地使用权人使用。应当指出的是，建设用地使用权人虽然要缴纳补偿、安置等费用，但不必向国家支付地租性质的费用，如出让金。

3）划拨没有期限限制

以划拨方式取得土地使用权的，除法律、行政法规另有规定外，没有使用期限的限制。但没有期限限制，并不等于建设用地使用权可以永续存在，只是表明建设用地使用权划拨属于未定期限的行为。

(2) 划拨条件

下列建设用地的土地使用权，确属必需的，经县级以上人民政府依法批准，可以以划拨方式取得：

1）国家机关用地和军事用地。
2）城市基础设施用地和公益事业用地。
3）国家重点扶持的能源、交通、水利等基础设施用地。
4）法律、行政法规规定的其他用地。

为明确划拨建设用地使用权的具体用地范围，国土资源部制定了《划拨用地目录》。依该用地目录，下列19类用地项目可经由划拨方式取得建设用地使用权：党政机关和人民团体用地；军事用地；城市基础设施用地；非营利性邮政设施用地；非营利性教育设施用地；公益性科研机构用地；非营利性体育设施用地；非营利性公共文化设施用地；非营利性医疗卫生设施用地；非营利性社会福利设施用地；石油天然气设施用地；煤炭设施用地；电力设施用地；水利设施用地；铁路交通设施用地；公路交通设施用地；水路交通设施用地；民用机场设施用地；特殊用地（包括监狱、劳教所、戒毒所、看守所、治安拘留所、收容教育所用地）。

(3) 划拨程序

1）提出申请

经批准的建设项目需要使用国有土地的，建设单位应当持法律、行政法规规定的有关文件，向有批准权的县级以上人民政府国土资源管理部门提出书面建设用地申请。建设用地申请应当符合下列条件：建设用地符合《划拨用地目录》规定的划拨用地范围；已取得建设项目用地预审意见；符合土地利用总体规划和城乡规划；建设项目经发展和改革部门审批、核准、备案，并已列入年度建设计划。

2）进行审批

在收到建设单位的建设用地申请后，县级以上人民政府国土资源管理部门应当按照标准对申报材料及内容进行审查，进行现场核实。符合审查标准的，拟订供地方案（包括供地方式、面积、用途等）以及征收土地的补偿、安置方案，提出同意批准的审查意见，报有批准权的人民政府批准。

3）划拨用地

有批准权的人民政府依法批准建设用地申请后，应当颁发《建设用地批准书》。待完成项目用地范围内居民和原用地单位的拆迁安置补偿工作后，建设单位持该项目《建设工程规划许可证》申领办理《划拨决定书》。国土资源管理部门根据《建设用地批准书》，核发《国有土地划拨决定书》，一次或分期划拨建设用地。

4) 核发权证

建设单位在取得《国有土地划拨决定书》后，应当向国土资源管理部门申请建设用地使用权登记。建设用地使用权自登记时设立。登记机构应当向建设用地使用权人发放建设用地使用权证书。

10.2.2.2 房地产开发管理

1. 房地产开发的概念

房地产开发是指在依法取得国有土地使用权的土地上，进行基础设施、房屋建设的行为。

基础设施建设是指给水、排水、供电、供热、供气、通信和道路等设施建设和土地的平整。通过基础设施建设和土地平整将自然状态的土地变为可建造房屋及其他建筑物的土地，这一过程即土地开发。房屋建设是指在完成基础设施建设的土地上建设房屋等建筑物，包括住宅楼、工业厂房、商业楼宇、写字楼以及其他专门用房等。

房地产开发是以土地和房屋为对象而进行的十分复杂的生产活动，也是一项高投入、高回报、高风险的经营活动。

2. 房地产开发管理原则

根据《城市房地产管理法》的规定，房地产开发必须严格执行城市规划，按照经济效益、社会效益、环境效益相统一的原则，实行全面规划、合理布局、综合开发、配套建设。

（1）严格执行城市规划

房地产开发是城乡开发建设的重要组成部分，必须严格执行城乡规划，这也是城乡规划得以落实的主要保证。

以出让方式提供国有土地使用权的开发项目，在国有土地使用权出让前，市、县人民政府城乡规划主管部门应当依据控制性详细规划，提出出让地块的位置、使用性质、开发强度等规划条件，作为国有土地使用权出让合同的组成部分。未确定规划条件的地块不得出让国有土地使用权。

以划拨方式提供国有土地使用权的开发项目，经有关部门批准、核准、备案后，建设单位应当向市、县人民政府城乡规划主管部门提出建设用地规划许可申请，由市、县人民政府城乡规划主管部门依据控制性详细规划核定建设用地的位置、面积、允许建设的范围等，核发建设用地规划许可证。

县级以上地方人民政府城乡规划主管部门按照国务院规定对建设工程是否符合规划条件予以核实。未经核实或者经核实不符合规划条件的，建设单位不得组织竣工验收。建设单位应当在竣工验收后6个月内向城乡规划主管部门报送有关竣工验收资料。

（2）经济效益、社会效益、环境效益相统一

房地产开发是一项综合性强、涉及面广的产业，不仅关系到一个地区、一个城市长远发展的大计，也关系到广大人民安居乐业的切身利益。在房地产开发过程中不仅应当考虑

经济效益，还必须综合考虑社会效益和环境效益，实行三个效益的统一。经济效益是房地产开发的主要目的，也是推动房地产开发的直接动因。但如果只片面追求经济效益，不顾社会效益和环境效益，其经济效益也不会持久，更难以长远发展。同时，政府及其有关部门在房地产开发经营监督管理中，通过政策、法律、经济、行政等手段加以引导和控制，确保房地产开发经营中的经济效益、社会效益、环境效益相统一。

(3) 全面规划、合理布局、综合开发、配套建设

全面规划、合理布局就是强调在房地产开发经营中应当规划先行、合理安排开发项目，使开发建设统一纳入规划管理，严格按照规划要求进行。综合开发、配套建设就是在一定规模的建设区域内，按其使用性质对建筑物、构筑物和基础设施有计划、按步骤、分期分批地进行建设。建设中将给水、排水、供气、供暖、道路交通、商业网点和幼儿园、学校、消防等方面一并考虑安排。除一个开发项目本身的配套设施、公益设施的统筹安排外，还要考虑与城市大系统诸多设施的配套。实现全面规划、合理布局、综合开发、配套建设，是我国房地产业持续健康发展的切实保证。

3. 房地产开发条件

(1) 开发主体合法

进行房地产开发的单位和个人，首先应取得房地产开发的资格。如果是房地产开发企业，则应依照《城市房地产管理法》规定的条件设立，并向工商行政管理部门申请登记，取得营业执照。

(2) 取得开发用地使用权

房地产开发用地只能是国有土地。根据《城市房地产管理法》的规定，城市规划区内的集体所有的土地，经依法征用转为国有土地后，该幅国有土地的使用权方可有偿出让。房地产开发主体必须通过《城市房地产管理法》规定的合法途径，取得房地产开发项目的建设用地使用权。用于房地产开发的土地，应权属清晰，房地产开发主体拥有《国有土地使用证》。根据《城市房地产管理法》，依法取得的土地使用权，可以依照有关法律法规的规定，作价入股，合资、合作开发经营房地产。

(3) 在规定期限内开发

以出让方式取得土地使用权进行房地产开发的，必须按照土地使用权出让合同约定的土地用途、动工开发期限开发土地。超过出让合同约定的动工开发日期满 1 年未动工开发的，可以征收相当于土地使用权出让金 20% 以下的土地闲置费；满 2 年未动工开发的，可以无偿收回土地使用权；但是，因不可抗力或者政府、政府有关部门的行为或者动工开发必需的前期工作造成动工开发迟延的除外。

4. 开发项目管理

(1) 项目确定

确定房地产开发项目，应当符合土地利用总体规划、年度建设用地计划和城乡规划、房地产开发年度计划的要求；按照国家有关规定需要经发展和改革主管部门批准的，还应当报发展和改革主管部门批准，并纳入年度固定资产投资计划。

确定房地产开发项目，应当坚持旧区改建和新区建设相结合的原则，注重开发基础设施薄弱、交通拥挤、环境污染严重以及危旧房屋集中的区域，保护和改善城市生态环境，保护历史文化遗产。

(2) 项目实施

项目的实施过程应当符合有关法律、法规的规定和建筑工程质量、安全标准，建筑工程勘察、设计、施工的技术规范以及合同的其他约定。

房地产开发企业应当将房地产项目实施过程中的主要事项记录在房地产开发项目手册中，并定期送房地产开发主管部门备案。房地产开发主管部门要对项目手册的备案情况进行检查，并将手册记录事项作为企业资质评定、审查的依据。

(3) 项目资金

根据《城市房地产管理法》的规定，房地产开发企业的注册资本与投资总额的比例应当符合国家有关规定。

此外，房地产项目的开发还实行资本金制度。房地产开发项目的总投资中，除项目法人从银行或资金市场筹措的债务性资金外，还必须拥有一定比例的资本金。投资项目资本金是指在投资项目总投资中，由投资者认缴的出资额，对投资项目来说是非债务性资金，项目法人不承担这部分资金的任何利息和债务；投资者可按其出资的比例依法享有所有者权益，也可转让其出资，但不得以任何方式抽回。

《城市房地产开发经营管理条例》规定，房地产开发项目资本金占项目总投资的比例不得低于20%。2004年，为加强宏观调控，调整和优化经济结构，国务院下发了《关于调整部分行业固定资产投资项目资本金比例的通知》，将房地产开发项目（不含经济适用房项目）资本金最低比例由20%提高到35%。

项目投资资本金可以用货币出资，也可以用实物、工业产权、非专利技术、土地使用权作价出资，但必须经过有资格的资产评估机构依照法律、法规评估其价值。以工业产权、非专利技术作价出资的比例不得超过投资项目资本金总额的20%，国家对采用高新技术成果有特别规定的除外。

《城市房地产管理法》还规定，房地产开发企业分期开发房地产的，分期投资额应当与项目规模相适应，并按照建设用地使用权出让合同的约定，按期投入资金，用于项目建设。

(4) 项目验收

房地产开发项目竣工，经验收合格后，方可交付使用；未经验收或者验收不合格的，不得交付使用。

房地产开发项目竣工后，房地产开发企业应当向项目所在地的县级以上地方人民政府房地产开发主管部门提出竣工验收申请。房地产开发主管部门应当自收到竣工验收申请之日起30日内，对房地产项目涉及公共安全的内容，组织工程质量监督、规划、消防、人防等有关部门或者单位进行验收。住宅小区等群体房地产开发项目竣工，还应当依法进行综合验收，主要内容包括：城乡规划设计条件的落实情况；城乡规划要求配套的基础设施和公共设施的建设情况；单项工程的工程质量验收情况；拆迁安置方案的落实情况；物业管理的落实情况。住宅小区等群体房地产开发项目实行分期开发的，可以分期验收。

(5) 项目责任

房地产开发企业应当对其开发建设的房地产项目的安全、质量承担责任。勘察、设计、施工、监理等单位应当依照有关法律、法规的规定或者合同的约定，承担相应的责任。

10.3 国有土地上房屋征收与补偿管理

国有土地上房屋征收与补偿是指为了公共利益的需要，对国有土地上单位、个人的房屋依法进行征收，并对被征收房屋的所有权人依法予以公平补偿的行为。

《城市房地产管理法》规定，为了公共利益的需要，国家可以征收国有土地上单位和个人的房屋，并依法给予拆迁补偿，维护被征收人的合法权益；征收个人住宅的，还应当保障被征收人的居住条件。具体办法由国务院规定。

根据这一立法授权，国务院曾多次修订于1991年公布实施的《城市房屋拆迁管理条例》，并于2001年制定了新的《城市房屋拆迁管理条例》。上述条例经过十多年的实施，逐渐不能满足我国城乡建设发展的需要，2011年1月，国务院审议通过了《国有土地上房屋征收与补偿条例》，进一步规范和完善了房地产开发建设过程中，对城市规划区内国有土地上房屋征收与补偿的管理机制。

10.3.1 房屋征收的条件与程序

房屋征收是指国家因公共利益的需要，而使用城市规划区内已建有房屋及地上建筑的土地时，经人民政府批准，由具有征收资格的征收人对现有房屋及其他地上建筑物强制性收买，并对房屋所有权人因此所受的损失给予经济补偿的行为。

10.3.1.1 房屋征收的条件

1. 符合公共利益

国有土地上房屋征收必须以公共利益为目的。根据《国有土地上房屋征收与补偿条例》的规定，只有在为了保障国家安全、促进国民经济和社会发展等公共利益的需要，确需征收房屋时，才允许对国有土地上的房屋实施征收。

对公共利益的认定，《国有土地上房屋征收与补偿条例》列举了以下几种情形：

（1）国防和外交的需要。

（2）由政府组织实施的能源、交通、水利等基础设施建设的需要。

（3）由政府组织实施的科技、教育、文化、卫生、体育、环境和资源保护、防灾减灾、文物保护、社会福利、市政公用等公共事业的需要。

（4）由政府组织实施的保障性安居工程建设的需要。

（5）由政府依照城乡规划法有关规定组织实施的对危房集中、基础设施落后等地段进行旧城区改建的需要。

（6）法律、行政法规规定的其他公共利益的需要。

上述六种情形只有在由政府组织实施时方符合公共利益需要的要求，如果是私人因修建收费公路的需要、兴办私立学校的需要、建造商品住宅的需要、建造商业网点的需要等，则不符合上述六种具体情形所要求的条件。

此外，为公共利益需要而征收国有土地上的房屋，并不完全排斥房屋被征收后所兴办的建设项目是收费项目或具有一定的营利性，如科技、教育、文化、卫生、体育、市政公用等诸多的公共事业项目都需对消费相关服务项目的公众收取一定的费用，甚至带有一定的营利性，但这并不影响政府组织实施这些项目的公益属性。

2. 满足规划要求

确需征收房屋的各项建设活动，除须符合上述公共利益要求以外，还须满足一系列规划、计划的强制性要求。这些规划和计划包括国民经济和社会发展规划、土地利用总体规划、城乡规划和专项规划，保障性安居工程建设、旧城区改建，应当纳入市、县级国民经济和社会发展年度计划。

10.3.1.2 房屋征收的程序

房屋征收涉及公共利益的发展，也关系到被征收人的切身利益，因此，为了维护公共利益，保障被征收房屋所有权人的合法权益，房屋征收必须由人民政府做出决定，并严格按法定程序进行。

1. 征收条件的认定、审查

市、县级人民政府应当对国有土地房屋征收项目是否符合规定的公共利益条件进行认定，并对其是否满足相关规划、计划的要求进行审查。

对征收条件的认定和审查是做出征收决定的前置程序，认定不符合公共利益或经审查不满足相关规划、计划要求的项目，将不启动后续的房屋征收程序。同时，未经征收条件认定和审查而做出的征收决定是违法的。

2. 制定征收补偿方案

（1）补偿方案的拟定与上报

市、县级人民政府确定的房屋征收部门对不同项目拟定具体的房屋征收补偿方案，并依法上报市、县级人民政府。

（2）补偿方案的论证与公布

市、县级人民政府组织相关部门，如发展改革、财政、国土、规划、城建、房管等部门对拟定的征收补偿方案进行论证。市、县级人民政府必须对论证后的征收补偿方案予以公开，征求社会公众意见，征求意见的期限不得少于 30 日。

（3）补偿方案的修改与公布

公开征求意见的期限届满后，市、县级人民政府应当将征求意见情况和根据公众意见的修改情况及时公布。不论是赞成意见还是反对意见，市、县级人民政府都必须予以认真考虑和对待。对于不采纳反对意见的，在公布情况时必须充分说明不采纳的理由。

此外，因旧城区改建需要征收房屋，多数被征收人认为征收补偿方案不符合相关规定的，市、县级人民政府应当组织由被征收人和公众代表参加的听证会，并根据听证会情况修改方案。

3. 评估社会稳定风险

市、县级人民政府在做出房屋征收决定前，应当按照有关规定进行社会稳定风险评估。国有土地上房屋征收与补偿工作事关广大人民群众的切身利益，对此进行社会稳定风险评估是必需的。社会稳定风险评估涉及诸多方面，包括房屋征收的合法性、合理性、征收程序的严格性、建设项目的可行性、环境污染评估、社会治安评估等诸方面，市、县级人民政府在做出征收决定前都应当按照有关规定进行评估。

4. 预存征收补偿费用

为了保障被征收人的合法权益，保证征收补偿费用的落实，《国有土地上房屋征收与补偿条例》规定了征收补偿费用的预存制度。征收补偿费用预存制度要求市、县级人民政府在做出房屋征收决定前，征收补偿费用应当足额到位、专户存储、专款专用。

征收补偿费用只有足额到位，才能保证资金充实；只有专户存储，才能保证及时发放；只有专款专用，才能保证不被挪用。

为了保证该制度的落实，《国有土地上房屋征收与补偿条例》还作了配套规定，要求在实施房屋征收过程中先补偿、后搬迁；做出房屋征收决定的市、县级人民政府在申请人民法院强制执行时，强制执行申请书应当附具补偿金额和专户存储账号。

5. 确定征收范围

市、县级人民政府确定的房屋征收部门负责拟定房屋征收范围，并对征收范围内房屋的权属、区位、用途、建筑面积等情况进行调查登记，被征收人应当予以配合。征收范围的调查登记旨在摸清征收标的的物质实体状况和权属状况，为后续征收工作的继续开展、被征收房屋价值的确定、补偿工作的进行等提供基础资料和依据。调查登记工作完成后，房屋征收部门应将调查结果在房屋征收范围内向被征收人公布。

6. 保全被征收房屋

国有土地上房屋征收以补偿为对价，不是无偿取得。补偿费用的确定有一个时点，在不同的时点被征收房屋的物质实体状况和房屋用途可能会发生改变，而这些改变会直接导致征收补偿费用的变化。根据《国有土地上房屋征收与补偿条例》的规定，房屋征收补偿费用的确定时点是房屋征收决定的公告之日。从房屋征收范围的确定到征收决定的做出之间存在一个时间段，这一时间段内，被征收人出于多得征收补偿款的趋利动机，有可能会采取一些投机取巧、侵占公共利益的不当行为以增加补偿费用，若予以补偿，对纳税人和其他守法的被征收人并不公平。为此，《国有土地上房屋征收与补偿条例》规定了征收范围内被征收房屋的保全制度，要求在房屋征收范围确定后，不得在房屋征收范围内实施新建、扩建、改建房屋和改变房屋用途等不当增加补偿费用的行为；违反规定而实施的，不予补偿。

7. 做出征收决定

在征收条件的认定和审查程序，征收补偿方案的拟定、公布、公开征求意见程序，房屋征收补偿方案的社会稳定风险评估程序，房屋征收补偿款预存程序，房屋征收范围的拟定程序，征收范围内被征收房屋的保全等一系列前置程序依次完成后，市、县级人民政府即可着手做出房屋征收的行政决定。为慎重起见，当房屋征收决定涉及被征收人数量较多的，应当经政府常务会议讨论决定。市、县级人民政府在做出房屋征收决定后应当及时公告，公告内容应当载明征收补偿方案和被征收人的行政复议、行政诉讼权利等事项。

需特别注意的是，被征收房屋的所有权自市、县级人民政府的征收决定生效时，由被征收人所有转归国家所有，且该房屋的国有土地使用权同时收回。

10.3.2 房屋征收的补偿

房屋征收补偿关系是征收人与被征收人之间的关系。在房屋征收补偿法律关系中，被征收人是被征收房屋的所有权人，包括单位和个人；征收人是国家，负有补偿义务的人是做出房屋征收决定的市、县级人民政府。

10.3.2.1 补偿范围

征收补偿的补偿范围是指被征收房屋的所有权人因房屋被征收依法应得到补偿的内

容。《国有土地上房屋征收与补偿条例》对补偿范围做出了相关规定。

1. 被征收房屋价值补偿

被征收房屋的价值是指被征收的建筑物及其占用范围内的建设用地使用权和其他不动产的价值,其中其他不动产主要指不可移动的围墙、假山、水井、烟囱、水塔、苗木等。被征收房屋的价值不仅仅指建筑物本身的价值,还包括其所占用土地的建设用地使用权的价值。

被征收房屋的价值由具有相应资质的房地产价格评估机构按照房屋征收评估办法评估确定,对被征收房屋价值的补偿,不得低于房屋征收决定公告之日被征收房屋类似房地产的市场价格。被征收方对评估确定的被征收房屋价值有异议的,可以向房地产价格评估机构申请复核评估。对复核结果有异议的,可以向房地产价格评估专家委员会申请鉴定。

2. 搬迁补偿

搬迁补偿即搬迁费补偿。所谓搬迁费,是指被征收房屋被拆除后,被征收人就地安置或异地安置所需支出的必要合理费用。房屋被征收后,被征收人必须搬迁,产生的费用计入市、县级人民政府应当依法给予补偿的费用。由于不同用途的房屋需要搬迁的物质实体和项目并不相同,因而搬迁费的确定只能一事一议,无法制定统一的标准。此外,如果是一次性就地安置的,往往只需计算一次搬迁费;如果异地安置,因为存在一个过渡期限和过渡地点,往往需要搬迁两次甚至更多次,在计算搬迁费时需要分段、分次计算后进行汇总。

3. 临时安置补偿

临时安置补偿是指对选择房屋产权调换补偿方式的被征收人,在产权调换房屋交付前,由房屋征收部门向被征收人支付临时安置费或者提供周转用房的补偿。临时安置补偿包括临时安置费补偿和提供周转用房补偿两项。支付临时安置费补偿适用于在过渡期内,被征收人自行安排住处过渡的情形。但即使选择使用周转用房的,在周转用房实际提供前,房屋征收部门也应当向被征收人支付过渡期限内所需的临时安置费。

4. 停产停业补偿

如果被征收的房屋属于生产经营用房,被征收人所受的损失除了房屋本身的价值外,还会遭受停产停业所带来的损失,而这部分损失直接与房屋征收有关,因此应给予补偿。对因征收房屋造成停产停业损失的补偿,应根据房屋被征收前的效益、停产停业期限等因素确定。具体办法由省、自治区、直辖市制定。应注意,停产停业损失是指合法损失,也即从事合法生产经营活动而可能获取的合法财产利益的损失;违法生产经营活动本为法律所不许,属依法应予取缔的范畴,因而不存在停产停业损失补偿的问题。

5. 补助与奖励

在国有土地上房屋征收的实践中,往往由房屋征收部门给予被征收人一定的补助和奖励,以促使被征收人配合征收和搬迁工作。《国有土地上房屋征收与补偿条例》规定,市、县级人民政府应当制定补助和奖励办法,对被征收人给予补助和奖励。

6. 不属于补偿范围的房屋

根据《国有土地上房屋征收与补偿条例》的规定,不属于补偿范围的房屋包括:

(1) 房屋征收范围确定后,违反国家禁止性规定,在房屋征收范围内新建、扩建、改建的房屋。

（2）为了增加补偿费用而改变用途的房屋。
（3）被定为违法建筑的房屋。
（4）超过批准期限的临时建筑。

上述房屋依法不属于征收补偿的范围，在房屋征收中将不予补偿。

10.3.2.2 补偿的实施

1. 补偿协议

根据《国有土地上房屋征收与补偿条例》的规定，房屋征收部门应与被征收人依法就补偿方式、补偿金额和支付期限、用于产权调换房屋的地点和面积、搬迁费、临时安置费或者周转用房、停产停业损失、搬迁期限、过渡方式和过渡期限等事项，订立补偿协议。

补偿协议订立后，双方当事人应当依约履行合同。一方当事人不履行补偿协议约定的义务的，另一方当事人可以依法提起诉讼。

由于《国有土地上房屋征收与补偿条例》确立了"先补偿、后搬迁"基本原则，因此，当房屋征收部门不依约支付征收补偿费用时，被征收人可以依法行使先履行抗辩权，待房屋征收部门履行支付补偿费的义务后再履行自己的搬迁义务。由于在性质上补偿协议属私法上的契约范畴，因此，守约方提起的诉讼为违约之诉，属民事诉讼范畴，而非行政诉讼。

2. 补偿决定

通过签订补偿协议确定双方当事人之间的权利义务关系是实施房屋征收补偿的最佳方式，因为补偿协议是双方当事人意思自主与意思合致的结果，能最好地实现当事人的补偿意愿和利益偏好。但补偿协议的达成与签订必然会受制于一定的条件限制，有时当事人之间难以形成意思表示的一致，有时需要签订补偿协议的另一方当事人并不明确。为解决这一问题《国有土地上房屋征收与补偿条例》规定，房屋征收部门与被征收人在征收补偿方案确定的签约期限内达不成补偿协议，或者被征收房屋所有权人不明确的，由房屋征收部门报请做出房屋征收决定的市、县级人民政府依照本条例的规定，按照征收补偿方案做出补偿决定，并在房屋征收范围内予以公告。

补偿决定与补偿协议存在着根本性不同，前者是征收决定者单方意志的体现，而后者是双方当事人意思合致的结果。因此在性质上，补偿协议是一种私法上的契约，而补偿决定则是一个具体的行政行为。

补偿决定虽由征收决定者单方做出，但必须满足公平的要求，除须在内容上包括法定的补偿协议事项外，还应尽可能比照与其最相似的被征收人签订的补偿协议的权利义务内容，来设置补偿决定所针对的被征收人的权利义务内容。

补偿决定做出后，市、县级人民政府应当依法对补偿决定予以公告。

被征收人对补偿决定不服的，可以依法申请行政复议，也可以依法提起行政诉讼。

10.4 城镇房地产交易

房地产交易，是指以房屋等建筑物、构筑物及其占用范围内的土地使用权为对象而进行的一种商品交换活动。房地产交易是房地产开发企业的产品进入流通领域，实现产品价值，获得开发收益的必经环节，也是房地产商品生产者、经营者和消费者相互沟通，实现各自目标的主要方式。

10.4.1 交易程序与手续

根据《城市房地产管理法》第二条的规定,我国的房地产交易包括房地产转让、房地产抵押和房屋租赁三种形式。

10.4.1.1 房地产转让

房地产转让,是指房地产权利人通过买卖、赠与或者其他合法方式将其房地产转移给他人的行为,是最为典型和最为主要的房地产交易形式。

1. 转让方式

(1) 买卖

房地产买卖,是指出让人将房地产转移给受让人,受让人取得房地产权利并支付相应价款的民事行为。房地产买卖不同于普通商品的买卖,其客体可以是不动产,也可以是不动产权利。由于土地与房屋的不可分离性,因此,在大多数情形下,房地产买卖是房屋所有权与土地使用权的一同买卖。

(2) 赠与

房地产赠与,是指赠与人将其房地产无偿地转移给受赠人的民事行为。房地产赠与也涉及房地产权属的转移,也是一种房地产转让行为。

(3) 其他合法形式

依照《城市房地产转让管理规定》第三条的规定,房地产转让的其他合法形式包括:

1) 以房地产作价入股、与他人成立企业法人,房地产权属发生变更的。

2) 一方提供土地使用权,另一方或者多方提供资金,合资、合作开发经营房地产,而使房地产权属发生变更的。

3) 因企业被收购、兼并或合并,房地产权属随之转移的。

4) 以房地产抵债的。

5) 法律、法规规定的其他情形,如互换等。

2. 转让条件

(1) 转让主体合法

房地产转让属于民事法律行为,转让、受让双方必须具有相应的主体资格和行为能力。自然人作为房地产转让行为主体时,必须具备民事权利能力及民事行为能力。法人或其他社会组织作为房地产转让主体,应具有法人资格并符合法定条件,否则,其转让房地产的行为不具有法律效力,不受法律保护。此外,房地产转让的转让方对其所转让的房地产必须依法享有处分权。

(2) 转让客体合法

房地产属于特殊财产,其自身的特殊性及其在人们生产生活中的极端重要性,决定了国家对房地产的转让,尤其是土地使用权的转让,有较多的限制和特定的要求。

1) 以出让方式取得土地使用权的新建商品房的转让,所转让的房地产应由其权利人取得合法的房地产权利证书,并且不属于我国法律禁止或限制转让的范围。

2) 划拨土地上的房地产转让,首先要经人民政府批准,经人民政府批准转让的,应依法办理土地使用权出让手续,并依照国家有关规定缴纳土地使用权出让金。

3）有批准权的人民政府依法决定可以不办理土地使用权出让手续的，转让方应按照有关规定将转让房地产所获收益中的土地收益上缴国家或者作其他处理。

（3）签订转让合同

房地产转让属于要式法律行为，转让、受让双方经协商达成协议后，应形成书面合同，明确载明土地使用权取得的方式、双方确定的权利、义务及其他必要的条款，并在签约后的一定时间内，到房地产有关管理部门办理土地使用权及房屋所有权的变更登记手续，领取房地产权利证书。

3. 转让限制

依据《城市房地产管理法》第三十八条与《城市房地产转让管理规定》第六条的规定，下列房地产不得转让：

（1）以出让方式取得建设用地使用权而不符合转让条件的。
（2）司法机关和行政机关依法裁定、决定查封或者以其他形式限制房地产权利的。
（3）依法收回土地使用权的。
（4）共有房地产而未经其他共有人书面同意的。
（5）权属有争议的。
（6）未依法登记领取权属证书的。
（7）法律、行政法规规定禁止转让的其他情形，如已列入文物保护范围的房地产等。

4. 转让程序

依照《城市房地产转让管理规定》第七条的规定，房地产转让应当按照下列程序办理。

（1）房地产转让当事人签订书面转让合同。
（2）房地产转让当事人在房地产转让合同签订后 90 日内持房地产权属证书、当事人的合法证明、转让合同等有关文件向房地产所在地的房地产管理部门提出申请，并申报成交价格。
（3）房地产管理部门对提供的有关文件进行审查，并在 7 日内做出是否受理申请的书面答复，7 日内未作书面答复的，视为同意受理。
（4）房地产管理部门核实申报的成交价格，并根据需要对转让的房地产进行现场查勘和评估。
（5）房地产转让当事人按照规定缴纳有关税费。
（6）房地产管理部门办理房屋权属登记手续，核发房地产权属证书。

10.4.1.2 商品房预售

商品房预售，是指房地产开发企业将正在建设中的商品房预先售给买受人，并由买受人支付定金或者房价款的行为。本质上，商品房预售是房屋买卖转让的一种特殊形式。

相对于一般的现房买卖，商品房预售被称为期房买卖，出卖人被称为预售人，买受人被称为预购人。

1. 预售条件

根据《城市房地产管理法》第四十五条的规定，商品房预售，应当符合下列条件：

（1）预售人已交付全部土地使用权出让金，取得土地使用权证书。
（2）预售人持有建设工程规划许可证。

(3) 按提供预售的商品房计算，投入开发建设的资金达到工程建设总投资的 25% 以上，并已经确定施工进度和竣工交付日期。

(4) 预售人向县级以上人民政府房产管理部门办理预售登记，取得商品房预售许可证明。

2. 预售程序

房地产开发企业预售商品房，首先应向商品房预售行政主管部门申请办理商品房预售许可证，然后才能向社会预售商品房，预售商品房一般按下列程序进行：

(1) 签订商品房预售合同

目前，我国的商品房预售一般采用标准格式合同，合同中包括房屋的坐落位置、土地使用面积、房屋建筑面积、单位面积价格、房价款交付方式、定金、房屋交付使用时间以及违约责任等内容，预售、预购双方就合同的主要内容达成协议后，即可签约，签约时，双方还可以根据需要对合同中的某些条款进行修改和补充。

(2) 登记备案

商品房预售合同签订后，预售人应按照国家有关规定，在签约以后 30 日内，将预售合同报县级以上人民政府房产管理部门和国土资源管理部门登记备案。为了防止商品房预售方将一房多卖，保护预购方的合法权益，我国《物权法》明确规定，当事人签订买卖房屋或者其他不动产物权的协议，为保障将来实现物权，按照约定可以向登记机构申请预告登记。预告登记后，未经预告登记的权利人同意，处分该不动产的，不发生物权效力。预告登记后，债权消灭或者自能够进行不动产登记之日起 3 个月内未申请登记的，预告登记失效。

(3) 交付使用

预售合同签订后，购房人要依照合同约定的方式、时间和数量向预售方交付购房款，预售方要按合同约定的时间将符合交付使用条件的商品房交付给预购人，未能按期交付的，房地产开发企业应当承担违约责任。因不可抗力或者当事人在合同中约定的其他原因需延期交付的，房地产开发企业应当及时告知买受人。

(4) 办理房屋产权转移登记

预售的商品房交付使用后，购房人应在法定期限内（房屋交付之日起 90 日内），到房产管理部门办理房屋产权转移登记手续，领取房屋所有权证。购房人领取房屋所有权证后，还应持有关证件，到国土资源管理部门办理房屋占用范围内土地使用权的变更登记手续，领取国有土地使用权证。购房人办理房屋产权转移登记手续时，房地产开发企业负有协助并提交必要证明文件的义务。

10.4.2 房地产产权产籍管理

房地产产权是指房地产的所有权，房地产产籍是指房地产的产权档案、地籍图纸以及账册、表卡等其他反映产权现状和历史情况的资料。房地产产权产籍管理的核心是房地产的权属管理。

房地产权属是指房地产权利的归属，即房地产权利属于民事主体享有的状态。根据《城市房地产管理法》的规定，我国房地产的权属管理实行土地使用权和房屋所有权登记发证制度。

房地产权属登记又称房地产登记，是指房地产登记机关对申请人提出的有关房地产权利的事项记载于房地产登记簿，依法确认房地产归属关系的行为。房地产权属登记是房地产产权管理的主要行政手段，是政府为健全法制，加强房地产管理，依法确认房地产权利的法定手续。

10.4.2.1 土地权属登记

土地权属登记简称土地登记。依照《土地登记办法》第二条的规定，土地登记是指将国有土地使用权、集体土地所有权、集体土地使用权和土地抵押权、地役权以及依照法律法规规定需要登记的其他土地权利记载于土地登记簿公示的行为。其中，国有土地使用权包括国有建设用地使用权和国有农用地使用权；集体土地使用权包括集体建设用地使用权、宅基地使用权和集体农用地使用权（不含土地承包经营权）。

10.4.2.2 房屋权属登记

房屋权属登记简称房屋登记。依照《房屋登记办法》第二条的规定，房屋登记是指房屋登记机构依法将房屋权利和其他应当记载的事项在房屋登记簿上予以记载的行为。房屋权属登记的程序如下所示。

1. 申请

申请房屋登记，申请人应当向房屋所在地的房屋登记机构提出申请。申请房屋登记，除另有规定外，应当由有关当事人双方共同申请。但有下列情形之一的，可以由当事人单方申请：因合法建造房屋取得房屋权利；因人民法院、仲裁委员会的生效法律文书取得房屋权利；因继承、受遗赠取得房屋权利；发生《房屋登记办法》所列变更登记情形；房屋灭失；权利人放弃房屋权利；法律、法规规定的其他情形。

共有人共有房屋的，应当由共有人共同申请登记。共有房屋所有权变更登记，可以由相关的共有人申请，但因共有性质或者共有人份额变更申请房屋登记的，应当由共有人共同申请。

未成年人的房屋，应当由其监护人代为申请登记。监护人代为申请未成年人房屋登记的，应当提交证明监护人身份的材料；因处分未成年人房屋申请登记的，还应当提供为未成年人利益的书面保证。

申请房屋登记应当提交申请登记材料。申请登记材料应当提供原件；不能提供原件的，应当提交经有关机关确认与原件一致的复印件。申请人应当对申请登记材料的真实性、合法性、有效性负责，不得隐瞒真实情况或者提供虚假材料申请房屋登记。

2. 受理

申请人提交的申请登记材料齐全且符合法定形式的，登记机构应当予以受理，并出具书面凭证。申请人提交的申请登记材料不齐全或者不符合法定形式的，应当不予受理，并告知申请人需要补正的内容。

3. 审核

房屋登记机构应当查验申请登记材料，并根据不同登记申请就申请登记事项是否是申请人的真实意思表示、申请登记房屋是否为共有房屋、房屋登记簿记载的权利人是否同意更正，以及申请登记材料中需进一步明确的其他有关事项询问申请人。询问结果应当经申请人签字确认，并归档保留。房屋登记机构认为申请登记房屋的有关情况需要进一步证明的，可以要求申请人补充材料。

下列情况下，登记机构办理房屋登记的，应当实地查看：房屋所有权初始登记；在建工程抵押权登记；因房屋灭失导致的房屋所有权注销登记；法律、法规规定的应当实地查看的其他房屋登记。房屋登记机构实地查看时，申请人应当予以配合。

4. 产籍管理

登记申请符合下列条件的，房屋登记机构应当予以登记，将申请登记事项记载于房屋登记簿：申请人与依法提交的材料记载的主体一致；申请初始登记的房屋与申请人提交的规划证明材料记载一致，申请其他登记的房屋与房屋登记簿记载一致；申请登记的内容与有关材料证明的事实一致；申请登记的事项与房屋登记簿记载的房屋权利不冲突；不存在规定的不予登记的情形。登记申请不符合上述条件的，房屋登记机构应当不予登记，并书面告知申请人不予登记的原因。

5. 不予登记的情形

有下列情形之一的，房屋登记机构应当不予登记：未依法取得规划许可、施工许可或者未按照规划许可的面积等内容建造的建筑申请登记的；申请人不能提供合法、有效的权利来源证明文件或者申请登记的房屋权利与权利来源证明文件不一致的；申请登记事项与房屋登记簿记载冲突的；申请登记房屋不能特定或者不具有独立利用价值的；房屋已被依法征收、没收，原权利人申请登记的；房屋被依法查封期间，权利人申请登记的；法律、法规规定的其他不予登记的情形。

6. 发证

房屋登记机构应当根据房屋登记簿的记载，缮写并向权利人发放房屋权属证书。房屋权属证书是权利人享有房屋权利的证明，包括《房屋所有权证》、《房屋他项权证》等。申请登记房屋为共有房屋的，房屋登记机构应当在房屋所有权证上注明"共有"字样。预告登记、在建工程抵押权登记以及法律、法规规定的其他事项在房屋登记簿上予以记载后，由房屋登记机构发放登记证明。

7. 公告

房屋登记机构认为必要时，可以就登记事项进行公告。

10.5 本章案例分析

10.5.1 案例背景

××县人民政府于2012年2月13日公告了2011年11月3日做出的上政〔2011〕××号《××县人民政府房屋征收决定》，该决定载明：根据国务院《国有土地上房屋征收与补偿条例》的规定，按照我县城市总体规划和专项规划及××县2011年国民经济和社会发展计划，经县政府研究，决定对县城区L路旧城改造范围内的房屋实施征收。一、征收目的：为改善××县旧城区面貌和道路交通状况，提高旧城区路网密度、城市品位和居民生活质量，强化县城对经济社会发展的承载能力。二、征收范围：西起县城北大街中心线，东至白云大道中心线，L路旧城改造区域全长643米，红线宽度55米。该规划区域内单位及个人房屋被征收的，国有土地使用权同时被收回。三、房屋征收部门：××县人民政府房屋征收办公室。四、征收补偿签约期限：征收补偿签约期限自征收决定公告之日起 90 日内（法定休息日和节假日除外）。五、征收补偿：按照《××县 L 路旧城改建征收与补偿方案》执行。六、安置地点：按照就近安置原则，安置地点在原县面粉厂院内。七、搬迁期限：房屋征收部门对被征收人给予补偿后，被征收人应当在补偿协议约定或补偿决定确定的期限内搬迁完毕。被征收人对本征收决定不服，可在征收决定公告之日起 60 日内向××市人民政府申请行政复议或在 3 个月内依法向人民法院提起行政诉讼。行政复议、行政诉讼期间征收决定不停止执行。

盖某某在该县城北街中段路东有一处房宅，××县人民政府为其颁发了上国用（2001）字第××号国用土地使用证及上籍字第××号房权证，该处房屋位于××县 L 路旧城改建项目征收范围内。××县 L 路旧城改建是该县人民政府为改善县旧城区面貌和道路交通状况，强化县城对经济社会的承载能力，完善城市功能、提升城市品位和居民生活质量的重点项目。××县 2006~2020 年、2010~2030 年城市总体规划中，L 路旧城改建的内容就在其中。××县发展和改革委员会 2009 年 11 月 6 日出台了上发改投资〔2009〕150 号《关于下达××市 W 房地产开发公司拆建××县 L 路旧城改造项目投资计划的通知》。2010 年 4 月 12 日××县财政局出具了 W 房地产开发公司的旧城改造拆迁资金已经到账的证明。2010 年 4 月 6 日，××县规划行政部门就 L 路中段旧城改造项目颁发了地字第××号建设用地规划许可证，并制作了专门的平面规划图。

2011 年 11 月 3 日××县人民政府做出了上政〔2011〕××号《××县人民政府房屋征收决定》，2012 年 2 月 13 日××县人民政府公告了该征收决定，盖某某认为××县人民政府的征收决定侵犯了其合法权益，提起诉讼，要求撤销××县人民政府做出的上政〔2011〕××号《××县人民政府房屋征收决定》。

10.5.2　案例分析

2011 年 1 月 29 日，××县公共资源交易中心做出《国有建设用地使用权公开竞价出让公告》，其中地块为"上资地 2011—16"的宗地作为旧城改造拆迁安置用地。为加强对 L 路旧城改建项目信访评估工作的领导，2011 年 4 月 28 日，街道工作委员会成立了办事处信访评估工作领导小组，就该旧城改造项目发放征求意见表反馈群众意见，召开评估会，进行认真充分的论证，完善了信访评估审批表等材料，上报上级部门研究审批。

2011 年 5 月 23 日，××县人民政府做出了《关于"L 路旧城改造项目"社会稳定风险的评估报告》，结论为：此项目社会稳定风险低，可行性强；若发生信访问题，由县人民政府负责解决。随后，××县城市房屋拆迁管理办公室做出了 L 路房屋征收现场勘查统计表并予以公示。

2011 年 4 月 25 日至 5 月 24 日××县人民政府公示了《××县 L 路旧城改造征收与补偿安置方案（征求意见稿）》，通过收集 1 个月的反馈意见，经过归纳整理于 2011 年 6 月 18 日做出了《征求意见答复》，并予以公示。2011 年 8 月 19 日，按照 L 路旧城改造指挥部领导小组工作安排，××县人民政府按照法定程序选定了房地产估价评估机构。

《国有土地上房屋征收与补偿条例》第八条第（五）项规定："为了保障国家安全、促进国民经济和社会发展等公共利益的需要，有下列情形之一，确需征收房屋的，由市、县级人民政府做出房屋征收决定：……（五）由政府依照《城乡规划法》有关规定组织实施的对危房集中、基础设施落后等地段进行旧城区改建的需要；……"

本案××县人民政府根据2006—2020年城市总体规划对L路进行旧城改建符合公共利益的目的，根据公共利益的需要对改建范围内的房屋进行征收，符合××县国民经济和社会发展规划、土地利用总体规划、城乡规划和专项规划，也符合××县国民经济和社会发展年度规划。××县人民政府在做出征收决定前，按照《国有土地上房屋征收与补偿条例》规定的程序，对补偿方案进行了论证，将方案予以公布以征求意见，对征求的意见进行了答复，在征收决定前进行了社会风险评估，补偿费用也已到账，做出征收决定后进行了公告等程序事项。因此，××县人民政府做出的征收决定事实清楚，程序并无不当，适用法律正确。盖某某认为该征收决定侵犯了其合法权益，理由不足，法院不予支持，判决驳回盖某某要求撤销××县人民政府于2011年11月3日做出上政〔2011〕××号房屋征收决定的诉讼请求。

习 题 与 思 考 题

1. 问答题

（1）房地产法有哪些特点？我国的房地产立法遵循哪些原则？

（2）我国房地产法的渊源包括哪些组成部分？主要的渊源有哪些？

（3）什么是房地产开发企业？房地产开发企业的设立有哪些基本条件？

（4）我国房地产开发企业有几个资质等级？各个资质等级的具体要求是什么？房地产管理部门在哪些情形下可以注销、吊销、降低、收回房地产开发企业的资质等级？

（5）什么是土地所有权和使用权分离制度？房地产开发企业可以通过哪些途径获得建设用地使用权？

（6）哪些建设用地可以通过划拨方式获得土地使用权？划拨的程序是什么？

（7）对国有土地上的房屋实施征收必须符合哪些条件？房屋征收的程序是什么？

（8）什么是房屋征收补偿？补偿的方式是什么？补偿的范围有哪些？

（9）国有土地上房屋征收过程中能否实行强制搬迁？能否实行暴力搬迁？他们的区别是什么？

（10）什么是房地产交易？交易的形式有哪些？

（11）房地产转让需满足哪些条件？有何限制？

（12）什么是房地产权属登记？权属登记有什么作用？

2. 案例分析题

原告：葛某

被告：宁波某房地产开发有限公司

2012年4月30日，原告与被告签订车位认购书一份，约定：乙方（即原告）向甲方（即被告）购买位于宁波市某区某街道某花园（一期）91号车位一个，总价款为132000元；乙方自愿于签订本认购书时交付款项人民币72000元，其中人民币20000元为定金，作为双方订立《商品房（车位）买卖合同》的担保，签订《商品房（车位）买卖合同》后，乙方已支付的预付款直接抵冲相应车位价款；双方商定，该物业（车位）预定期为15天；乙在签订本认购书之前，已经充分了解并认同甲方所采用的《商品房（车位）买卖合同》条款，乙方并无异议，且本认购书所涉及的物业（车位）情况和买卖条件（包括但不限于房屋面积误差处理、房屋交付、房屋质量、违约责任、宽展期、争议解决方式等）已经由甲方充分告知，乙方对此明确表示理解和认同等。认购书订立后原告向被告支付了人民币 72000 元，其中人民币 20000 元为定金购车位款，并给付被告号码为 NO：0002832，金额为 60000 元的车位抵用券一张。后原告来找被告签合同，被告对原告说合同现在还不能签。另查明，被告就位于宁波市某区某花园（一期）91 号车位与石某订立过车位预售合同，并于 2010 年 1 月 28 日在宁波市某区房管处网签登记。2012 年 2 月 16 日石某向被告申请退车位，并向被告递交了退车位申请书。2012 年 5 月石某取得被告给付的退车位款项，2012 年 8 月 3 日石某购买车位合同的备案在房管处注销。庭审时被告陈述客户现在如要购买车位的话，仍可给付客户 60000 元的车位抵用券，如果现在原告不要车位，被告同意返还给其有效的 60000 元车位抵用券。现某花园一期、二期存有车位，车位抵用券仍在使用。

原告葛某于 2012 年 7 月 18 日诉至法院，请求法院判令：1、解除原、被告双方签订的车位认购书；2、被告返还原告已付的 132000 元购车位款（含定金 20000 元），返还定金 20000 元；3、被告向原告支付其已付购车位款 1 倍（132000 元）的赔偿责任。

问题：
(1) 原告与被告签订的车位认购书是否应当认定为商品房买卖合同？
(2) 什么是定金？定金能否要求返还？本案中原告主张返还购车位款可否包含定金？
(3) 被告在车位出卖过程中对原告是否存在欺诈行为？原、被告双方签订的认购书是否有效？是否可被撤销？被告是否应当承担购车位款 1 倍的赔偿责任？

第 11 章 城乡建设工程其他法规

本章挑选介绍了有关城乡建设工程的其他法规，包括土地管理法规、环境保护法规和市政公用建设方面的法规。重点介绍了我国的土地管理制度和建设用地许可制度，介绍了风景名胜区保护制度以及城市市容绿化方面的法规和制度等。

11.1 城乡建设工程土地管理法规

为了加强土地管理，维护土地的社会主义公有制，保护、开发土地资源，合理利用土地，切实保护耕地，促进社会经济的可持续发展，国家制定了相关的土地管理法律法规。

现行的土地管理法律法规主要有：1986 年 6 月 25 日第六届全国人民代表大会常务委员会第十六次会议通过了《中华人民共和国土地管理法》，1988 年 12 月 29 日通过第七届全国人民代表大会常务委员会第五次会议第一次修正，1998 年 8 月 29 日通过第九届全国人民代表大会常务委员会第四次会议修订，2004 年 8 月 28 日通过第十届全国人民代表大会常务委员会第十一次会议第二次修正，2010 年 7 月 13 日，国土资源部发布《关于进一步做好征地管理工作的通知》，2012 年 11 月 28 日国务院常务会议通过了《中华人民共和国土地管理法修正案（草案）》。土地管理的法律法规还有：1998 年 12 月 27 日国务院颁布的《中华人民共和国土地管理法实施条例》（2011 年修订），1998 年 12 月 27 日国务院颁布的《基本农田保护条例》，1992 年 3 月 8 日原国家土地管理局颁布的《划拨土地使用权管理暂行办法》，1997 年 10 月 28 日原国家土地管理局颁布的《土地利用总体规划编制审批规定》，1995 年 3 月 11 日原国家土地管理局颁布的《确定土地所有权和使用权的若干规定》，1996 年 9 月 18 日原国家计委、原国家土地管理局颁布的《建设用地计划管理办法》，2007 年 3 月 16 日第十届全国人民代表大会第五次会议正式通过的《中华人民共和国物权法》。这些法律、法规的颁行，使我国的土地管理进入法制轨道。

11.1.1 土地管理的原则

11.1.1.1 土地公有原则

《土地管理法》规定：中华人民共和国实行土地的社会主义公有制，即全民所有制和劳动群众集体所有制。全民所有，即国家所有土地的所有权由国务院代表国家行使。任何单位和个人不得侵占、买卖或者以其他形式非法转让土地。土地使用权可以依法转让。国家为了公共利益的需要，可以依法对土地实行征收或者征用并给予补偿。城市市区的土地属于国家所有。农村和城市郊区的土地，除由法律规定属于国家所有的以外，属于农民集体所有；宅基地和自留地、自留山，属于农民集体所有。土地公有制是我国社会主义公有制的重要内容。土地公有制包括土地的全民所有制和集体所有制，它是我国《土地管理法》的一项重要原则。

11.1.1.2 合理利用和保护土地原则

《土地管理法》规定：十分珍惜、合理利用土地和切实保护耕地是我国的基本国策。各级人民政府应当采取措施，全面规划，严格管理，保护、开发土地资源，制止非法占用土地的行为。把珍惜、利用和保护土地作为我国一项长期基本国策，这既是对我国 50 年来实践经验的总结，也是我国实施可持续发展战略的重要保证。国有土地和农民集体所有的土地，可以依法确定给单位或者个人使用。使用土地的单位和个人，有保护、管理和合理利用土地的义务。在保护和开发土地资源、合理利用土地以及进行有关的科学研究等方面成绩显著的单位和个人，由人民政府给予奖励。

11.1.1.3 土地用途管制原则

土地用途管制，是指国家为保证土地资源的合理利用以及经济、社会的发展和环境的协调，通过编制土地利用总体规划，划定土地用途区域，确定土地使用限制条件，使土地的所有者、使用者严格按照国家确定的用途利用土地而采取的管理制度。

《土地管理法》规定：国家实行土地用途管制制度。国家编制土地利用总体规划，规定土地用途，将土地分为农用地、建设用地和未利用地。严格限制农用地转为建设用地，控制建设用地总量，对耕地实行特殊保护。农用地是指直接用于农业生产的土地，包括耕地、林地、草地、农田水利用地、养殖水面等；建设用地是指建造建筑物、构筑物的土地，包括城乡住宅和公共设施用地、工矿用地、交通水利设施用地、旅游用地、军事设施用地等；未利用地是指农用地和建设用地以外的土地。

土地用途管制制度，是土地管理方式的重大改革，也是管地方式、用地方式的一个大变革，是深入贯彻中国土地基本国策，加强城市规划、建设和管理，推动土地利用方式根本转变，使土地利用率和产出效益得以全面提高的根本举措。农用地的用途管制包括农地非农化的管制和农地农用的管制两方面，坚持"农地、农有、农用"的原则，限制农地非农化，鼓励维持农用。建设用地的用途管制按建成区和规划区的不同而有不同的管制规则。土地用途管制包括用地指标管制、现状管制、规划管制、审批管制和开发管制。根本目的是在坚持因地制宜、科学规划原则的基础上，依据可持续发展的战略方针，严格限制农用地转为建设用地，落实耕地总量动态平衡的目标，实现土地利用方式由粗放型向集约型转变，促进区域社会经济的持续发展和土地的持续利用，达到社会、经济、生态综合效益的最优化。

11.1.1.4 耕地特殊保护原则

《土地管理法》规定：国家编制土地利用总体规划，对耕地实行特殊保护。国家保护耕地，严格控制耕地转为非耕地。国家实行占用耕地补偿制度。非农业建设经批准占用耕地的，按照"占多少，垦多少"的原则，由占用耕地的单位负责开垦与所占用耕地的数量和质量相当的耕地；没有条件开垦或者开垦的耕地不符合要求的，应当按照省、自治区、直辖市的规定缴纳耕地开垦费，专款用于开垦新的耕地。

11.1.1.5 土地有偿使用原则

《土地管理法》规定：国家依法实行国有土地有偿使用制度。但是，国家在法律规定的范围内划拨国有土地使用权的除外。土地本身就是财富，能产生极大的经济价值。实行土地有偿使用制度，国家可以通过出让土地使用权获得资金，土地使用者应该珍惜每一寸土地，最大限度地发挥出土地的经济价值。

11.1.1.6 国家对土地统一管理原则

《土地管理法》规定：全民所有，即国家所有土地的所有权由国务院代表国家行使。国务院土地行政主管部门统一负责全国土地的管理和监督工作。县级以上地方人民政府土地行政主管部门的设置及其职责，由省、自治区、直辖市人民政府根据国务院有关规定确定。国家对土地管理的权限依法属于各级人民政府，任何单位和个人都无权对土地的权属进行确认、审批。这一原则有利于国家对土地进行管理，对土地的利用进行总体规划，保护耕地，制裁非法滥用土地行为。

11.1.1.7 奖励原则

保护、开发和利用土地资源，不仅要依赖于完善的法律制度，而且要靠先进的科学技术手段，在尊重自然规律的前提下，充分利用现代科技的成果，变不能利用的土地资源为可利用的入地资源，改造低产农田，提高土壤肥力，对沙漠化土地进行治理等。因此，《土地管理法》规定：在保护和开发土地资源、合理利用土地以及进行有关的科学研究等方面成绩显著的单位和个人，由人民政府给予奖励。

11.1.2 土地管理的管理机构

土地管理机构即土地管理的主体，是各级政府的国土资源行政主管部门及其公务员。从享有行政权力和具体行使行政权力的角度分析，土地管理的主体又可以分为4种：

（1）政府包括中央政府和地方各级政府。

（2）国土资源行政主管部门。

（3）行政负责人。国土资源行政主管部门的负责人无论在名义上还是在实际执行上都是行政权力的一种主体。

（4）国土资源行政主管部门的普通公务员。他们是土地管理的又一主体，人数众多，由法律保障其身份并规定其职责。主要职责是处理部门的大量日常事务，具体执行既定的政府政策和负责人决定，他们是技术作业层上土地管理的主体。依据"管理就是决策"的观点，他们以其独特的方式、专长和优势，直接影响土地管理的过程和时效性，通过他们的努力，土地管理才能转化为社会过程，产生社会效应。

11.1.3 建设用地许可制度

11.1.3.1 建设用地的概念

建设用地是指建造建筑物、构筑物的土地，包括城乡住宅和公共设施用地、工矿用地、交通水利设施用地、旅游用地、军事设施用地等。建设用地是指土地利用总体规划中已确定的建设用地和因经济及社会发展的需要，由规划中的非建设用地转成的建设用地。前者称为规划内建设用地，后者称为规划外建设用地。建设用地可分为国家建设用地和乡（镇）村建设用地。

11.1.3.2 国家建设用地许可制度

1. 国家建设用地的取得方式

（1）划拨土地。划拨土地是指县级以上人民政府依法批准后，在土地使用者依法缴纳土地补偿费、安置补偿费及其他费用后将该土地交付其使用，或者将土地使用权无偿交付给土地使用者使用的行为。根据《土地管理法》第五十四条规定，下列建设用地，经县级以上人民政府依法批准，可以以划拨方式取得：
1) 国家机关用地和军事用地。
2) 城市基础设施用地和公益事业用地。
3) 国家重点扶持的能源、交通、水利等基础设施用地。
4) 法律、行政法规规定的其他用地。

只有国有土地才能适应划拨方式，集体所有的土地不能划拨给建设单位使用，只能采取征用方式。划拨土地的所有权属于国家。划拨的土地上附有青苗或其他附着物的，建设单位应当支付一定的补偿费，但划拨土地一律不交土地补偿费，而且一般也没有限期限制。

(2) 征用土地。土地征用是指国家为了社会公共利益的需要，依据法律规定的程序和批准权限批准，并依法给予农村集体经济组织及农民补偿后，将农民集体所有土地使用权收归国有的行政行为。土地征用具有一定的强制性。实际上，农村土地只能是征收，而不能是征用。征收是改变土地所有权，而征用是改变土地的使用权。农村土地征收是不需要征得村民同意的。土地征收是国家为了公共利益的需要强制改变土地的所有权性质，而征收归国家所有。但国家在征收农村土地时应当遵循法定的程序，也就是四公告一方案。

《土地管理法》第五十五条规定，以出让等有偿使用方式取得国有土地使用权的建设单位，按照国务院规定的标准和办法，缴纳土地使用权出让金等土地有偿使用费和其他费用后，方可使用土地。

2. 国家建设征用土地程序

(1) 申请

申请，是国家建设征用土地的开始。建设单位向国家国土资源行政主管部门提出用地申请，由国家国土资源行政主管部门批准其申请。《土地管理法》第四十三条规定：任何单位和个人进行建设，需要使用土地的，必须依法申请使用国有土地；但是，兴办乡镇企业和村民建设住宅经依法批准使用本集体经济组织农民集体所有的土地的，或者乡（镇）村公共设施和公益事业建设经依法批准使用农民集体所有的土地的除外。

(2) 审批

建设项目进行可行性研究论证时，国土资源管理部门应当根据土地利用总体规划、土地利用年度计划和建设供地标准，对建设用地进行审查。

国家建设征用土地的审批权限，《土地管理法》第四十四条规定：建设占用土地，涉及农用地转为建设用地的，应当办理农用地转用审批手续。省、自治区、直辖市人民政府批准的道路、管线工程和大型基础设施建设项目、国务院批准的建设项目占用土地，涉及农用地转为建设用地的，由国务院批准。在土地利用总体规划确定的城市和村庄、集镇建设用地规模范围内，为实施该规划而将农用地转为建设用地的，按土地利用年度计划分批次由原批准土地利用总体规划的机关批准。在已批准的农用地转用范围内，具体建设项目用地可以由市、县人民政府批准。本条第二款、第三款规定以外的建设项目占用土地，涉及农用地转为建设用地的，由省、自治区、直辖市人民政府批准。第四十五条规定了国务院关于批准征用土地的权限：基本农田，基本农田以外的耕地超过了35公顷的，其他土地超过70公顷的。

(3) 征地补偿

征地补偿是指国家为了公共利益的需要,依法对农民集体所有土地实行征收或征用,并按照被征地的原用途给予补偿。2010年7月13日,国土资源部发布《关于进一步做好征地管理工作的通知》,要求拆迁补偿既要考虑被拆迁的房屋,还要考虑被征收的宅基地。2012年11月28日国务院常务会议通过了《中华人民共和国土地管理法修正案(草案)》,对农民集体所有土地征收补偿制度作了修改。

《土地管理法》第四十七条对土地补偿费的种类和标准做出了规定:征收耕地的补偿费用包括土地补偿费、安置补助费以及地上附着物和青苗的补偿费。征收耕地的土地补偿费,为该耕地被征收前3年平均年产值的6至10倍。征收耕地的安置补助费,按照需要安置的农业人口数计算。需要安置的农业人口数,按照被征收的耕地数量除以征地前被征收单位平均每人占有耕地的数量计算。每一个需要安置的农业人口的安置补助费标准,为该耕地被征收前3年平均年产值的4至6倍。但是,每公顷被征收耕地的安置补助费,最高不得超过被征收前3年平均年产值的15倍。征收其他土地的土地补偿费和安置补助费标准,由省、自治区、直辖市参照征收耕地的土地补偿费和安置补助费的标准规定。被征收土地上的附着物和青苗的补偿标准,由省、自治区、直辖市规定。征收城市郊区的菜地,用地单位应当按照国家有关规定缴纳新菜地开发建设基金。支付土地补偿费和安置补助费,尚不能使需要安置的农民保持原有生活水平的,经省、自治区、直辖市人民政府批准,可以增加安置补助费。但是,土地补偿费和安置补助费的总和不得超过土地被征收前3年平均年产值的30倍。国务院根据社会、经济发展水平,在特殊情况下,可以提高征收耕地的土地补偿费和安置补助费的标准。

(4) 公告

《土地管理法》第四十六条规定:国家征收土地的,依照法定程序批准后,由县级以上地方人民政府予以公告并组织实施。被征收土地的所有权人、使用权人应当在公告规定期限内,持土地权属证书到当地人民政府土地行政主管部门办理征地补偿登记。第四十八条规定:征地补偿安置方案确定后,有关地方人民政府应当公告,并听取被征地的农村集体经济组织和农民的意见。第四十九条规定:被征地的农村集体经济组织应当将征收土地的补偿费用的收支状况向本集体经济组织的成员公布,接受监督。禁止侵占、挪用被征收土地单位的征地补偿费用和其他有关费用。

(5) 建设单位改变国有土地用途须批准

《土地管理法》第五十六条规定:建设单位使用国有土地的,应当按照土地使用权出让等有偿使用合同的约定或者土地使用权划拨批准文件的规定使用土地;确需改变该幅土地建设用途的,应当经有关人民政府土地行政主管部门同意,报原批准用地的人民政府批准。其中,在城市规划区内改变土地用途的,在报批前,应当先经有关城市规划行政主管部门同意。

(6) 征用土地的回收

对国家土地使用权的回收,是一种国家强制性的行政行为,包括原来使用的国有土地、以有偿出让使用的国有土地及国家建设征用的土地。《土地管理法》第五十八条规定:有下列情形之一的,由有关人民政府土地行政主管部门报经原批准用地的人民政府或者有批准权的人民政府批准,可以收回国有土地使用权:为公共利益需要使用土地的;为实施城市规划进行旧城区改建,需要调整使用土地的;土地出让等有偿使用合同约定的使用期限届满，土地使用者未申请续期或者申请续期未获批准的；因单位撤销、迁移等原因，停止使用原划拨的国有土地的；公路、铁路、机场、矿场等经核准报废的。

11.1.3.3 乡（镇）村建设用地许可制度

1. 乡（镇）村建设用地概述

乡（镇）村建设用地包括农村居民住宅建设用地，乡（镇）村企业建设用地，乡（镇）村公共设施、公益事业建设用地等几乎所有的农村建设用地。

批准乡（镇）村建设用地与国家建设征用土地虽然均是国家行政行为，两者所指向的都是农村集体所有的土地，但两者本质的不同在于：乡（镇）村建设用地的批准行为一旦完成，用地单位取得土地使用权，被用地单位丧失土地使用权，而国家建设征用土地行为的完成则标志着国家对被征用土地所有权的取得，被征地单位对被征土地所有权的丧失。

2. 乡（镇）村建设用地的批准权限与程序

（1）乡（镇）村企业建设用地

《土地管理法》第六十条规定：农村集体经济组织使用乡（镇）土地利用总体规划确定的建设用地兴办企业或者与其他单位、个人以土地使用权入股、联营等形式共同举办企业的，应当持有关批准文件，向县级以上地方人民政府土地行政主管部门提出申请，按照省、自治区、直辖市规定的批准权限，由县级以上地方人民政府批准；其中，涉及占用农用地的，依照本法第四十四条的规定办理审批手续。

（2）乡（镇）村公共设施、公益事业建设用地

《土地管理法》第六十一条规定：乡（镇）村公共设施、公益事业建设，需要使用土地的，经乡（镇）人民政府审核，向县级以上地方人民政府土地行政主管部门提出申请，按照省、自治区、直辖市规定的批准权限，由县级以上地方人民政府批准；其中，涉及占用农用地的，依照本法第四十四条的规定办理审批手续。

（3）农村居民住宅建设用地

《土地管理法》第六十二条规定：农村村民一户只能拥有一处宅基地，其宅基地的面积不得超过省、自治区、直辖市规定的标准。农村村民建住宅，应当符合乡（镇）土地利用总体规划，并尽量使用原有的宅基地和村内空闲地。农村村民住宅用地，经乡（镇）人民政府审核，由县级人民政府批准；其中，涉及占用农用地的，依照本法第四十四条的规定办理审批手续。农村村民出卖、出租住房后，再申请宅基地的，不予批准。

3. 集体土地使用权的限制与收回

（1）使用集体土地的限制条件。《土地管理法》第六十三条规定：农民集体所有的土地的使用权不得出让、转让或者出租用于非农业建设；但是，符合土地利用总体规划并依法取得建设用地的企业，因破产、兼并等情形致使土地使用权依法发生转移的除外。第六十四条规定：在土地利用总体规划制定前已建的不符合土地利用总体规划确定的用途的建筑物、构筑物，不得重建、扩建。

（2）集体土地使用权的收回。《土地管理法》第六十五条规定：有下列情形之一的，农村集体经济组织报经原批准用地的人民政府批准，可以收回土地使用权：为乡（镇）村公共设施和公益事业建设，需要使用土地的；不按照批准的用途使用土地的；因撤销、迁移等原因而停止使用土地的。

11.1.4 违法用地责任追究

11.1.4.1 法律责任的形式

《土地管理法》中的法律责任分为民事法律责任、行政法律责任和刑事法律责任3种。土地民事法律责任是指个人或组织违反有关土地民事法律规范，应当承担的法律后果，其主要分为2种：土地侵权行为的民事损害赔偿责任和违反土地合同产生的违约责任。土地民事法律责任发生在平等的民事法律主体之间。承担民事责任的方式主要有：排除妨碍、消除危险、停止侵害、恢复原状、返还财产、赔偿损失、支付违约金等。土地行政法律责任是指行为人违反土地行政法律规范，依法接受有关行政机关行政制裁所承担的法律后果。主要形式有行政处罚和行政处分。

11.1.4.2 依法追究责任

《土地管理法》规定：买卖或者以其他形式非法转让土地的，由县级以上人民政府土地行政主管部门没收违法所得；对违反土地利用总体规划擅自将农用地改为建设用地的，限期拆除在非法转让的土地上新建的建筑物和其他设施，恢复土地原状，对符合土地利用总体规划的，没收在非法转让的土地上新建的建筑物和其他设施；可以并处罚款；对直接负责的主管人员和其他直接责任人员，依法给予行政处分；构成犯罪的，依法追究刑事责任。占用耕地建窑、建坟或者擅自在耕地上建房、挖砂、采石、采矿、取土等，破坏种植条件的，或者因开发土地造成土地荒漠化、盐渍化的，由县级以上人民政府土地行政主管部门责令限期改正或者治理，可以并处罚款；构成犯罪的，依法追究刑事责任。未经批准或者采取欺骗手段骗取批准，非法占用土地的，由县级以上人民政府土地行政主管部门责令退还非法占用的土地，对违反土地利用总体规划擅自将农用地改为建设用地的，限期拆除在非法占用的土地上新建的建筑物和其他设施，恢复土地原状，对符合土地利用总体规划的，没收在非法占用的土地上新建的建筑物和其他设施，可以并处罚款；对非法占用土地单位的直接负责的主管人员和其他直接责任人员，依法给予行政处分；构成犯罪的，依法追究刑事责任。

11.2 环境保护法律制度

环境保护法规在大量与建设工程相关的法规中都有规定。我国《宪法》中关于建设工程环境保护的规定，《民法通则》有涉及自然资源使用者的权利义务规定，《刑法》也有关于环境污染导致的犯罪条款。从改革开放至今，我国主要颁布了《环境保护法》《环境影响评价法》《大气污染防治法》《固体废弃物污染环境防治法》《防沙治沙法》《可再生能源法》《节约能源法》《水法》《水污染防治法》《建设工程质量管理条例》《自然保护区条例》等法律法规，在《交通建设项目环境保护管理办法》《实施工程建设强制性标准监督规定》《建设项目环境保护设施竣工验收管理规定》《建设项目环境保护设施竣工验收监测技术要求（试行）》《工程建设标准强制性条文》等规范中也有大量与建设工程环境保护有关的规定。其中《环境影响评价法》中的建设项目环境影响评价是环境保护法律的核心内容之一。

11.2.1 概述

11.2.1.1 环境保护和环保法的概念

环境是指影响人类生存和发展的各种天然的和经过人工改造的自然因素的总体,包括大气、水、海洋、土地、矿藏、森林、草原、野生生物、自然遗迹、人文遗迹、自然保护区、城市和乡村等,它为人类提供生存、发展的空间和资源。

环境问题是指由于人类活动或自然原因使环境条件发生不利于人类的变化,产生了影响人类的生产和生活、给人类带来灾害的问题。环境问题既可能是由于自然因素的破坏和污染所引起的,也可能是人为因素造成的环境污染和自然资源与生态环境的破坏,比如人类的建设活动等。

保护和改善环境是关系到人类生存和发展的百年大计,对经济建设、社会发展和人民健康具有全局性、长期性和决定性的影响。

环境法是以国家意志出现的,是由国家强制保证实施的法律规范,是指人们在开发、利用、保护和改善环境的活动中所产生的各种社会关系的法律规范的总称。目的是为了协调人类与环境的关系,保护人民健康,保障经济社会持续发展。

11.2.1.2 环境保护法规的原则

环境保护法规的基本方针:全面规划,合理布局,综合利用,化害为利,依靠群众,大家动手,保护环境,造福人民。基本原则有协调发展、预防为主、环境责任、公众参与等原则,对建设工程环境保护监督管理具有普遍指导意义。

1. 协调发展原则

要求环境保护立法与活动应与经济建设和社会发展相协调,必须统筹规划、同步实施、协调发展,实现经济效益、社会效益和环境效益的统一,反映环境保护与经济建设、社会发展之间的辩证关系。这与国际上提倡的可持续发展原则的基本含义是一致的,即环境保护与经济、社会的协调发展,人与自然和谐、稳定发展。

2. 预防为主原则

要求预防为主、防治结合、综合治理,把重点放在事前防止环境污染和自然破坏之上,同时积极治理和恢复现有的环境污染和自然破坏,以保护生态系统的安全和人类的健康及其财产安全。全面规划与合理布局,制定和实施具有预防性的环境管理制度,开展资源与能源的综合利用,节约利用资源与能源,将污染防止措施提前到开发建设之初,才能从源头上切断环境污染,从根本上避免和减少环境污染的事后治理。

3. 环境责任原则

要求污染者、利用者补偿,开发者保护,破坏者恢复。当人们对环境造成污染破坏、对资源造成减损时,就应当承担相应的法律责任。在追究环境责任时,应当综合利用民事、行政、刑事手段进行综合管理。例如,在建设活动过程中,可根据对环境开发利用的强度以及影响性质、程度和规模,赋予行为主体相应权利和承担相应义务。当对环境产生不良影响时,综合考虑当事人的受益情况和实际能力,确定其相应责任。

4. 公众参与原则

要求在环境保护过程中,任何单位和个人都享有通过一定程序或途径,平等参与一切与环境利益有关的决策活动。它是民主理念在环境管理活动中的延伸,是民主与法制要求在环境法中的集中体现，也是环境法制建设的重要保证。

11.2.2 环境保护管理机构

11.2.2.1 国务院环境保护行政主管部门及基本职责

国务院环境保护行政主管机构即国家环境保护局，成立于1984年，其主要职责是负责全国环境保护的规划、协调、监督和指导工作。按国务院国办发〔2008〕73号《环境保护部主要职责内设机构和人员编制规定》，国务院环保机构具体有以下职责：

(1) 负责建立健全环境保护基本制度；

(2) 负责重大环境问题的统筹协调和监督管理；

(3) 承担落实国家减排目标的责任；

(4) 负责提出环境保护领域固定资产投资规模和方向、国家财政性资金安排的意见，按国务院规定权限，审批、核准国家规划内和年度计划规模内固定资产投资项目，并配合有关部门做好组织实施和监督工作；

(5) 承担从源头上预防、控制环境污染和环境破坏的责任；

(6) 负责环境污染防治的监督管理；

(7) 指导、协调、监督生态保护工作；

(8) 负责核安全和辐射安全的监督管理；

(9) 负责环境监测和信息发布；

(10) 开展环境保护科技工作，组织环境保护重大科学研究和技术工程示范，推动环境技术管理体系建设；

(11) 开展环境保护国际合作交流，研究提出国际环境合作中有关问题的建议，组织协调有关环境保护国际条约的履约工作，参与处理涉外环境保护事务；

(12) 组织、指导和协调环境保护宣传教育工作，制定并组织实施环境保护宣传教育纲要，开展生态文明建设和环境友好型社会建设的有关宣传教育工作，推动社会公众和社会组织参与环境保护；

(13) 承办国务院交办的其他事项。

11.2.2.2 省级以下环境保护行政部门基本职责

各级人民政府环境保护行政主管部门包括省（自治区、直辖市）、地（市）、县（区）人民政府环境保护行政主管部门，其主要职责是：

(1) 贯彻并督促执行国家环境保护法律、行政法规、部门规章、政策、方针及地方性法规与规章。

(2) 按法定权限范围组织起草或拟定地方性的环境保护法规、规定及标准等。

(3) 依照国家环境保护规划与计划，拟定本辖区的环境保护规划与计划并督促实施。

(4) 会同有关部门组织监测网络、调查并掌握本地区的环境状况及发展趋势。

(5) 组织有关部门进行环境科学研究、教育，环境宣传及人员的业务培训与考核等。

(6) 调查、处理本辖区的环境污染与破坏案件。

11.2.2.3 各级人民政府有关部门设立的环境保护部门及其职责

各级人民政府有关部门设立的环境保护部门，如军队环境保护部门、各级公安、交通、铁路、民航管理部门，县级以上人民政府土地、矿产、林业、农业、水利行政主管部门。这些部门应依照有关法律的规定对环境污染防治及资源的保护实施监督管理，并协助政府处理本辖区的环境污染与破坏事件。

11.2.3 城乡建设项目环评制度

11.2.3.1 环评制度的概念与立法现状

环评制度即环境影响评价制度，是指在一定地区内进行开发建设活动前，事先对该项目将会对周围地区的环境造成什么影响进行的调查、预测和评价，提出预防或者减轻不良环境影响的对策和措施，进行跟踪监测的方法与制度。环境影响评价制度是建设项目实行科学决策的主要依据，防止产生不良环境影响的预防性制度，也是落实"预防为主"原则的体现，环境影响报告书应在建设项目可行性研究阶段完成，并实行审批制度。环境影响评价是我国一项重要的环境管理制度。

环境影响评价制度最初由《美国国家环境政策法》规定。我国1979年通过的《中华人民共和国环境保护法（试行）》引进了这项制度，后来各项环境保护法律都规定了这项制度，2002年10月通过的《中华人民共和国环境影响评价法》进一步发展了这项制度。根据该法规定，我国的环境影响评价制度包括两个方面：一是对规划的环境影响评价，二是对建设项目的环境影响评价。2003年起施行的《环境影响评价法》是关于环境影响评价活动的基本法。

11.2.3.2 建设工程环境影响评价的分类管理

根据我国《环境影响评价法》规定，国家根据建设项目对环境的影响程度，对建设项目的环境影响评价实行分类管理。根据下列不同情况编制环境影响评价文件：

（1）可能造成重大环境影响的，应当编制环境影响报告书，对产生的环境影响进行全面评价。

（2）可能造成轻度环境影响的，应当编制环境影响报告表，对产生的环境影响进行分析或者专项评价。

（3）对环境影响很小、不需要进行环境影响评价的，应当填报环境影响登记表。

2008年10月1日环境保护部施行的《建设项目环境影响评价分类管理名录》（中华人民共和国环境保护部令第2号），对分类管理做出了详细规定，特别对环境敏感区予以特殊保护。所谓环境敏感区，就是指依法设立的各级各类自然、文化保护地，以及对建设项目的某类污染因子或者生态影响因子特别敏感的区域，主要包括：

（1）自然保护区、风景名胜区、世界文化和自然遗产地、饮用水水源保护区。

（2）基本农田保护区、基本草原、森林公园、地质公园、重要湿地、天然林、珍稀濒危野生动植物天然集中分布区、重要水生生物的自然产卵场及索饵场、越冬场和洄游通道、天然渔场、资源性缺水地区、水土流失重点防治区、沙化土地封禁保护区、封闭及半封闭海域、富营养化水域。

（3）以居住、医疗卫生、文化教育、科研、行政办公等为主要功能的区域，文物保护单位，具有特殊历史、文化、科学、民族意义的保护地。

建设项目所处环境的敏感性质和敏感程度，是确定建设项目环境影响评价类别的重要依据。建设涉及环境敏感区的项目，应当严格按照本名录确定其环境影响评价类别，不得擅自提高或者降低环境影响评价类别。环境影响评价文件应当就该项目对环境敏感区的影响作重点分析。

11.2.3.3 建设工程环境影响评价的资质管理

根据 2006 年 1 月 1 日起施行的《建设项目环境影响评价资质管理办法》规定，凡接受委托为建设项目环境影响评价提供技术服务的机构，应当按照规定申请建设项目环境影响评价资质，经国家环境保护部审查合格，取得《建设项目环境影响评价资质证书》后，方可在资质证书规定的资质等级和评价范围内从事环境影响评价技术服务。

评价资质分为甲、乙两个等级。国家环境保护部在确定评价资质等级的同时，根据评价机构专业特长和工作能力，确定相应的评价范围。取得甲级评价资质的评价机构，可以在资质证书规定的评价范围之内，承担各级环境保护行政主管部门负责审批的建设项目环境影响报告书和环境影响报告表的编制工作。取得乙级评价资质的评价机构，可以在资质证书规定的评价范围之内，承担省级以下环境保护行政主管部门负责审批的环境影响报告书或环境影响报告表的编制工作。国家环境保护部根据建设项目环境影响评价业务的需求等情况确定不同时期的限制数量，并对符合《建设项目环境影响评价资质管理办法》规定条件的申请机构，按照其提交完整申请材料的先后顺序做出是否准予评价资质的决定。

11.2.3.4 建设项目环境影响评价机构

接受委托为建设项目环境影响评价提供技术服务的机构，应当经国务院环境保护行政主管部门考核审查合格后，颁发资质证书，按照资质证书规定的等级和评价范围，从事环境影响评价服务，并对评价结论负责。为建设项目环境影响评价提供技术服务的机构的资质条件和管理办法，由国务院环境保护行政主管部门制定。

国务院环境保护行政主管部门对已取得资质证书的为建设项目环境影响评价提供技术服务的机构的名单，应当予以公布。

为建设项目环境影响评价提供技术服务的机构，不得与负责审批建设项目环境影响评价文件的环境保护行政主管部门或者其他有关审批部门存在任何利益关系。

环境影响评价文件中的环境影响报告书或者环境影响报告表，应当由具有相应环境影响评价资质的机构编制。任何单位和个人不得为建设单位指定对其建设项目进行环境影响评价的机构。

11.2.3.5 建设工程环境影响报告书的基本内容

1. 环境影响报告书的总论

包括说明编制概况、依据、采用标准、控制污染和保护环境的主要目标。

2. 环境影响报告书的正文

应当载明下列情况：

(1) 建设项目概况。包括建设项目名称、地点、建设规模、产品方案和主要工艺方法，占地面积和土地利用情况，发展规划等。

(2) 建设项目周围环境现状。包括地理位置、地形、地貌、土壤、地质、水文、气象、矿藏、森林、草原、水产、野生动植物、农作物等情况，自然保护区、风景名胜区以及重要的政治文化设施情况，现有工矿企业分布、生活居住区分布和人口密度、健康状态等情况，大气、地面水、地下水的环境质量状况以及交通运输情况等。

(3) 建设项目对环境可能造成影响的分析、预测和评估。包括建设项目环境影响特征、污染影响、环境破坏、长期与短期影响、可逆与不可逆影响，以及环境影响范围、大小程度、途径，减轻环境影响的各种措施等。

（4）建设项目环境保护措施及其技术、经济论证。包括布点、机构、人员、设备和监测项目。

（5）建设项目对环境影响的经济损益分析。

（6）对建设项目实施环境监测的建议。

3. 环境影响评价报告书的结论

结论应对如下问题做出回答：对环境质量是否有影响；建设规模、性质、选址是否合适，是否符合环境保护要求；所采取的防治措施在技术上是否可行，是否符合清洁生产的要求，经济上是否合理；是否需要再做出进一步的评价。

4. 环境影响评价报告书的附件

包括标明排污口和排渣场的项目地理位置图，总平面图，工艺污染流程图，评价区域和测点图，断面设置和监测范围图，预测成果图，大气、水、噪声等多种条件下的贡献值和叠加值分布图，等浓度图和等噪声图等。

11.2.3.6 建设工程环境影响评价文件的审批、后评价和跟踪管理

1. 建设工程环境影响评价文件的审批

建设项目的环境影响评价文件，由建设单位按照国务院的规定报有审批权的环境保护行政主管部门审批；建设项目有行业主管部门的，其环境影响报告书或者环境影响报告表应当经行业主管部门预审后，报有审批权的环境保护行政主管部门审批。环境影响评价文件的报批应当注意如下事项：

（1）建设单位在建设项目可行性研究阶段报批。

（2）铁路、交通等建设项目经主管部门批准可在初步设计完成前报批。

（3）不需要进行可行性研究的项目应在开工前报批。

（4）需要办理营业执照的应在办理营业执照前报批。

（5）经批准的项目发生重大变化的应重新报批。

（6）环境影响报告文件自批准之日起满5年方开工的，应重新报批。

2. 建设工程环境影响的后评价和跟踪管理

在项目建设、运行过程中产生不符合经审批的环境影响评价文件的情形的，建设单位应当组织环境影响的后评价，采取改进措施，并报原环境影响评价文件审批部门和建设项目审批部门备案；原环境影响评价文件审批部门也可以责成建设单位进行环境影响的后评价，采取改进措施。

环境保护行政主管部门应当对建设项目投入生产或者使用后所产生的环境影响进行跟踪检查，对造成严重环境污染或者生态破坏的，应当查清原因、查明责任。对属于为建设项目环境影响评价提供技术服务的机构编制不实的环境影响评价文件的；或者属于审批部门工作人员失职、渎职，对依法不应批准的建设项目环境影响评价文件予以批准的，依法追究其法律责任。

11.3 风景名胜区管理法律法规

风景名胜资源是国家的重要资源，包括自然风景名胜资源和人文风景名胜资源两大

类。按照有关规定,我国把具有观赏、文化或科学价值,自然景物、人文景物比较集中,环境优美,具有一定规模和范围,可供人们游览、休息或进行科学、文化活动的地区,划为风景名胜区。发展风景名胜区事业,对于保护我国的自然和文化资源,改善生态环境,开展爱国主义教育和科学普及教育,促进旅游发展和对外开放,振兴地方经济与文化,满足人们日益增长的物质、文化生活的需要,促进社会主义精神文明和物质文明建设,具有重要意义。

11.3.1 概述

11.3.1.1 风景名胜区概念和特点

风景名胜区是风景资源集中的地域。风景名胜区是指具有观赏、文化或者科学价值,自然景观、人文景观比较集中,环境优美,可供人们游览或者进行科学、文化活动的区域。风景名胜包括具有观赏、文化或科学价值的山河、湖海、地貌、森林、动植物、化石、特殊地质、天文气象等自然景物和文物古迹、革命纪念地、历史遗址、园林、建筑、工程设施等人文景物和它们所处的环境以及风土人情等。2006年9月国务院公布的《风景名胜区条例》规定:国家对风景名胜区实行科学规划、统一管理、严格保护、永续利用的原则。风景名胜区所在地县级以上地方人民政府设置的风景名胜区管理机构,负责风景名胜区的保护、利用和统一管理工作。国务院建设主管部门负责全国风景名胜区的监督管理工作。国务院其他有关部门按照国务院规定的职责分工,负责风景名胜区的有关监督管理工作。省、自治区人民政府建设主管部门和直辖市人民政府风景名胜区主管部门,负责本行政区域内风景名胜区的监督管理工作。省、自治区、直辖市人民政府其他有关部门按照规定的职责分工,负责风景名胜区的有关监督管理工作。任何单位和个人都有保护风景名胜资源的义务,并有权制止、检举破坏风景名胜资源的行为。风景名胜区的特点是大都具有自然风景名胜,又有宝贵的历史文化遗产和独特的地方、民族文化风情。

11.3.1.2 风景名胜管理法规的历史沿革

我国非常重视风景名胜区管理法规的建设,制定和颁布了一系列相关法规。1978年,我国发布的《关于加强城市建设工作的意见》提出:要加强风景名胜区、古迹的管理,限期退出被侵占的部分,对破坏文物、古迹的要追究责任,严肃处理;要保护名胜古迹原貌,在重点保护风景名胜周围,禁止建设其他新建筑。

1979年,原国家城市建设总局发布的《关于加强城市园林绿化工作的意见》提出:建立全国风景名胜区体系,进行分级管理;风景名胜区实行统一规划、统一管理;禁止损害风景名胜面貌和损害环境的建设。

1981年国务院颁布的《关于加强风景名胜区保护管理工作的报告》,系统阐明了有关风景名胜区工作的方针政策,并对风景名胜资源的调查、管理体制、机构设置和规划建设等,都做了明确规定,这是国家推进风景名胜区管理工作的一个重要指导性文件。

1982年国务院批准了原城乡建设环保部、原文化部和原国家旅游局《关于审定第一批国家重点风景名胜区的请示的通知》,对切实做好风景名胜区的保护和管理工作做了说明。1985年国务院颁布了《风景名胜区管理暂行条例》,这是我国第一部关于风景名胜区管理工作的法规。其中心内容是确立我国风景名胜区事业的管理体制,对加强风景资源的保护、规划、建设和管理等方面作了原则规定。

1987年原城乡建设环境保护部颁布了《风景名胜区管理暂行条例实施办法》，对贯彻执行国务院的《风景名胜区管理暂行条例》作了具体规定。1993年原建设部印发了《风景名胜区建设管理规定》，为保护风景名胜资源，维护风景名胜区正常的建设秩序提供了法律保障。

1994年原建设部发布了《风景名胜区管理处罚规定》。1995年国务院发布《关于加强风景名胜区保护管理工作的通知》，明确指出：风景名胜资源属于国家所有，必须依法保护。各地区、各部门不得以任何名义和方式出让或变相出让风景名胜资源及其景区土地。

2000年国务院发布《关于加强和改进城乡规划工作的通知》，明确指出：在风景名胜区景区内不准规划建设宾馆、招待所、各类培训中心及疗养院，各地区、各部门不得以任何名义和方式出让或变相出让风景名胜资源及其景区土地，不准在风景名胜区内设立各类开发区、度假区等。

2002年国务院发布《关于加强城乡规划监督管理的通知》。2006年国务院颁布《风景名胜区条例》，对风景名胜区的设立、规划、保护、利用和管理及法律责任作了相关规定。

11.3.2 管理机构

2006年，国务院颁布的《风景名胜区条例》规定：国务院建设主管部门负责全国风景名胜区的监督管理工作。国务院其他有关部门按照国务院规定的职责分工，负责风景名胜区的有关监督管理工作。省、自治区人民政府建设主管部门和直辖市人民政府风景名胜区主管部门，负责本行政区域内风景名胜区的监督管理工作。省、自治区、直辖市人民政府其他有关部门按照规定的职责分工，负责风景名胜区的有关监督管理工作。风景名胜区所在地县级以上地方人民政府设置的风景名胜区管理机构，负责风景名胜区的保护、利用和统一管理工作。

11.3.3 风景名胜区的规划与保护制度

11.3.3.1 风景名胜区的规划原则与指导思想

风景名胜区规划是一项综合性、政策性和技术性都很强的工作，国发[2002]13号文件明确指出：要按照"严格保护、统一管理、合理开发、永续利用"的原则，认真组织编制风景名胜区规划，并严格按规划实施。

（1）认真贯彻国家有关保护和开发利用风景名胜区的方针政策，综合协调各项事业之间的关系。

（2）深入调查研究，查清风景名胜资源的历史和现状，坚持实事求是的工作方法。

（3）坚持保护国土的壮丽自然景观和文化遗产。为广大人民群众提供优美的休息、活动条件，促进地方经济、文化、科学事业的发展，充分发挥风景名胜区的环境、社会和经济效益。

（4）充分发掘和认识风景资源的特点和价值，恰当地利用和组织现有自然和人文景观，突出自然环境的主导作用，给人们以自然美和历史文化美的享受。风景名胜区要区别于城市公园，切忌大搞人工化造景。

11.3.3.2 规划的内容

针对各类风景名胜区所编制的规划，目的是提高风景名胜区的知名度，完善风景名胜区的功能和形象。风景名胜区规划一般分规划大纲和总体规划两个阶段进行。

风景名胜区规划大纲一般包括下列内容：
(1) 风景名胜资源基本情况和开发利用条件的调查评价报告。
(2) 性质、特点与开发利用指导思想的论证。
(3) 管辖范围和保护地带划分的建议。
(4) 专项规划意见。
(5) 有关管理体制和管理机构的建议。
(6) 图纸和资料。

风景名胜区总体规划一般包括下列内容：
(1) 风景资源评价；
(2) 生态资源保护措施、重大建设项目布局、开发利用强度；
(3) 风景名胜区的功能结构和空间布局；
(4) 禁止开发和限制开发的范围；
(5) 风景名胜区的游客容量；
(6) 有关专项规划。

风景名胜区总体规划方案的审批：地方政府组织专家、群众、专业部门对总体规划方案及单项规划方案进行讨论、评议、审查并作出技术鉴定报告，据此修改规划，形成正式上报文件，最后经指定政府部门批准执行、实施。

11.3.3.3 风景名胜区的保护原则

(1) 整体保护原则。风景名胜区是自然与历史文化相融合的有机整体，风景名胜区的保护不仅是保护风景名胜区内的几个点或几条线，而应该是整体上的保护，是区域保护。

(2) 自然的保护方法原则。保护风景名胜区应尽可能采取自然的方法，在修复遭受破坏的风景名胜区时，也应尽量恢复其原貌，保持好其特有的空间尺度感和自然美的感染力，使自然景观的"天生丽质"得到尽显。

(3) 维护自然生态原则。要保护山丘、水流、植被不受破坏，水体、空气等环境不受污染；要大力提倡植树绿化、封山育林，防止水土流失；保护好古树名木。

(4) 尊重历史文化原则。要保护好具有历史文化价值的古建筑、摩崖、石刻、名人故居等名胜古迹。对历史文化遗迹的修复要慎重，原则是修旧如旧。

11.3.3.4 正确处理风景名胜区保护与开发建设的关系

《风景名胜区条例》规定："风景名胜区内的景观和自然环境，应当根据可持续发展的原则，严格保护，不得破坏或者随意改变。"这就需要正确处理好风景名胜区保护与利用的关系。保护是为了更好地利用，而利用、开发和建设必须服从于保护。风景名胜区是自然与文化遗产的集中地，是进行科学研究和文化科普教育的场所，更是给人们提供休息游览的所在。保护是为了尽可能全面地保存风景名胜资源的整体风貌和综合价值，实现永续利用。因此，应当把保护风景名胜资源放在风景名胜区工作的首位。

11.4 市政公用事业建设法律制度

市政公用事业建设管理法规主要涉及城市供水、供燃气、供热、公共交通等方面的法规。市政公用事业的相关法律法规纷繁复杂，主要有1982年8月21日原城乡建设环境保护部颁布的《市政工程设施管理条例》。1988年6月3日国务院通过的《河道管理条例》。1989年12月26日第七届全国人民代表大会常务委员会第十一次会议通过的《中华人民共和国城市规划法》（已修改为城乡规划法）。1992年5月20日国务院通过的《城市绿化条例》。1992年5月20日国务院通过的《城市市容和环境卫生管理条例》。1992年11月原建设部发布的《城市道路照明设施管理规定》。1994年10月1日国务院颁布的《城市供水条例》1996年6月4日国务院颁布的《城市道路管理条例》。1997年12月23日原建设部颁布的《城市燃气管理办法》。2002年8月29日第九届全国人民代表大会常务委员会第二十九次会议修订通过的《中华人民共和国水法》。2004年2月24日原建设部议讨论通过的《市政公用事业特许经营管理办法》。

11.4.1 概述

11.4.1.1 城市市政公用事业概念与分类

城市市政公用事业是为人民生产、生活提供必备条件的公共事业，是城市赖以生存和发展的基础，与城市人民生活密切相关，直接为城市生产、生活服务，是城市生产、生活不可缺少的公共事业，也是改善城市环境、促进城市经济和社会发展的前提，直接关系到社会公共利益，关系到人民群众的生活质量，关系到城市经济和社会的可持续发展。

城市市政公用事业按行业分为市政工程、公用事业、园林绿化、市容和环境卫生四大行业，包括以下几个专业：供水、供气、供热、公共交通、园林绿化、市容和环境卫生、排水、防洪等。

11.4.1.2 市政公用事业的特点

（1）市政公用事业投资大，建设周期长，往往一项设施增加或改建都会影响到其他设施，每项设施一经确定，就不易更改。

（2）市政公用事业更多地表现为服务性、公共性和公益性，即巨大的社会效益和间接的经济效益。

（3）效益的间接性和综合性，即城市供水、供热、供气、公共交通等的投资效果和经营管理效果不是表现在自身投资回收期的长短以及获取利润的多少，而是表现为服务对象效益的提高，不但产生经济效益而且还产生社会效益和环境效益。

（4）建设的超前性与形成的同步性。从城市发展的要求来看，作为城市发展和存在的基础，城市基础设施的建设理应在前：一是城市基础设施建设的工期长，埋设在地下的部分较多，必须先行施工，否则不但会造成重复施工，影响整体建设工程的工期和效率，而且会浪费大量资财，影响整体效益；二是容量上的超前，即城市基础设施的能力应走在城市对其需要的前面。因为城市对基础设施的需要往往随时会有变化且会不断增长，而基础设施却因牵动面大而不宜随时扩建变动。所以，城市道路埋设在地下的各种管线等有关工程量大、使用年限长、建成后不易移动的设施，应按城市一定时期内发展规划和总体要求一次建成或按最终规划建设或者预留，否则会妨碍城市今后的发展和扩建。城市基础设施形成的同步性是指城市基础设施与相关的其他设施工程同时形成能力。基础设施提前形成能力会造成基础设施投资的呆滞，而基础设施滞后形成能力又会造成企业或住宅区等设施投资的呆滞而影响其发挥效益，只有形成建设同步，才能实现宏观最佳投资效益。

(5)运转的系统性和协调性。城市基础设施是一个有机的综合系统,这个系统在其内部以及同外界环境之间均需协调一致,才能正常良好地运转。城市基础设施必须与城市国民经济、人口规模、居民生活水平、城市规划建设等保持协调发展的关系。而且,城市基础设施内部各分类设施系统之间联系也非常紧密而协调。例如城市道路建设中,往往涉及电力、通信、给水、排水、煤气、园林、环卫、消防等部门,城市的给水、排水、煤气、通信等管线往往预埋在城市道路下面,城市道路开挖所影响的不只是城市交通,而且会影响到其他城市基础设施效率的发挥。如果城市排水设施不良,遇到雨水积水,就会造成交通不畅;如果城市道路通畅,就能提高城市的防火防灾能力;城市电话普及,通信设备良好,无疑也会减少城市交通流量,减轻城市道路压力等。城市基础设施各分类设施内部都构成一个有机整体,自成系统,互相协调,不能割裂。以上所有这些方面,表现出它们之间的联系密切、互相制约、互相依存的运转系统性和协调性。

11.4.2 市政公用事业管理部门

11.4.2.1 城市供水与节水管理

1. 城市供水管理组织机构

《城市供水条例》规定:国务院城市建设行政主管部门主管全国城市供水工作,省、自治区、直辖市人民政府城市建设行政主管部门主管本行政区域内的城市供水工作,县级以上人民政府确定的城市供水行政主管部门主管本行政区域内的城市供水工作。

2. 城市供水水源

《城市供水条例》规定:县级以上地方人民政府应当组织城市规划行政主管部门、水行政主管部门、城市供水行政主管部门和地质矿产行政主管部门等共同编制城市供水水源开发利用规划,作为城市供水发展规划的组成部分,纳入城市总体规划。

编制城市供水水源开发利用规划应遵循以下原则:合理安排利用地表水和地下水;优先保证城市生活用水,统筹兼顾工业用水和其他各项建设用水;从城市发展的需要出发,使水资源统筹规划和水长期供求计划相协调。

3. 城市供水工程建设与设施维护

城市供水设施的建设,应按照城市供水发展规划及其年度建设计划进行。要执行国家的基本建设程序,工程的设计、施工应委托持有相应资质证书的设计、施工单位承担,竣工后应按有关规定进行验收。城市供水设施的维护,应当由城市自来水供水企业和自建设施供水企业负责。建立定期检查维修制度,确保安全运行。

4. 城市节水管理

城市实行节约用水和计划用水。

全国节约用水工作由国务院城市建设行政主管部门负责,并受国务院水行政主管部门的业务指导。国务院其他有关部门按照国务院规定的职责分工,负责本行业的节约用水管理工作。省、自治区、直辖市人民政府和县级以上地方人民政府城市建设行政主管部门和其他有关行业行政主管部门,按同级人民政府规定的职责分工,负责城市节约用水管理工作。城市人民政府应当在制定城市供水发展规划的同时,制定节约用水发展规划,并根据节约用水发展规划制定节约用水年度计划。

11.4.2.2 城市供热与供气管理

1. 城市供热管理

（1）城市供热的方针

城市集中供热的方针是因地制宜、广开热源，并且力求技术先进，经济合理。根据工业用热和生活用热的需要，采取热电联产、建设集中供热的锅炉房、充分利用工业余热和开发地热等多种形式，在城市总体规划的指导下，有计划、有步骤地分期实施。凡是新建住宅、公用设施和工厂用热，在技术经济合理的条件下，都应采取集中供热，一般不再建分散的供热锅炉房。

（2）城市供热管理体制

2003年7月，由原建设部等八个部门联合下发了《关于城镇供热体制改革试点工作的指导意见》的通知，决定在东北、华北、西北及山东、河南等地区开展城镇供热体制改革的试点工作。其主要内容有四点：

1）停止福利供热，实行用热商品化、货币化。将采暖费用由单位统包，改为直接向供热企业缴费采暖。

2）逐步推行按用热量分户计量收费办法。城镇新建公共建筑和居民住宅，必须一步到位设计安装具有分户计量及室温控制功能的采暖系统，并执行按用热量分户计量收费的新办法。现有住房分步实施，对住宅采暖系统实施计量及温控装置改造。

3）采暖扶持政策，加快城镇现有住宅节能改造和供热采暖措施改造。

4）实行城镇供热特许经营制度，引入竞争机制，深化供热企业改革，积极培育和规范城镇供热市场。

（3）城市供热的建设资金与价格政策

城市供热建设资金可采取多种渠道筹集，如地方自筹、向受益单位集资、从城市建设税金适当拿出部分资金补助等。城市民用集中供热网的建设，国家根据情况给予部分节能投资，以补助热力建设。城市集中供热是城市公用事业，利润甚微，因此国家要给予一定的优惠政策，热力价格要按照热源生产单位、热力公司和用户三者兼顾的原则，根据实际成本和效益合理确定。

2. 城市供气管理

（1）城市供气事业原则

发展城市燃气，必须贯彻多种气源、多种途径、因地制宜、合理利用能源的发展方针，优先使用天然气，大力发展煤制气，积极回收工矿煤气，合理利用液化石油气，适当发展油制气。城市燃气的发展应贯彻开源与节流并重的方针，降低能源消耗，提高能源转化率；要做到合理用气和节约用气；要积极推广节能新技术、新工艺和新设备。城市燃气供气的原则：优先发展城市居民用户，适当发展公共福利事业用户，合理发展高、精、尖工业和生产工艺必须使用燃气且节能显著的中小型工业企业。

（2）城市燃气的基本建设

城市燃气建设要在城市总体规划的指导下，编好城市燃气专业规划，进行可行性研究，列入国家或地方基本建设规划。燃气厂的新建、扩建、改造工程的"三废"治理必须贯彻同时设计、同时施工、同时投产的规定，严格执行国家制定的工业"三废"排放标准。燃气工程建设，应严格执行基本建设程序，应积极采用新技术、新工艺、新材料、新设备,努力提高机械化、自动化程度。

(3) 城市燃气的经营管理

企业的经营要以经济效益为基础,社会效益和环境效益为目的,搞好优质服务。燃气企业要通过考核供应量、质量、消耗、劳动生产率、成本、利润、重大事故发生次数等指标,加强计划管理,搞好综合平衡,建立调度制度、安全制度、质量检验制度、服务水平考核制度等。

(4) 城市燃气的安全管理

为了确保燃气安全,要建立城市供气工程选地审查制度,供气工程竣工验收制度,生产达标制度,供气设备使用登记、建档制度,动火作业分级审批制度,城市燃气用具生产许可证制度,城市燃气用具定点销售制度,安全检查制度。

11.4.2.3 城市公共交通运营管理

1. 城市公共交通管理

国务院建设行政主管部门主管全国城市公共交通管理工作,县级以上地方人民政府城市建设主管部门主管本行政区域内的城市公共交通管理工作。一般按公共汽车、电车、地铁、出租汽车、轮渡等系统划分为专业公司分别进行管理,有的大城市将公共交通公司隶属公用事业局,归口城市建设行政主管部门。特大城市、大城市和中小城市管理分级有所区别。

2. 城市公共交通运营管理

(1) 通过经济、法律和行政手段规范公交市场,建立平等竞争、法规健全的统一市场。

(2) 发挥公共汽车、电车、地铁、轻轨、轮渡企业在城市公交中的主体和骨干作用,利用国内外各种经济力量发展城市公共交通事业。

(3) 实行城市公交经营单位和个人的资质认证制度,维护正常的公共交通运营秩序。

(4) 加强对小型公共汽车、出租汽车的经营权有偿出让和转让管理,所收费用主要用于发展城市公共交通事业。

(5) 建立城市公交线路专营权制度,制定具体实施办法,规定专营单位的权利、义务及法律责任。

(6) 转换企业经营机制,各类公交经营企业要实行依法经营、自主经营、自负盈亏、自我发展、自我约束的商品生产和经营,使其成为独立享有民事权利和承担民事义务的企业法人。

11.4.2.4 城市供电与通信管理

1. 城市供电管理

1983年8月原水利电力部发布了《全国供用电规则》,对城市供电作了具体规定。

(1) 按照国家标准,供电局供电频率为交流 $50r/s$。供电额定电压:低压供电为单相 220V、三相 380V;高压供电为 10kV、35(63)kV、110kV、220kV、330kV、500kV。

(2) 城市电网建设与改造,要纳入城市建设与改造的统一规划。供电部门与城建部门密切配合,以便于城建部门统一安排供电设施的用地、线路走廊、电缆隧道以及在城市大型建筑物内和建筑群中预留区域配电室和营业网点的建筑面积。

(3) 用户的用电申请报装接电工作,由供电局用电管理部门受理,统一对外。用户新装或增加、减少用电以及变更用电性质、变更户口等均应向供电局办理用电申请手续。

（4）用户或建设单位需要迁移供电局的供电设施时，如供电设施建设在先，由提出单位负担迁移所需的投资；如提出单位设施建设在先，由供电局投资备料；对不能确定先后者，由双方协商解决。供电部门需要迁移用户或单位的设施，按上述原则办理。

（5）不再实行包灯供电，现有包灯用户应改为按实际用电量计算。供电局按照国家规定电价分类，对不同的受电点和不同用电类别的用电分别安装计费电度表。

（6）居民用电应安装电度表，按实际用电量交费。临时用电的用户一般应装计费电度表计费。

（7）供电局应按照《电力装置的电气测量仪表装置设计规范》（GB 50063—2008）规定的周期校验和更换计费电度计量装置。

2. 城市通信管理

加强城市通信管理从三方面入手。一是加强电讯终端管理。二是扩大电信业务服务范围；三是加强网络建设，不断完善设施。国家相关部门正在制定相应的管理办法。

11.4.2.5 城市市容与绿化管理

1. 城市市容管理

城市容貌标准，是指 2008 住建部所颁发的《城市容貌标准》（GB 50449—2008）城市容貌建设与管理应符合城市规划的要求，应与城市社会经济发展、环境保护相协调。

1.0.4 城市容貌建设应充分体现城市特色，保持当地风貌，使城市环境保持整洁、美观。

2. 城市环境卫生管理

城市环境卫生管理，是指在地方人民政府领导下，行政主管部门依靠专职队伍和社会力量，依法对道路、公共场所、垃圾、各单位和家庭等方面的卫生状况进行管理，为城市的生产和生活创造一个整洁、文明的环境。《城市市容和环境卫生管理条例》第十八条规定：城市中的环境卫生设施，应当符合国家规定的城市环境卫生标准。

建立城市环境卫生责任制，主要有环境卫生行政主管部门环境卫生责任制，各级企事业单位环境卫生责任制，街道办事处环境卫生责任制，城市集贸市场主管部门环境卫生责任制。

3. 城市园林绿化管理

城市园林绿化管理，是地方人民政府的行政主管部门依靠其他部门的配合和社会参与，依法对城市的各种绿地、林地、公园、风景游览区和苗圃等的建设、养护和管理。

我国城市绿化的管理体制：

（1）市、区、县、街道和乡镇的绿化委员会负责宣传、组织、推动全民义务植树运动和群众性绿化工作。

（2）市园林管理局是城市园林绿化的行政主管部门，区、县的园林管理部门在业务上受市园林管理局的领导。

（3）市林业局是城市林业生产和乡村绿化的行政主管部门；县、区的林业管理部门是本辖区林业生产和乡村绿化的行政主管部门，业务上受市林业局的领导。

（4）城市各级政府有关部门有职责配合和协助园林或林业管理部门，加强城市的园林绿化管理。

(5) 在城市的所有单位和居民均有义务参加植树造林,保护绿化。

(6) 市政府统一领导城市植树造林的绿化工作,制定绿化分解责任指标和年度实施计划,实行植树造林绿化任期目标责任制。

(7) 公共绿地、风景林地、防护绿地,有城市政府的绿化行政主管部门管理;各单位管界内的防护绿地,由该单位按照国家有关规定管理;单位自建的公园和单位绿地,由该单位管理;居住区绿地,由绿化行政主管部门根据实际情况确定的单位管理;生产绿地,由其经营单位管理。

11.4.3 市政公用事业特许经营制度

为加强对市政公用事业企业经营活动的监督管理,促进城市市政公用事业的健康持续发展,保障公众利益和公共安全,根据《中华人民共和国行政许可法》《中华人民共和国建筑法》和原建设部令第91号《建筑工程施工许可管理办法》等法律法规,各地区相继制定了《城市市政公用事业经营许可管理办法》。

市政公用事业特许经营制度,是政府按照有关法律法规的规定,通过招投标等市场竞争机制,来选择市政公用事业的投资者或经营者,并明确在一定的期限和范围内经营某项市政公用事业产品或者提供某项服务的制度。市政公用事业特许经营制度的法律依据是2004年2月24日国务院建设行政主管部门通过的《市政公用事业特许经营管理办法》(以下简称《办法》),对特许经营的内容、意义及适用范围等做出明确规定,市政公用事业特许经营制度的主要内容包括:市政公用事业市场准入和特许经营权招标投标制度;项目运营中期评估制度;信息披露制度;临时接管制度;公众监管制度和备案制度。

1. 市政公用事业实施特许经营范围

《办法》规定,城市供水、供气、供热、公共交通、污水处理、垃圾处理等行业,依法实施特许经营的,适用本《办法》。这些行业经营性比较强,一般可以通过市场机制得到补偿,能够通过特许经营的方式达到投资主体多元化和提高运行效率的目的。

2. 市政公用事业市场准入制度

《办法》规范了市政公用事业市场的准入条件,规定了企业参加特许经营权竞标必须具备的条件。开发市政公用行业市场,鼓励外资、民营资本进入,运行跨行业、跨地区参与经营,但要防止单纯以资本运营为目的。《办法》对法人资格、资本金、设备、关键岗位的人员及银行资信、财务状况、业绩、经营方案等提出了要求。

3. 特许经营权招标投标制度

《办法》规范了特许经营权的实施程序,对招投标的程序做出了具体规定,包括招标条件、评审、公示、签订特许经营协议以及向上级主管部门备案。从而保证有序竞争,依法实施。《办法》规范了特许经营协议的内容,特许经营协议是整个特许经营行为的载体,是界定协议双方的权利和责任的重要法律文书,约束着整个特许经营的行为。协议的内容包括特许经营范围、期限、价格形式、产品和服务标准、设施维护、履约担保、违约责任、争议的解决等方面。由于行业之间、地区之间、项目之间区别很大,只能作原则性的规定,具体内容在每个协议中体现。

4. 项目运营中期评估制度

在项目运营的过程中,由主管部门组织对特许经营企业经营情况进行定期评估。目的是准确掌握经营的情况，及时发现和纠正经营过程中出现的问题。

5. 临时接管制度

特殊情况下对特许经营项目临时接管，要求主管部门要有临时接管的应急预案，实施临时接管要依法实施、按程序实施，避免主管部门轻率终止协议。

6. 信息披露制度

对违规企业以不正当手段取得特许经营权的，或在特许经营期间严重违法，情节恶劣的，主管部门要取消其特许经营权，报建设行政主管部门，由建设行政主管部门通过媒体披露，3年之内不允许该违规企业参与市政公用事业特许经营的竞标。

7. 公众监督制度

公众对特许经营有知情权、建议权，地方人民政府要建立社会公众参与机制，如价格听证、实施临时接管的听证、招标程序中的公示等。

8. 备案制度

备案制度属于一种行政监督，上级主管部门对下级主管部门的监督，主要是弥补社会监督机制的缺乏。《办法》对市政公用事业特许经营作了原则性的规定，有待各地通过地方法规和实施细则加以细化，并制定配套政策、标准规范，不断规范和完善这项制度，保证市政公用事业的健康发展。

11.5 本章案例分析

11.5.1 案例背景

2004年10月，某村村民委员会未依法办理用地审批手续，擅自与陈某签订《买卖土地协议》。协议约定：该村按照征地补偿标准将本村4亩土地（系一级基本农田）卖给陈某，用于建造厂房及附属设施用房。协议签订后，某村实际已经以土地征用和青苗赔偿名义收款15万元。2004年11月，陈某在施工中被他人举报因而被某市国土资源局查获。某市国土资源局立即下发《责令停止违法行为通知书》，责令陈某立即停止违法行为，听候处理。

11.5.2 案例分析

2004年11月，某市国土资源局根据《中华人民共和国土地管理法》第八十一条和《中华人民共和国土地管理法实施条例》第三十九条的规定，对该村做出如下处罚：责令其在2004年12月15日前改正违法行为；没收违法所得15万元；并处5万元罚款。2005年1月，某市纪委做出处分决定，给予该村村支部书记留党察看的党纪处分。

某村未经依法批准擅自卖地给陈某的行为违反了《中华人民共和国土地管理法》第二条第三款的规定，属非法买卖土地行为。

《中华人民共和国土地管理法》第二条第三款明确规定：任何单位和个人不得侵占、买卖或者以其他形式非法转让土地。陈某和某村未经国土资源管理部门批准，在未依法办理用地手续的情况下，就擅自进行土地买卖，这显然是违法的。因此，他们之间的土地买卖行为不但不受法律保护，还要受到法律的处罚。

习 题 与 思 考 题

1. 单项选择题

(1) 某市政府准备出让一宗位于某区的商业地块,其出让方式一般应为( )。
A. 协议　　　　B. 议标　　　　C. 招标、拍卖　　D. 划拨

(2) 商业、旅游、娱乐用地的土地使用权出让最高年限为( )。
A. 70 年　　　B. 50 年　　　C. 40 年　　　D. 30 年

(3) 临时建设用地期限一般不超过( )年。
A. 1　　　　　B. 2　　　　　C. 3　　　　　D. 4

(4) 根据环境保护"三同时"制度规定,环境保护设施竣工验收,应当与主体工程竣工验收同时进行。需要试生产的,建设单位应当自建设项目投入试生产之日起( ),向审批该项目的环境影响评价文件的环境行政主管部门,申请该项目环境保护设施竣工验收。
A. 半个月内　　B. 1 个月内　　C. 2 个月内　　D. 3 个月内

(5) 在城市市区范围内,建筑施工过程可能产生噪声污染的,施工单位在( )以前,向施工所在地县级以上环境行政主管部门申报该工程采取的环境噪声污染防治情况。
A. 开工前 15 日　B. 开工前 10 日　C. 开工 5 日　　D. 开工 10 日

(6) 某大型项目由于未进行配套环境保护措施的技术论证,其环境影响评价文件未获批准,关于该项目的立项和开工,下列说法中正确的是( )。
A. 可以先批准立项,但建设单位不得开工
B. 不得批准立项,建设单位不得开工
C. 不得批准立项,建设单位可以开工
D. 可以先批准立项,建设单位可以先开工

(7) 环境保护设施的竣工验收,应当( )。
A. 单独申请并单独验收
B. 与主体工程一同申请并同时组织验收
C. 必须在主体工程验收前验收完毕
D. 在主体工程验收结束后单独组织

(8) 与其他行政决策相比,环境行政决策往往具有( )。
A. 范围广泛性　B. 科学不确定性　C. 事后反应性　D. 手段多样性

(9) 依照我国《大气污染防治法》规定,省级人民政府制定严于国家排放标准的机动车船大气污染物地方排放标准的,必须经( )。
A. 国务院环境保护行政主管部门备案
B. 国务院环境保护行政主管部门批准
C. 国务院备案
D. 国务院批准

(10)《房屋建筑工程和市政基础设施工程竣工验收备案管理暂行办法》适用于( )竣工验收备案。
A. 城市道路改建工程　　　　　　　B. 抢险救灾工程

C. 临时性房屋建设工程　　　　D. 农民自建低层住宅工程

2. 多项选择题（一个以上答案正确）

（1）下列各项中，可以通过划拨方式取得国有土地使用权的是（　　）。
A. 三峡水利枢纽工程用地　　　　B. 某市民政用地
C. 奥运会主会场　　　　　　　　D. 地方性法规规定的其他用地

（2）下列有关建设项目环境影响评价文件审批管理的规定说法正确的是（　　）。
A. 建设项目的环境影响评价文件的审批部门是建设行政主管部门
B. 建设项目的环境影响评价文件经审批后，项目性质发生重大变动的，建设单位应当重新报批环境影响评价报告
C. 建设项目环境影响评价文件未经法定部门审批，建设单位不得开工建设
D. 建设项目实施过程中，建设单位应当同时编制相应的环境保护对策措施

（3）《中华人民共和国水污染防治法》关于防治地表水污染的规定中包括（　　）等。
A. 农业灌溉渠道排放污水，应保证其下游最近灌溉取水点水质符合灌溉规定
B. 向水体排放含病原体废水应消毒排放
C. 禁止将含有汞、镉、砷等可渗性剧毒废渣向水体排放，或直接埋入地下
D. 禁止企业利用渗坑、渗井、裂缝和溶洞倾倒含有有毒物质的废水

（4）环境保护法基本原则是指环境与资源保护法所确认的或体现的、反映环境与资源保护法特征的、具有普遍指导作用的基本准则。基本原则有（　　）。
A. 协调发展原则
B. 预防为主原则
C. 合理开发利用原则
D. 污染者付费、受益者补偿原则和公众参与原则

3. 问答题

（1）何为土地所有权？《土地管理法》对土地所有权是如何规定的？
（2）《土地管理法》中确立了哪些土地利用和保护制度？
（3）什么是土地利用总体规划，其编制原则是什么？
（4）《土地管理法》对保护耕地规定了哪些基本制度？
（5）在哪些情形下，国有土地使用权将被收回？
（6）环境保护法规的原则有哪些？
（7）建设工程环境影响报告书的基本内容有哪些？
（8）环境保护制度的"三同时"是指什么？
（9）风景名胜区的规划内容有哪些？保护原则是怎样的？
（10）市政公用事业管理部门有哪些？

4. 案例分析题

A县某石化染料厂、硫酸厂将含酸废水排入一条河流，该河河水流入位于B县的内陆湖。B县某村村民甲承包湖面养鱼多年，一直未发生大量死鱼现象。2002年上半年，当地干旱无雨，湖水水位下降，水面出现死鱼。环保部门监测发现，受酸水腐蚀系鱼死亡的原因。B县渔业行政管理部门核定甲的直接经济损失为25万元。甲要求石化染料厂和硫酸厂赔偿损失，遭到拒绝。于是甲向B县人民法院提起诉讼，并提交了相关证据。在

案件审理过程中，被告石化染料厂提交了 A 县环境保护局出具的其排放废水符合排放标准的监测报告，并认为不应由其承担赔偿责任。硫酸厂认为，其已经向环保部门缴纳超标排污费，也不应承担赔偿责任。但 B 县人民法院仍然判决石化染料厂向甲赔偿 10 万元，硫酸厂赔偿 15 万元。

请分析案例，回答下列问题：

(1) 甲在诉讼中向人民法院提交相关证据的行为（　　）。

A. 必要，因为甲应当证明被告实施了排污行为

B. 必要，因为甲应当证明被告排放的污染物进入了原告养鱼的水体

C. 必要，因为在环境污染损害赔偿诉讼中实行"举证责任倒置"

D. 不必要，因为应当由渔业行政管理部门负责举证

(2) 石化染料厂的看法（　　）。

A. 正确，因为 A 县环境保护局出具了监测报告

B. 正确，因为其排放的废水符合排放标准

C. 不正确，因为其排污虽然符合污染物排放标准，但排放的污染物仍可能造成污染

D. 不正确，因为在排污达标的情况下造成污染危害也应依法承担损害赔偿责任

(3) 硫酸厂的看法（　　）。

A. 正确，因为其已经向环保部门缴纳超标排污费

B. 正确，因为天旱少雨、湖水减少也是造成鱼死亡的因素

C. 不正确，因为缴纳排污费或超标排污费后并不免除其应承担的法律责任

D. 不正确，因为硫酸厂排放污水是造成鱼死亡的原因

(4) 下列情形中，法定免予被告承担民事责任的有（　　）。

A. 不可抗力　　　　　　　　　　　　B. 加害人无过错

C. 受害人过错　　　　　　　　　　　D. 第三人过错

第12章 建设工程执业资格法规

本章介绍了我国建设工程执业资格制度实施的概念、背景与意义、立法现状,并逐一介绍了工程建设企业和从业人员的资质管理制度和实施法规,重点介绍了国家相关法规对各企业、各人员的资格管理要求,包括资格获取、年审等内容。

12.1 概述

12.1.1 执业资格与工程建设执业资格的相关概念

12.1.1.1 执业资格

职业是指从事某一行业或是某一相对稳定岗位的工作。执业资格,是指从事某一职业应当具备的资格条件也就是英文 LICENCE 的意思。有些职业要求从业人员必须符合特定的条件,当他符合了这些特定条件的时候,他也就具备了此执业资格。具体讲执业资格包括两方面的含义:一是从国家行政管理的角度讲,执业的实质就是一种许可,也就是依法行使某种权力的体现;二是资格就是指从事某种活动应该具备的一种条件,是指从事某种活动的能力、条件和身份。

执业资格主要指对执业人员综合性技能方面的一种要求,这也是对它的一个特殊要求。执业资格核心就是以资格作为判断是否许可执业的手段,以注册作为审核是否能够达到执业的条件。一般来说取得资格以后,从事特定专业的工作就必须进行注册,这是执业资格方面的条件。

12.1.1.2 从业资格

从业资格是对从事某项专业技术工种所要求的学识、技术和能力的起点条件,或者说是入门标准,只要具备了某项门槛就可以从事这个职业。执业资格与从业资格有区别也有联系。它们都对专业技术人员提出了专业资格要求。执业资格则是政府对某些责任重大、社会通用性较强的,事关国家公众利益的专业,包括工种实行了准入控制,是专业技术人员依据法律独立开业和从事某一特定专业,在专业学识、技术能力以及其他方面的必备条件和标准,它是以明确的法律规定形式体现在行业准入控制上的一种手段。

可见,执业资格相对从业资格要求高、审核细、责任大并且管理严格。

12.1.1.3 执业资格制度

执业资格制度是国家行使行政管理权的一种手段,属于国家行政行为中行政确认和行政许可的范围,它是现代国家行政管理制度的重要组成部分。国家按照有利于经济发展、社会公认、国家可比、事关公共利益的原则,在涉及国家、人民生命财产安全的专业技术领域实行专业技术人员执业资格制度。因为这一制度是直接面对专业技术人员的,所以它又与一般的许可制度有所不同。实行执业资格制度通常需要有一整套的制度体系和严格的管理措施，如法律依据、确定标准、统一考试、注册管理、继续教育、调解仲裁、监督检查与惩罚措施等，这些就是执业资格制度。

12.1.1.4 工程建设执业资格制度

工程建设执业资格制度是指实现依法取得相应资质或资格的单位或个人，才允许在其法律所规定的范围内从事一定建设活动的制度。

工程建设执业资格制度，相当于工程建设领域的"持证上岗"制度。我国《建筑法》明确规定：从事建筑活动的专业技术人员，应当依法取得相应的执业资格证书，并在执业资格证书许可的范围内从事建筑活动。

根据《中华人民共和国行政许可法》，住房和城乡建设部和各级建设行政主管部门实施对城市规划、房地产开发、勘察设计、工程施工、园林绿化、工程监理、招标代理、造价咨询、物业管理和安全生产许可证等资质以及注册建筑师、结构师、岩土师、建造师、项目经理、监理师、造价师等执业资格行政审批事项，这是一套完整的执业资格制度。

12.1.2 建设工程执业资格制度的实施背景与意义

我国工程建设执业资格制度是在1993年中共中央发布"关于建立社会主义市场经济体制若干问题的决定"文件后提出的（"要制定各种职业的资格标准和录用标准，实行学历文凭和职业资格两种证书制度"）。实行工程建设执业资格制度，它的背景和意义可以概括为以下几个方面：

12.1.2.1 是工程建设行业健康发展的需要

从某种意义上讲，市场经济就是法制经济。随着改革开放的不断深入，建设市场各主体单位依法参与建设工程市场竞争和依法保护自身权益的重要性越发明显。建设工程投资量大，社会影响大，专业化程度高，牵涉面广，加强对建设企业单位资质的管理，监督它们在允许执业的范围内从事建设工程活动，规范它们的诚信经营，对提高我国工程建设水平、确保建设工程投资效益、保障公民的生命财产安全等方面具有重要的意义。

我国目前对建设行业的管理，主要是对单位资质的管理，对单位人员资格的管理才刚刚开始，也就是从建立执业资格制度以后，才强调在审核单位资质和评定单位等级时，还要看它具有执业资格的人员数量。在人员管理上，是根据专业技术职务、高中级职务人员的数量来评价单位资质的。人员是单位资质的一个条件，有的行业在审查单位资格和评定单位等级的时候，把执业资格已经纳入了范围。不仅仅对高、中、初级人员的比例，也对建设工程执业资格人员的数量进行了要求。现在我国建设行政部门与工商管理部门协商发文，规定在申办建设工程类企业时，如果这个企业属于实行执业资格制度范围的，必须要有执业资格人员数量的限制，如果没有规定的人员数量，这个企业是不能申办的。因此，建立和完善工程建设领域执业资格制度是势在必行的。

12.1.2.2 是促进建设专业技术队伍建设的一个重要手段

建立建设工程执业资格制度以后，在加强岗位培训、准入控制，规范建设行业市场的依法管理，提高专业技术人员素质，促进建设专业技术队伍建设，强化竞争机制等方面都起到积极作用。对建设从业人员实行执业资格管理，促使具有实践经验和专业水平的专业人员来完成建设活动，才能优胜劣汰，发挥他们的聪明才智。

建设工程执业资格制度对专业技术人员综合素质要求是一种贯穿始终的动态管理。建立与实行建设工程执业资格制度，必然会使专业技术人员不断进取，自觉接受多方面的教育，这是岗位执业的需要，如果达不到的话，就不能注册。同时由于专业技术是在不断进步的，如果达不到的话，就不能继续去履行自己的岗位职责。所以，这也是提高建设工程行业从业人员素质，保证建设工程质量的一个重要手段。

因此，国家对工程建设行业的管理提出了更高的要求，不仅要对单位进行管理，也要加强对执业人员的管理。从政府角度讲，对那些涉及公众利益、涉及人民生命及财产安全的、技术性强的行业和专业人员进行强制性管理，是我国政府的一项重要管理措施。

12.1.2.3　是参与对外经济交流与合作的迫切需要

在工程建设领域实行执业资格制度，实现对专业技术人员依法管理，是国际上一些发达国家通行的做法。这些国家近百年的历史证明它对市场经济有序发展起到了积极作用，是值得我们借鉴的。实际上这一制度也是我们参与国际竞争，平等进行国际经济与技术交流合作的需要。

中国加入WTO以后，根据我国对WTO的承诺，勘察、设计、咨询市场3年之内部分开放，5年后必须全部开放，国外具备条件的单位和个人将进入我国市场开展设计、咨询服务，享受同等的国民待遇；同样，我国的勘察、设计、咨询工程师也可以进入全球各个WTO成员方开展这些方面的就业和工作，这意味着全球的勘察、设计、咨询市场是一个彻底开放的、不设防的多边市场。因此，为加速我国与世界各国的接轨，遵守国际社会共同遵守的"游戏规则"，按WTO的要求，我国出台了勘察设计咨询行业的执业资格注册制度。反过来说，如果我国不实行这个行业的执业资格注册制度，我们就不可能对进入我国市场的国外设计人员提出执业资格互认准入的要求，同时我国的设计人员也不可能进入已建立个人执业资格制度的国家，所以加快推进建立勘察设计行业执业资格注册制度具有重要的战略意义和重大的现实意义。

12.1.3　建设工程执业资格制度的实施程序

一般来讲，建设工程执业资格制度的实施程序，需要经过以下几个工作环节：

（1）行业确认

我国建设工程执业资格制度的实施，都是由住房和城乡建设部来负责，代表国家对工程建设行业的执业资格进行统一管理。住建部通过垂直管理，确认哪些建设领域的职业需要建立执业资格制度以及如何实施。

（2）制定执业标准

即制定建设行业执业资格的标准。它一般包括学历教育、工作经历、专业知识能力，以及包括法律法规方面的意识、知识和职业道德等。我国的工程建设执业标准借鉴了国外发达国家的大量经验。

（3）取得资格

我国工程建设领域的执业资格，一般都必须通过严格的考试取得。不过，在我国，为新老过渡阶段，为减少推广注册制度的阻力，在实行注册资格制度的初期，也有相关行业的部分资深专家、设计大师可以不经过考试，直接认定为注册工程师的政策。至于其他人员，一般都要经过相关专业技术执业资格的考试。所以说取得建设工程执业资格的一个通常做法，就是要通过科学、公平、公正、公开的考试方法。

（4）注册管理

对取得建设工程执业资格的人员，除了进行专业知识与技能的审查外，还要进行其他方面的管理，如职业道德和继续教育等。在执业过程中有没有违法行为，工作水平是否有所提高，业务知识是否能跟得上世界的先进水平，以及工作业绩如何等，并将这些方面作为注册管理审查的条件。

（5）执业的实现

相关工程建设从业人员取得了资格，通过了注册，就可以从事建设执业工作。该环节是执业准入的关键，也是专业技术人员取得执业资格、办理执业许可后，进入执业资格制度的实施阶段。但在此环节还包括对没有通过资格认证的人实行有效的禁止，以保护合法执业人员的权益。只有保证了这个禁止的有效性，才能保证整个执业制度的有效性。从某种意义上讲，这个过程中普遍禁止的作用更为重要。

（6）执业水平的保证

水平保证是指对通过资格认证的执业人员进行专业培训、继续教育、更新知识和检查监督，保证他们在执业过程中一直具有较高的专业水平，以适应市场发展需要和保持符合要求的资格标准。

12.2 建设工程执业资格法规的立法现状

建设工程执业资格法规，是指调整工程建设执业资格活动中发生的各种社会关系的法律规范的总称。目前，国际上绝大多数发达国家都对从事建设活动主体的资格作了严格限定。我国也很早就实行了严格的单位执业资质认证制度，对各种建筑企事业单位的资质等级标准和允许执业范围做出了明确的规定。

自从1995年国务院首次颁布《注册建筑师条例》（国务院令第184号）以来，住建部、发改委等先后颁布了几十部有关工程建设执业资格的部门规章。随着我国建设行业从业主体专业的划分日趋细致和完善，可以预见，工程建设执业资格管理制度必将更加复杂和深入。

2007年，原建设部根据"十一五"建设市场发展需求，先后修订和完善10余部建设工程资质资格管理部令，及时颁发了50余件相关部令的实施意见，明确了今后3至5年可操作的各类资质和资格换证具体细则。另外，国家发改委作为跟工程建设决策、监督有关的部门，也颁布了注册咨询工程师、工程咨询单位的资格管理规章制度。

目前，我国还没有一部专门的关于工程建设领域的执业资格法规，相关的法律依据是《建筑法》的规定，以及一些部委的规章制度和文件等。1998年3月1日正式施行的《中华人民共和国建筑法》明确规定，我国工程建设实行执业单位资质管理和执业人员资格管理。

12.2.1 工程建设从业单位资质管理法规

2005年，国家发改委颁布了《工程咨询单位资格认定办法》，它对工程咨询单位的资质和资格管理进行了详细的规定。2007年，国家安监总局发布了《安全生产检测检验机构管理规定》，这些规定也适用于建设工程领域。对工程建设从业单位资质进行管理的法规，主要还是由住建部来制定的，表 12-1 列出了有关工程建设从业单位执业资格的主要管理法规。

目前在用的有关工程建设单位资质管理的规章与规定　　　表 12-1

序号	发布部门	发布年份	规章名称	备注
1	原建设部	2000	《房地产开发企业资质管理规定》	2011发征求意见稿
2	发改委	2005	《工程咨询单位资格认定办法》	发改委令第29号
3	原建设部	2006	《建筑装饰装修工程设计与施工资质标准》	原1992版标准失效
4	原建设部	2006	《工程造价咨询企业管理办法》	原建设部令第149号
5	原建设部	2007	《物业管理企业资质管理办法》	原建设部令第164号修改
6	原建设部	2007	《工程监理企业资质管理规定》	原建设部令第158号
7	原建设部	2007	《建设工程勘察设计资质管理规定》	原建设部令第160号
8	原建设部	2007	《建筑业企业资质管理规定实施意见》	建市[2007]241号
9	原建设部	2007	《建筑业企业资质管理规定》	原建设部令第159号
10	原建设部	2007	《施工总承包企业特级资质标准》	建市[2007]72号修订
11	原建设部	2007	《工程建设项目招标代理机构资格认定办法》	原建设部令第154号
12	住建部	2012	《城乡规划编制单位资质管理规定》	住建部令第12号
13	原建设部、原外经贸部	2002	《外商投资建筑业企业管理规定》	原建设部、原外经贸部令第113号
14		2002	《外商投资建设工程设计企业管理规定》	原建设部、原外经贸部令第114号

从表 12-1 可以看出，关于工程建设企业资质管理的规定，是一个动态的过程，这些法规一直处于不断修订中。

12.2.2　工程建设从业人员资质管理法规

我国工程建设从业人员资质管理法规方面，当前仅有 1995 年通过的国务院行政法规——《注册建筑师条例》以及 2008 年通过的《注册建筑师条例实施细则》等。国家发改委和原人事部于 2001 年发布了《注册咨询工程师（投资）执业资格制度暂行规定》和《注册咨询工程师（投资）执业资格考试实施办法》。2007 年，国家安全生产监督管理总局发布了《注册安全工程师管理规定》，也适用于建筑施工企业。表 12-2 列出了有关工程建设从业人员执业资格的主要管理法规。此外，为加强对工程建设中关键岗位技术人员的管理，保障特种作业人员的安全，维护社会公共利益，规范特种作业人员的安全技术培训考核工作，提高特种作业人员的安全技术水平，防止和减少伤亡事故，2010 年 5 月，国家安全生产监督管理总局以第 30 号令的形式，发布了《特种作业人员安全技术培训考核管理规定》，对建设行业特种作业人员的安全技术培训、考核、发证、复审及其监督管理工作进行了规定。

12.3 工程建设从业单位资质管理

12.3.1 工程建设从业单位的划分

我国从事工程建设活动的单位分为工程咨询企业、房地产开发企业、工程总承包企业、工程勘察设计企业、工程监理企业、建筑业企业6种企业形式。

12.3.1.1 工程咨询企业

工程咨询是遵循独立、公正、科学的原则，运用多学科知识和经验、现代科学技术和管理方法，为政府部门、项目业主及其他各类客户提供社会经济建设和工程项目决策与实施的智力服务，以提高经济和社会效益，实现可持续发展。工程咨询单位是指在中国境内设立的开展工程咨询业务并具有独立法人资格的企业、事业单位。我国现行的规范工程咨询企业的规章有2005年国家发改委颁布的《工程咨询单位资格认定办法》（发改委令第29号）。

工程咨询单位资格服务范围包括以下8项内容：
（1）规划咨询：含行业、专项和区域发展规划编制、咨询。
（2）编制项目建议书（含项目投资机会研究、预可行性研究）。
（3）编制项目可行性研究报告、项目申请报告和资金申请报告。
（4）评估咨询：含项目建议书、可行性研究报告、项目申请报告与初步设计评估，以及项目后评价、概预决算审查等。
（5）工程设计。
（6）招标代理。
（7）工程监理、设备监理。
（8）工程项目管理：含工程项目的全过程或若干阶段的管理服务。

目前在用的有关工程建设人员资质管理的规章与规定　　表12-2

序号	发布部门	发布年份	规章名称	备注
1	国务院	1995	《注册建筑师条例》	国务院令第184号
2	原建设部、原人事部	1997	《注册结构工程师执业资格制度暂行规定》	建设〔1997〕222号
3		1999	《注册城市规划师执业资格制度暂行规定》	人发〔1999〕39号
4		2003	《注册公用设备工程师执业资格制度暂行规定》	人发〔2003〕24号
5	原建设部	2006	《注册监理工程师管理规定》	原建设部令第147号
6	原建设部	2005	《勘察设计注册工程师管理规定》	原建设部令第137号
7	发改委	2005	《注册咨询工程师（投资）注册管理办法（试行）》	发改投资〔2005〕983号
8	原人事部、原建设部	2001	《房地产经纪人员职业资格制度暂行规定》	人发〔2001〕128号
9	原建设部	2006	《注册造价工程师管理办法》	原建设部令第150号
10	原建设部	2006	《注册建造师管理规定》	原建设部令第153号
11	原建设部	2006	《注册房地产估价师管理办法》	原建设部令第151号
12	原建设部	2008	《注册建筑师条例实施细则》	原建设部令第167号

12.3.1.2 房地产开发企业

房地产开发,是指在依据法律法规取得国有土地使用权的土地上进行基础设施、房屋建设的行为。房地产开发企业是指依法设立、具有企业法人资格,从事房地产开发经营的经济实体。我国现行房地产开发的法律有 2007 年颁布的《中华人民共和国城市房地产管理法》(主席令第 72 号),而房地产资质管理的主要依据是 2000 年颁布的《房地产开发企业资质管理规定》(原建设部令第 77 号)。

12.3.1.3 工程总承包企业

工程总承包,是指从事工程总承包的企业受业主委托,按照合同约定对工程项目的勘察、设计、采购、施工、试运行(竣工验收)等实行全过程或若干阶段的承包。工程总承包企业是对工程从立项到交付使用的全过程进行承包的企业。工程总承包企业对承包工程的质量、安全、工期、造价全面负责。

12.3.1.4 工程勘察设计企业

工程勘察设计企业是指依法取得资格,从事工程勘察、工程设计活动的企业。我国现行工程勘察设计的管理法规主要有《中华人民共和国行政许可法》、《中华人民共和国建筑法》、《建设工程质量管理条例》和《建设工程勘察设计管理条例》等法律、行政法规。现行关于工程勘察设计资质的法规有原建设部颁发的《建设工程勘察设计资质管理规定》(原建设部令第 160 号)、《建设工程勘察设计资质管理规定实施意见》(建市〔2007〕202 号)。

12.3.1.5 工程监理企业

工程建设监理,是指具有法人资格的监理单位受建设单位的委托,依据有关工程建设的法律、法规、项目批准文件、监理合同及其他工程建设合同,对工程建设实施的投资、工程质量和建设工期进行控制的监督管理。工程监理企业是指取得监理资质证书,具有法人资格的企业。现行有关监理企业资质的法规主要是 2007 年原建设部颁布的《工程监理企业资质管理规定》(原建设部令第 158 号)。

12.3.1.6 建筑业企业

建筑业企业,是指从事土木工程、建筑工程、线路管道设备安装工程、装修工程的新建、扩建、改建等活动的企业。建筑业企业应当按照其拥有的注册资本、专业技术人员、技术装备和已完成的建筑工程业绩等条件申请资质,经审查合格,取得建筑业企业资质证书后,方可在资质许可的范围内从事建筑施工活动。现行的建筑业企业资质规定有 2007 年原建设部颁布的《建筑业企业资质管理规定》(原建设部令第 159 号)和《建筑业企业资质管理规定实施意见》(建市〔2007〕241 号)。

12.3.2 工程建设从业单位的资质等级与标准

12.3.2.1 工程咨询企业

工程咨询单位资格包括资格等级、咨询专业和服务范围三部分。工程咨询单位必须依法取得国家发展改革委颁发的《工程咨询资格证书》,凭《工程咨询资格证书》开展相应的工程咨询业务。工程咨询单位资格等级分为甲级、乙级、丙级。

1. 工程咨询单位专业资格的种类

工程咨询单位专业资格,按照以下 31 个专业划分:公路;铁路;城市轨道交通;民航；水电、核电、核工业；火电；煤炭；石油天然气；石化；化工、医药；建筑材料；机械；电子；轻工；纺织、化纤；钢铁；有色冶金；农业；林业；通信信息；广播电影电视；水文地质、工程测量、岩土工程；水利工程；港口河海工程；生态建设和环境工程；市政公用工程；建筑；城市规划；综合经济（不受具体专业限制）；其他（按具体专业填写）。

2. 工程咨询单位等级标准

甲级工程咨询单位应当具备以下资格标准：

(1) 基本条件

1) 从事工程咨询业务不少于 5 年，申请专业的服务范围相应咨询成果均不少于 5 项，无不良记录。

2) 注册资金不低于 500 万元（事业单位除外）。

3) 有固定的办公场所，人均使用面积不少于 6 平方米。

4) 主持或参与制定过相关行业标准和技术规范的从优。

(2) 技术力量

1) 专职从事工程咨询业务的技术人员不得少于 60 人，其中具有高级专业技术、经济职称的人员不得少于 30%，注册咨询工程师（投资）不得低于技术人员总数的 15%，聘用专职离退休专业技术人员不得高于技术人员总数的 10%，以上人员不得同时在两个及以上工程咨询单位执业。

2) 每个专业领域配备相应的专业技术人员不少于 5 人和至少 2 名注册咨询工程师（投资）。

3) 主要技术负责人应具有注册咨询工程师（投资）执业资格，从事工程咨询及相关业务不少于 10 年。

(3) 技术水平和技术装备

1) 掌握现代工程技术和项目管理方法，技术装备先进，具有较完整的专业技术资料积累，以及处理国内外相关业务信息的手段。

2) 具有独立或与国内外工程咨询单位合作承接国外工程咨询业务的能力。

3) 直接从事业务的专业技术人员人均配备计算机不少于 1 台，通信及信息处理手段完备，能应用工程技术和经济评价系统软件开展业务，全部运用计算机和系统软件完成工程咨询成果文件编制和经济评价。

(4) 管理水平

1) 有完善的组织结构，健全的管理制度。

2) 有严格的质量管理体系和制度，已通过 ISO 9000 族质量管理体系认证的从优。

乙级工程咨询单位应当具备以下资格标准：

(1) 基本条件

1) 从事工程咨询业务不少于 3 年，申请专业的服务范围相应咨询成果均不少于 5 项，无不良记录。

2) 注册资金不低于 200 万元（事业单位除外）。

3) 有固定的办公场所，人均使用面积不少于 6 平方米。

(2) 技术力量

1)专职从事工程咨询业务的技术人员不得少于 30 人,其中具有高级专业技术、经济职称的人员不得少于 30%,注册咨询工程师(投资)不得低于技术人员总数的 15%,聘用专职离退休专业技术人员不得高于技术人员总数的 10%,以上人员不得同时在两个及以上工程咨询单位执业。

2)每个专业领域配备相应的专业技术人员不少于 5 人和至少 2 名注册咨询工程师(投资)。

3)主要技术负责人应具有注册咨询工程师(投资)执业资格,从事工程咨询及相关业务不少于 8 年。

(3)技术水平和技术装备

1)掌握现代工程技术和项目管理方法,拥有较先进的技术装备,具有开展业务的专业技术资料积累和及时查询相关专业信息的手段。

2)直接从事业务的专业技术人员人均配备计算机不少于 1 台,全部运用计算机完成工程咨询成果文件编制,经济评价系统软件的应用达到 80%以上。

(4)管理水平

1)有完善的组织结构,健全的管理制度。

2)有严格的质量管理体系和制度。

丙级工程咨询单位应当具备以下资格标准:

(1)注册资金不低于 50 万元(事业单位除外)。

(2)专业技术人员不得少于 15 人,其中具有高级专业技术、经济职称的人员不得少于 30%,注册咨询工程师(投资)不得低于技术人员总数的 15%,聘用专职离退休专业技术人员不得高于技术人员总数的 10%。

(3)每个专业领域配备相应的专业技术人员不少于 5 人和至少 1 名注册咨询工程师(投资)。

(4)主要技术负责人应具有中级以上专业技术职称或具有注册咨询工程师(投资)执业资格,从事工程咨询及相关业务不少于 5 年。

(5)有固定的办公场所,人均使用面积不少于 6 平方米。

(6)有严格的质量管理制度。

凡新申请工程咨询资格的单位,一般应从丙级资格做起。

12.3.2.2 房地产开发企业

房地产开发企业资质种类:

(一)一级资质:

1)注册资本不低于 5000 万元;

2)从事房地产开发经营 5 年以上;

3)近 3 年房屋建筑面积累计竣工 30 万平方米以上,或者累计完成与此相当的房地产开发投资额;

4)连续 5 年建筑工程质量合格率达 100%;

5)一年房屋建筑施工面积 15 万平方米以上,或者完成与此相当的房地产开发投资额;

6)有职称的建筑、结构、财务、房地产及有关经济类的专业管理人员不少于 40 人,其中具有中级以上职称的管理人员不少于 20 人，持有资格证书的专职会计人员不少于 4 人；

7）工程技术、财务、统计等业务负责人具有相应专业中级以上职称；

8）具有完善的质量保证体系，商品住宅销售中实行了《住宅质量保证书》和《住宅使用说明书》制度；

9）未发生过重大工程质量事故。

（二）二级资质：

1）注册资本不低于 2000 万元；

2）从事房地产开发经营 3 年以上；

3）近 3 年房屋建筑面积累计竣工 15 万平方米以上，或者累计完成与此相当的房地产开发投资额；

4）连续 3 年建筑工程质量合格率达 100%；

5）上一年房屋建筑施工面积 10 万平方米以上，或者完成与此相当的房地产开发投资额；

6）有职称的建筑、结构、财务、房地产及有关经济类的专业管理人员不少于 20 人，其中具有中级以上职称的管理人员不少于 10 人，持有资格证书的专职会计人员不少于 3 人；

7）工程技术、财务、统计等业务负责人具有相应专业中级以上职称；

8）具有完善的质量保证体系，商品住宅销售中实行了《住宅质量保证书》和《住宅使用说明书》制度；

9）未发生过重大工程质量事故。

（三）三级资质：

1）注册资本不低于 800 万元；

2）从事房地产开发经营 2 年以上；

3）房屋建筑面积累计竣工 5 万平方米以上，或者累计完成与此相当的房地产开发投资额；

4）连续 2 年建筑工程质量合格率达 100%；

5）有职称的建筑、结构、财务、房地产及有关经济类的专业管理人员不少于 10 人，其中具有中级以上职称的管理人员不少于 5 人，持有资格证书的专职会计人员不少于 2 人；

6）工程技术、财务等业务负责人具有相应专业中级以上职称，统计等其他业务负责人具有相应专业初级以上职称；

7）具有完善的质量保证体系，商品住宅销售中实行了《住宅质量保证书》和《住宅使用说明书》制度；

8）未发生过重大工程质量事故。

（四）四级资质：

1）注册资本不低于 100 万元；

2）从事房地产开发经营 1 年以上；

3）已竣工的建筑工程质量合格率达 100%；

4）有职称的建筑、结构、财务、房地产及有关经济类的专业管理人员不少于5人，持有资格证书的专职会计人员不少于2人；

5）工程技术负责人具有相应专业中级以上职称，财务负责人具有相应专业初级以上职称，配有专业统计人员；

6）商品住宅销售中实行了《住宅质量保证书》和《住宅使用说明书》制度；

7）未发生过重大工程质量事故。

12.3.2.3 工程总承包企业

一般来讲，工程总承包企业是对工程从立项到交付使用的全过程进行承包的企业。各行业如水利、交通、通信、电力等建设工程的总承包资质和等级介绍略。施工总承包企业资质等级标准包括12个标准、专业承包企业资质等级标准包括60个标准、劳务分包企业资质标准包括13个标准。

施工总承包的12个资质标准：房屋建筑工程施工总承包企业资质等级标准，公路工程施工总承包企业资质等级标准，铁路工程施工总承包企业资质等级标准，港口与航道工程施工总承包企业资质等级标准，水利水电工程施工总承包企业资质等级标准，电力工程施工总承包企业资质等级标准，矿山工程施工总承包企业资质等级标准，冶炼工程施工总承包企业资质等级标准，化工石油工程施工总承包企业资质等级标准，市政公用工程施工总承包企业资质等级标准，通信工程施工总承包企业资质等级标准，机电安装工程施工总承包企业资质等级标准。

劳务分包企业的13个资质标准：木工作业分包企业资质标准，砌筑作业分包企业资质标准，抹灰作业分包企业资质标准，石制作分包企业资质标准，油漆作业分包企业资质标准，钢筋作业分包企业资质标准，混凝土作业分包企业资质标准，脚手架作业分包企业资质标准，模板作业分包企业资质标准，焊接作业分包企业资质标准，水暖电安装作业分包企业资质标准，钣金工程作业分包企业资质标准，架线工程作业分包企业资质标准。

而专业承包企业资质等级标准的60个标准，由于内容太多，本章略去。另外，本章仅介绍建筑业企业中的总承包，即建筑业企业施工总承包资质，在下面的建筑业企业资质等级中论述。

12.3.2.4 工程勘察设计企业

1. 工程勘察企业资质分类

工程勘察资质分为工程勘察综合资质、工程勘察专业资质、工程勘察劳务资质。

工程勘察综合资质只设甲级。取得工程勘察综合资质的企业，可以承接各专业（海洋工程勘察除外）、各等级工程勘察业务。

工程勘察专业资质设甲级、乙级，根据工程性质和技术特点，部分专业可以设丙级。取得工程勘察专业资质的企业，可以承接相应等级相应专业的工程勘察业务。

工程勘察劳务资质不分等级。取得工程勘察劳务资质的企业，可以承接岩土工程治理、工程钻探、凿井等工程勘察劳务业务。

2. 工程设计企业资质分类

工程设计资质分为工程设计综合资质、工程设计行业资质、工程设计专业资质和工程设计专项资质。

工程设计综合资质只设甲级。取得工程设计综合资质的企业，可以承接各行业、各等级的建设工程设计业务。

工程设计行业资质、工程设计专业资质、工程设计专项资质设甲级、乙级。

根据工程性质和技术特点，个别行业、专业、专项资质可以设丙级，建筑工程专业资质可以设丁级。取得工程设计行业资质的企业，可以承接相应行业相应等级的工程设计业务及本行业范围内同级别的相应专业、专项（设计施工一体化资质除外）工程设计业务；取得工程设计专业资质的企业，可以承接本专业相应等级的专业工程设计业务及同级别的相应专项工程设计业务（设计施工一体化资质除外）；取得工程设计专项资质的企业，可以承接本专项相应等级的专项工程设计业务。

建设工程勘察、工程设计资质标准和各资质类别、级别企业承担工程的具体范围由国务院建设主管部门商国务院有关部门制定，由于内容太多，本章略。

12.3.2.5 工程监理企业

1. 工程监理企业资质等级划分

工程监理企业资质分为综合资质、专业资质和事务所资质。其中，专业资质按照工程性质和技术特点划分为若干工程类别。

综合资质、事务所资质不分级别。专业资质分为甲级、乙级；其中，房屋建筑、水利水电、公路和市政公用专业资质可设立丙级。

综合资质可以承担所有专业工程类别建设工程项目的工程监理业务。专业资质中，甲级资质可按规定承担相应专业工程类别建设工程项目的工程监理业务；乙级资质可承担相应专业工程类别二级以下（含二级）建设工程项目的工程监理业务；丙级资质可承担相应专业工程类别三级建设工程项目的工程监理业务。

事务所资质可承担三级建设工程项目的工程监理业务，但是，国家规定必须实行强制监理的工程除外。

2. 工程监理企业资质等级标准

工程监理企业的资质等级标准如下：

（1）综合资质标准

1）具有独立法人资格且注册资本不少于 600 万元。

2）企业技术负责人应为注册监理工程师，并具有 15 年以上从事工程建设工作的经历或者具有工程类高级职称。

3）具有 5 个以上工程类别的专业甲级工程监理资质。

4）注册监理工程师不少于 60 人，注册造价工程师不少于 5 人，一级注册建造师、一级注册建筑师、一级注册结构工程师或者其他勘察设计注册工程师合计不少于 15 人次。

5）企业具有完善的组织结构和质量管理体系，有健全的技术、档案等管理制度。

6）企业具有必要的工程试验检测设备。

7）申请工程监理资质之日前 1 年内没有行贿、串标等行为。

8）申请工程监理资质之日前 1 年内没有因本企业监理责任造成重大质量事故。

9）申请工程监理资质之日前 1 年内没有因本企业监理责任发生三级以上工程建设重大安全事故或者发生 2 起以上四级工程建设安全事故。

（2）专业资质标准

1）甲级

① 具有独立法人资格且注册资本不少于 300 万元。

② 企业技术负责人应为注册监理工程师，并具有 15 年以上从事工程建设工作的经历或者具有工程类高级职称。

③ 注册监理工程师、注册造价工程师、一级注册建造师、一级注册建筑师、一级注册结构工程师或者其他勘察设计注册工程师合计不少于 25 人次；其中，相应专业注册监理工程师不少于相关要求配备的人数，注册造价工程师不少于 2 人。

④ 企业近 2 年内独立监理过 3 个以上相应专业的二级工程项目，但是，具有甲级设计资质或一级及以上施工总承包资质的企业申请本专业工程类别甲级资质的除外。

⑤ 企业具有完善的组织结构和质量管理体系，有健全的技术、档案等管理制度。

⑥ 企业具有必要的工程试验检测设备。

⑦ 申请工程监理资质之日前 1 年内没有行贿、串标等行为。

⑧ 申请工程监理资质之日前 1 年内没有因本企业监理责任造成重大质量事故。

⑨ 申请工程监理资质之日前 1 年内没有因本企业监理责任发生三级以上工程建设重大安全事故或者发生 2 起以上四级工程建设安全事故。

2) 乙级

① 具有独立法人资格且注册资本不少于 100 万元。

② 企业技术负责人应为注册监理工程师，并具有 10 年以上从事工程建设工作的经历。

③ 注册监理工程师、注册造价工程师、一级注册建造师、一级注册建筑师、一级注册结构工程师或者其他勘察设计注册工程师合计不少于 15 人次。其中，相应专业注册监理工程师不少于相关要求配备的人数，注册造价工程师不少于 1 人。

④ 有较完善的组织结构和质量管理体系，有技术、档案等管理制度。

⑤ 有必要的工程试验检测设备。

⑥ 申请工程监理资质之日前 1 年内没有行贿、串标等行为。

⑦ 申请工程监理资质之日前 1 年内没有因本企业监理责任造成重大质量事故。

⑧ 申请工程监理资质之日前 1 年内没有因本企业监理责任发生三级以上工程建设重大安全事故或者发生 2 起以上四级工程建设安全事故。

3) 丙级

① 具有独立法人资格且注册资本不少于 50 万元。

② 企业技术负责人应为注册监理工程师，并具有 8 年以上从事工程建设工作的经历。

③ 相应专业的注册监理工程师不少于相关要求配备的人数。

④ 有必要的质量管理体系和规章制度。

⑤ 有必要的工程试验检测设备。

(3) 事务所资质标准

1) 取得合伙企业营业执照，具有书面合作协议书。

2) 合伙人中有 3 名以上注册监理工程师，合伙人均有 5 年以上从事建设工程监理的工作经历。

3) 有固定的工作场所。

4) 有必要的质量管理体系和规章制度。

5) 有必要的工程试验检测设备。

12.3.2.6 建筑业企业

1. 建筑业企业资质分类

建筑业企业资质分为施工总承包、专业承包和劳务分包三个序列。

取得施工总承包资质的企业（以下简称施工总承包企业），可以承接施工总承包工程。施工总承包企业可以对所承接的施工总承包工程内各专业工程全部自行施工，也可以将专业工程或劳务作业依法分包给具有相应资质的专业承包企业或劳务分包企业。

取得专业承包资质的企业（以下简称专业承包企业），可以承接施工总承包企业分包的专业工程和建设单位依法发包的专业工程。专业承包企业可以对所承接的专业工程全部自行施工，也可以将劳务作业依法分包给具有相应资质的劳务分包企业。

取得劳务分包资质的企业（以下简称劳务分包企业），可以承接施工总承包企业或专业承包企业分包的劳务作业。

施工总承包资质、专业承包资质、劳务分包资质序列按照工程性质和技术特点分别划分为若干资质类别。各资质类别按照规定的条件划分为若干资质等级。

2. 建筑业企业资质等级标准

房屋建筑工程施工总承包企业资质分为特级、一级、二级、三级。

（1）特级资质标准（《施工总承包企业特级资质标准》，建市〔2007〕72号）

1) 企业资信能力

① 企业注册资本金3亿元以上。

② 企业净资产3.6亿元以上。

③ 企业近3年上缴建筑业营业税均在5000万元以上。

④ 企业银行授信额度近3年均在5亿元以上。

2) 企业主要管理人员和专业技术人员要求

① 企业经理具有10年以上从事工程管理工作经历。

② 技术负责人具有15年以上从事工程技术管理工作经历，且具有工程序列高级职称及一级注册建造师或注册工程师执业资格；主持完成过2项及以上施工总承包一级资质要求的代表工程的技术工作或甲级设计资质要求的代表工程或合同额2亿元以上的工程总承包项目。

③ 财务负责人具有高级会计师职称及注册会计师资格。

④ 企业具有注册一级建造师（一级项目经理）50人以上。

⑤ 企业具有本类别相关的行业工程设计甲级资质标准要求的专业技术人员。

3) 科技进步水平

① 企业具有省部级（或相当于省部级水平）及以上的企业技术中心。

② 企业近3年科技活动经费支出平均达到营业额的0.5%以上。

③ 企业具有国家级工法3项以上；近3年具有与工程建设相关的，能够推动企业技术进步的专利3项以上，累计有效专利8项以上，其中至少有1项发明专利。

④ 企业近10年获得过国家级科技进步奖项或主编过工程建设国家或行业标准。

⑤ 企业已建立内部局域网或管理信息平台，实现了内部办公、信息发布、数据交换的网络化；已建立并开通了企业外部网站；使用了综合项目管理信息系统和人事管理系

统、工程设计相关软件，实现了档案管理和设计文档管理。

4）有符合规定的代表工程业绩

近5年承担过下列5项工程总承包或施工总承包项目中的3项，工程质量合格.

① 高度100米以上的建筑物。

② 28层以上的房屋建筑工程。

③ 单体建筑面积5万平方米以上房屋建筑工程。

④ 钢筋混凝土结构单跨30米以上的建筑工程或钢结构单跨36米以上房屋建筑工程。

⑤ 单项建安合同额2亿元以上的房屋建筑工程。

(2) 一级资质标准

1）企业近5年承担过下列6项中的4项以上工程的施工总承包或主体工程承包，工程质量合格。

① 25层以上的房屋建筑工程。

② 高度100米以上的构筑物或建筑物。

③ 单体建筑面积3万平方米以上的房屋建筑工程。

④ 单跨跨度30米以上的房屋建筑工程。

⑤ 建筑面积10万平方米以上的住宅小区或建筑群体。

⑥ 单项建安合同额1亿元以上的房屋建筑工程。

2）企业经理具有10年以上从事工程管理工作经历或具有高级职称，总工程师具有10年以上从事建筑施工技术管理工作经历并具有本专业高级职称，总会计师具有高级会计职称，总经济师具有高级职称。

企业有职称的工程技术和经济管理人员不少于300人，其中工程技术人员不少于200人；工程技术人员中，具有高级职称的人员不少于10人，具有中级职称的人员不少于60人。企业具有的一级资质项目经理不少于12人。

3）企业注册资本金5000万元以上，企业净资产6000万元以上。

4）企业近3年最高年工程结算收入2亿元以上。

5）企业具有与承包工程范围相适应的施工机械和质量检测设备。

二级资质标准和三级资质标准略。

3. 建筑业企业资质承包范围

(1) 特级资质建筑企业的承包范围：

1）取得施工总承包特级资质的企业可承担本类别各等级工程施工总承包、设计及开展工程总承包和项目管理业务。

2）取得房屋建筑、公路、铁路、市政公用、港口与航道、水利水电等专业中任意1项施工总承包特级资质和其中2项施工总承包一级资质，即可承接上述各专业工程的施工总承包、工程总承包和项目管理业务，及开展相应设计主导专业人员齐备的施工图设计业务。

3）取得房屋建筑、矿山、冶炼、石油化工、电力等专业中任意1项施工总承包特级资质和其中2项施工总承包一级资质，即可承接上述各专业工程的施工总承包、工程总承包和项目管理业务，及开展相应设计主导专业人员齐备的施工图设计业务。

4）特级资质的企业，限承担施工单项合同额3000万元以上的房屋建筑工程。

(2) 一级企业，可承担单项建安合同额不超过企业注册资本金 5 倍的下列房屋建筑工程的施工：

1) 40 层及以下、各类跨度的房屋建筑工程。

2) 高度 240 米及以下的构筑物。

3) 建筑面积 20 万平方米及以下的住宅小区或建筑群体。

(3) 二级企业，可承担单项建安合同额不超过企业注册资本金 5 倍的下列房屋建筑工程的施工：

1) 28 层及以下、单跨跨度 36 米及以下的房屋建筑工程。

2) 高度 120 米及以下的构筑物。

3) 建筑面积 12 万平方米及以下的住宅小区或建筑群体。

(4) 三级企业，可承担单项建安合同额不超过企业注册资本金 5 倍的下列房屋建筑工程的施工：

1) 14 层及以下、单跨跨度 24 米及以下的房屋建筑工程。

2) 高度 70 米及以下的构筑物。

3) 建筑面积 6 万平方米及以下的住宅小区或建筑群体。

12.3.3　工程建设从业单位资质申请办法

12.3.3.1　工程咨询企业

1. 资质申请受理机构和程序

工程咨询单位资格由国家发展改革委认定。工程咨询单位资格认定，先由初审机构提出初审意见，初审机构初审期限为 20 个工作日，再报国家发展改革委审定批准。根据隶属关系，各省、自治区、直辖市、计划单列市及新疆生产建设兵团发展改革委、国务院有关主管部门是工程咨询单位资格认定的初审机构。中央管理企业可直接向国家发展改革委申报。如审核合格，由国家发展改革委统一印制并颁发《工程咨询单位资格证书》。《工程咨询单位资格证书》由一套正本和二套副本组成，副本与正本具有同等法律效力，工程咨询单位资格证书有效期为 5 年。

2. 资质申请材料

申请单位申请工程咨询资格，应填写《中国工程咨询业务管理系统》软件内容，并将文本文件同时报送初审机构。申请材料可以通过信函、电子邮件等方式报送。

报送电子文件材料包括：①填写内容：单位基本情况、单位行政和技术经济主要负责人简介、在编技术人员及配备计算机情况；近三年经营状况以及独立承担过的工程咨询业绩；②扫描内容：企业法人营业执照或事业单位法人证书；技术负责人的工程咨询执业资格注册证书；在编专业技术人员的证明文件（高级专业技术、经济职称证书、工程咨询执业资格注册证书、社会养老保险和人事证明材料）；单位相关证明（工程设计等有关证书）；上一年度资产负债表和损益表；自有或租赁办公用房证明及其他有关证明文件等。

3. 工程咨询资格升级、降级、变更和终止

凡取得丙级资格证书 3 年、乙级资格证书 2 年的单位可按相关规定的等级标准和程序申请办理升级或扩大专业服务范围手续；经复审核定降级的单位，先收缴原资格等级证书，后核发新的等级证书。

工程咨询单位发生下列情况之一的,应做降级处理。情节严重的,应取消工程咨询单位资格:

(1) 经检查,违反工程咨询持证执业办法、行业职业道德行为准则和市场竞争规则的。

(2) 经核实,工程咨询质量考核存在问题的。

工程咨询单位发生下列情况之一的,应向原资格认定单位申请办理工程咨询资格变更或终止的手续:

(1) 分立或者合并,应向原资格认定单位交回《工程咨询单位资格证书》,经重新审核和认定后,再领取相应的《工程咨询单位资格证书》。

(2) 单位法人代表及主要技术负责人变更时,应向原资格认定单位办理变更手续。

(3) 因宣告破产或其他原因终止工程咨询业务时,应报原资格认定单位备案,交回《工程咨询单位资格证书》,办理相应撤销和注销手续。

12.3.3.2 房地产开发企业

(1) 资质申请程序

房地产开发企业资质等级实行分级审批。

一级资质由省、自治区、直辖市人民政府建设行政主管部门初审,报国务院建设行政主管部门审批。

二级资质及二级资质以下企业的审批办法由省、自治区、直辖市人民政府建设行政主管部门制定。

经资质审查合格的企业,由资质审批部门发给相应等级的资质证书。

新设立的房地产开发企业应当自领取营业执照之日起 30 日内,持相关文件到房地产开发主管部门备案。房地产开发主管部门应当在收到备案申请后 30 日内向符合条件的企业核发《暂定资质证书》。

(2) 新设立公司资质申请材料

新设立房地产开发公司,需要持下列文件到房地产开发主管部门备案:

1) 营业执照复印件;
2) 企业章程;
3) 验资证明;
4) 企业法定代表人的身份证明;
5) 专业技术人员的资格证书和劳动合同;
6) 房地产开发主管部门认为需要出示的其他文件。

(3) 房地产开发企业资质延续、变更、重新核定和注销

企业发生分立、合并的,应当在向工商行政管理部门办理变更手续后的 30 日内,到原资质审批部门申请办理资质证书注销手续,并重新申请资质等级。

企业变更名称、法定代表人和主要管理、技术负责人,应当在变更 30 日内,向原资质审批部门办理变更手续。

房地产开发企业应当在《暂定资质证书》有效期满前 1 个月内向房地产开发主管部门申请核定资质等级。房地产开发主管部门应当根据其开发经营业绩核定相应的资质等级。申请核定资质等级的房地产开发企业,应当提交下列证明文件:

1) 企业资质等级申报表；
2) 房地产开发企业资质证书（正、副本）；
3) 企业资产负债表和验资报告；
4) 企业法定代表人和经济、技术、财务负责人的职称证件；
5) 已开发经营项目的有关证明材料；
6) 房地产开发项目手册及《住宅质量保证书》、《住宅使用说明书》执行情况报告；
7) 其他有关文件、证明。

企业破产、歇业或者因其他原因终止业务时，应当在向工商行政管理部门办理注销营业执照后的15日内，到原资质审批部门注销资质证书。

房地产开发企业的资质实行年检制度。对于不符合原定资质条件或者有不良经营行为的企业，由原资质审批部门予以降级或者注销资质证书。

一级资质房地产开发企业的资质年检由国务院建设行政主管部门或者其委托的机构负责。

二级资质及二级资质以下房地产开发企业的资质年检由省、自治区、直辖市人民政府建设行政主管部门制定办法。

房地产开发企业无正当理由不参加资质年检的，视为年检不合格，由原资质审批部门注销资质证书。

值得注意的是，住建部已于2011年就《房地产开发企业资质管理规定》修改征求过意见稿，新的规定或许即将实施。

12.3.3.3 工程总承包企业

施工总承包序列特级资质、一级资质和国务院国有资产管理部门直接监管的企业及其下属一层级的企业的施工总承包二级资质、三级资质由国务院建设主管部门实施。施工总承包企业应当向企业工商注册所在地省、自治区、直辖市人民政府建设主管部门提出申请。其中，国务院国有资产管理部门直接监管的企业及其下属一层级的企业，应当由国务院国有资产管理部门直接监管的企业向国务院建设主管部门提出申请。

施工总承包序列二级资质（不含国务院国有资产管理部门直接监管的企业及其下属一层级的企业的施工总承包序列二级资质）由企业工商注册所在地省、自治区、直辖市人民政府建设主管部门依法确定。

施工总承包序列三级资质（不含国务院国有资产管理部门直接监管的企业及其下属一层级的企业的施工总承包三级资质）由企业工商注册所在地设区的市人民政府建设主管部门实施。

12.3.3.4 工程勘察设计企业

1. 资质申请和受理

申请工程勘察甲级资质、工程设计甲级资质，以及涉及铁路、交通、水利、信息产业、民航等方面的工程设计乙级资质的，应当向企业工商注册所在地的省、自治区、直辖市人民政府建设主管部门提出申请。其中，国务院国资委管理的企业应当向国务院建设主管部门提出申请；国务院国资委管理的企业下属一层级的企业申请资质，应当由国务院国资委管理的企业向国务院建设主管部门提出申请。

省、自治区、直辖市人民政府建设主管部门应当自受理申请之日起20日内初审完毕，并将初审意见和申请材料报国务院建设主管部门。

国务院建设主管部门应当自省、自治区、直辖市人民政府建设主管部门受理申请材料之日起 60 日内完成审查，公示审查意见，公示时间为 10 日。其中，涉及铁路、交通、水利、信息产业、民航等方面的工程设计资质，由国务院建设主管部门送国务院有关部门审核，国务院有关部门在 20 日内审核完毕，并将审核意见送国务院建设主管部门。

工程勘察乙级及以下资质、劳务资质、工程设计乙级（涉及铁路、交通、水利、信息产业、民航等方面的工程设计乙级资质除外）及以下资质许可由省、自治区、直辖市人民政府建设主管部门实施。具体实施程序由省、自治区、直辖市人民政府建设主管部门依法确定。

省、自治区、直辖市人民政府建设主管部门应当自做出决定之日起 30 日内，将准予资质许可的决定报国务院建设主管部门备案。

工程勘察、工程设计资质证书分为正本和副本，正本一份，副本六份，由国务院建设主管部门统一印制，正、副本具备同等法律效力。资质证书有效期为 5 年。

2. 申请材料

勘察设计企业首次申请工程勘察、工程设计资质，应当提供以下材料：

（1）工程勘察、工程设计资质申请表。

（2）企业法人、合伙企业营业执照副本复印件。

（3）企业章程或合伙人协议。

（4）企业法定代表人、合伙人的身份证明。

（5）企业负责人、技术负责人的身份证明、任职文件、毕业证书、职称证书及相关资质标准要求提供的材料。

（6）工程勘察、工程设计资质申请表中所列注册执业人员的身份证明、注册执业证书。

（7）工程勘察、工程设计资质标准要求的非注册专业技术人员的职称证书、毕业证书、身份证明及个人业绩材料。

（8）工程勘察、工程设计资质标准要求的注册执业人员、其他专业技术人员与原聘用单位解除聘用劳动合同的证明及新单位的聘用劳动合同。

（9）资质标准要求的其他有关材料。

企业申请资质升级和企业增项申请工程勘察、工程设计资质的内容略。

12.3.3.5 工程监理企业

1. 资质申请和审批程序

申请综合资质、专业甲级资质的，应当向企业工商注册所在地的省、自治区、直辖市人民政府建设主管部门提出申请。省、自治区、直辖市人民政府建设主管部门应当自受理申请之日起 20 日内初审完毕，并将初审意见和申请材料报国务院建设主管部门。

国务院建设主管部门应当自省、自治区、直辖市人民政府建设主管部门受理申请材料之日起 60 日内完成审查，公示审查意见，公示时间为 10 日。其中，涉及铁路、交通、水利、通信、民航等专业工程监理资质的，由国务院建设主管部门送国务院有关部门审核。国务院有关部门应当在 20 日内审核完毕，并将审核意见报国务院建设主管部门。国务院建设主管部门根据初审意见审批。

专业乙级、丙级资质和事务所资质由企业所在地省、自治区、直辖市人民政府建设主管部门审批。专业乙级、丙级资质和事务所资质许可。延续的实施程序由省、自治区、直辖市人民政府建设主管部门依法确定。

省、自治区、直辖市人民政府建设主管部门应当自做出决定之日起 10 日内,将准予资质许可的决定报国务院建设主管部门备案。

工程监理企业资质证书分为正本和副本,每套资质证书包括一本正本,四本副本。正、副本具有同等法律效力。工程监理企业资质证书的有效期为 5 年。工程监理企业资质证书由国务院建设主管部门统一印制并发放。

2. 申请材料

申请工程监理企业资质,应当提交以下材料:

(1) 工程监理企业资质申请表(一式三份)及相应电子文档。

(2) 企业法人、合伙企业营业执照。

(3) 企业章程或合伙人协议。

(4) 企业法定代表人、企业负责人和技术负责人的身份证明、工作简历及任命(聘用)文件。

(5) 工程监理企业资质申请表中所列注册监理工程师及其他注册执业人员的注册执业证书。

(6) 有关企业质量管理体系、技术和档案等管理制度的证明材料。

(7) 有关工程试验检测设备的证明材料。

取得专业资质的企业申请晋升专业资质等级或者取得专业甲级资质的企业申请综合资质的,除前款规定的材料外,还应当提交企业原工程监理企业资质证书正、副本复印件,企业《监理业务手册》及近 2 年已完成代表工程的监理合同、监理规划、工程竣工验收报告及监理工作总结。

申请资质变更、延续及企业合并等内容略。

12.3.3.6 建筑业企业

1. 资质申请和程序

依法取得工商行政管理部门颁发的《企业法人营业执照》的企业,在中华人民共和国境内从事土木工程、建筑工程、线路管道设备安装工程、装修工程的新建、扩建、改建等活动,应当申请建筑业企业资质。

省级及以下建设主管部门应当在作出资质许可决定后 30 日内,将资质许可的决定,通过省级建设主管部门,向国务院建设主管部门备案,同时抄送相应专业部门,由建设部将各省资质许可情况及时在网上向社会公布,以方便异地查询和确认。逾期或未向建设部备案的,建设部将不再给予上网公布。

企业申请资质升级、资质增项的,资质许可机关应当核查其近一年内有无《建筑业企业资质管理规定》第二十一条所列违法违规行为、有无《建筑市场诚信行为信息管理办法》(建市〔2007〕9 号)中施工单位不良行为记录认定标准所列行为,并将核查结果作为资质许可的重要依据。

建筑业企业资质证书由建设部统一制定。实行全国统一编码,具体编码办法由国务院建设主管部门另行制定。建筑业企业资质证书,包括一个正本和六个副本(特级十二本)。

企业因经营需要申请增加资格证书副本数量的，应持增加申请、企业法人营业执照副本、资格证书副本到原发证机关办理，最多增加三本（特级不超过六个副本）。各级建设主管部门依法颁发的企业资质证书在全国范围内有效。

2. 申请材料

企业申请资质需提供《建筑业企业资质申请表》（含电子文档）及相应附件资料，并按照下列顺序进行装订：

综合资料（第一册）：

（1）企业法人营业执照副本；

（2）企业资质证书正、副本；

（3）企业章程；

（4）企业近三年建筑业行业统计报表；

（5）企业经审计的近三年财务报表；

（6）企业法定代表人任职文件、身份证明；

（7）企业经理和技术、财务负责人的身份证明、职称证书、任职文件及相关资质标准要求的技术负责人代表工程业绩证明资料；

（8）如有设备、厂房等要求的，应提供设备购置发票或租赁合同、厂房的房屋产权证或房屋租赁合同等相关证明，以及相关资质标准要求提供的其他资料；

（9）企业安全生产许可证（劳务分包企业、混凝土预制构件企业、预拌商品混凝土等企业可不提供）。其中，首次申请资质的企业，不需提供上述（2）、（4）、（5）、（9）的材料，但应提供企业安全生产管理制度的文件。

其中，申请特级资质的，还需要按规定提供专门资料。

除综合资料外，还需要按规定提供人员资料（第二册）和工程业绩资料（第三册）。

12.4 工程建设专业技术人员执业资格管理

12.4.1 勘察设计人员

12.4.1.1 注册建筑师

1. 概念

注册建筑师，是指经考试、特许、考核认定取得中华人民共和国注册建筑师执业资格证书（以下简称执业资格证书），或者经资格互认方式取得建筑师互认资格证书（以下简称互认资格证书），并按照《注册建筑师条例实施细则》注册，取得中华人民共和国注册建筑师注册证书（以下简称注册证书）和中华人民共和国注册建筑师执业印章（以下简称执业印章），从事建筑设计及相关业务活动的专业技术人员。

注册建筑师分为一级注册建筑师和二级注册建筑师。一级注册建筑师的执业范围不受建筑规模和工程复杂程度的限制。二级注册建筑师的执业范围不得超越国家规定的建筑规模和工程复杂程度。目前，规范注册建筑师制度的法规和规定主要有1995年颁布的《注册建筑师条例》（国务院令第184号）和2008年原建设部令第167号发布的《注册建筑师条例实施细则》。

2. 考试

注册建筑师考试分为一级注册建筑师考试和二级注册建筑师考试。注册建筑师考试实行全国统一考试，每年进行一次。遇特殊情况，经国务院建设主管部门和人事主管部门同意，可调整该年度考试次数。

注册建筑师考试由全国注册建筑师管理委员会统一部署，省、自治区、直辖市注册建筑师管理委员会组织实施。

一级注册建筑师考试内容包括：建筑设计前期工作、场地设计、建筑设计与表达、建筑结构、环境控制、建筑设备、建筑材料与构造、建筑经济、施工与设计业务管理、建筑法规等。上述内容分成若干科目进行考试。科目考试合格有效期为 8 年。

二级注册建筑师考试内容包括：场地设计、建筑设计与表达、建筑结构与设备、建筑法规、建筑经济与施工等。上述内容分成若干科目进行考试。科目考试合格有效期为 4 年。

自考试之日起，90 日内公布考试成绩；自考试成绩公布之日起，30 日内颁发执业资格证书。

3. 注册

经一级注册建筑师考试，在有效期内全部科目考试合格的，由全国注册建筑师管理委员会核发国务院建设主管部门和人事主管部门共同用印的一级注册建筑师执业资格证书。

经二级注册建筑师考试，在有效期内全部科目考试合格的，由省、自治区、直辖市注册建筑师管理委员会核发国务院建设主管部门和人事主管部门共同用印的二级注册建筑师执业资格证书。

注册建筑师实行注册执业管理制度。取得执业资格证书或者互认资格证书的人员，必须经过注册方可以注册建筑师的名义执业。

取得一级注册建筑师资格证书并受聘于一个相关单位的人员，应当通过聘用单位向单位工商注册所在地的省、自治区、直辖市注册建筑师管理委员会提出申请；省、自治区、直辖市注册建筑师管理委员会受理后提出初审意见，并将初审意见和申请材料报全国注册建筑师管理委员会审批；符合条件的，由全国注册建筑师管理委员会颁发一级注册建筑师注册证书和执业印章。二级注册建筑师的注册办法由省、自治区、直辖市注册建筑师管理委员会依法制定。

申请注册建筑师初始注册，应当具备以下条件：

（1）依法取得执业资格证书或者互认资格证书。

（2）只受聘于中华人民共和国境内的一个建设工程勘察、设计、施工、监理、招标代理、造价咨询、施工图审查、城乡规划编制等单位。

（3）近 3 年内在中华人民共和国境内从事建筑设计及相关业务 1 年以上。

（4）达到继续教育要求。

（5）没有《注册建筑师条例实施细则》第二十一条所列的情形。

12.4.1.2 注册结构工程师

1. 概念

注册结构工程师，是指取得中华人民共和国注册结构工程师执业资格证书和注册证书，从事房屋结构、桥梁结构及塔架结构等工程设计及相关业务的专业技术人员。

注册结构工程师分为一级注册结构工程师和二级注册结构工程师。注册结构工程师资格管理的主要规定是由原建设部、原人事部联合于1997年9月1日发布的《注册结构工程师执业资格制度暂行规定》（建设〔1997〕222号）。

2. 考试

注册结构工程师考试实行全国统一大纲、统一命题、统一组织的办法，原则上每年举行一次。一级注册结构工程师资格考试由基础考试和专业考试两部分组成。通过基础考试的人员，从事结构工程设计或相关业务满规定年限，方可申请参加专业考试。一级注册结构工程师考试具体办法由住建部、人社部另行制定。

3. 注册与执业

注册结构工程师资格考试合格者，由省、自治区、直辖市人社（职改）部门颁发人社部统一印制、加盖住建部和人社部印章的中华人民共和国注册结构工程师执业资格证书。取得注册结构工程师执业资格证书者，要从事结构工程设计业务的，须申请注册。准予注册的申请人，分别由全国注册结构工程师管理委员会和省、自治区、直辖市注册结构工程师管理委员会核发由住建部统一制作的注册结构工程师注册证书。

注册结构工程师注册有效期为2年，有效期届满需要继续注册的，应当在期满前30日内办理注册手续。

有下列情形之一的，不予注册：

（1）不具备完全民事行为能力的。

（2）因受刑事处罚，自处罚完毕之日起至申请注册之日止不满5年的。

（3）因在结构工程设计或相关业务中犯有错误受到行政处罚或者撤职以上行政处分，自处罚、处分决定之日起至申请注册之日止不满2年的。

（4）受吊销注册结构工程师注册证书处罚，自处罚决定之日起至申请注册之日止不满5年的。

（5）住建部和国务院有关部门规定不予注册的其他情形的。

注册结构工程师执行业务，应当加入一个勘察设计单位。一级注册结构工程师的执业范围不受工程规模及工程复杂程度的限制。

12.4.1.3　注册公用设备工程师

1. 概念

注册公用设备工程师，是指取得中华人民共和国注册公用设备工程师执业资格证书和中华人民共和国注册公用设备工程师执业资格注册证书，从事公用设备专业工程设计及相关业务的专业技术人员。注册公用设备工程师分暖通、给排水和动力三个方向，分别对应从事暖通空调、给水排水、动力等专业工程设计及相关业务活动的专业技术人员。注册公用设备工程师不分等级。目前，规范注册公用设备工程师资格管理的规定有2005年原建设部发布的《勘察设计注册工程师管理规定》（原建设部令第137号）和2003年原人事部、原建设部发布的《注册公用设备工程师执业资格制度暂行规定》（人发〔2003〕24号）等规章制度。

2. 考试

注册公用设备工程师执业资格考试实行全国统一大纲、统一命题的考试制度，原则上每年举行一次。注册公用设备工程师执业资格考试由基础考试和专业考试组成。

公用设备专业委员会负责拟定公用设备专业考试大纲和命题、建立并管理考试试题库、组织阅卷评分、提出评分标准和合格标准建议。全国勘察设计注册工程师管理委员会负责审定考试大纲、年度试题、评分标准与合格标准。注册公用设备工程师执业资格考试合格者，由省、自治区、直辖市人社行政部门颁发人事部统一印制，人社部、住建部用印的中华人民共和国注册公用设备工程师执业资格证书。

3. 注册和执业

取得中华人民共和国注册公用设备工程师执业资格证书者，可向所在省、自治区、直辖市勘察设计注册工程师管理委员会提出申请，由该委员会向公用设备专业委员会报送办理注册的有关材料。

公用设备专业委员会向准予注册的申请人核发由住建部统一制作，全国勘察设计注册工程师管理委员会和公用设备专业委员会用印的中华人民共和国注册公用设备工程师执业资格注册证书和执业印章。申请人经注册后，方可在规定的业务范围内执业。注册公用设备工程师执业资格注册有效期为 2 年。有效期满需继续执业的，应在期满前 30 日内办理再次注册手续。

注册公用设备工程师只能受聘于一个具有工程设计资质的单位。经国务院有关部门同意，获准在中华人民共和国境内就业的外籍人员及港、澳、台地区的专业人员，符合相关规定要求的，可按规定的程序申请参加考试、注册和执业。

12.4.2 施工与监理人员

12.4.2.1 注册建造师

1. 概念

注册建造师，是指通过考核认定或考试合格取得中华人民共和国建造师资格证书，并按照相关规定注册，取得中华人民共和国建造师注册证书和执业印章，担任施工单位项目负责人及从事相关活动的专业技术人员。

2003 年 2 月 27 日《国务院关于取消第二批行政审批项目和改变一批行政审批项目管理方式的决定》（国发〔2003〕5 号）规定：取消建筑施工企业项目经理资质核准，由注册建造师代替，并设立过渡期。因此，注册建造师制度就是以前的项目经理制度。注册建造师实行注册执业管理制度，注册建造师分为一级注册建造师和二级注册建造师。建造师的专业划分、建设工程项目施工管理关键岗位的确定和具体执业要求由住建部另行规定。

目前，规范注册建造师资格管理的主要规定：2002 年原人事部、原建设部依据国务院对建设工程项目总承包及施工管理的专业技术人员实行建造师执业资格制度出台的《建造师执业资格制度暂行规定》（人发〔2002〕111 号）；2006 年原建设部发布的《注册建造师管理规定》（原建设部令第 153 号）。

2. 考试

一级建造师执业资格实行统一大纲、统一命题、统一组织的考试制度，由人社部、住建部共同组织实施，原则上每年举行一次考试。

人社部负责审定一级建造师执业资格考试科目、考试大纲和考试试题，组织实施考务工作；会同住建部对考试考务工作进行检查、监督、指导和确定合格标准。

一级建造师执业资格考试，分综合知识与能力和专业知识与能力两个部分。其中，专业知识与能力部分的考试，按照建设工程的专业要求进行，具体专业划分由住建部另行规定。

一级建造师执业资格考试设《建设工程经济》《建设工程法规及相关知识》《建设工程项目管理》和《专业工程管理与实务》4个科目。参加一级建造师执业资格考试合格，由各省、自治区、直辖市人社部门颁发人社部统一印制，人社部、住建部用印的中华人民共和国一级建造师执业资格证书。该证书在全国范围内有效。

二级建造师执业资格实行全国统一大纲，各省、自治区、直辖市命题并组织考试的制度。

3. 注册和执业

取得一级建造师资格证书并受聘于一个建设工程勘察、设计、施工、监理、招标代理、造价咨询等单位的人员，应当通过聘用单位向单位工商注册所在地的省、自治区、直辖市人民政府建设主管部门提出注册申请。按照原建设部颁布的《建筑业企业资质等级标准》，一级建造师可以担任特级、一级建筑业企业资质的建设工程项目施工的项目经理；二级建造师可以担任二级及以下建筑业企业资质的建设工程项目施工的项目经理。

建造师执业资格注册有效期一般为3年，有效期满前3个月，持证者应到原注册管理机构办理再次注册手续。在注册有效期内，变更执业单位者，应当及时办理变更手续。一级注册建造师的注册证书由国务院建设主管部门统一印制，执业印章由国务院建设主管部门统一样式，省、自治区、直辖市人民政府建设主管部门组织制作。

12.4.2.2 注册监理工程师

1. 概念

注册监理工程师，是指经考试取得中华人民共和国监理工程师资格证书，并按照相关规定注册，取得中华人民共和国注册监理工程师注册执业证书和执业印章，从事工程监理及相关业务活动的专业技术人员。注册监理工程师实行注册执业管理制度。目前，规范注册监理工程师资格管理的主要规章是2006年原建设部发布的《注册监理工程师管理规定》（建设部令147号）。

2. 考试

1992年6月，原建设部发布了《监理工程师资格考试和注册试行办法》（原建设部令第18号）（已废止），最新的是原建设部令第147号《注册监理工程师管理规定》我国开始实施监理工程师资格考试。1996年8月，原建设部、原人事部下发了《关于全国监理工程师执业资格考试工作的通知》（建监〔1996〕462号），从1997年起，全国正式举行监理工程师执业资格考试。考试工作由住建部、人社部共同负责，日常工作委托住建部建筑监理协会承担，具体考务工作由人社部人事考试中心负责。

监理工程师执业资格考试实行全国统一大纲、统一命题、统一组织的办法，每年举行一次。考试时间一般安排在5月中下旬。原则上在省会城市设立考点。考试设4个科目，具体是《建设工程监理基本理论与相关法规》、《建设工程合同管理》、《建设工程质量、投资、进度控制》、《建设工程监理案例分析》。其中，《建设工程监理案例分析》为主观题，在试卷上作答；其余3科均为客观题，在答题卡上作答。

3. 注册

注册监理工程师依据其所学专业、工作经历、工程业绩，按照《工程监理企业资质管理规定》划分的工程类别，按专业注册。每人最多可以申请2个专业注册。取得资格证书的人员申请注册，由省、自治区、直辖市人民政府建设主管部门初审，国务院建设主管部门审批。

取得资格证书并受聘于一个建设工程勘察、设计、施工、监理、招标代理、造价咨询等单位的人员，应当通过聘用单位向单位工商注册所在地的省、自治区、直辖市人民政府建设主管部门提出注册申请；省、自治区、直辖市人民政府建设主管部门受理后提出初审意见，并将初审意见和全部申报材料报国务院建设主管部门审批；符合条件的，由国务院建设主管部门核发注册证书和执业印章。注册证书和执业印章的有效期为3年。

4. 执业

取得资格证书的人员，应当受聘于一个具有建设工程勘察、设计、施工、监理、招标代理、造价咨询等一项或者多项资质的单位，经注册后方可从事相应的执业活动。从事工程监理执业活动的，应当受聘并注册于一个具有工程监理资质的单位。

修改经注册监理工程师签字盖章的工程监理文件，应当由该注册监理工程师进行；因特殊情况，该注册监理工程师不能进行修改的，应当由其他注册监理工程师修改，并签字、加盖执业印章，对修改部分承担责任。

12.4.3 咨询与造价人员

12.4.3.1 注册咨询工程师

1. 概念

注册咨询工程师，是指根据相关规定，合法取得中华人民共和国注册咨询工程师执业资格证书，经注册登记取得中华人民共和国注册咨询工程师注册证书的人员。目前，注册咨询工程师主要是指投资工程师。

目前，规范注册咨询工程师的规章主要有原人事部和发改委2001年发布的《注册咨询工程师（投资）执业资格制度暂行规定》（人发〔2001〕127号）和2005年发改委发布的《注册咨询工程师（投资）注册管理办法（试行）》（发改投资〔2005〕983号）。

2. 考试

注册咨询工程师（投资）执业资格实行全国统一考试制度，原则上每年举行一次。考试科目分为《工程咨询概论》、《宏观经济政策与发展规划》、《工程项目组织与管理》、《项目决策分析与评价》、《现代咨询方法与实务》5个科目。

注册咨询工程师（投资）执业资格考试合格者，由各省、自治区、直辖市人社部门颁发人社部统一印制，人社部、国家发展和改革委员会用印的中华人民共和国注册咨询工程师（投资）执业资格证书。该证书全国范围有效。

3. 注册与执业

注册登记分为初始注册、继续注册、变更注册和注销注册4类情况。国家发展和改革委员会（以下简称国家发展改革委）负责注册咨询工程师（投资）的注册登记和管理工作。各省、自治区、直辖市、计划单列市及新疆生产建设兵团发展改革部门为注册登记初审机构，负责当地注册咨询工程师（投资）的注册申请受理和初审，以及相关的管理工作。

初审机构受理申请后提出初审意见报国家发展改革委。国家发展改革委组织专家对注册申请进行评审，对评审合格人员进行注册登记，并颁发中华人民共和国注册咨询工程师（投资）注册证书和注册咨询工程师（投资）执业专用章。

注册咨询工程师（投资）注册有效期为 3 年，有效期届满需要继续注册的，应当在期满前 3 个月内重新办理注册登记手续。

12.4.3.2 注册造价工程师

1. 概念

注册造价工程师，是指通过全国造价工程师执业资格统一考试或者资格认定、资格互认，取得中华人民共和国造价工程师执业资格，并按照相关规定注册，取得中华人民共和国造价工程师注册执业证书和执业印章，从事工程造价活动的专业人员。注册造价工程师实行注册执业管理制度。取得执业资格的人员，经过注册方能以注册造价工程师的名义执业。

目前，规范注册造价工程师资格管理的主要规定是 2006 年原建设部发布的《注册造价工程师管理办法》（原建设部令第 150 号）。

2. 考试

1996 年，依据原人事部、原建设部《关于印发〈造价工程师执业资格制度暂行规定〉的通知》（人发〔1996〕77 号），国家开始实施造价工程师执业资格制度。1998 年 1 月，原人事部、原建设部下发了《关于实施造价工程师执业资格考试有关问题的通知》（人发〔1998〕8 号），并于当年在全国首次实施了造价工程师执业资格考试。考试工作由人社部、住建部共同负责，人社部负责审定考试大纲、考试科目和试题，组织或授权实施各项考务工作，会同住建部对考试进行监督、检查、指导和确定合格标准。日常工作由住建部标准定额司承担，具体考务工作委托人社部人事考试中心组织实施。

注册造价工程师执业资格考试实行全国统一大纲、统一命题、统一组织的办法。原则上每年举行一次，原则上只在省会城市设立考点。考试采用滚动管理，共设 4 个科目，单科滚动周期为 2 年。

12.4.4 其他类别人员

12.4.4.1 注册城市规划师

1. 概念

注册城市规划师，是指经全国统一考试合格，取得注册城市规划师执业资格证书并经注册登记后，从事城市规划业务工作的专业技术人员。不过，当时《城乡规划法》尚未出台，规划师是单指城市规划，现在，注册规划师已扩展到城乡规划。

1999 年，依据原人事部、原建设部《关于印发〈注册城市规划师执业资格制度暂行规定〉及〈注册城市规划师执业资格认定办法〉的通知》（人发〔1999〕39 号），国家开始实施城市规划师执业资格制度。2000 年 2 月，原人事部、原建设部下发了《关于印发〈注册城市规划师执业资格考试实施办法〉的通知》（人发〔2000〕20 号）。目前，规范注册城市规划师资格管理的主要规定是《注册城市规划师执业资格制度暂行规定》。

2. 考试

注册城市规划师执业资格考试实行全国统一大纲、统一命题、统一组织的办法。原则上每年举行一次。考试设 4 个科目，分别是《城市规划原理》、《城市规划相关知识》、《城市规划管理与法规》、《城市规划实务》。其中,《城市规划实务》为主观题,在答题纸上作答;其余 3 科均为客观题,在答题卡上作答。考试成绩实行 2 年为一个周期的滚动管理办法,参加全部 4 个科目考试的人员须在连续 2 个考试年度内通过全部科目;免试部分科目的人员须在当年通过应试科目。

考试合格者,由各省、市、自治区人事部门颁发,人力资源和社会保障部统一印制,人力资源和社会保障部、住房和城乡建设部用印的中华人民共和国注册城市规划师执业资格证书。

3. 注册

住建部及各省、自治区、直辖市规划行政主管部门负责注册城市规划师的注册管理工作。取得注册城市规划师执业资格证书申请注册的人员,可由本人提出申请,经所在单位同意后报所在地省级城市规划行政主管部门审查,统一报住建部注册登记。

经批准注册的申请人,由住建部核发注册城市规划师注册证书。注册城市规划师每次注册有效期为 3 年。有效期满前 3 个月,持证者应当重新办理注册登记。

12.4.4.2 注册房地产估价师

1. 概念

注册房地产估价师,是指通过全国房地产估价师执业资格考试或者资格认定、资格互认,取得中华人民共和国房地产估价师执业资格,并按照相关规定注册,取得中华人民共和国房地产估价师注册证书,从事房地产估价活动的人员。注册房地产估价师实行注册执业管理制度。

目前,规范注册房地产估价师资格管理的主要规定是 2007 年 3 月 1 日起施行的《注册房地产估价师管理办法》(原建设部令第 151 号)。

2. 考试

房地产估价师执业资格考试的考试科目为《房地产基本制度与政策》(含房地产估价相关知识)、《房地产开发经营与管理》、《房地产估价理论与方法》、《房地产估价案例与分析》。

注册房地产估价师原则上每年考试一次。全国房地产估价师执业资格考试实行 2 年为一个周期的滚动管理。即参加全部 4 个科目考试的人员必须在连续 2 个考试年度内通过应试科目。

3. 注册与执业

申请初始注册,应当提交下列材料:

(1) 初始注册申请表。

(2) 执业资格证件和身份证件复印件。

(3) 与聘用单位签订的劳动合同复印件。

(4) 取得执业资格超过 3 年申请初始注册的,应当提供达到继续教育合格标准的证明材料。

(5) 聘用单位委托人才服务中心托管人事档案的证明和社会保险缴纳凭证复印件,或者劳动、人事部门颁发的离退休证复印件,或者外国人就业证书、中国台港澳人员就业证书复印件。

取得执业资格的人员,应当受聘于一个具有房地产估价机构资质的单位,经注册后方可从事房地产估价执业活动。注册证书是注册房地产估价师的执业凭证。注册有效期为3年。

12.5 工程建设关键岗位和特种作业人员资格管理

为了提高施工现场管理水平，使建设工程取得高质量、高效益，除了要有一批高层次管理人员、科技人员和注册工程师之外，一批具有专业技能和熟练操作的关键岗位和特种作业人员也是必不可少的。明确建设市场各方主体责任，建立和完善企业自控制度，在建设行业实行持证上岗和动态考核管理制度，是政府和社会监管工程质量安全，建立长效管理机制的重要措施。

12.5.1 关键岗位人员从业资格管理

建设工程施工现场关键岗位人员，是指在施工现场从事工程管理的相关人员，包括项目经理（含分包工程项目经理）、项目技术负责人、施工员、质量员、安全员、项目总监理工程师、专业监理工程师、监理员等岗位人员。

12.5.1.1 关键岗位持证上岗制度

关键岗位人员必须是本单位人员。本单位人员是指仅与本单位有合法的劳动关系且不得同时在两个及以上单位任职，但企业聘用退休人员或行政事业单位停薪留职人员等可保留原单位的人事或者劳动合同、工资以及社会保险关系。

项目经理、施工员、质量员必须具有建设主管部门颁发的相应岗位、资格证书，其中项目经理还应取得项目负责人安全生产考核合格证书。安全员必须具有建设主管部门颁发的专职安全生产管理人员安全生产考核合格证书。

关键岗位人员应保持相对稳定，招标工程自投标报名截止之日起（直接发包工程自施工合同备案申请之日起），至工程所在地质量监督机构出具工程质量监督报告之日止，企业不得擅自更换和撤离关键岗位人员。

12.5.1.2 关键岗位管理机构与法规

工程建设关键岗位人员管理机构是各级住建行政主管部门。主要法律法规是《中华人民共和国安全生产法》、《建设工程安全生产管理条例》、《安全生产许可证条例》及《建筑施工企业安全生产许可证管理规定》。2008年，住建部发布了《建筑施工企业安全生产管理机构设置及专职安全生产管理人员配备办法》（建质〔2008〕91号），对各关键岗位的人员配备进行了具体规定。

12.5.2 特种作业人员从业资格管理

12.5.2.1 特种作业人员概念

特种作业人员是指容易发生事故，对操作者本人、他人的安全健康及设备、设施的安全可能造成重大危害的作业。特种作业的范围由国家有关特种作业目录规定。

其中跟工程建设有关的特种作业人员有以下11种：建筑电工，建筑架子工（普通脚手架），建筑架子工（附着升降脚手架），建筑起重司索信号工，建筑起重机械司机（塔式起重机），建筑起重机械司机（施工升降机），建筑起重机械司机（物料提升机），建筑起重机械安装拆卸工（塔式起重机），建筑起重机械安装拆卸工（施工升降机），建筑起重机械安装拆卸工（物料提升机），高处作业吊篮安装拆卸工。

12.5.2.2 特种作业人员持证上岗制度

按照《安全生产法》和《关于特种作业人员安全技术培训考核管理规定》（2010安监局令第30号）等有关规定，特种作业人员必须接受与本工种相适应的、专门的安全技术培训，经安全技术理论考核和实际操作技能考核合格，取得特种作业操作证后，方可上岗作业；未经培训，或培训考核不合格者，不得上岗作业。

特种作业人员应该具备的基本条件：

（1）年龄满18周岁。

（2）身体健康，无妨碍从事相应工种作业的疾病和生理缺陷。

（3）初中（含初中）以上文化程度，具备相应工种的安全技术知识，参加国家规定的安全技术理论和实际操作考核并成绩合格。

（4）符合相应工种特点需要的其他条件。

12.6 建设工程执业资质资格的政府监管

12.6.1 监管部门

12.6.1.1 对建设企业资质的监管

《建筑法》第六条规定：国务院建设行政主管部门对全国的建筑活动实施统一监督管理。《建筑业企业资质管理规定》第四条规定：国务院建设主管部门负责全国建筑业企业资质的统一监督管理。国务院铁路、交通、水利、信息产业、民航等有关部门配合国务院建设主管部门实施相关资质类别建筑业企业资质的管理工作。

省、自治区、直辖市人民政府建设主管部门负责本行政区域内建筑业企业资质的统一监督管理。省、自治区、直辖市人民政府交通、水利、信息产业等有关部门配合同级建设主管部门实施本行政区域内相关资质类别建筑业企业资质的管理工作。

12.6.1.2 对建设从业人员资质的监管

建设从业人员的资质注册和执业管理，一般是由住建部和人社部负责考试，由住建部承担资质资格的后续监管和注册执业、行政处分和管理工作。

《勘察设计注册工程师管理规定》第五条规定：国务院建设主管部门对全国的注册工程师的注册、执业活动实施统一监督管理；国务院铁路、交通、水利等有关部门按照国务院规定的职责分工，负责全国有关专业工程注册工程师执业活动的监督管理。

县级以上地方人民政府建设主管部门对本行政区域内的注册工程师的注册、执业活动实施监督管理；县级以上地方人民政府交通、水利等有关部门在各自的职责范围内，负责本行政区域内有关专业工程注册工程师执业活动的监督管理。

《建筑业企业资质管理规定》第二十三条规定：县级以上人民政府建设主管部门和其他有关部门应当依照有关法律、法规和本规定，加强对建筑业企业资质的监督管理。上级建设主管部门应当加强对下级建设主管部门资质管理工作的监督检查，及时纠正资质管理中的违法行为。

12.6.2 监管和法律责任

12.6.2.1 资质申请

建筑业企业在申请相关资质时，申请人如果隐瞒有关情况或者提供虚假材料申请建筑业企业资质的，不予受理或者不予行政许可，并给予警告，申请人在1年内不得再次申请建筑业企业资质。以欺骗、贿赂等不正当手段取得建筑业企业资质证书的，由县级以上地方人民政府建设主管部门或者有关部门给予警告，并依法处以罚款，申请人3年内不得再次申请建筑业企业资质。

取得建筑业企业资质的企业，申请资质升级、资质增项，在申请之日起前1年内有下列情形之一的，资质许可机关不予批准企业的资质升级申请和增项申请：

(1) 超越本企业资质等级或以其他企业的名义承揽工程，或允许其他企业或个人以本企业的名义承揽工程的。

(2) 与建设单位或企业之间相互串通投标，或以行贿等不正当手段谋取中标的。

(3) 未取得施工许可证擅自施工的。

(4) 将承包的工程转包或违法分包的。

(5) 违反国家工程建设强制性标准的。

(6) 发生过较大生产安全事故或者发生过2起以上一般生产安全事故的。

(7) 恶意拖欠分包企业工程款或者农民工工资的。

(8) 隐瞒或谎报、拖延报告工程质量安全事故或破坏事故现场、阻碍对事故调查的。

(9) 按照国家法律、法规和标准规定需要持证上岗的技术工种的作业人员未取得证书上岗，情节严重的。

(10) 未依法履行工程质量保修义务或拖延履行保修义务，造成严重后果的。

(11) 涂改、倒卖、出租、出借或者以其他形式非法转让建筑业企业资质证书。

(12) 其他违反法律、法规的行为。

12.6.2.2 资质变更

建筑业企业未按照规定及时办理资质证书变更手续的，由县级以上地方人民政府建设主管部门责令限期办理；逾期不办理的，可处以1000元以上1万元以下的罚款。

12.6.2.3 资质降低或资质吊销

建筑施工企业违反规定，对建筑安全事故隐患不采取措施予以消除的或偷工减料的，使用不合格的建筑材料、建筑构配件和设备的，或者有其他不按照工程设计图纸或者施工技术标准施工的行为的，情节严重的，责令停业整顿，降低资质等级或者吊销资质证书；建筑设计单位不按照建筑工程质量、安全标准进行设计造成工程质量事故的，责令停业整顿，降低资质等级或吊销资质证书。

降低资质等级和吊销资质证书的行政处罚，由颁发资质证书的机关决定；其他行政处罚，由建设行政主管部门或者有关部门依照法律和国务院规定的职权范围决定。

12.6.2.4 资质监管人员责任

建设主管部门及其工作人员，违反相关规定，有下列情形之一的，由其上级行政机关或者监察机关责令改正；情节严重的，对直接负责的主管人员和其他直接责任人员，依法给予行政处分：

(1) 对不符合条件的申请人准予建筑业企业资质许可的。

(2) 对符合条件的申请人不予建筑业企业资质许可或者不在法定期限内做出准予许可决定的。

(3) 对符合条件的申请不予受理或者未在法定期限内初审完毕的。

(4) 利用职务上的便利，收受他人财物或者其他好处的。

(5) 不依法履行监督管理职责或者监督不力，造成严重后果的。

县级以上人民政府建设主管部门及有关部门的工作人员，在注册工程师管理工作中，有下列情形之一的，依法给予行政处分；构成犯罪的，依法追究刑事责任：

(1) 对不符合法定条件的申请人颁发注册证书和执业印章的。

(2) 对符合法定条件的申请人不予颁发注册证书和执业印章的。

(3) 对符合法定条件的申请人未在法定期限内颁发注册证书和执业印章的。

(4) 利用职务上的便利，收受他人财物或者其他好处的。

(5) 不依法履行监督管理职责，或者发现违法行为不予查处的。

12.7 本章案例分析

12.7.1 案例背景

2013年3月15日，某市住建委部署"3.15建设市场诚信特别行动"，对该市在建工程进行例行检查和重点抽查。在检查中发现，该市的重点工程广×医学院第四附属医院二期存在违法分包现象。建设单位与项目的承包单位广××安建设工程有限公司签订了《施工总承包合同》，合同价款为9000万元。2012年2月，广××安建设工程有限公司未经建设单位认可，也未到建设行政主管部门备案，私自将该工程门诊楼、住院综合楼等主体结构建安工程违法分包给青海省××实业有限公司，合同价款为5600万元，收取3%的管理费。

该市住建委检查组还发现，在项目施工期间，该项目的实际施工单位青海省××实业有限公司不具备承揽该医院大楼和基坑工程的资质，该公司又将一些非主体工程如一层大堂、二、三层护士站、标准病房等工程分包给了江×省某建工集团三分公司，涉及合同价款2560万元。江×省某建工集团三分公司大量雇佣农民工从事施工作业，特种作业人员未按照国家有关规定经过专门的安全作业培训，并未取得特种作业操作资格证书即上岗作业，在该项目中造成一电工手指断掉、一农民工死亡的安全事故，该事故被江×省某建工集团三分公司、青海省××实业有限公司、广××安建设工程有限公司隐瞒，建设单位和建设行政主管单位都不知情。

最终，该项目被建设行政主管部门处罚，项目的承包单位广××安建设工程有限公司以违反《中华人民共和国建筑法》第二十八条和《建设工程质量管理条例》第二十五条第三款为由，以违法分包的名义被罚款工程总价款的0.85%即76.5万元。将广××安建设工程有限公司列入诚信单位黑名单，对青海省××实业有限公司和江×省某建工集团三分公司分别罚款10万和3万元，但没有进行进一步的处罚。

12.7.2 案例分析

经过调研和分析相关法律法规发现，该项目的处罚过轻，没有达到净化建设市场的目的。实际上，该项目根本就不是什么违法分包，而是项目的实际中标单位青海省××实业有限公司达不到工程资质，借用本地企业广××安建设工程有限公司的资质，以广××安建设工程有限公司的名义投标中标，广××安建设工程有限公司收取3%的管理费，简单地说就是挂靠。实际中标单位青海省××实业有限公司中标后又进行部分违法分包和收取管理费并疏于管理，加之不具备相关实力和资质，造成工程事故的发生。建设市场存在着玻璃门现象，很多城市排外，外地企业不容易中标，往往找本地企业挂靠，造成"中标者不做事、做事者不中标"的现象。在本案例中，住建委表面上严厉查处，但暗地里却轻轻放下，不得不叹服违法成本之低和建设市场的水深。本案中，该工程是市重点工程，造成既成事实停工整顿又不允许，也不能推倒重来重新走流程进行招标。所以即使违法证据确凿，法律依据充分，但由于各方利益盘根错节，存在人为干扰和政绩观念，往往会袒护违法违规，使建设市场的监管大打折扣。

我国《建筑法》第二十六条第二款规定：禁止建筑施工企业超越本企业资质等级许可的业务范围或者以任何形式用其他建筑施工企业的名义承揽工程。禁止建筑施工企业以任何形式允许其他单位或者个人使用本企业的资质证书、营业执照，以本企业的名义承揽工程。所谓借用资质，就是没有资质或者资质等级不符合建设工程资质标准的企业或者个人，以有资质或者资质等级标准与承包工程相符的施工企业的名义签订建设工程施工合同。合同签订后，名义上的工程承包人并不实际组织施工，而是在收取一定数量管理费的前提下，将承揽的工程交由无资质或者资质等级低的企业或者个人完成。借用资质承揽工程的常见情形包括：挂靠、联营、内部假承包、将包工头聘为承包人的项目经理等。

判断和认定实际施工人在承揽工程时是否存在借用资质行为，应从其是否为独立核算的经济实体、是否为施工机械设备的所有人或租借人、是否与建筑工人形成了雇佣关系、是否为名义承包人的内部常设机构、是否为工程利润的获得者、是否向名义承包人交纳管理费六个方面进行综合分析认定。

《建筑业企业资质管理规定》第二十一条规定：取得建筑业企业资质的企业，申请资质升级、资质增项，在申请之日起前1年内有下列情形之一的，资质许可机关不予批准企业的资质升级申请和增项申请：涂改、倒卖、出租、出借或者以其他形式非法转让建筑业企业资质证书。

《建筑法》第六十五条规定：超越本单位资质等级承揽工程的，责令停止违法行为，处以罚款，可以责令停业整顿，降低资质等级；情节严重的，吊销资质证书；有违法所得的，予以没收。

《建筑法》第六十六条规定：建筑施工企业转让、出借资质证书或者以其他方式允许他人以本企业的名义承揽工程的，责令改正，没收违法所得，并处罚款，可以责令停业整顿，降低资质等级；情节严重的，吊销资质证书。对因该项承揽工程不符合规定的质量标准造成的损失，建筑施工企业与使用本企业名义的单位或者个人承担连带赔偿责任。

本案例中，对不具备特种人员岗位证书所造成的事故，还要根据《建设工程安全生产管理条例》进行专门的处罚。

习 题 与 思 考 题

1. 单项选择题

(1) 注册工程师按专业类别设置,由(　　)和人事主管部门会商国务院有关部门制定。

　A. 发改委　　　　B. 住建部　　　　C. 财政部　　　　D. 劳动部

(2) 按照我国《勘察设计注册工程师管理规定》,除(　　)外,其他专业注册工程师不分级别。

　A. 注册结构工程师　B. 注册设备工程师　C. 注册园林师　　D. 注册规划师

(3) 注册工程师,应当通过聘用单位向(　　)建设主管部门提出注册申请。

　A. 国务院　　　　　　　　　　　B. 省、自治区、直辖市
　C. 地级市　　　　　　　　　　　D. 县级

(4) 注册结构工程师的注册证书和执业印章有效期为(　　)年。

　A. 1　　　　　B. 2　　　　　C. 3　　　　　D. 5

(5) 建设企业责令吊销资质证书的行政处罚,由(　　)决定。

　A. 一级由住建部　　　　　　　　B. 二级及以下由省级住建部门
　C. 由人社部考试主管部门　　　　D. 颁发资质证书的部门

2. 多项选择题(一个以上答案正确)

(1) 注册工程师应当履行的义务有(　　)。

　A. 执行工程建设标准规范　　　　B. 保证执业活动成果的质量
　C. 接受继续教育　　　　　　　　D. 保守在执业中知悉的国家秘密

(2) 超越本单位资质等级承揽工程的,可以处以下处罚(　　)。

　A. 责令停止违法行为　　　　　　B. 处以罚款
　C. 降低资质等级　　　　　　　　D. 吊销资质证书

(3) 下列建筑业企业资质的许可,由国务院建设主管部门实施(　　)。

　A. 施工总承包序列特级资质
　B. 施工总承包序列一级资质
　C. 铁路、民航方面的专业承包一级资质
　D. 铁路、民航方面的专业承包二级资质

(4) 建筑业企业资质证书有效期为(　　)年。

　A. 1　　　　　B. 2　　　　　C. 3　　　　　D. 5

(5) 工程监理企业资质分为(　　)。

　A. 综合资质　　　B. 专业资质　　　C. 事务所资质　　D. 行业资质

3. 问答题

(1) 我国工程建设执业资格制度包括哪些内容?
(2) 工程建设执业资格程序包含哪些环节?
(3) 我国目前适用的工程建设企业资质管理法规主要有哪些?
(4) 我国目前适用的工程建设从业人员资格管理法规主要有哪些?
(5) 注册建筑师申请初始注册,需具备哪些条件?

（6）注册结构工程师不允许注册的条件是什么？
（7）注册公用设备工程师的注册和执业有什么要求？
（8）注册建造师的执业要求有哪些规定？
（9）注册造价师的考试和管理有哪些法律法规？
（10）注册监理工程师的执业要求是什么？
（11）工程建设关键岗位和特种作业包含哪些岗位和人员？

4. 案例分析题

2012年6月12日，建设单位广东粤×公司将其新生产厂房10/0.4KV配电安装工程的设计与施工通过公开招标的形式，将该工程发包给巨×公司，巨×公司承接工程后又转包给×业公司。巨×公司并无承揽该工程的资质，其资质是借用广×机电安装公司的，但巨×公司和广×机电安装公司签有合作协议。后来，巨×公司担心没有资质的事情暴露，将该工程私自分包给对此项目投标而未中标的单位×业公司，因多方原因，该工程验收及通电延迟，粤×公司于是扣留巨×公司50万工程尾款，巨×公司继而扣留给×业公司28万工程尾款。

请分析本案例中：

违反了哪些资质管理法规和规定，如果你是建设行政主管部门的相关监管人员，你打算如何处理？

附录1 中华人民共和国建筑法（2011年修订）

中华人民共和国主席令 第四十六号

《全国人民代表大会常务委员会关于修改〈中华人民共和国建筑法〉的决定》已由中华人民共和国第十一届全国人民代表大会常务委员会第二十次会议于2011年4月22日通过，现予公布，自2011年7月1日起施行。

中华人民共和国主席　胡锦涛
2011年4月22日

目　录

第一章　总则
第二章　建筑许可
　　第一节　建筑工程施工许可
　　第二节　从业资格
第三章　建筑工程发包与承包
　　第一节　一般规定
　　第二节　发包
　　第三节　承包
第四章　建筑工程监理
第五章　建筑安全生产管理
第六章　建筑工程质量管理
第七章　法律责任
第八章　附则

第一章　总　则

第一条　为了加强对建筑活动的监督管理，维护建筑市场秩序，保证建筑工程的质量和安全，促进建筑业健康发展，制定本法。

第二条　在中华人民共和国境内从事建筑活动，实施对建筑活动的监督管理，应当遵守本法。

本法所称建筑活动，是指各类房屋建筑及其附属设施的建造和与其配套的线路、管道、设备的安装活动。

第三条　建筑活动应当确保建筑工程质量和安全，符合国家的建筑工程安全标准。

第四条　国家扶持建筑业的发展，支持建筑科学技术研究，提高房屋建筑设计水平，鼓励节约能源和保护环境，提倡采用先进技术、先进设备、先进工艺、新型建筑材料和现代管理方式。

第五条　从事建筑活动应当遵守法律、法规，不得损害社会公共利益和他人的合法权益。

任何单位和个人都不得妨碍和阻挠依法进行的建筑活动。

第六条 国务院建设行政主管部门对全国的建筑活动实施统一监督管理。

第二章 建 筑 许 可

第一节 建筑工程施工许可

第七条 建筑工程开工前，建设单位应当按照国家有关规定向工程所在地县级以上人民政府建设行政主管部门申请领取施工许可证；但是，国务院建设行政主管部门确定的限额以下的小型工程除外。

按照国务院规定的权限和程序批准开工报告的建筑工程，不再领取施工许可证。

第八条 申请领取施工许可证，应当具备下列条件：

（一）已经办理该建筑工程用地批准手续；

（二）在城市规划区的建筑工程，已经取得规划许可证；

（三）需要拆迁的，其拆迁进度符合施工要求；

（四）已经确定建筑施工企业；

（五）有满足施工需要的施工图纸及技术资料；

（六）有保证工程质量和安全的具体措施；

（七）建设资金已经落实；

（八）法律、行政法规规定的其他条件。

建设行政主管部门应当自收到申请之日起十五日内，对符合条件的申请颁发施工许可证。

第九条 建设单位应当自领取施工许可证之日起三个月内开工。因故不能按期开工的，应当向发证机关申请延期；延期以两次为限，每次不超过三个月。既不开工又不申请延期或者超过延期时限的，施工许可证自行废止。

第十条 在建的建筑工程因故中止施工的，建设单位应当自中止施工之日起一个月内，向发证机关报告，并按照规定做好建筑工程的维护管理工作。

建筑工程恢复施工时，应当向发证机关报告；中止施工满一年的工程恢复施工前，建设单位应当报发证机关核验施工许可证。

第十一条 按照国务院有关规定批准开工报告的建筑工程，因故不能按期开工或者中止施工的，应当及时向批准机关报告情况。因故不能按期开工超过六个月的，应当重新办理开工报告的批准手续。

第二节 从 业 资 格

第十二条 从事建筑活动的建筑施工企业、勘察单位、设计单位和工程监理单位，应当具备下列条件：

（一）有符合国家规定的注册资本；

（二）有与其从事的建筑活动相适应的具有法定执业资格的专业技术人员；

（三）有从事相关建筑活动所应有的技术装备；

（四）法律、行政法规规定的其他条件。

第十三条 从事建筑活动的建筑施工企业、勘察单位、设计单位和工程监理单位，按照其拥有的注册资本、专业技术人员、技术装备和已完成的建筑工程业绩等资质条件，划分为不同的资质等级，经资质审查合格，取得相应等级的资质证书后，方可在其资质等级许可的范围内从事建筑活动。

第十四条 从事建筑活动的专业技术人员，应当依法取得相应的执业资格证书，并在执业资格证书许可的范围内从事建筑活动。

第三章 建筑工程发包与承包

第一节 一般规定

第十五条 建筑工程的发包单位与承包单位应当依法订立书面合同，明确双方的权利和义务。

发包单位和承包单位应当全面履行合同约定的义务。不按照合同约定履行义务的，依法承担违约责任。

第十六条 建筑工程发包与承包的招标投标活动，应当遵循公开、公正、平等竞争的原则，择优选择承包单位。

建筑工程的招标投标，本法没有规定的，适用有关招标投标法律的规定。

第十七条 发包单位及其工作人员在建筑工程发包中不得收受贿赂、回扣或者索取其他好处。

承包单位及其工作人员不得利用向发包单位及其工作人员行贿、提供回扣或者给予其他好处等不正当手段承揽工程。

第十八条 建筑工程造价应当按照国家有关规定，由发包单位与承包单位在合同中约定。公开招标发包的，其造价的约定，须遵守招标投标法律的规定。

发包单位应当按照合同的约定，及时拨付工程款项。

第二节 发包

第十九条 建筑工程依法实行招标发包，对不适于招标发包的可以直接发包。

第二十条 建筑工程实行公开招标的，发包单位应当依照法定程序和方式，发布招标公告，提供载有招标工程的主要技术要求、主要的合同条款、评标的标准和方法以及开标、评标、定标的程序等内容的招标文件。

开标应当在招标文件规定的时间、地点公开进行。开标后应当按照招标文件规定的评标标准和程序对标书进行评价、比较，在具备相应资质条件的投标者中，择优选定中标者。

第二十一条 建筑工程招标的开标、评标、定标由建设单位依法组织实施，并接受有关行政主管部门的监督。

第二十二条 建筑工程实行招标发包的，发包单位应当将建筑工程发包给依法中标的承包单位。建筑工程实行直接发包的，发包单位应当将建筑工程发包给具有相应资质条件的承包单位。

第二十三条 政府及其所属部门不得滥用行政权力,限定发包单位将招标发包的建筑工程发包给指定的承包单位。

第二十四条 提倡对建筑工程实行总承包,禁止将建筑工程肢解发包。

建筑工程的发包单位可以将建筑工程的勘察、设计、施工、设备采购一并发包给一个工程总承包单位,也可以将建筑工程勘察、设计、施工、设备采购的一项或者多项发包给一个工程总承包单位;但是,不得将应当由一个承包单位完成的建筑工程肢解成若干部分发包给几个承包单位。

第二十五条 按照合同约定,建筑材料、建筑构配件和设备由工程承包单位采购的,发包单位不得指定承包单位购入用于工程的建筑材料、建筑构配件和设备或者指定生产厂、供应商。

第三节 承 包

第二十六条 承包建筑工程的单位应当持有依法取得的资质证书,并在其资质等级许可的业务范围内承揽工程。

禁止建筑施工企业超越本企业资质等级许可的业务范围或者以任何形式用其他建筑施工企业的名义承揽工程。禁止建筑施工企业以任何形式允许其他单位或者个人使用本企业的资质证书、营业执照,以本企业的名义承揽工程。

第二十七条 大型建筑工程或者结构复杂的建筑工程,可以由两个以上的承包单位联合共同承包。共同承包的各方对承包合同的履行承担连带责任。

两个以上不同资质等级的单位实行联合共同承包的,应当按照资质等级低的单位的业务许可范围承揽工程。

第二十八条 禁止承包单位将其承包的全部建筑工程转包给他人,禁止承包单位将其承包的全部建筑工程肢解以后以分包的名义分别转包给他人。

第二十九条 建筑工程总承包单位可以将承包工程中的部分工程发包给具有相应资质条件的分包单位;但是,除总承包合同中约定的分包外,必须经建设单位认可。施工总承包的,建筑工程主体结构的施工必须由总承包单位自行完成。

建筑工程总承包单位按照总承包合同的约定对建设单位负责;分包单位按照分包合同的约定对总承包单位负责。总承包单位和分包单位就分包工程对建设单位承担连带责任。

禁止总承包单位将工程分包给不具备相应资质条件的单位。禁止分包单位将其承包的工程再分包。

第四章 建筑工程监理

第三十条 国家推行建筑工程监理制度。

国务院可以规定实行强制监理的建筑工程的范围。

第三十一条 实行监理的建筑工程,由建设单位委托具有相应资质条件的工程监理单位监理。建设单位与其委托的工程监理单位应当订立书面委托监理合同。

第三十二条 建筑工程监理应当依照法律、行政法规及有关的技术标准、设计文件和建筑工程承包合同,对承包单位在施工质量、建设工期和建设资金使用等方面,代表建设单位实施监督。

工程监理人员认为工程施工不符合工程设计要求、施工技术标准和合同约定的,有权要求建筑施工企业改正。

工程监理人员发现工程设计不符合建筑工程质量标准或者合同约定的质量要求的,应当报告建设单位要求设计单位改正。

第三十三条 实施建筑工程监理前,建设单位应当将委托的工程监理单位、监理的内容及监理权限,书面通知被监理的建筑施工企业。

第三十四条 工程监理单位应当在其资质等级许可的监理范围内,承担工程监理业务。

工程监理单位应当根据建设单位的委托,客观、公正地执行监理任务。

工程监理单位与被监理工程的承包单位以及建筑材料、建筑构配件和设备供应单位不得有隶属关系或者其他利害关系。

工程监理单位不得转让工程监理业务。

第三十五条 工程监理单位不按照委托监理合同的约定履行监理义务,对应当监督检查的项目不检查或者不按照规定检查,给建设单位造成损失的,应当承担相应的赔偿责任。

工程监理单位与承包单位串通,为承包单位谋取非法利益,给建设单位造成损失的,应当与承包单位承担连带赔偿责任。

第五章 建筑安全生产管理

第三十六条 建筑工程安全生产管理必须坚持安全第一、预防为主的方针,建立健全安全生产的责任制度和群防群治制度。

第三十七条 建筑工程设计应当符合按照国家规定制定的建筑安全规程和技术规范,保证工程的安全性能。

第三十八条 建筑施工企业在编制施工组织设计时,应当根据建筑工程的特点制定相应的安全技术措施;对专业性较强的工程项目,应当编制专项安全施工组织设计,并采取安全技术措施。

第三十九条 建筑施工企业应当在施工现场采取维护安全、防范危险、预防火灾等措施;有条件的,应当对施工现场实行封闭管理。

施工现场对毗邻的建筑物、构筑物和特殊作业环境可能造成损害的,建筑施工企业应当采取安全防护措施。

第四十条 建设单位应当向建筑施工企业提供与施工现场相关的地下管线资料,建筑施工企业应当采取措施加以保护。

第四十一条 建筑施工企业应当遵守有关环境保护和安全生产的法律、法规的规定,采取控制和处理施工现场的各种粉尘、废气、废水、固体废物以及噪声、振动对环境的污染和危害的措施。

第四十二条 有下列情形之一的,建设单位应当按照国家有关规定办理申请批准手续:

(一)需要临时占用规划批准范围以外场地的;

(二)可能损坏道路、管线、电力、邮电通讯等公共设施的;
(三)需要临时停水、停电、中断道路交通的;
(四)需要进行爆破作业的;
(五)法律、法规规定需要办理报批手续的其他情形。

第四十三条　建设行政主管部门负责建筑安全生产的管理,并依法接受劳动行政主管部门对建筑安全生产的指导和监督。

第四十四条　建筑施工企业必须依法加强对建筑安全生产的管理,执行安全生产责任制度,采取有效措施,防止伤亡和其他安全生产事故的发生。

建筑施工企业的法定代表人对本企业的安全生产负责。

第四十五条　施工现场安全由建筑施工企业负责。实行施工总承包的,由总承包单位负责。分包单位向总承包单位负责,服从总承包单位对施工现场的安全生产管理。

第四十六条　建筑施工企业应当建立健全劳动安全生产教育培训制度,加强对职工安全生产的教育培训;未经安全生产教育培训的人员,不得上岗作业。

第四十七条　建筑施工企业和作业人员在施工过程中,应当遵守有关安全生产的法律、法规和建筑行业安全规章、规程,不得违章指挥或者违章作业。作业人员有权对影响人身健康的作业程序和作业条件提出改进意见,有权获得安全生产所需的防护用品。作业人员对危及生命安全和人身健康的行为有权提出批评、检举和控告。

第四十八条　建筑施工企业应当依法为职工参加工伤保险缴纳工伤保险费。鼓励企业为从事危险作业的职工办理意外伤害保险,支付保险费。

第四十九条　涉及建筑主体和承重结构变动的装修工程,建设单位应当在施工前委托原设计单位或者具有相应资质条件的设计单位提出设计方案;没有设计方案的,不得施工。

第五十条　房屋拆除应当由具备保证安全条件的建筑施工单位承担,由建筑施工单位负责人对安全负责。

第五十一条　施工中发生事故时,建筑施工企业应当采取紧急措施减少人员伤亡和事故损失,并按照国家有关规定及时向有关部门报告。

第六章　建筑工程质量管理

第五十二条　建筑工程勘察、设计、施工的质量必须符合国家有关建筑工程安全标准的要求,具体管理办法由国务院规定。

有关建筑工程安全的国家标准不能适应确保建筑安全的要求时,应当及时修订。

第五十三条　国家对从事建筑活动的单位推行质量体系认证制度。从事建筑活动的单位根据自愿原则可以向国务院产品质量监督管理部门或者国务院产品质量监督管理部门授权的部门认可的认证机构申请质量体系认证。经认证合格的,由认证机构颁发质量体系认证证书。

第五十四条　建设单位不得以任何理由,要求建筑设计单位或者建筑施工企业在工程设计或者施工作业中,违反法律、行政法规和建筑工程质量、安全标准,降低工程质量。

建筑设计单位和建筑施工企业对建设单位违反前款规定提出的降低工程质量的要求,应当予以拒绝。

第五十五条 建筑工程实行总承包的,工程质量由工程总承包单位负责,总承包单位将建筑工程分包给其他单位的,应当对分包工程的质量与分包单位承担连带责任。分包单位应当接受总承包单位的质量管理。

第五十六条 建筑工程的勘察、设计单位必须对其勘察、设计的质量负责。勘察、设计文件应当符合有关法律、行政法规的规定和建筑工程质量、安全标准、建筑工程勘察、设计技术规范以及合同的约定。设计文件选用的建筑材料、建筑构配件和设备,应当注明其规格、型号、性能等技术指标,其质量要求必须符合国家规定的标准。

第五十七条 建筑设计单位对设计文件选用的建筑材料、建筑构配件和设备,不得指定生产厂、供应商。

第五十八条 建筑施工企业对工程的施工质量负责。

建筑施工企业必须按照工程设计图纸和施工技术标准施工,不得偷工减料。工程设计的修改由原设计单位负责,建筑施工企业不得擅自修改工程设计。

第五十九条 建筑施工企业必须按照工程设计要求、施工技术标准和合同的约定,对建筑材料、建筑构配件和设备进行检验,不合格的不得使用。

第六十条 建筑物在合理使用寿命内,必须确保地基基础工程和主体结构的质量。

建筑工程竣工时,屋顶、墙面不得留有渗漏、开裂等质量缺陷;对已发现的质量缺陷,建筑施工企业应当修复。

第六十一条 交付竣工验收的建筑工程,必须符合规定的建筑工程质量标准,有完整的工程技术经济资料和经签署的工程保修书,并具备国家规定的其他竣工条件。

建筑工程竣工经验收合格后,方可交付使用;未经验收或者验收不合格的,不得交付使用。

第六十二条 建筑工程实行质量保修制度。

建筑工程的保修范围应当包括地基基础工程、主体结构工程、屋面防水工程和其他土建工程,以及电气管线、上下水管线的安装工程,供热、供冷系统工程等项目;保修的期限应当按照保证建筑物合理寿命年限内正常使用,维护使用者合法权益的原则确定。具体的保修范围和最低保修期限由国务院规定。

第六十三条 任何单位和个人对建筑工程的质量事故、质量缺陷都有权向建设行政主管部门或者其他有关部门进行检举、控告、投诉。

第七章 法律责任

第六十四条 违反本法规定,未取得施工许可证或者开工报告未经批准擅自施工的,责令改正,对不符合开工条件的责令停止施工,可以处以罚款。

第六十五条 发包单位将工程发包给不具有相应资质条件的承包单位的,或者违反本法规定将建筑工程肢解发包的,责令改正,处以罚款。

超越本单位资质等级承揽工程的,责令停止违法行为,处以罚款,可以责令停业整顿,降低资质等级;情节严重的,吊销资质证书;有违法所得的,予以没收。

未取得资质证书承揽工程的,予以取缔,并处罚款;有违法所得的,予以没收。

以欺骗手段取得资质证书的,吊销资质证书,处以罚款;构成犯罪的,依法追究刑事责任。

第六十六条　建筑施工企业转让、出借资质证书或者以其他方式允许他人以本企业的名义承揽工程的，责令改正，没收违法所得，并处罚款，可以责令停业整顿，降低资质等级；情节严重的，吊销资质证书。对因该项承揽工程不符合规定的质量标准造成的损失，建筑施工企业与使用本企业名义的单位或者个人承担连带赔偿责任。

第六十七条　承包单位将承包的工程转包的，或者违反本法规定进行分包的，责令改正，没收违法所得，并处罚款，可以责令停业整顿，降低资质等级；情节严重的，吊销资质证书。

承包单位有前款规定的违法行为的，对因转包工程或者违法分包的工程不符合规定的质量标准造成的损失，与接受转包或者分包的单位承担连带赔偿责任。

第六十八条　在工程发包与承包中索贿、受贿、行贿，构成犯罪的，依法追究刑事责任；不构成犯罪的，分别处以罚款，没收贿赂的财物，对直接负责的主管人员和其他直接责任人员给予处分。

对在工程承包中行贿的承包单位，除依照前款规定处罚外，可以责令停业整顿，降低资质等级或者吊销资质证书。

第六十九条　工程监理单位与建设单位或者建筑施工企业串通，弄虚作假、降低工程质量的，责令改正，处以罚款，降低资质等级或者吊销资质证书；有违法所得的，予以没收；造成损失的，承担连带赔偿责任；构成犯罪的，依法追究刑事责任。

工程监理单位转让监理业务的，责令改正，没收违法所得，可以责令停业整顿，降低资质等级；情节严重的，吊销资质证书。

第七十条　违反本法规定，涉及建筑主体或者承重结构变动的装修工程擅自施工的，责令改正，处以罚款；造成损失的，承担赔偿责任；构成犯罪的，依法追究刑事责任。

第七十一条　建筑施工企业违反本法规定，对建筑安全事故隐患不采取措施予以消除的，责令改正，可以处以罚款；情节严重的，责令停业整顿，降低资质等级或者吊销资质证书；构成犯罪的，依法追究刑事责任。

建筑施工企业的管理人员违章指挥、强令职工冒险作业，因而发生重大伤亡事故或者造成其他严重后果的，依法追究刑事责任。

第七十二条　建设单位违反本法规定，要求建筑设计单位或者建筑施工企业违反建筑工程质量、安全标准，降低工程质量的，责令改正，可以处以罚款；构成犯罪的，依法追究刑事责任。

第七十三条　建筑设计单位不按照建筑工程质量、安全标准进行设计的，责令改正，处以罚款；造成工程质量事故的，责令停业整顿，降低资质等级或者吊销资质证书，没收违法所得，并处罚款；造成损失的，承担赔偿责任；构成犯罪的，依法追究刑事责任。

第七十四条　建筑施工企业在施工中偷工减料的，使用不合格的建筑材料、建筑构配件和设备的，或者有其他不按照工程设计图纸或者施工技术标准施工的行为的，责令改正，处以罚款；情节严重的，责令停业整顿，降低资质等级或者吊销资质证书；造成建筑工程质量不符合规定的质量标准的，负责返工、修理，并赔偿因此造成的损失；构成犯罪的，依法追究刑事责任。

第七十五条　建筑施工企业违反本法规定，不履行保修义务或者拖延履行保修义务的，责令改正，可以处以罚款，并对在保修期内因屋顶、墙面渗漏、开裂等质量缺陷造成的损失，承担赔偿责任。

第七十六条 本法规定的责令停业整顿、降低资质等级和吊销资质证书的行政处罚，由颁发资质证书的机关决定；其他行政处罚，由建设行政主管部门或者有关部门依照法律和国务院规定的职权范围决定。

依照本法规定被吊销资质证书的，由工商行政管理部门吊销其营业执照。

第七十七条 违反本法规定，对不具备相应资质等级条件的单位颁发该等级资质证书的，由其上级机关责令收回所发的资质证书，对直接负责的主管人员和其他直接责任人员给予行政处分；构成犯罪的，依法追究刑事责任。

第七十八条 政府及其所属部门的工作人员违反本法规定，限定发包单位将招标发包的工程发包给指定的承包单位的，由上级机关责令改正；构成犯罪的，依法追究刑事责任。

第七十九条 负责颁发建筑工程施工许可证的部门及其工作人员对不符合施工条件的建筑工程颁发施工许可证的，负责工程质量监督检查或者竣工验收的部门及其工作人员对不合格的建筑工程出具质量合格文件或者按合格工程验收的，由上级机关责令改正，对责任人员给予行政处分；构成犯罪的，依法追究刑事责任；造成损失的，由该部门承担相应的赔偿责任。

第八十条 在建筑物的合理使用寿命内，因建筑工程质量不合格受到损害的，有权向责任者要求赔偿。

第八章 附 则

第八十一条 本法关于施工许可、建筑施工企业资质审查和建筑工程发包、承包、禁止转包，以及建筑工程监理、建筑工程安全和质量管理的规定，适用于其他专业建筑工程的建筑活动，具体办法由国务院规定。

第八十二条 建设行政主管部门和其他有关部门在对建筑活动实施监督管理中，除按照国务院有关规定收取费用外，不得收取其他费用。

第八十三条 省、自治区、直辖市人民政府确定的小型房屋建筑工程的建筑活动，参照本法执行。

依法核定作为文物保护的纪念建筑物和古建筑等的修缮，依照文物保护的有关法律规定执行。

抢险救灾及其他临时性房屋建筑和农民自建低层住宅的建筑活动，不适用本法。

第八十四条 军用房屋建筑工程建筑活动的具体管理办法，由国务院、中央军事委员会依据本法制定。

第八十五条 本法自1998年3月1日起施行。

附录2 中华人民共和国城乡规划法

中华人民共和国主席令 第七十四号

《中华人民共和国城乡规划法》已由中华人民共和国第十届全国人民代表大会常务委员会第三十次会议于2007年10月28日通过，现予公布，自2008年1月1日起施行。

中华人民共和国主席　胡锦涛
2007年10月28日

目　录

第一章　总则
第二章　城乡规划的制定
第三章　城乡规划的实施
第四章　城乡规划的修改
第五章　监督检查
第六章　法律责任
第七章　附则

第一章　总　则

第一条　为了加强城乡规划管理，协调城乡空间布局，改善人居环境，促进城乡经济社会全面协调可持续发展，制定本法。

第二条　制定和实施城乡规划，在规划区内进行建设活动，必须遵守本法。

本法所称城乡规划，包括城镇体系规划、城市规划、镇规划、乡规划和村庄规划。城市规划、镇规划分为总体规划和详细规划。详细规划分为控制性详细规划和修建性详细规划。

本法所称规划区，是指城市、镇和村庄的建成区以及因城乡建设和发展需要，必须实行规划控制的区域。规划区的具体范围由有关人民政府在组织编制的城市总体规划、镇总体规划、乡规划和村庄规划中，根据城乡经济社会发展水平和统筹城乡发展的需要划定。

第三条　城市和镇应当依照本法制定城市规划和镇规划。城市、镇规划区内的建设活动应当符合规划要求。

县级以上地方人民政府根据本地农村经济社会发展水平，按照因地制宜、切实可行的原则，确定应当制定乡规划、村庄规划的区域。在确定区域内的乡、村庄，应当依照本法制定规划，规划区内的乡、村庄建设应当符合规划要求。

县级以上地方人民政府鼓励、指导前款规定以外的区域的乡、村庄制定和实施乡规划、村庄规划。

第四条　制定和实施城乡规划，应当遵循城乡统筹、合理布局、节约土地、集约发展和先规划后建设的原则，改善生态环境，促进资源、能源节约和综合利用，保护耕地等自然资源和历史文化遗产，保持地方特色、民族特色和传统风貌，防止污染和其他公害，并符合区域人口发展、国防建设、防灾减灾和公共卫生、公共安全的需要。

在规划区内进行建设活动，应当遵守土地管理、自然资源和环境保护等法律、法规的规定。

县级以上地方人民政府应当根据当地经济社会发展的实际，在城市总体规划、镇总体规划中合理确定城市、镇的发展规模、步骤和建设标准。

第五条 城市总体规划、镇总体规划以及乡规划和村庄规划的编制，应当依据国民经济和社会发展规划，并与土地利用总体规划相衔接。

第六条 各级人民政府应当将城乡规划的编制和管理经费纳入本级财政预算。

第七条 经依法批准的城乡规划，是城乡建设和规划管理的依据，未经法定程序不得修改。

第八条 城乡规划组织编制机关应当及时公布经依法批准的城乡规划。但是，法律、行政法规规定不得公开的内容除外。

第九条 任何单位和个人都应当遵守经依法批准并公布的城乡规划，服从规划管理，并有权就涉及其利害关系的建设活动是否符合规划的要求向城乡规划主管部门查询。

任何单位和个人都有权向城乡规划主管部门或者其他有关部门举报或者控告违反城乡规划的行为。城乡规划主管部门或者其他有关部门对举报或者控告，应当及时受理并组织核查、处理。

第十条 国家鼓励采用先进的科学技术，增强城乡规划的科学性，提高城乡规划实施及监督管理的效能。

第十一条 国务院城乡规划主管部门负责全国的城乡规划管理工作。

县级以上地方人民政府城乡规划主管部门负责本行政区域内的城乡规划管理工作。

第二章 城乡规划的制定

第十二条 国务院城乡规划主管部门会同国务院有关部门组织编制全国城镇体系规划，用于指导省域城镇体系规划、城市总体规划的编制。

全国城镇体系规划由国务院城乡规划主管部门报国务院审批。

第十三条 省、自治区人民政府组织编制省域城镇体系规划，报国务院审批。

省域城镇体系规划的内容应当包括：城镇空间布局和规模控制，重大基础设施的布局，为保护生态环境、资源等需要严格控制的区域。

第十四条 城市人民政府组织编制城市总体规划。

直辖市的城市总体规划由直辖市人民政府报国务院审批。省、自治区人民政府所在地的城市以及国务院确定的城市的总体规划，由省、自治区人民政府审查同意后，报国务院审批。其他城市的总体规划，由城市人民政府报省、自治区人民政府审批。

第十五条 县人民政府组织编制县人民政府所在地镇的总体规划，报上一级人民政府审批。其他镇的总体规划由镇人民政府组织编制，报上一级人民政府审批。

第十六条 省、自治区人民政府组织编制的省域城镇体系规划，城市、县人民政府组织编制的总体规划，在报上一级人民政府审批前，应当先经本级人民代表大会常务委员会审议，常务委员会组成人员的审议意见交由本级人民政府研究处理。

镇人民政府组织编制的镇总体规划，在报上一级人民政府审批前，应当先经镇人民代表大会审议，代表的审议意见交由本级人民政府研究处理。

规划的组织编制机关报送审批省域城镇体系规划、城市总体规划或者镇总体规划，应当将本级人民代表大会常务委员会组成人员或者镇人民代表大会代表的审议意见和根据审议意见修改规划的情况一并报送。

第十七条　城市总体规划、镇总体规划的内容应当包括：城市、镇的发展布局，功能分区，用地布局，综合交通体系，禁止、限制和适宜建设的地域范围，各类专项规划等。

规划区范围、规划区内建设用地规模、基础设施和公共服务设施用地、水源地和水系、基本农田和绿化用地、环境保护、自然与历史文化遗产保护以及防灾减灾等内容，应当作为城市总体规划、镇总体规划的强制性内容。

城市总体规划、镇总体规划的规划期限一般为二十年。城市总体规划还应当对城市更长远的发展作出预测性安排。

第十八条　乡规划、村庄规划应当从农村实际出发，尊重村民意愿，体现地方和农村特色。

乡规划、村庄规划的内容应当包括：规划区范围，住宅、道路、供水、排水、供电、垃圾收集、畜禽养殖场所等农村生产、生活服务设施、公益事业等各项建设的用地布局、建设要求，以及对耕地等自然资源和历史文化遗产保护、防灾减灾等的具体安排。乡规划还应当包括本行政区域内的村庄发展布局。

第十九条　城市人民政府城乡规划主管部门根据城市总体规划的要求，组织编制城市的控制性详细规划，经本级人民政府批准后，报本级人民代表大会常务委员会和上一级人民政府备案。

第二十条　镇人民政府根据镇总体规划的要求，组织编制镇的控制性详细规划，报上一级人民政府审批。县人民政府所在地镇的控制性详细规划，由县人民政府城乡规划主管部门根据镇总体规划的要求组织编制，经县人民政府批准后，报本级人民代表大会常务委员会和上一级人民政府备案。

第二十一条　城市、县人民政府城乡规划主管部门和镇人民政府可以组织编制重要地块的修建性详细规划。修建性详细规划应当符合控制性详细规划。

第二十二条　乡、镇人民政府组织编制乡规划、村庄规划，报上一级人民政府审批。村庄规划在报送审批前，应当经村民会议或者村民代表会议讨论同意。

第二十三条　首都的总体规划、详细规划应当统筹考虑中央国家机关用地布局和空间安排的需要。

第二十四条　城乡规划组织编制机关应当委托具有相应资质等级的单位承担城乡规划的具体编制工作。

从事城乡规划编制工作应当具备下列条件，并经国务院城乡规划主管部门或者省、自治区、直辖市人民政府城乡规划主管部门依法审查合格，取得相应等级的资质证书后，方可在资质等级许可的范围内从事城乡规划编制工作：

（一）有法人资格；

（二）有规定数量的经国务院城乡规划主管部门注册的规划师；

（三）有规定数量的相关专业技术人员；

（四）有相应的技术装备；

（五）有健全的技术、质量、财务管理制度。

规划师执业资格管理办法，由国务院城乡规划主管部门会同国务院人事行政部门制定。

编制城乡规划必须遵守国家有关标准。

第二十五条 编制城乡规划，应当具备国家规定的勘察、测绘、气象、地震、水文、环境等基础资料。

县级以上地方人民政府有关主管部门应当根据编制城乡规划的需要，及时提供有关基础资料。

第二十六条 城乡规划报送审批前，组织编制机关应当依法将城乡规划草案予以公告，并采取论证会、听证会或者其他方式征求专家和公众的意见。公告的时间不得少于三十日。

组织编制机关应当充分考虑专家和公众的意见，并在报送审批的材料中附具意见采纳情况及理由。

第二十七条 省域城镇体系规划、城市总体规划、镇总体规划批准前，审批机关应当组织专家和有关部门进行审查。

第三章 城乡规划的实施

第二十八条 地方各级人民政府应当根据当地经济社会发展水平，量力而行，尊重群众意愿，有计划、分步骤地组织实施城乡规划。

第二十九条 城市的建设和发展，应当优先安排基础设施以及公共服务设施的建设，妥善处理新区开发与旧区改建的关系，统筹兼顾进城务工人员生活和周边农村经济社会发展、村民生产与生活的需要。

镇的建设和发展，应当结合农村经济社会发展和产业结构调整，优先安排供水、排水、供电、供气、道路、通信、广播电视等基础设施和学校、卫生院、文化站、幼儿园、福利院等公共服务设施的建设，为周边农村提供服务。

乡、村庄的建设和发展，应当因地制宜、节约用地，发挥村民自治组织的作用，引导村民合理进行建设，改善农村生产、生活条件。

第三十条 城市新区的开发和建设，应当合理确定建设规模和时序，充分利用现有市政基础设施和公共服务设施，严格保护自然资源和生态环境，体现地方特色。

在城市总体规划、镇总体规划确定的建设用地范围以外，不得设立各类开发区和城市新区。

第三十一条 旧城区的改建，应当保护历史文化遗产和传统风貌，合理确定拆迁和建设规模，有计划地对危房集中、基础设施落后等地段进行改建。

历史文化名城、名镇、名村的保护以及受保护建筑物的维护和使用，应当遵守有关法律、行政法规和国务院的规定。

第三十二条 城乡建设和发展，应当依法保护和合理利用风景名胜资源，统筹安排风景名胜区及周边乡、镇、村庄的建设。

风景名胜区的规划、建设和管理，应当遵守有关法律、行政法规和国务院的规定。

第三十三条 城市地下空间的开发和利用,应当与经济和技术发展水平相适应,遵循统筹安排、综合开发、合理利用的原则,充分考虑防灾减灾、人民防空和通信等需要,并符合城市规划,履行规划审批手续。

第三十四条 城市、县、镇人民政府应当根据城市总体规划、镇总体规划、土地利用总体规划和年度计划以及国民经济和社会发展规划,制定近期建设规划,报总体规划审批机关备案。

近期建设规划应当以重要基础设施、公共服务设施和中低收入居民住房建设以及生态环境保护为重点内容,明确近期建设的时序、发展方向和空间布局。近期建设规划的规划期限为五年。

第三十五条 城乡规划确定的铁路、公路、港口、机场、道路、绿地、输配电设施及输电线路走廊、通信设施、广播电视设施、管道设施、河道、水库、水源地、自然保护区、防汛通道、消防通道、核电站、垃圾填埋场及焚烧厂、污水处理厂和公共服务设施的用地以及其他需要依法保护的用地,禁止擅自改变用途。

第三十六条 按照国家规定需要有关部门批准或者核准的建设项目,以划拨方式提供国有土地使用权的,建设单位在报送有关部门批准或者核准前,应当向城乡规划主管部门申请核发选址意见书。

前款规定以外的建设项目不需要申请选址意见书。

第三十七条 在城市、镇规划区内以划拨方式提供国有土地使用权的建设项目,经有关部门批准、核准、备案后,建设单位应当向城市、县人民政府城乡规划主管部门提出建设用地规划许可申请,由城市、县人民政府城乡规划主管部门依据控制性详细规划核定建设用地的位置、面积、允许建设的范围,核发建设用地规划许可证。

建设单位在取得建设用地规划许可证后,方可向县级以上地方人民政府土地主管部门申请用地,经县级以上人民政府审批后,由土地主管部门划拨土地。

第三十八条 在城市、镇规划区内以出让方式提供国有土地使用权的,在国有土地使用权出让前,城市、县人民政府城乡规划主管部门应当依据控制性详细规划,提出出让地块的位置、使用性质、开发强度等规划条件,作为国有土地使用权出让合同的组成部分。未确定规划条件的地块,不得出让国有土地使用权。

以出让方式取得国有土地使用权的建设项目,在签订国有土地使用权出让合同后,建设单位应当持建设项目的批准、核准、备案文件和国有土地使用权出让合同,向城市、县人民政府城乡规划主管部门领取建设用地规划许可证。

城市、县人民政府城乡规划主管部门不得在建设用地规划许可证中,擅自改变作为国有土地使用权出让合同组成部分的规划条件。

第三十九条 规划条件未纳入国有土地使用权出让合同的,该国有土地使用权出让合同无效;对未取得建设用地规划许可证的建设单位批准用地的,由县级以上人民政府撤销有关批准文件;占用土地的,应当及时退回;给当事人造成损失的,应当依法给予赔偿。

第四十条 在城市、镇规划区内进行建筑物、构筑物、道路、管线和其他工程建设的,建设单位或者个人应当向城市、县人民政府城乡规划主管部门或者省、自治区、直辖市人民政府确定的镇人民政府申请办理建设工程规划许可证。

申请办理建设工程规划许可证,应当提交使用土地的有关证明文件、建设工程设计方案等材料。需要建设单位编制修建性详细规划的建设项目，还应当提交修建性详细规划。对符合控制性详细规划和规划条件的，由城市、县人民政府城乡规划主管部门或者省、自治区、直辖市人民政府确定的镇人民政府核发建设工程规划许可证。

城市、县人民政府城乡规划主管部门或者省、自治区、直辖市人民政府确定的镇人民政府应当依法将经审定的修建性详细规划、建设工程设计方案的总平面图予以公布。

第四十一条 在乡、村庄规划区内进行乡镇企业、乡村公共设施和公益事业建设的，建设单位或者个人应当向乡、镇人民政府提出申请，由乡、镇人民政府报城市、县人民政府城乡规划主管部门核发乡村建设规划许可证。

在乡、村庄规划区内使用原有宅基地进行农村村民住宅建设的规划管理办法，由省、自治区、直辖市制定。

在乡、村庄规划区内进行乡镇企业、乡村公共设施和公益事业建设以及农村村民住宅建设，不得占用农用地；确需占用农用地的，应当依照《中华人民共和国土地管理法》有关规定办理农用地转用审批手续后，由城市、县人民政府城乡规划主管部门核发乡村建设规划许可证。

建设单位或者个人在取得乡村建设规划许可证后，方可办理用地审批手续。

第四十二条 城乡规划主管部门不得在城乡规划确定的建设用地范围以外作出规划许可。

第四十三条 建设单位应当按照规划条件进行建设；确需变更的，必须向城市、县人民政府城乡规划主管部门提出申请。变更内容不符合控制性详细规划的，城乡规划主管部门不得批准。城市、县人民政府城乡规划主管部门应当及时将依法变更后的规划条件通报同级土地主管部门并公示。

建设单位应当及时将依法变更后的规划条件报有关人民政府土地主管部门备案。

第四十四条 在城市、镇规划区内进行临时建设的，应当经城市、县人民政府城乡规划主管部门批准。临时建设影响近期建设规划或者控制性详细规划的实施以及交通、市容、安全等的，不得批准。

临时建设应当在批准的使用期限内自行拆除。

临时建设和临时用地规划管理的具体办法，由省、自治区、直辖市人民政府制定。

第四十五条 县级以上地方人民政府城乡规划主管部门按照国务院规定对建设工程是否符合规划条件予以核实。未经核实或者经核实不符合规划条件的，建设单位不得组织竣工验收。

建设单位应当在竣工验收后六个月内向城乡规划主管部门报送有关竣工验收资料。

第四章　城乡规划的修改

第四十六条 省域城镇体系规划、城市总体规划、镇总体规划的组织编制机关，应当组织有关部门和专家定期对规划实施情况进行评估，并采取论证会、听证会或者其他方式征求公众意见。组织编制机关应当向本级人民代表大会常务委员会、镇人民代表大会和原审批机关提出评估报告并附具征求意见的情况。

第四十七条 有下列情形之一的，组织编制机关方可按照规定的权限和程序修改省域城镇体系规划、城市总体规划、镇总体规划：

（一）上级人民政府制定的城乡规划发生变更，提出修改规划要求的；
（二）行政区划调整确需修改规划的；
（三）因国务院批准重大建设工程确需修改规划的；
（四）经评估确需修改规划的；
（五）城乡规划的审批机关认为应当修改规划的其他情形。

修改省域城镇体系规划、城市总体规划、镇总体规划前，组织编制机关应当对原规划的实施情况进行总结，并向原审批机关报告；修改涉及城市总体规划、镇总体规划强制性内容的，应当先向原审批机关提出专题报告，经同意后，方可编制修改方案。

修改后的省域城镇体系规划、城市总体规划、镇总体规划，应当依照本法第十三条、第十四条、第十五条和第十六条规定的审批程序报批。

第四十八条 修改控制性详细规划的，组织编制机关应当对修改的必要性进行论证，征求规划地段内利害关系人的意见，并向原审批机关提出专题报告，经原审批机关同意后，方可编制修改方案。修改后的控制性详细规划，应当依照本法第十九条、第二十条规定的审批程序报批。控制性详细规划修改涉及城市总体规划、镇总体规划的强制性内容的，应当先修改总体规划。

修改乡规划、村庄规划的，应当依照本法第二十二条规定的审批程序报批。

第四十九条 城市、县、镇人民政府修改近期建设规划的，应当将修改后的近期建设规划报总体规划审批机关备案。

第五十条 在选址意见书、建设用地规划许可证、建设工程规划许可证或者乡村建设规划许可证发放后，因依法修改城乡规划给被许可人合法权益造成损失的，应当依法给予补偿。

经依法审定的修建性详细规划、建设工程设计方案的总平面图不得随意修改；确需修改的，城乡规划主管部门应当采取听证会等形式，听取利害关系人的意见；因修改给利害关系人合法权益造成损失的，应当依法给予补偿。

第五章 监督检查

第五十一条 县级以上人民政府及其城乡规划主管部门应当加强对城乡规划编制、审批、实施、修改的监督检查。

第五十二条 地方各级人民政府应当向本级人民代表大会常务委员会或者乡、镇人民代表大会报告城乡规划的实施情况，并接受监督。

第五十三条 县级以上人民政府城乡规划主管部门对城乡规划的实施情况进行监督检查，有权采取以下措施：
（一）要求有关单位和人员提供与监督事项有关的文件、资料，并进行复制；
（二）要求有关单位和人员就监督事项涉及的问题作出解释和说明，并根据需要进入现场进行勘测；
（三）责令有关单位和人员停止违反有关城乡规划的法律、法规的行为。

城乡规划主管部门的工作人员履行前款规定的监督检查职责，应当出示执法证件。被监督检查的单位和人员应当予以配合，不得妨碍和阻挠依法进行的监督检查活动。

第五十四条 监督检查情况和处理结果应当依法公开，供公众查阅和监督。

第五十五条 城乡规划主管部门在查处违反本法规定的行为时，发现国家机关工作人员依法应当给予行政处分的，应当向其任免机关或者监察机关提出处分建议。

第五十六条 依照本法规定应当给予行政处罚，而有关城乡规划主管部门不给予行政处罚的，上级人民政府城乡规划主管部门有权责令其作出行政处罚决定或者建议有关人民政府责令其给予行政处罚。

第五十七条 城乡规划主管部门违反本法规定作出行政许可的，上级人民政府城乡规划主管部门有权责令其撤销或者直接撤销该行政许可。因撤销行政许可给当事人合法权益造成损失的，应当依法给予赔偿。

第六章 法 律 责 任

第五十八条 对依法应当编制城乡规划而未组织编制，或者未按法定程序编制、审批、修改城乡规划的，由上级人民政府责令改正，通报批评；对有关人民政府负责人和其他直接责任人员依法给予处分。

第五十九条 城乡规划组织编制机关委托不具有相应资质等级的单位编制城乡规划的，由上级人民政府责令改正，通报批评；对有关人民政府负责人和其他直接责任人员依法给予处分。

第六十条 镇人民政府或者县级以上人民政府城乡规划主管部门有下列行为之一的，由本级人民政府、上级人民政府城乡规划主管部门或者监察机关依据职权责令改正，通报批评；对直接负责的主管人员和其他直接责任人员依法给予处分：

（一）未依法组织编制城市的控制性详细规划、县人民政府所在地镇的控制性详细规划的；

（二）超越职权或者对不符合法定条件的申请人核发选址意见书、建设用地规划许可证、建设工程规划许可证、乡村建设规划许可证的；

（三）对符合法定条件的申请人未在法定期限内核发选址意见书、建设用地规划许可证、建设工程规划许可证、乡村建设规划许可证的；

（四）未依法对经审定的修建性详细规划、建设工程设计方案的总平面图予以公布的；

（五）同意修改修建性详细规划、建设工程设计方案的总平面图前未采取听证会等形式听取利害关系人的意见的；

（六）发现未依法取得规划许可或者违反规划许可的规定在规划区内进行建设的行为，而不予查处或者接到举报后不依法处理的。

第六十一条 县级以上人民政府有关部门有下列行为之一的，由本级人民政府或者上级人民政府有关部门责令改正，通报批评；对直接负责的主管人员和其他直接责任人员依法给予处分：

（一）对未依法取得选址意见书的建设项目核发建设项目批准文件的；

（二）未依法在国有土地使用权出让合同中确定规划条件或者改变国有土地使用权出让合同中依法确定的规划条件的；

（三）对未依法取得建设用地规划许可证的建设单位划拨国有土地使用权的。

第六十二条 城乡规划编制单位有下列行为之一的，由所在地城市、县人民政府城乡规划主管部门责令限期改正，处合同约定的规划编制费一倍以上二倍以下的罚款；情节严重的，责令停业整顿，由原发证机关降低资质等级或者吊销资质证书；造成损失的，依法承担赔偿责任：

（一）超越资质等级许可的范围承揽城乡规划编制工作的；

（二）违反国家有关标准编制城乡规划的。

未依法取得资质证书承揽城乡规划编制工作的，由县级以上地方人民政府城乡规划主管部门责令停止违法行为，依照前款规定处以罚款；造成损失的，依法承担赔偿责任。

以欺骗手段取得资质证书承揽城乡规划编制工作的，由原发证机关吊销资质证书，依照本条第一款规定处以罚款；造成损失的，依法承担赔偿责任。

第六十三条 城乡规划编制单位取得资质证书后，不再符合相应的资质条件的，由原发证机关责令限期改正；逾期不改正的，降低资质等级或者吊销资质证书。

第六十四条 未取得建设工程规划许可证或者未按照建设工程规划许可证的规定进行建设的，由县级以上地方人民政府城乡规划主管部门责令停止建设；尚可采取改正措施消除对规划实施的影响的，限期改正，处建设工程造价百分之五以上百分之十以下的罚款；无法采取改正措施消除影响的，限期拆除，不能拆除的，没收实物或者违法收入，可以并处建设工程造价百分之十以下的罚款。

第六十五条 在乡、村庄规划区内未依法取得乡村建设规划许可证或者未按照乡村建设规划许可证的规定进行建设的，由乡、镇人民政府责令停止建设、限期改正；逾期不改正的，可以拆除。

第六十六条 建设单位或者个人有下列行为之一的，由所在地城市、县人民政府城乡规划主管部门责令限期拆除，可以并处临时建设工程造价一倍以下的罚款：

（一）未经批准进行临时建设的；

（二）未按照批准内容进行临时建设的；

（三）临时建筑物、构筑物超过批准期限不拆除的。

第六十七条 建设单位未在建设工程竣工验收后六个月内向城乡规划主管部门报送有关竣工验收资料的，由所在地城市、县人民政府城乡规划主管部门责令限期补报；逾期不补报的，处一万元以上五万元以下的罚款。

第六十八条 城乡规划主管部门作出责令停止建设或者限期拆除的决定后，当事人不停止建设或者逾期不拆除的，建设工程所在地县级以上地方人民政府可以责成有关部门采取查封施工现场、强制拆除等措施。

第六十九条 违反本法规定，构成犯罪的，依法追究刑事责任。

第七章 附 则

第七十条 本法自 2008 年 1 月 1 日起施行。《中华人民共和国城市规划法》同时废止。

附录3 中华人民共和国招标投标法

中华人民共和国主席令 第二十一号

《中华人民共和国招标投标法》已由中华人民共和国第九届全国人民代表大会常务委员会第十一次会议于1999年8月30日通过，现予公布，自2000年1月1日起施行。

中华人民共和国主席　江泽民
1999年8月30日

目　　录

第一章　总则
第二章　招标
第三章　投标
第四章　开标、评标和中标
第五章　法律责任
第六章　附则

第一章　总　　则

第一条　为了规范招标投标活动，保护国家利益、社会公共利益和招标投标活动当事人的合法权益，提高经济效益，保证项目质量，制定本法。

第二条　在中华人民共和国境内进行招标投标活动，适用本法。

第三条　在中华人民共和国境内进行下列工程建设项目包括项目的勘察、设计、施工、监理以及与工程建设有关的重要设备、材料等的采购，必须进行招标：

（一）大型基础设施、公用事业等关系社会公共利益、公众安全的项目；

（二）全部或者部分使用国有资金投资或者国家融资的项目；

（三）使用国际组织或者外国政府贷款、援助资金的项目。

前款所列项目的具体范围和规模标准，由国务院发展计划部门会同国务院有关部门制订，报国务院批准。

法律或者国务院对必须进行招标的其他项目的范围有规定的，依照其规定。

第四条　任何单位和个人不得将依法必须进行招标的项目化整为零或者以其他任何方式规避招标。

第五条　招标投标活动应当遵循公开、公平、公正和诚实信用的原则。

第六条　依法必须进行招标的项目，其招标投标活动不受地区或者部门的限制。任何单位和个人不得违法限制或者排斥本地区、本系统以外的法人或者其他组织参加投标，不得以任何方式非法干涉招标投标活动。

第七条　招标投标活动及其当事人应当接受依法实施的监督。有关行政监督部门依法对招标投标活动实施监督，依法查处招标投标活动中的违法行为。对招标投标活动的行政监督及有关部门的具体职权划分,由国务院规定。

第二章 招 标

第八条 招标人是依照本法规定提出招标项目、进行招标的法人或者其他组织。

第九条 招标项目按照国家有关规定需要履行项目审批手续的,应当先履行审批手续,取得批准。招标人应当有进行招标项目的相应资金或者资金来源已经落实,并应当在招标文件中如实载明。

第十条 招标分为公开招标和邀请招标。

公开招标,是指招标人以招标公告的方式邀请不特定的法人或者其他组织投标。邀请招标,是指招标人以投标邀请书的方式邀请特定的法人或者其他组织投标。

第十一条 国务院发展计划部门确定的国家重点项目和省、自治区、直辖市人民政府确定的地方重点项目不适宜公开招标的,经国务院发展计划部门或者省、自治区、直辖市人民政府批准,可以进行邀请招标。

第十二条 招标人有权自行选择招标代理机构,委托其办理招标事宜。任何单位和个人不得以任何方式为招标人指定招标代理机构。

招标人具有编制招标文件和组织评标能力的,可以自行办理招标事宜。任何单位和个人不得强制其委托招标代理机构办理招标事宜。

依法必须进行招标的项目,招标人自行办理招标事宜的,应当向有关行政监督部门备案。

第十三条 招标代理机构是依法设立、从事招标代理业务并提供相关服务的社会中介组织。招标代理机构应当具备下列条件:

(一)有从事招标代理业务的营业场所和相应资金;

(二)有能够编制招标文件和组织评标的相应专业力量;

(三)有符合本法第三十七条第三款规定条件、可以作为评标委员会成员人选的技术、经济等方面的专家库。

第十四条 从事工程建设项目招标代理业务的招标代理机构,其资格由国务院或者省、自治区、直辖市人民政府的建设行政主管部门认定。具体办法由国务院建设行政主管部门会同国务院有关部门制定。从事其他招标代理业务的招标代理机构,其资格认定的主管部门由国务院规定。

招标代理机构与行政机关和其他国家机关不得存在隶属关系或者其他利益关系。

第十五条 招标代理机构应当在招标人委托的范围内办理招标事宜,并遵守本法关于招标人的规定。

第十六条 招标人采用公开招标方式的,应当发布招标公告。依法必须进行招标的项目的招标公告,应当通过国家指定的报刊、信息网络或者其他媒介发布。

招标公告应当载明招标人的名称和地址、招标项目的性质、数量、实施地点和时间以及获取招标文件的办法等事项。

第十七条 招标人采用邀请招标方式的,应当向三个以上具备承担招标项目的能力、资信良好的特定的法人或者其他组织发出投标邀请书。

投标邀请书应当载明本法第十六条第二款规定的事项。

第十八条 招标人可以根据招标项目本身的要求,在招标公告或者投标邀请书中,要求潜在投标人提供有关资质证明文件和业绩情况,并对潜在投标人进行资格审查;国家对投标人的资格条件有规定的,依照其规定。

招标人不得以不合理的条件限制或者排斥潜在投标人,不得对潜在投标人实行歧视待遇。

第十九条 招标人应当根据招标项目的特点和需要编制招标文件。招标文件应当包括招标项目的技术要求、对投标人资格审查的标准、投标报价要求和评标标准等所有实质性要求和条件以及拟签订合同的主要条款。

国家对招标项目的技术、标准有规定的,招标人应当按照其规定在招标文件中提出相应要求。

招标项目需要划分标段、确定工期的,招标人应当合理划分标段、确定工期,并在招标文件中载明。

第二十条 招标文件不得要求或者标明特定的生产供应者以及含有倾向或者排斥潜在投标人的其他内容。

第二十一条 招标人根据招标项目的具体情况,可以组织潜在投标人踏勘项目现场。

第二十二条 招标人不得向他人透露已获取招标文件的潜在投标人的名称、数量以及可能影响公平竞争的有关招标投标的其他情况。招标人设有标底的,标底必须保密。

第二十三条 招标人对已发出的招标文件进行必要的澄清或者修改的,应当在招标文件要求提交投标文件截止时间至少十五日前,以书面形式通知所有招标文件收受人。该澄清或者修改的内容为招标文件的组成部分。

第二十四条 招标人应当确定投标人编制投标文件所需要的合理时间;但是,依法必须进行招标的项目,自招标文件开始发出之日起至投标人提交投标文件截止之日止,最短不得少于二十日。

第三章 投 标

第二十五条 投标人是响应招标、参加投标竞争的法人或者其他组织。依法招标的科研项目允许个人参加投标的,投标的个人适用本法有关投标人的规定。

第二十六条 投标人应当具备承担招标项目的能力;国家有关规定对投标人资格条件或者招标文件对投标人资格条件有规定的,投标人应当具备规定的资格条件。

第二十七条 投标人应当按照招标文件的要求编制投标文件。投标文件应当对招标文件提出的实质性要求和条件作出响应。

招标项目属于建设施工的,投标文件的内容应当包括拟派出的项目负责人与主要技术人员的简历、业绩和拟用于完成招标项目的机械设备等。

第二十八条 投标人应当在招标文件要求提交投标文件的截止时间前,将投标文件送达投标地点。招标人收到投标文件后,应当签收保存,不得开启。投标人少于三个的,招标人应当依照本法重新招标。

在招标文件要求提交投标文件的截止时间后送达的投标文件,招标人应当拒收。

第二十九条 投标人在招标文件要求提交投标文件的截止时间前,可以补充、修改或者撤回已提交的投标文件,并书面通知招标人。补充、修改的内容为投标文件的组成部分。

第三十条　投标人根据招标文件载明的项目实际情况，拟在中标后将中标项目的部分非主体、非关键性工作进行分包的，应当在投标文件中载明。

第三十一条　两个以上法人或者其他组织可以组成一个联合体，以一个投标人的身份共同投标。联合体各方均应当具备承担招标项目的相应能力；国家有关规定或者招标文件对投标人资格条件有规定的，联合体各方均应当具备规定的相应资格条件。由同一专业的单位组成的联合体，按照资质等级较低的单位确定资质等级。

联合体各方应当签订共同投标协议，明确约定各方拟承担的工作和责任，并将共同投标协议连同投标文件一并提交招标人。联合体中标的，联合体各方应当共同与招标人签订合同，就中标项目向招标人承担连带责任。

招标人不得强制投标人组成联合体共同投标，不得限制投标人之间的竞争。

第三十二条　投标人不得相互串通投标报价，不得排挤其他投标人的公平竞争，损害招标人或者其他投标人的合法权益。

投标人不得与招标人串通投标，损害国家利益、社会公共利益或者他人的合法权益。

禁止投标人以向招标人或者评标委员会成员行贿的手段谋取中标。

第三十三条　投标人不得以低于成本的报价竞标，也不得以他人名义投标或者以其他方式弄虚作假，骗取中标。

第四章　开标、评标和中标

第三十四条　开标应当在招标文件确定的提交投标文件截止时间的同一时间公开进行；开标地点应当为招标文件中预先确定的地点。

第三十五条　开标由招标人主持，邀请所有投标人参加。

第三十六条　开标时，由投标人或者其推选的代表检查投标文件的密封情况，也可以由招标人委托的公证机构检查并公证；经确认无误后，由工作人员当众拆封，宣读投标人名称、投标价格和投标文件的其他主要内容。

招标人在招标文件要求提交投标文件的截止时间前收到的所有投标文件，开标时都应当当众予以拆封、宣读。

开标过程应当记录，并存档备查。

第三十七条　评标由招标人依法组建的评标委员会负责。

依法必须进行招标的项目，其评标委员会由招标人的代表和有关技术、经济等方面的专家组成，成员人数为五人以上单数，其中技术、经济等方面的专家不得少于成员总数的三分之二。

前款专家应当从事相关领域工作满八年并具有高级职称或者具有同等专业水平，由招标人从国务院有关部门或者省、自治区、直辖市人民政府有关部门提供的专家名册或者招标代理机构的专家库内的相关专业的专家名单中确定；一般招标项目可以采取随机抽取方式，特殊招标项目可以由招标人直接确定。

与投标人有利害关系的人不得进入相关项目的评标委员会；已经进入的应当更换。

评标委员会成员的名单在中标结果确定前应当保密。

第三十八条　招标人应当采取必要的措施，保证评标在严格保密的情况下进行。

任何单位和个人不得非法干预、影响评标的过程和结果。

第三十九条 评标委员会可以要求投标人对投标文件中含义不明确的内容作必要的澄清或者说明，但是澄清或者说明不得超出投标文件的范围或者改变投标文件的实质性内容。

第四十条 评标委员会应当按照招标文件确定的评标标准和方法，对投标文件进行评审和比较；设有标底的，应当参考标底。评标委员会完成评标后，应当向招标人提出书面评标报告，并推荐合格的中标候选人。

招标人根据评标委员会提出的书面评标报告和推荐的中标候选人确定中标人。招标人也可以授权评标委员会直接确定中标人。

国务院对特定招标项目的评标有特别规定的，从其规定。

第四十一条 中标人的投标应当符合下列条件之一：

（一）能够最大限度地满足招标文件中规定的各项综合评价标准；

（二）能够满足招标文件的实质性要求，并且经评审的投标价格最低；但是投标价格低于成本的除外。

第四十二条 评标委员会经评审，认为所有投标都不符合招标文件要求的，可以否决所有投标。

依法必须进行招标的项目的所有投标被否决的，招标人应当依照本法重新招标。

第四十三条 在确定中标人前，招标人不得与投标人就投标价格、投标方案等实质性内容进行谈判。

第四十四条 评标委员会成员应当客观、公正地履行职务，遵守职业道德，对所提出的评审意见承担个人责任。

评标委员会成员不得私下接触投标人，不得收受投标人的财物或者其他好处。

评标委员会成员和参与评标的有关工作人员不得透露对投标文件的评审和比较、中标候选人的推荐情况以及与评标有关的其他情况。

第四十五条 中标人确定后，招标人应当向中标人发出中标通知书，并同时将中标结果通知所有未中标的投标人。

中标通知书对招标人和中标人具有法律效力。中标通知书发出后，招标人改变中标结果的，或者中标人放弃中标项目的，应当依法承担法律责任。

第四十六条 招标人和中标人应当自中标通知书发出之日起三十日内，按照招标文件和中标人的投标文件订立书面合同。招标人和中标人不得再行订立背离合同实质性内容的其他协议。

招标文件要求中标人提交履约保证金的，中标人应当提交。

第四十七条 依法必须进行招标的项目，招标人应当自确定中标人之日起十五日内，向有关行政监督部门提交招标投标情况的书面报告。

第四十八条 中标人应当按照合同约定履行义务，完成中标项目。中标人不得向他人转让中标项目，也不得将中标项目肢解后分别向他人转让。

中标人按照合同约定或者经招标人同意，可以将中标项目的部分非主体、非关键性工作分包给他人完成。接受分包的人应当具备相应的资格条件，并不得再次分包。

中标人应当就分包项目向招标人负责，接受分包的人就分包项目承担连带责任。

第五章 法 律 责 任

第四十九条 违反本法规定，必须进行招标的项目而不招标的，将必须进行招标的项目化整为零或者以其他任何方式规避招标的，责令限期改正，可以处项目合同金额千分之五以上千分之十以下的罚款；对全部或者部分使用国有资金的项目，可以暂停项目执行或者暂停资金拨付；对单位直接负责的主管人员和其他直接责任人员依法给予处分。

第五十条 招标代理机构违反本法规定，泄露应当保密的与招标投标活动有关的情况和资料的，或者与招标人、投标人串通损害国家利益、社会公共利益或者他人合法权益的，处五万元以上二十五万元以下的罚款，对单位直接负责的主管人员和其他直接责任人员处单位罚款数额百分之五以上百分之十以下的罚款；有违法所得的，并处没收违法所得；情节严重的，暂停直至取消招标代理资格；构成犯罪的，依法追究刑事责任。给他人造成损失的，依法承担赔偿责任。

前款所列行为影响中标结果的，中标无效。

第五十一条 招标人以不合理的条件限制或者排斥潜在投标人的，对潜在投标人实行歧视待遇的，强制要求投标人组成联合体共同投标的，或者限制投标人之间竞争的，责令改正，可以处一万元以上五万元以下的罚款。

第五十二条 依法必须进行招标的项目的招标人向他人透露已获取招标文件的潜在投标人的名称、数量或者可能影响公平竞争的有关招标投标的其他情况的，或者泄露标底的，给予警告，可以并处一万元以上十万元以下的罚款；对单位直接负责的主管人员和其他直接责任人员依法给予处分；构成犯罪的，依法追究刑事责任。

前款所列行为影响中标结果的，中标无效。

第五十三条 投标人相互串通投标或者与招标人串通投标的，投标人以向招标人或者评标委员会成员行贿的手段谋取中标的，中标无效，处中标项目金额千分之五以上千分之十以下的罚款，对单位直接负责的主管人员和其他直接责任人员处单位罚款数额百分之五以上百分之十以下的罚款；有违法所得的，并处没收违法所得；情节严重的，取消其一年至二年内参加依法必须进行招标的项目的投标资格并予以公告，直至由工商行政管理机关吊销营业执照；构成犯罪的，依法追究刑事责任。给他人造成损失的，依法承担赔偿责任。

第五十四条 投标人以他人名义投标或者以其他方式弄虚作假，骗取中标的，中标无效，给招标人造成损失的，依法承担赔偿责任；构成犯罪的，依法追究刑事责任。

依法必须进行招标的项目的投标人有前款所列行为尚未构成犯罪的，处中标项目金额千分之五以上千分之十以下的罚款，对单位直接负责的主管人员和其他直接责任人员处单位罚款数额百分之五以上百分之十以下的罚款；有违法所得的，并处没收违法所得；情节严重的，取消其一年至三年内参加依法必须进行招标的项目的投标资格并予以公告，直至由工商行政管理机关吊销营业执照。

第五十五条 依法必须进行招标的项目，招标人违反本法规定，与投标人就投标价格、投标方案等实质性内容进行谈判的，给予警告，对单位直接负责的主管人员和其他直接责任人员依法给予处分。

前款所列行为影响中标结果的，中标无效。

第五十六条　评标委员会成员收受投标人的财物或者其他好处的，评标委员会成员或者参加评标的有关工作人员向他人透露对投标文件的评审和比较、中标候选人的推荐以及与评标有关的其他情况的，给予警告，没收收受的财物，可以并处三千元以上五万元以下的罚款，对有所列违法行为的评标委员会成员取消担任评标委员会成员的资格，不得再参加任何依法必须进行招标的项目的评标；构成犯罪的，依法追究刑事责任。

第五十七条　招标人在评标委员会依法推荐的中标候选人以外确定中标人的，依法必须进行招标的项目在所有投标被评标委员会否决后自行确定中标人的，中标无效。责令改正，可以处中标项目金额千分之五以上千分之十以下的罚款；对单位直接负责的主管人员和其他直接责任人员依法给予处分。

第五十八条　中标人将中标项目转让给他人的，将中标项目肢解后分别转让给他人的，违反本法规定将中标项目的部分主体、关键性工作分包给他人的，或者分包人再次分包的，转让、分包无效，处转让、分包项目金额千分之五以上千分之十以下的罚款；有违法所得的，并处没收违法所得；可以责令停业整顿；情节严重的，由工商行政管理机关吊销营业执照。

第五十九条　招标人与中标人不按照招标文件和中标人的投标文件订立合同的，或者招标人、中标人订立背离合同实质性内容的协议的，责令改正；可以处中标项目金额千分之五以上千分之十以下的罚款。

第六十条　中标人不履行与招标人订立的合同的，履约保证金不予退还，给招标人造成的损失超过履约保证金数额的，还应当对超过部分予以赔偿；没有提交履约保证金的，应当对招标人的损失承担赔偿责任。

中标人不按照与招标人订立的合同履行义务，情节严重的，取消其二年至五年内参加依法必须进行招标的项目的投标资格并予以公告，直至由工商行政管理机关吊销营业执照。

因不可抗力不能履行合同的，不适用前两款规定。

第六十一条　本章规定的行政处罚，由国务院规定的有关行政监督部门决定。本法已对实施行政处罚的机关作出规定的除外。

第六十二条　任何单位违反本法规定，限制或者排斥本地区、本系统以外的法人或者其他组织参加投标的，为招标人指定招标代理机构的，强制招标人委托招标代理机构办理招标事宜的，或者以其他方式干涉招标投标活动的，责令改正；对单位直接负责的主管人员和其他直接责任人员依法给予警告、记过、记大过的处分，情节较重的，依法给予降级、撤职、开除的处分。

个人利用职权进行前款违法行为的，依照前款规定追究责任。

第六十三条　对招标投标活动依法负有行政监督职责的国家机关工作人员徇私舞弊、滥用职权或者玩忽职守，构成犯罪的，依法追究刑事责任；不构成犯罪的，依法给予行政处分。

第六十四条　依法必须进行招标的项目违反本法规定，中标无效的，应当依照本法规定的中标条件从其余投标人中重新确定中标人或者依照本法重新进行招标。

第六章 附 则

第六十五条 投标人和其他利害关系人认为招标投标活动不符合本法有关规定的,有权向招标人提出异议或者依法向有关行政监督部门投诉。

第六十六条 涉及国家安全、国家秘密、抢险救灾或者属于利用扶贫资金实行以工代赈、需要使用农民工等特殊情况,不适宜进行招标的项目,按照国家有关规定可以不进行招标。

第六十七条 使用国际组织或者外国政府贷款、援助资金的项目进行招标,贷款方、资金提供方对招标投标的具体条件和程序有不同规定的,可以适用其规定,但违背中华人民共和国的社会公共利益的除外。

第六十八条 本法自 2000 年 1 月 1 日起施行。

附录4 中华人民共和国安全生产法

中华人民共和国主席令 第七十号

《中华人民共和国安全生产法》已由中华人民共和国第九届全国人民代表大会常务委员会第二十八次会议于2002年6月29日通过，现予公布，自2002年11月1日起施行。

中华人民共和国主席 江泽民
2002年6月29日

目 录

第一章 总则
第二章 生产经营单位的安全生产保障
第三章 从业人员的权利和义务
第四章 安全生产的监督管理
第五章 生产安全事故的应急救援与调查处理
第六章 法律责任
第七章 附则

第一章 总 则

第一条 为了加强安全生产监督管理，防止和减少生产安全事故，保障人民群众生命和财产安全，促进经济发展，制定本法。

第二条 在中华人民共和国领域内从事生产经营活动的单位（以下统称生产经营单位）的安全生产，适用本法；有关法律、行政法规对消防安全和道路交通安全、铁路交通安全、水上交通安全、民用航空安全另有规定的，适用其规定。

第三条 安全生产管理，坚持安全第一、预防为主的方针。

第四条 生产经营单位必须遵守本法和其他有关安全生产的法律、法规，加强安全生产管理，建立、健全安全生产责任制度，完善安全生产条件，确保安全生产。

第五条 生产经营单位的主要负责人对本单位的安全生产工作全面负责。

第六条 生产经营单位的从业人员有依法获得安全生产保障的权利，并应当依法履行安全生产方面的义务。

第七条 工会依法组织职工参加本单位安全生产工作的民主管理和民主监督，维护职工在安全生产方面的合法权益。

第八条 国务院和地方各级人民政府应当加强对安全生产工作的领导，支持、督促各有关部门依法履行安全生产监督管理职责。

县级以上人民政府对安全生产监督管理中存在的重大问题应当及时予以协调、解决。

第九条 国务院负责安全生产监督管理的部门依照本法，对全国安全生产工作实施综合监督管理；县级以上地方各级人民政府负责安全生产监督管理的部门依照本法，对本行政区域内安全生产工作实施综合监督管理。

国务院有关部门依照本法和其他有关法律、行政法规的规定，在各自的职责范围内对有关的安全生产工作实施监督管理；县级以上地方各级人民政府有关部门依照本法和其他有关法律、法规的规定，在各自的职责范围内对有关的安全生产工作实施监督管理。

第十条 国务院有关部门应当按照保障安全生产的要求，依法及时制定有关的国家标准或者行业标准，并根据科技进步和经济发展适时修订。

生产经营单位必须执行依法制定的保障安全生产的国家标准或者行业标准。

第十一条 各级人民政府及其有关部门应当采取多种形式，加强对有关安全生产的法律、法规和安全生产知识的宣传，提高职工的安全生产意识。

第十二条 依法设立的为安全生产提供技术服务的中介机构，依照法律、行政法规和执业准则，接受生产经营单位的委托为其安全生产工作提供技术服务。

第十三条 国家实行生产安全事故责任追究制度，依照本法和有关法律、法规的规定，追究生产安全事故责任人员的法律责任。

第十四条 国家鼓励和支持安全生产科学技术研究和安全生产先进技术的推广应用，提高安全生产水平。

第十五条 国家对在改善安全生产条件、防止生产安全事故、参加抢险救护等方面取得显著成绩的单位和个人，给予奖励。

第二章　生产经营单位的安全生产保障

第十六条 生产经营单位应当具备本法和有关法律、行政法规和国家标准或者行业标准规定的安全生产条件；不具备安全生产条件的，不得从事生产经营活动。

第十七条 生产经营单位的主要负责人对本单位安全生产工作负有下列职责：

（一）建立、健全本单位安全生产责任制；

（二）组织制定本单位安全生产规章制度和操作规程；

（三）保证本单位安全生产投入的有效实施；

（四）督促、检查本单位的安全生产工作，及时消除生产安全事故隐患；

（五）组织制定并实施本单位的生产安全事故应急救援预案；

（六）及时、如实报告生产安全事故。

第十八条 生产经营单位应当具备的安全生产条件所必需的资金投入，由生产经营单位的决策机构、主要负责人或者个人经营的投资人予以保证，并对由于安全生产所必需的资金投入不足导致的后果承担责任。

第十九条 矿山、建筑施工单位和危险物品的生产、经营、储存单位，应当设置安全生产管理机构或者配备专职安全生产管理人员。

前款规定以外的其他生产经营单位，从业人员超过三百人的，应当设置安全生产管理机构或者配备专职安全生产管理人员；从业人员在三百人以下的，应当配备专职或者兼职的安全生产管理人员，或者委托具有国家规定的相关专业技术资格的工程技术人员提供安全生产管理服务。

生产经营单位依照前款规定委托工程技术人员提供安全生产管理服务的，保证安全生产的责任仍由本单位负责。

第二十条 生产经营单位的主要负责人和安全生产管理人员必须具备与本单位所从事的生产经营活动相应的安全生产知识和管理能力。

危险物品的生产、经营、储存单位以及矿山、建筑施工单位的主要负责人和安全生产管理人员,应当由有关主管部门对其安全生产知识和管理能力考核合格后方可任职。考核不得收费。

第二十一条 生产经营单位应当对从业人员进行安全生产教育和培训,保证从业人员具备必要的安全生产知识,熟悉有关的安全生产规章制度和安全操作规程,掌握本岗位的安全操作技能。未经安全生产教育和培训合格的从业人员,不得上岗作业。

第二十二条 生产经营单位采用新工艺、新技术、新材料或者使用新设备,必须了解、掌握其安全技术特性,采取有效的安全防护措施,并对从业人员进行专门的安全生产教育和培训。

第二十三条 生产经营单位的特种作业人员必须按照国家有关规定经专门的安全作业培训,取得特种作业操作资格证书,方可上岗作业。

特种作业人员的范围由国务院负责安全生产监督管理的部门会同国务院有关部门确定。

第二十四条 生产经营单位新建、改建、扩建工程项目(以下统称建设项目)的安全设施,必须与主体工程同时设计、同时施工、同时投入生产和使用。安全设施投资应当纳入建设项目概算。

第二十五条 矿山建设项目和用于生产、储存危险物品的建设项目,应当分别按照国家有关规定进行安全条件论证和安全评价。

第二十六条 建设项目安全设施的设计人、设计单位应当对安全设施设计负责。

矿山建设项目和用于生产、储存危险物品的建设项目的安全设施设计应当按照国家有关规定报经有关部门审查,审查部门及其负责审查的人员对审查结果负责。

第二十七条 矿山建设项目和用于生产、储存危险物品的建设项目的施工单位必须按照批准的安全设施设计施工,并对安全设施的工程质量负责。

矿山建设项目和用于生产、储存危险物品的建设项目竣工投入生产或者使用前,必须依照有关法律、行政法规的规定对安全设施进行验收;验收合格后,方可投入生产和使用。验收部门及其验收人员对验收结果负责。

第二十八条 生产经营单位应当在有较大危险因素的生产经营场所和有关设施、设备上,设置明显的安全警示标志。

第二十九条 安全设备的设计、制造、安装、使用、检测、维修、改造和报废,应当符合国家标准或者行业标准。

生产经营单位必须对安全设备进行经常性维护、保养,并定期检测,保证正常运转。维护、保养、检测应当作好记录,并由有关人员签字。

第三十条 生产经营单位使用的涉及生命安全、危险性较大的特种设备,以及危险物品的容器、运输工具,必须按照国家有关规定,由专业生产单位生产,并经取得专业资质的检测、检验机构检测、检验合格,取得安全使用证或者安全标志,方可投入使用。检测、检验机构对检测、检验结果负责。

涉及生命安全、危险性较大的特种设备的目录由国务院负责特种设备安全监督管理的部门制定，报国务院批准后执行。

第三十一条 国家对严重危及生产安全的工艺、设备实行淘汰制度。

生产经营单位不得使用国家明令淘汰、禁止使用的危及生产安全的工艺、设备。

第三十二条 生产、经营、运输、储存、使用危险物品或者处置废弃危险物品的，由有关主管部门依照有关法律、法规的规定和国家标准或者行业标准审批并实施监督管理。

生产经营单位生产、经营、运输、储存、使用危险物品或者处置废弃危险物品，必须执行有关法律、法规和国家标准或者行业标准，建立专门的安全管理制度，采取可靠的安全措施，接受有关主管部门依法实施的监督管理。

第三十三条 生产经营单位对重大危险源应当登记建档，进行定期检测、评估、监控，并制定应急预案，告知从业人员和相关人员在紧急情况下应当采取的应急措施。

生产经营单位应当按照国家有关规定将本单位重大危险源及有关安全措施、应急措施报有关地方人民政府负责安全生产监督管理的部门和有关部门备案。

第三十四条 生产、经营、储存、使用危险物品的车间、商店、仓库不得与员工宿舍在同一座建筑物内，并应当与员工宿舍保持安全距离。

生产经营场所和员工宿舍应当设有符合紧急疏散要求、标志明显、保持畅通的出口。禁止封闭、堵塞生产经营场所或者员工宿舍的出口。

第三十五条 生产经营单位进行爆破、吊装等危险作业，应当安排专门人员进行现场安全管理，确保操作规程的遵守和安全措施的落实。

第三十六条 生产经营单位应当教育和督促从业人员严格执行本单位的安全生产规章制度和安全操作规程；并向从业人员如实告知作业场所和工作岗位存在的危险因素、防范措施以及事故应急措施。

第三十七条 生产经营单位必须为从业人员提供符合国家标准或者行业标准的劳动防护用品，并监督、教育从业人员按照使用规则佩戴、使用。

第三十八条 生产经营单位的安全生产管理人员应当根据本单位的生产经营特点，对安全生产状况进行经常性检查；对检查中发现的安全问题，应当立即处理；不能处理的，应当及时报告本单位有关负责人。检查及处理情况应当记录在案。

第三十九条 生产经营单位应当安排用于配备劳动防护用品、进行安全生产培训的经费。

第四十条 两个以上生产经营单位在同一作业区域内进行生产经营活动，可能危及对方生产安全的，应当签订安全生产管理协议，明确各自的安全生产管理职责和应当采取的安全措施，并指定专职安全生产管理人员进行安全检查与协调。

第四十一条 生产经营单位不得将生产经营项目、场所、设备发包或者出租给不具备安全生产条件或者相应资质的单位或者个人。

生产经营项目、场所有多个承包单位、承租单位的，生产经营单位应当与承包单位、承租单位签订专门的安全生产管理协议，或者在承包合同、租赁合同中约定各自的安全生产管理职责；生产经营单位对承包单位、承租单位的安全生产工作统一协调、管理。

第四十二条 生产经营单位发生重大生产安全事故时，单位的主要负责人应当立即组织抢救，并不得在事故调查处理期间擅离职守。

第四十三条 生产经营单位必须依法参加工伤社会保险，为从业人员缴纳保险费。

第三章 从业人员的权利和义务

第四十四条 生产经营单位与从业人员订立的劳动合同，应当载明有关保障从业人员劳动安全、防止职业危害的事项，以及依法为从业人员办理工伤社会保险的事项。

生产经营单位不得以任何形式与从业人员订立协议，免除或者减轻其对从业人员因生产安全事故伤亡依法应承担的责任。

第四十五条 生产经营单位的从业人员有权了解其作业场所和工作岗位存在的危险因素、防范措施及事故应急措施，有权对本单位的安全生产工作提出建议。

第四十六条 从业人员有权对本单位安全生产工作中存在的问题提出批评、检举、控告；有权拒绝违章指挥和强令冒险作业。

生产经营单位不得因从业人员对本单位安全生产工作提出批评、检举、控告或者拒绝违章指挥、强令冒险作业而降低其工资、福利等待遇或者解除与其订立的劳动合同。

第四十七条 从业人员发现直接危及人身安全的紧急情况时，有权停止作业或者在采取可能的应急措施后撤离作业场所。

生产经营单位不得因从业人员在前款紧急情况下停止作业或者采取紧急撤离措施而降低其工资、福利等待遇或者解除与其订立的劳动合同。

第四十八条 因生产安全事故受到损害的从业人员，除依法享有工伤社会保险外，依照有关民事法律尚有获得赔偿的权利的，有权向本单位提出赔偿要求。

第四十九条 从业人员在作业过程中，应当严格遵守本单位的安全生产规章制度和操作规程，服从管理，正确佩戴和使用劳动防护用品。

第五十条 从业人员应当接受安全生产教育和培训，掌握本职工作所需的安全生产知识，提高安全生产技能，增强事故预防和应急处理能力。

第五十一条 从业人员发现事故隐患或者其他不安全因素，应当立即向现场安全生产管理人员或者本单位负责人报告；接到报告的人员应当及时予以处理。

第五十二条 工会有权对建设项目的安全设施与主体工程同时设计、同时施工、同时投入生产和使用进行监督，提出意见。

工会对生产经营单位违反安全生产法律、法规，侵犯从业人员合法权益的行为，有权要求纠正；发现生产经营单位违章指挥、强令冒险作业或者发现事故隐患时，有权提出解决的建议，生产经营单位应当及时研究答复；发现危及从业人员生命安全的情况时，有权向生产经营单位建议组织从业人员撤离危险场所，生产经营单位必须立即作出处理。

工会有权依法参加事故调查，向有关部门提出处理意见，并要求追究有关人员的责任。

第四章 安全生产的监督管理

第五十三条 县级以上地方各级人民政府应当根据本行政区域内的安全生产状况，组织有关部门按照职责分工，对本行政区域内容易发生重大生产安全事故的生产经营单位进行严格检查；发现事故隐患，应当及时处理。

第五十四条 依照本法第九条规定对安全生产负有监督管理职责的部门（以下统称负有安全生产监督管理职责的部门）依照有关法律、法规的规定，对涉及安全生产的事项需要审查批准（包括批准、核准、许可、注册、认证、颁发证照等，下同）或者验收的，必须严格依照有关法律、法规和国家标准或者行业标准规定的安全生产条件和程序进行审查；不符合有关法律、法规和国家标准或者行业标准规定的安全生产条件的，不得批准或者验收通过。对未依法取得批准或者验收合格的单位擅自从事有关活动的，负责行政审批的部门发现或者接到举报后应当立即予以取缔，并依法予以处理。对已经依法取得批准的单位，负责行政审批的部门发现其不再具备安全生产条件的，应当撤销原批准。

第五十五条　负有安全生产监督管理职责的部门对涉及安全生产的事项进行审查、验收，不得收取费用；不得要求接受审查、验收的单位购买其指定品牌或者指定生产、销售单位的安全设备、器材或者其他产品。

第五十六条　负有安全生产监督管理职责的部门依法对生产经营单位执行有关安全生产的法律、法规和国家标准或者行业标准的情况进行监督检查，行使以下职权：

（一）进入生产经营单位进行检查，调阅有关资料，向有关单位和人员了解情况。

（二）对检查中发现的安全生产违法行为，当场予以纠正或者要求限期改正；对依法应当给予行政处罚的行为，依照本法和其他有关法律、行政法规的规定作出行政处罚决定。

（三）对检查中发现的事故隐患，应当责令立即排除；重大事故隐患排除前或者排除过程中无法保证安全的，应当责令从危险区域内撤出作业人员，责令暂时停产停业或者停止使用；重大事故隐患排除后，经审查同意，方可恢复生产经营和使用。

（四）对有根据认为不符合保障安全生产的国家标准或者行业标准的设施、设备、器材予以查封或者扣押，并应当在十五日内依法作出处理决定。

监督检查不得影响被检查单位的正常生产经营活动。

第五十七条　生产经营单位对负有安全生产监督管理职责的部门的监督检查人员（以下统称安全生产监督检查人员）依法履行监督检查职责，应当予以配合，不得拒绝、阻挠。

第五十八条　安全生产监督检查人员应当忠于职守，坚持原则，秉公执法。

安全生产监督检查人员执行监督检查任务时，必须出示有效的监督执法证件；对涉及被检查单位的技术秘密和业务秘密，应当为其保密。

第五十九条　安全生产监督检查人员应当将检查的时间、地点、内容、发现的问题及其处理情况，作出书面记录，并由检查人员和被检查单位的负责人签字；被检查单位的负责人拒绝签字的，检查人员应当将情况记录在案，并向负有安全生产监督管理职责的部门报告。

第六十条　负有安全生产监督管理职责的部门在监督检查中，应当互相配合，实行联合检查；确需分别进行检查的，应当互通情况，发现存在的安全问题应当由其他有关部门进行处理的，应当及时移送其他有关部门并形成记录备查，接受移送的部门应当及时进行处理。

第六十一条　监察机关依照行政监察法的规定，对负有安全生产监督管理职责的部门及其工作人员履行安全生产监督管理职责实施监察。

第六十二条　承担安全评价、认证、检测、检验的机构应当具备国家规定的资质条件，并对其作出的安全评价、认证、检测、检验的结果负责。

第六十三条 负有安全生产监督管理职责的部门应当建立举报制度,公开举报电话、信箱或者电子邮件地址,受理有关安全生产的举报;受理的举报事项经调查核实后,应当形成书面材料;需要落实整改措施的,报经有关负责人签字并督促落实。

第六十四条 任何单位或者个人对事故隐患或者安全生产违法行为,均有权向负有安全生产监督管理职责的部门报告或者举报。

第六十五条 居民委员会、村民委员会发现其所在区域内的生产经营单位存在事故隐患或者安全生产违法行为时,应当向当地人民政府或者有关部门报告。

第六十六条 县级以上各级人民政府及其有关部门对报告重大事故隐患或者举报安全生产违法行为的有功人员,给予奖励。具体奖励办法由国务院负责安全生产监督管理的部门会同国务院财政部门制定。

第六十七条 新闻、出版、广播、电影、电视等单位有进行安全生产宣传教育的义务,有对违反安全生产法律、法规的行为进行舆论监督的权利。

第五章 生产安全事故的应急救援与调查处理

第六十八条 县级以上地方各级人民政府应当组织有关部门制定本行政区域内特大生产安全事故应急救援预案,建立应急救援体系。

第六十九条 危险物品的生产、经营、储存单位以及矿山、建筑施工单位应当建立应急救援组织;生产经营规模较小,可以不建立应急救援组织的,应当指定兼职的应急救援人员。危险物品的生产、经营、储存单位以及矿山、建筑施工单位应当配备必要的应急救援器材、设备,并进行经常性维护、保养,保证正常运转。

第七十条 生产经营单位发生生产安全事故后,事故现场有关人员应当立即报告本单位负责人。

单位负责人接到事故报告后,应当迅速采取有效措施,组织抢救,防止事故扩大,减少人员伤亡和财产损失,并按照国家有关规定立即如实报告当地负有安全生产监督管理职责的部门,不得隐瞒不报、谎报或者拖延不报,不得故意破坏事故现场、毁灭有关证据。

第七十一条 负有安全生产监督管理职责的部门接到事故报告后,应当立即按照国家有关规定上报事故情况。负有安全生产监督管理职责的部门和有关地方人民政府对事故情况不得隐瞒不报、谎报或者拖延不报。

第七十二条 有关地方人民政府和负有安全生产监督管理职责的部门的负责人接到重大生产安全事故报告后,应当立即赶到事故现场,组织事故抢救。

任何单位和个人都应当支持、配合事故抢救,并提供一切便利条件。

第七十三条 事故调查处理应当按照实事求是、尊重科学的原则,及时、准确地查清事故原因,查明事故性质和责任,总结事故教训,提出整改措施,并对事故责任者提出处理意见。事故调查和处理的具体办法由国务院制定。

第七十四条 生产经营单位发生生产安全事故,经调查确定为责任事故的,除了应当查明事故单位的责任并依法予以追究外,还应当查明对安全生产的有关事项负有审查批准和监督职责的行政部门的责任,对有失职、渎职行为的,依照本法第七十七条的规定追究法律责任。

第七十五条　任何单位和个人不得阻挠和干涉对事故的依法调查处理。

第七十六条　县级以上地方各级人民政府负责安全生产监督管理的部门应当定期统计分析本行政区域内发生生产安全事故的情况，并定期向社会公布。

第六章　法　律　责　任

第七十七条　负有安全生产监督管理职责的部门的工作人员，有下列行为之一的，给予降级或者撤职的行政处分；构成犯罪的，依照刑法有关规定追究刑事责任：

（一）对不符合法定安全生产条件的涉及安全生产的事项予以批准或者验收通过的；

（二）发现未依法取得批准、验收的单位擅自从事有关活动或者接到举报后不予取缔或者不依法予以处理的；

（三）对已经依法取得批准的单位不履行监督管理职责，发现其不再具备安全生产条件而不撤销原批准或者发现安全生产违法行为不予查处的。

第七十八条　负有安全生产监督管理职责的部门，要求被审查、验收的单位购买其指定的安全设备、器材或者其他产品的，在对安全生产事项的审查、验收中收取费用的，由其上级机关或者监察机关责令改正，责令退还收取的费用；情节严重的，对直接负责的主管人员和其他直接责任人员依法给予行政处分。

第七十九条　承担安全评价、认证、检测、检验工作的机构，出具虚假证明，构成犯罪的，依照刑法有关规定追究刑事责任；尚不够刑事处罚的，没收违法所得，违法所得在五千元以上的，并处违法所得二倍以上五倍以下的罚款，没有违法所得或者违法所得不足五千元的，单处或者并处五千元以上二万元以下的罚款，对其直接负责的主管人员和其他直接责任人员处五千元以上五万元以下的罚款；给他人造成损害的，与生产经营单位承担连带赔偿责任。

对有前款违法行为的机构，撤销其相应资格。

第八十条　生产经营单位的决策机构、主要负责人、个人经营的投资人不依照本法规定保证安全生产所必需的资金投入，致使生产经营单位不具备安全生产条件的，责令限期改正，提供必需的资金；逾期未改正的，责令生产经营单位停产停业整顿。

有前款违法行为，导致发生生产安全事故，构成犯罪的，依照刑法有关规定追究刑事责任；尚不够刑事处罚的，对生产经营单位的主要负责人给予撤职处分，对个人经营的投资人处二万元以上二十万元以下的罚款。

第八十一条　生产经营单位的主要负责人未履行本法规定的安全生产管理职责的，责令限期改正；逾期未改正的，责令生产经营单位停产停业整顿。

生产经营单位的主要负责人有前款违法行为，导致发生生产安全事故，构成犯罪的，依照刑法有关规定追究刑事责任；尚不够刑事处罚的，给予撤职处分或者处二万元以上二十万元以下的罚款。

生产经营单位的主要负责人依照前款规定受刑事处罚或者撤职处分的，自刑罚执行完毕或者受处分之日起，五年内不得担任任何生产经营单位的主要负责人。

第八十二条　生产经营单位有下列行为之一的，责令限期改正；逾期未改正的，责令停产停业整顿，可以并处二万元以下的罚款：

（一）未按照规定设立安全生产管理机构或者配备安全生产管理人员的；

（二）危险物品的生产、经营、储存单位以及矿山、建筑施工单位的主要负责人和安全生产管理人员未按照规定经考核合格的；

（三）未按照本法第二十一条、第二十二条的规定对从业人员进行安全生产教育和培训，或者未按照本法第三十六条的规定如实告知从业人员有关的安全生产事项的；

（四）特种作业人员未按照规定经专门的安全作业培训并取得特种作业操作资格证书，上岗作业的。

第八十三条　生产经营单位有下列行为之一的，责令限期改正；逾期未改正的，责令停止建设或者停产停业整顿，可以并处五万元以下的罚款；造成严重后果，构成犯罪的，依照刑法有关规定追究刑事责任：

（一）矿山建设项目或者用于生产、储存危险物品的建设项目没有安全设施设计或者安全设施设计未按照规定报经有关部门审查同意的；

（二）矿山建设项目或者用于生产、储存危险物品的建设项目的施工单位未按照批准的安全设施设计施工的；

（三）矿山建设项目或者用于生产、储存危险物品的建设项目竣工投入生产或者使用前，安全设施未经验收合格的；

（四）未在有较大危险因素的生产经营场所和有关设施、设备上设置明显的安全警示标志的；

（五）安全设备的安装、使用、检测、改造和报废不符合国家标准或者行业标准的；

（六）未对安全设备进行经常性维护、保养和定期检测的；

（七）未为从业人员提供符合国家标准或者行业标准的劳动防护用品的；

（八）特种设备以及危险物品的容器、运输工具未经取得专业资质的机构检测、检验合格，取得安全使用证或者安全标志，投入使用的；

（九）使用国家明令淘汰、禁止使用的危及生产安全的工艺、设备的。

第八十四条　未经依法批准，擅自生产、经营、储存危险物品的，责令停止违法行为或者予以关闭，没收违法所得，违法所得十万元以上的，并处违法所得一倍以上五倍以下的罚款，没有违法所得或者违法所得不足十万元的，单处或者并处二万元以上十万元以下的罚款；造成严重后果，构成犯罪的，依照刑法有关规定追究刑事责任。

第八十五条　生产经营单位有下列行为之一的，责令限期改正；逾期未改正的，责令停产停业整顿，可以并处二万元以上十万元以下的罚款；造成严重后果，构成犯罪的，依照刑法有关规定追究刑事责任：

（一）生产、经营、储存、使用危险物品，未建立专门安全管理制度、未采取可靠的安全措施或者不接受有关主管部门依法实施的监督管理的；

（二）对重大危险源未登记建档，或者未进行评估、监控，或者未制定应急预案的；

（三）进行爆破、吊装等危险作业，未安排专门管理人员进行现场安全管理的。

第八十六条　生产经营单位将生产经营项目、场所、设备发包或者出租给不具备安全生产条件或者相应资质的单位或者个人的，责令限期改正，没收违法所得；违法所得五万元以上的，并处违法所得一倍以上五倍以下的罚款；没有违法所得或者违法所得不足五万元的，单处或者并处一万元以上五万元以下的罚款；导致发生生产安全事故给他人造成损害的，与承包方、承租方承担连带赔偿责任。

生产经营单位未与承包单位、承租单位签订专门的安全生产管理协议或者未在承包合同、租赁合同中明确各自的安全生产管理职责，或者未对承包单位、承租单位的安全生产统一协调、管理的，责令限期改正；逾期未改正的，责令停产停业整顿。

第八十七条 两个以上生产经营单位在同一作业区域内进行可能危及对方安全生产的生产经营活动，未签订安全生产管理协议或者未指定专职安全生产管理人员进行安全检查与协调的，责令限期改正；逾期未改正的，责令停产停业。

第八十八条 生产经营单位有下列行为之一的，责令限期改正；逾期未改正的，责令停产停业整顿；造成严重后果，构成犯罪的，依照刑法有关规定追究刑事责任：

（一）生产、经营、储存、使用危险物品的车间、商店、仓库与员工宿舍在同一座建筑内，或者与员工宿舍的距离不符合安全要求的；

（二）生产经营场所和员工宿舍未设有符合紧急疏散需要、标志明显、保持畅通的出口，或者封闭、堵塞生产经营场所或者员工宿舍出口的。

第八十九条 生产经营单位与从业人员订立协议，免除或者减轻其对从业人员因生产安全事故伤亡依法应承担的责任的，该协议无效；对生产经营单位的主要负责人、个人经营的投资人处二万元以上十万元以下的罚款。

第九十条 生产经营单位的从业人员不服从管理，违反安全生产规章制度或者操作规程的，由生产经营单位给予批评教育，依照有关规章制度给予处分；造成重大事故，构成犯罪的，依照刑法有关规定追究刑事责任。

第九十一条 生产经营单位主要负责人在本单位发生重大生产安全事故时，不立即组织抢救或者在事故调查处理期间擅离职守或者逃匿的，给予降职、撤职的处分，对逃匿的处十五日以下拘留；构成犯罪的，依照刑法有关规定追究刑事责任。

生产经营单位主要负责人对生产安全事故隐瞒不报、谎报或者拖延不报的，依照前款规定处罚。

第九十二条 有关地方人民政府、负有安全生产监督管理职责的部门，对生产安全事故隐瞒不报、谎报或者拖延不报的，对直接负责的主管人员和其他直接责任人员依法给予行政处分；构成犯罪的，依照刑法有关规定追究刑事责任。

第九十三条 生产经营单位不具备本法和其他有关法律、行政法规和国家标准或者行业标准规定的安全生产条件，经停产停业整顿仍不具备安全生产条件的，予以关闭；有关部门应当依法吊销其有关证照。

第九十四条 本法规定的行政处罚，由负责安全生产监督管理的部门决定；予以关闭的行政处罚由负责安全生产监督管理的部门报请县级以上人民政府按照国务院规定的权限决定；给予拘留的行政处罚由公安机关依照治安管理处罚法的规定决定。有关法律、行政法规对行政处罚的决定机关另有规定的，依照其规定。

第九十五条 生产经营单位发生生产安全事故造成人员伤亡、他人财产损失的，应当依法承担赔偿责任；拒不承担或者其负责人逃匿的，由人民法院依法强制执行。

生产安全事故的责任人未依法承担赔偿责任，经人民法院依法采取执行措施后，仍不能对受害人给予足额赔偿的，应当继续履行赔偿义务；受害人发现责任人有其他财产的，可以随时请求人民法院执行。

第七章 附　则

第九十六条 本法下列用语的含义：

危险物品，是指易燃易爆物品、危险化学品、放射性物品等能够危及人身安全和财产安全的物品。

重大危险源，是指长期地或者临时地生产、搬运、使用或者储存危险物品，且危险物品的数量等于或者超过临界量的单元（包括场所和设施）。

第九十七条 本法自 2002 年 11 月 1 日起施行。

附录5 建设工程质量管理条例

中华人民共和国国务院令 第279号

《建设工程质量管理条例》已经2000年1月10日国务院第25次常务会议通过,现予公布,自公布之日起施行。

总理 朱镕基
2000年1月30日

目 录

第一章 总则
第二章 建设单位的质量责任和义务
第三章 勘察、设计单位的质量责任和义务
第四章 施工单位的质量责任和义务
第五章 工程监理单位的质量责任和义务
第六章 建设工程质量保修
第七章 监督管理
第八章 罚则
第九章 附则

第一章 总 则

第一条 为了加强对建设工程质量的管理,保证建设工程质量,保护人民生命和财产安全,根据《中华人民共和国建筑法》,制定本条例。

第二条 凡在中华人民共和国境内从事建设工程的新建、扩建、改建等有关活动及实施对建设工程质量监督管理的,必须遵守本条例。

本条例所称建设工程,是指土木工程、建筑工程、线路管道和设备安装工程及装修工程。

第三条 建设单位、勘察单位、设计单位、施工单位、工程监理单位依法对建设工程质量负责。

第四条 县级以上人民政府建设行政主管部门和其他有关部门应当加强对建设工程质量的监督管理。

第五条 从事建设工程活动,必须严格执行基本建设程序,坚持先勘察、后设计、再施工的原则。

县级以上人民政府及其有关部门不得超越权限审批建设项目或者擅自简化基本建设程序。

第六条 国家鼓励采用先进的科学技术和管理方法,提高建设工程质量。

第二章　建设单位的质量责任和义务

第七条　建设单位应当将工程发包给具有相应资质等级的单位。

建设单位不得将建设工程肢解发包。

第八条　建设单位应当依法对工程建设项目的勘察、设计、施工、监理以及与工程建设有关的重要设备、材料等的采购进行招标。

第九条　建设单位必须向有关的勘察、设计、施工、工程监理等单位提供与建设工程有关的原始资料。

原始资料必须真实、准确、齐全。

第十条　建设工程发包单位不得迫使承包方以低于成本的价格竞标，不得任意压缩合理工期。

建设单位不得明示或者暗示设计单位或者施工单位违反工程建设强制性标准，降低建设工程质量。

第十一条　建设单位应当将施工图设计文件报县级以上人民政府建设行政主管部门或者其他有关部门审查。施工图设计文件审查的具体办法，由国务院建设行政主管部门会同国务院其他有关部门制定。

施工图设计文件未经审查批准的，不得使用。

第十二条　实行监理的建设工程，建设单位应当委托具有相应资质等级的工程监理单位进行监理，也可以委托具有工程监理相应资质等级并与被监理工程的施工承包单位没有隶属关系或者其他利害关系的该工程的设计单位进行监理。

下列建设工程必须实行监理：

（一）国家重点建设工程；

（二）大中型公用事业工程；

（三）成片开发建设的住宅小区工程；

（四）利用外国政府或者国际组织贷款、援助资金的工程；

（五）国家规定必须实行监理的其他工程。

第十三条　建设单位在领取施工许可证或者开工报告前，应当按照国家有关规定办理工程质量监督手续。

第十四条　按照合同约定，由建设单位采购建筑材料、建筑构配件和设备的，建设单位应当保证建筑材料、建筑构配件和设备符合设计文件和合同要求。

建设单位不得明示或者暗示施工单位使用不合格的建筑材料、建筑构配件和设备。

第十五条　涉及建筑主体和承重结构变动的装修工程，建设单位应当在施工前委托原设计单位或者具有相应资质等级的设计单位提出设计方案；没有设计方案的，不得施工。

房屋建筑使用者在装修过程中，不得擅自变动房屋建筑主体和承重结构。

第十六条　建设单位收到建设工程竣工报告后，应当组织设计、施工、工程监理等有关单位进行竣工验收。

建设工程竣工验收应当具备下列条件：

（一）完成建设工程设计和合同约定的各项内容；

（二）有完整的技术档案和施工管理资料；
（三）有工程使用的主要建筑材料、建筑构配件和设备的进场试验报告；
（四）有勘察、设计、施工、工程监理等单位分别签署的质量合格文件；
（五）有施工单位签署的工程保修书。
建设工程经验收合格的，方可交付使用。

第十七条 建设单位应当严格按照国家有关档案管理的规定，及时收集、整理建设项目各环节的文件资料，建立、健全建设项目档案，并在建设工程竣工验收后，及时向建设行政主管部门或者其他有关部门移交建设项目档案。

第三章 勘察、设计单位的质量责任和义务

第十八条 从事建设工程勘察、设计的单位应当依法取得相应等级的资质证书，并在其资质等级许可的范围内承揽工程。

禁止勘察、设计单位超越其资质等级许可的范围或者以其他勘察、设计单位的名义承揽工程。禁止勘察、设计单位允许其他单位或者个人以本单位的名义承揽工程。

勘察、设计单位不得转包或者违法分包所承揽的工程。

第十九条 勘察、设计单位必须按照工程建设强制性标准进行勘察、设计，并对其勘察、设计的质量负责。

注册建筑师、注册结构工程师等注册执业人员应当在设计文件上签字，对设计文件负责。

第二十条 勘察单位提供的地质、测量、水文等勘察成果必须真实、准确。

第二十一条 设计单位应当根据勘察成果文件进行建设工程设计。

设计文件应当符合国家规定的设计深度要求，注明工程合理使用年限。

第二十二条 设计单位在设计文件中选用的建筑材料、建筑构配件和设备，应当注明规格、型号、性能等技术指标，其质量要求必须符合国家规定的标准。

除有特殊要求的建筑材料、专用设备、工艺生产线等外，设计单位不得指定生产厂、供应商。

第二十三条 设计单位应当就审查合格的施工图设计文件向施工单位作出详细说明。

第二十四条 设计单位应当参与建设工程质量事故分析，并对因设计造成的质量事故，提出相应的技术处理方案。

第四章 施工单位的质量责任和义务

第二十五条 施工单位应当依法取得相应等级的资质证书，并在其资质等级许可的范围内承揽工程。

禁止施工单位超越本单位资质等级许可的业务范围或者以其他施工单位的名义承揽工程。禁止施工单位允许其他单位或者个人以本单位的名义承揽工程。

施工单位不得转包或者违法分包工程。

第二十六条 施工单位对建设工程的施工质量负责。

施工单位应当建立质量责任制，确定工程项目的项目经理、技术负责人和施工管理负责人。

建设工程实行总承包的，总承包单位应当对全部建设工程质量负责；建设工程勘察、设计、施工、设备采购的一项或者多项实行总承包的，总承包单位应当对其承包的建设工程或者采购的设备的质量负责。

第二十七条　总承包单位依法将建设工程分包给其他单位的，分包单位应当按照分包合同的约定对其分包工程的质量向总承包单位负责，总承包单位与分包单位对分包工程的质量承担连带责任。

第二十八条　施工单位必须按照工程设计图纸和施工技术标准施工，不得擅自修改工程设计，不得偷工减料。

施工单位在施工过程中发现设计文件和图纸有差错的，应当及时提出意见和建议。

第二十九条　施工单位必须按照工程设计要求、施工技术标准和合同约定，对建筑材料、建筑构配件、设备和商品混凝土进行检验，检验应当有书面记录和专人签字；未经检验或者检验不合格的，不得使用。

第三十条　施工单位必须建立、健全施工质量的检验制度，严格工序管理，作好隐蔽工程的质量检查和记录。隐蔽工程在隐蔽前，施工单位应当通知建设单位和建设工程质量监督机构。

第三十一条　施工人员对涉及结构安全的试块、试件以及有关材料，应当在建设单位或者工程监理单位监督下现场取样，并送具有相应资质等级的质量检测单位进行检测。

第三十二条　施工单位对施工中出现质量问题的建设工程或者竣工验收不合格的建设工程，应当负责返修。

第三十三条　施工单位应当建立、健全教育培训制度，加强对职工的教育培训；未经教育培训或者考核不合格的人员，不得上岗作业。

第五章　工程监理单位的质量责任和义务

第三十四条　工程监理单位应当依法取得相应等级的资质证书，并在其资质等级许可的范围内承担工程监理业务。

禁止工程监理单位超越本单位资质等级许可的范围或者以其他工程监理单位的名义承担工程监理业务。禁止工程监理单位允许其他单位或者个人以本单位的名义承担工程监理业务。

工程监理单位不得转让工程监理业务。

第三十五条　工程监理单位与被监理工程的施工承包单位以及建筑材料、建筑构配件和设备供应单位有隶属关系或者其他利害关系的，不得承担该项建设工程的监理业务。

第三十六条　工程监理单位应当依照法律、法规以及有关技术标准、设计文件和建设工程承包合同，代表建设单位对施工质量实施监理，并对施工质量承担监理责任。

第三十七条　工程监理单位应当选派具备相应资格的总监理工程师和监理工程师进驻施工现场。

未经监理工程师签字，建筑材料、建筑构配件和设备不得在工程上使用或者安装，施工单位不得进行下一道工序的施工。未经总监理工程师签字，建设单位不拨付工程款，不进行竣工验收。

第三十八条　监理工程师应当按照工程监理规范的要求，采取旁站、巡视和平行检验

第六章 建设工程质量保修

第三十九条 建设工程实行质量保修制度。

建设工程承包单位在向建设单位提交工程竣工验收报告时,应当向建设单位出具质量保修书。质量保修书中应当明确建设工程的保修范围、保修期限和保修责任等。

第四十条 在正常使用条件下,建设工程的最低保修期限为:

(一)基础设施工程、房屋建筑的地基基础工程和主体结构工程,为设计文件规定的该工程的合理使用年限;

(二)屋面防水工程、有防水要求的卫生间、房间和外墙面的防渗漏,为5年;

(三)供热与供冷系统,为2个采暖期、供冷期;

(四)电气管线、给排水管道、设备安装和装修工程,为2年。

其他项目的保修期限由发包方与承包方约定。

建设工程的保修期,自竣工验收合格之日起计算。

第四十一条 建设工程在保修范围和保修期限内发生质量问题的,施工单位应当履行保修义务,并对造成的损失承担赔偿责任。

第四十二条 建设工程在超过合理使用年限后需要继续使用的,产权所有人应当委托具有相应资质等级的勘察、设计单位鉴定,并根据鉴定结果采取加固、维修等措施,重新界定使用期。

第七章 监 督 管 理

第四十三条 国家实行建设工程质量监督管理制度。

国务院建设行政主管部门对全国的建设工程质量实施统一监督管理。国务院铁路、交通、水利等有关部门按照国务院规定的职责分工,负责对全国的有关专业建设工程质量的监督管理。

县级以上地方人民政府建设行政主管部门对本行政区域内的建设工程质量实施监督管理。县级以上地方人民政府交通、水利等有关部门在各自的职责范围内,负责对本行政区域内的专业建设工程质量的监督管理。

第四十四条 国务院建设行政主管部门和国务院铁路、交通、水利等有关部门应当加强对有关建设工程质量的法律、法规和强制性标准执行情况的监督检查。

第四十五条 国务院发展计划部门按照国务院规定的职责,组织稽察特派员,对国家出资的重大建设项目实施监督检查。

国务院经济贸易主管部门按照国务院规定的职责,对国家重大技术改造项目实施监督检查。

第四十六条 建设工程质量监督管理,可以由建设行政主管部门或者其他有关部门委托的建设工程质量监督机构具体实施。

从事房屋建筑工程和市政基础设施工程质量监督的机构,必须按照国家有关规定经国务院建设行政主管部门或者省、自治区、直辖市人民政府建设行政主管部门考核;从事专业建设工程质量监督的机构,必须按照国家有关规定经国务院有关部门或者省、自治区、直辖市人民政府有关部门考核。经考核合格后,方可实施质量监督。

第四十七条　县级以上地方人民政府建设行政主管部门和其他有关部门应当加强对有关建设工程质量的法律、法规和强制性标准执行情况的监督检查。

第四十八条　县级以上人民政府建设行政主管部门和其他有关部门履行监督检查职责时,有权采取下列措施:

(一) 要求被检查的单位提供有关工程质量的文件和资料;

(二) 进入被检查单位的施工现场进行检查;

(三) 发现有影响工程质量的问题时,责令改正。

第四十九条　建设单位应当自建设工程竣工验收合格之日起 15 日内,将建设工程竣工验收报告和规划、公安消防、环保等部门出具的认可文件或者准许使用文件报建设行政主管部门或者其他有关部门备案。

建设行政主管部门或者其他有关部门发现建设单位在竣工验收过程中有违反国家有关建设工程质量管理规定行为的,责令停止使用,重新组织竣工验收。

第五十条　有关单位和个人对县级以上人民政府建设行政主管部门和其他有关部门进行的监督检查应当支持与配合,不得拒绝或者阻碍建设工程质量监督检查人员依法执行职务。

第五十一条　供水、供电、供气、公安消防等部门或者单位不得明示或者暗示建设单位、施工单位购买其指定的生产供应单位的建筑材料、建筑构配件和设备。

第五十二条　建设工程发生质量事故,有关单位应当在 24 小时内向当地建设行政主管部门和其他有关部门报告。对重大质量事故,事故发生地的建设行政主管部门和其他有关部门应当按照事故类别和等级向当地人民政府和上级建设行政主管部门和其他有关部门报告。

特别重大质量事故的调查程序按照国务院有关规定办理。

第五十三条　任何单位和个人对建设工程的质量事故、质量缺陷都有权检举、控告、投诉。

第八章　罚　　则

第五十四条　违反本条例规定,建设单位将建设工程发包给不具有相应资质等级的勘察、设计、施工单位或者委托给不具有相应资质等级的工程监理单位的,责令改正,处 50 万元以上 100 万元以下的罚款。

第五十五条　违反本条例规定,建设单位将建设工程肢解发包的,责令改正,处工程合同价款百分之零点五以上百分之一以下的罚款;对全部或者部分使用国有资金的项目,并可以暂停项目执行或者暂停资金拨付。

第五十六条　违反本条例规定,建设单位有下列行为之一的,责令改正,处 20 万元以上 50 万元以下的罚款:

(一) 迫使承包方以低于成本的价格竞标的;

(二) 任意压缩合理工期的;

(三) 明示或者暗示设计单位或者施工单位违反工程建设强制性标准,降低工程质量的;

(四) 施工图设计文件未经审查或者审查不合格，擅自施工的；
(五) 建设项目必须实行工程监理而未实行工程监理的；
(六) 未按照国家规定办理工程质量监督手续的；
(七) 明示或者暗示施工单位使用不合格的建筑材料、建筑构配件和设备的；
(八) 未按照国家规定将竣工验收报告、有关认可文件或者准许使用文件报送备案的。

第五十七条 违反本条例规定，建设单位未取得施工许可证或者开工报告未经批准，擅自施工的，责令停止施工，限期改正，处工程合同价款百分之一以上百分之二以下的罚款。

第五十八条 违反本条例规定，建设单位有下列行为之一的，责令改正，处工程合同价款百分之二以上百分之四以下的罚款；造成损失的，依法承担赔偿责任：
(一) 未组织竣工验收，擅自交付使用的；
(二) 验收不合格，擅自交付使用的；
(三) 对不合格的建设工程按照合格工程验收的。

第五十九条 违反本条例规定，建设工程竣工验收后，建设单位未向建设行政主管部门或者其他有关部门移交建设项目档案的，责令改正，处1万元以上10万元以下的罚款。

第六十条 违反本条例规定，勘察、设计、施工、工程监理单位超越本单位资质等级承揽工程的，责令停止违法行为，对勘察、设计单位或者工程监理单位处合同约定的勘察费、设计费或者监理酬金1倍以上2倍以下的罚款；对施工单位处工程合同价款百分之二以上百分之四以下的罚款，可以责令停业整顿，降低资质等级；情节严重的，吊销资质证书；有违法所得的，予以没收。

未取得资质证书承揽工程的，予以取缔，依照前款规定处以罚款；有违法所得的，予以没收。

以欺骗手段取得资质证书承揽工程的，吊销资质证书，依照本条第一款规定处以罚款；有违法所得的，予以没收。

第六十一条 违反本条例规定，勘察、设计、施工、工程监理单位允许其他单位或者个人以本单位名义承揽工程的，责令改正，没收违法所得，对勘察、设计单位和工程监理单位处合同约定的勘察费、设计费和监理酬金1倍以上2倍以下的罚款；对施工单位处工程合同价款百分之二以上百分之四以下的罚款；可以责令停业整顿，降低资质等级；情节严重的，吊销资质证书。

第六十二条 违反本条例规定，承包单位将承包的工程转包或者违法分包的，责令改正，没收违法所得，对勘察、设计单位处合同约定的勘察费、设计费百分之二十五以上百分之五十以下的罚款；对施工单位处工程合同价款百分之零点五以上百分之一以下的罚款；可以责令停业整顿，降低资质等级；情节严重的，吊销资质证书。

工程监理单位转让工程监理业务的，责令改正，没收违法所得，处合同约定的监理酬金百分之二十五以上百分之五十以下的罚款；可以责令停业整顿，降低资质等级；情节严重的，吊销资质证书。

第六十三条 违反本条例规定，有下列行为之一的，责令改正，处10万元以上30万元以下的罚款：
(一) 勘察单位未按照工程建设强制性标准进行勘察的；

（二）设计单位未根据勘察成果文件进行工程设计的；

（三）设计单位指定建筑材料、建筑构配件的生产厂、供应商的；

（四）设计单位未按照工程建设强制性标准进行设计的。

有前款所列行为，造成工程质量事故的，责令停业整顿，降低资质等级；情节严重的，吊销资质证书；造成损失的，依法承担赔偿责任。

第六十四条 违反本条例规定，施工单位在施工中偷工减料的，使用不合格的建筑材料、建筑构配件和设备的，或者有不按照工程设计图纸或者施工技术标准施工的其他行为的，责令改正，处工程合同价款百分之二以上百分之四以下的罚款；造成建设工程质量不符合规定的质量标准的，负责返工、修理，并赔偿因此造成的损失；情节严重的，责令停业整顿，降低资质等级或者吊销资质证书。

第六十五条 违反本条例规定，施工单位未对建筑材料、建筑构配件、设备和商品混凝土进行检验，或者未对涉及结构安全的试块、试件以及有关材料取样检测的，责令改正，处10万元以上20万元以下的罚款；情节严重的，责令停业整顿，降低资质等级或者吊销资质证书；造成损失的，依法承担赔偿责任。

第六十六条 违反本条例规定，施工单位不履行保修义务或者拖延履行保修义务的，责令改正，处10万元以上20万元以下的罚款，并对在保修期内因质量缺陷造成的损失承担赔偿责任。

第六十七条 工程监理单位有下列行为之一的，责令改正，处50万元以上100万元以下的罚款，降低资质等级或者吊销资质证书；有违法所得的，予以没收；造成损失的，承担连带赔偿责任：

（一）与建设单位或者施工单位串通，弄虚作假、降低工程质量的；

（二）将不合格的建设工程、建筑材料、建筑构配件和设备按照合格签字的。

第六十八条 违反本条例规定，工程监理单位与被监理工程的施工承包单位以及建筑材料、建筑构配件和设备供应单位有隶属关系或者其他利害关系承担该项建设工程的监理业务的，责令改正，处5万元以上10万元以下的罚款，降低资质等级或者吊销资质证书；有违法所得的，予以没收。

第六十九条 违反本条例规定，涉及建筑主体或者承重结构变动的装修工程，没有设计方案擅自施工的，责令改正，处50万元以上100万元以下的罚款；房屋建筑使用者在装修过程中擅自变动房屋建筑主体和承重结构的，责令改正，处5万元以上10万元以下的罚款。

有前款所列行为，造成损失的，依法承担赔偿责任。

第七十条 发生重大工程质量事故隐瞒不报、谎报或者拖延报告期限的，对直接负责的主管人员和其他责任人员依法给予行政处分。

第七十一条 违反本条例规定，供水、供电、供气、公安消防等部门或者单位明示或者暗示建设单位或施工单位购买其指定的生产供应单位的建筑材料、建筑构配件和设备的，责令改正。

第七十二条 违反本条例规定，注册建筑师、注册结构工程师、监理工程师等注册执业人员因过错造成质量事故的，责令停止执业1年；造成重大质量事故的，吊销执业资格证书，5年以内不予注册；情节特别恶劣的，终身不予注册。

第七十三条　依照本条例规定，给予单位罚款处罚的，对单位直接负责的主管人员和其他直接责任人员处单位罚款数额百分之五以上百分之十以下的罚款。

第七十四条　建设单位、设计单位、施工单位、工程监理单位违反国家规定，降低工程质量标准，造成重大安全事故，构成犯罪的，对直接责任人员依法追究刑事责任。

第七十五条　本条例规定的责令停业整顿，降低资质等级和吊销资质证书的行政处罚，由颁发资质证书的机关决定；其他行政处罚，由建设行政主管部门或者其他有关部门依照法定职权决定。

依照本条例规定被吊销资质证书的，由工商行政管理部门吊销其营业执照。

第七十六条　国家机关工作人员在建设工程质量监督管理工作中玩忽职守、滥用职权、徇私舞弊，构成犯罪的，依法追究刑事责任；尚不构成犯罪的，依法给予行政处分。

第七十七条　建设、勘察、设计、施工、工程监理单位的工作人员因调动工作、退休等原因离开该单位后，被发现在该单位工作期间违反国家有关建设工程质量管理规定，造成重大工程质量事故的，仍应当依法追究法律责任。

第九章　附　则

第七十八条　本条例所称肢解发包，是指建设单位将应当由一个承包单位完成的建设工程分解成若干部分发包给不同的承包单位的行为。

本条例所称违法分包，是指下列行为：

（一）总承包单位将建设工程分包给不具备相应资质条件的单位的；

（二）建设工程总承包合同中未有约定，又未经建设单位认可，承包单位将其承包的部分建设工程交由其他单位完成的；

（三）施工总承包单位将建设工程主体结构的施工分包给其他单位的；

（四）分包单位将其承包的建设工程再分包的。

本条例所称转包，是指承包单位承包建设工程后，不履行合同约定的责任和义务，将其承包的全部建设工程转给他人或者将其承包的全部建设工程肢解以后以分包的名义分别转给其他单位承包的行为。

第七十九条　本条例规定的罚款和没收的违法所得，必须全部上缴国库。

第八十条　抢险救灾及其他临时性房屋建筑和农民自建低层住宅的建设活动，不适用本条例。

第八十一条　军事建设工程的管理，按照中央军事委员会的有关规定执行。

第八十二条　本条例自发布之日起施行。

附录6 中华人民共和国招标投标法实施条例

中华人民共和国国务院令 第613号

《中华人民共和国招标投标法实施条例》已经2011年11月30日国务院第183次常务会议通过，现予公布，自2012年2月1日起施行。

总理 温家宝
2011年12月20日

目 录

第一章 总则
第二章 招标
第三章 投标
第四章 开标、评标和中标
第五章 投诉与处理
第六章 法律责任
第七章 附则

第一章 总 则

第一条 为了规范招标投标活动，根据《中华人民共和国招标投标法》（以下简称招标投标法），制定本条例。

第二条 招标投标法第三条所称工程建设项目，是指工程以及与工程建设有关的货物、服务。

前款所称工程，是指建设工程，包括建筑物和构筑物的新建、改建、扩建及其相关的装修、拆除、修缮等；所称与工程建设有关的货物，是指构成工程不可分割的组成部分，且为实现工程基本功能所必需的设备、材料等；所称与工程建设有关的服务，是指为完成工程所需的勘察、设计、监理等服务。

第三条 依法必须进行招标的工程建设项目的具体范围和规模标准，由国务院发展改革部门会同国务院有关部门制订，报国务院批准后公布施行。

第四条 国务院发展改革部门指导和协调全国招标投标工作，对国家重大建设项目的工程招标投标活动实施监督检查。国务院工业和信息化、住房城乡建设、交通运输、铁道、水利、商务等部门，按照规定的职责分工对有关招标投标活动实施监督。

县级以上地方人民政府发展改革部门指导和协调本行政区域的招标投标工作。县级以上地方人民政府有关部门按照规定的职责分工，对招标投标活动实施监督，依法查处招标投标活动中的违法行为。县级以上地方人民政府对其所属部门有关招标投标活动的监督职责分工另有规定的，从其规定。

财政部门依法对实行招标投标的政府采购工程建设项目的预算执行情况和政府采购政

策执行情况实施监督。

监察机关依法对与招标投标活动有关的监察对象实施监察。

第五条 设区的市级以上地方人民政府可以根据实际需要，建立统一规范的招标投标交易场所，为招标投标活动提供服务。招标投标交易场所不得与行政监督部门存在隶属关系，不得以营利为目的。

国家鼓励利用信息网络进行电子招标投标。

第六条 禁止国家工作人员以任何方式非法干涉招标投标活动。

第二章 招 标

第七条 按照国家有关规定需要履行项目审批、核准手续的依法必须进行招标的项目，其招标范围、招标方式、招标组织形式应当报项目审批、核准部门审批、核准。项目审批、核准部门应当及时将审批、核准确定的招标范围、招标方式、招标组织形式通报有关行政监督部门。

第八条 国有资金占控股或者主导地位的依法必须进行招标的项目，应当公开招标；但有下列情形之一的，可以邀请招标：

（一）技术复杂、有特殊要求或者受自然环境限制，只有少量潜在投标人可供选择；

（二）采用公开招标方式的费用占项目合同金额的比例过大。

有前款第二项所列情形，属于本条例第七条规定的项目，由项目审批、核准部门在审批、核准项目时作出认定；其他项目由招标人申请有关行政监督部门作出认定。

第九条 除招标投标法第六十六条规定的可以不进行招标的特殊情况外，有下列情形之一的，可以不进行招标：

（一）需要采用不可替代的专利或者专有技术；

（二）采购人依法能够自行建设、生产或者提供；

（三）已通过招标方式选定的特许经营项目投资人依法能够自行建设、生产或者提供；

（四）需要向原中标人采购工程、货物或者服务，否则将影响施工或者功能配套要求；

（五）国家规定的其他特殊情形。

招标人为适用前款规定弄虚作假的，属于招标投标法第四条规定的规避招标。

第十条 招标投标法第十二条第二款规定的招标人具有编制招标文件和组织评标能力，是指招标人具有与招标项目规模和复杂程度相适应的技术、经济等方面的专业人员。

第十一条 招标代理机构的资格依照法律和国务院的规定由有关部门认定。

国务院住房城乡建设、商务、发展改革、工业和信息化等部门，按照规定的职责分工对招标代理机构依法实施监督管理。

第十二条 招标代理机构应当拥有一定数量的取得招标职业资格的专业人员。取得招标职业资格的具体办法由国务院人力资源社会保障部门会同国务院发展改革部门制定。

第十三条 招标代理机构在其资格许可和招标人委托的范围内开展招标代理业务，任何单位和个人不得非法干涉。

招标代理机构代理招标业务，应当遵守招标投标法和本条例关于招标人的规定。招标代理机构不得在所代理的招标项目中投标或者代理投标，也不得为所代理的招标项目的投标人提供咨询。招标代理机构不得涂改、出租、出借、转让资格证书。

第十四条 招标人应当与被委托的招标代理机构签订书面委托合同，合同约定的收费标准应当符合国家有关规定。

第十五条 公开招标的项目，应依照招标投标法和本条例的规定发布招标公告、编制招标文件。

招标人采用资格预审办法对潜在投标人进行资格审查的，应当发布资格预审公告、编制资格预审文件。

依法必须进行招标的项目的资格预审公告和招标公告，应当在国务院发展改革部门依法指定的媒介发布。在不同媒介发布的同一招标项目的资格预审公告或者招标公告的内容应当一致。指定媒介发布依法必须进行招标的项目的境内资格预审公告、招标公告，不得收取费用。

编制依法必须进行招标的项目的资格预审文件和招标文件，应当使用国务院发展改革部门会同有关行政监督部门制定的标准文本。

第十六条 招标人应当按照资格预审公告、招标公告或者投标邀请书规定的时间、地点发售资格预审文件或者招标文件。资格预审文件或者招标文件的发售期不得少于5日。

招标人发售资格预审文件、招标文件收取的费用应当限于补偿印刷、邮寄的成本支出，不得以营利为目的。

第十七条 招标人应当合理确定提交资格预审申请文件的时间。依法必须进行招标的项目提交资格预审申请文件的时间，自资格预审文件停止发售之日起不得少于5日。

第十八条 资格预审应当按照资格预审文件载明的标准和方法进行。

国有资金占控股或者主导地位的依法必须进行招标的项目，招标人应当组建资格审查委员会审查资格预审申请文件。资格审查委员会及其成员应当遵守招标投标法和本条例有关评标委员会及其成员的规定。

第十九条 资格预审结束后，招标人应当及时向资格预审申请人发出资格预审结果通知书。未通过资格预审的申请人不具有投标资格。

通过资格预审的申请人少于3个的，应当重新招标。

第二十条 招标人采用资格后审办法对投标人进行资格审查的，应当在开标后由评标委员会按照招标文件规定的标准和方法对投标人的资格进行审查。

第二十一条 招标人可以对已发出的资格预审文件或者招标文件进行必要的澄清或者修改。澄清或者修改的内容可能影响资格预审申请文件或者投标文件编制的，招标人应当在提交资格预审申请文件截止时间至少3日前，或者投标截止时间至少15日前，以书面形式通知所有获取资格预审文件或者招标文件的潜在投标人；不足3日或者15日的，招标人应当顺延提交资格预审申请文件或者投标文件的截止时间。

第二十二条 潜在投标人或者其他利害关系人对资格预审文件有异议的，应当在提交资格预审申请文件截止时间2日前提出；对招标文件有异议的，应当在投标截止时间10日前提出。招标人应当自收到异议之日起3日内作出答复；作出答复前，应当暂停招标投标活动。

第二十三条 招标人编制的资格预审文件、招标文件的内容违反法律、行政法规的强制性规定，违反公开、公平、公正和诚实信用原则，影响资格预审结果或者潜在投标人投标的，依法必须进行招标的项目的招标人应当在修改资格预审文件或者招标文件后重新招标。

第二十四条　招标人对招标项目划分标段的，应当遵守招标投标法的有关规定，不得利用划分标段限制或者排斥潜在投标人。依法必须进行招标的项目的招标人不得利用划分标段规避招标。

第二十五条　招标人应当在招标文件中载明投标有效期。投标有效期从提交投标文件的截止之日起算。

第二十六条　招标人在招标文件中要求投标人提交投标保证金的，投标保证金不得超过招标项目估算价的2%。投标保证金有效期应当与投标有效期一致。

依法必须进行招标的项目的境内投标单位，以现金或者支票形式提交的投标保证金应当从其基本账户转出。

招标人不得挪用投标保证金。

第二十七条　招标人可以自行决定是否编制标底。一个招标项目只能有一个标底。标底必须保密。

接受委托编制标底的中介机构不得参加受托编制标底项目的投标，也不得为该项目的投标人编制投标文件或者提供咨询。

招标人设有最高投标限价的，应当在招标文件中明确最高投标限价或者最高投标限价的计算方法。招标人不得规定最低投标限价。

第二十八条　招标人不得组织单个或者部分潜在投标人踏勘项目现场。

第二十九条　招标人可以依法对工程以及与工程建设有关的货物、服务全部或者部分实行总承包招标。以暂估价形式包括在总承包范围内的工程、货物、服务属于依法必须进行招标的项目范围且达到国家规定规模标准的，应当依法进行招标。

前款所称暂估价，是指总承包招标时不能确定价格而由招标人在招标文件中暂时估定的工程、货物、服务的金额。

第三十条　对技术复杂或者无法精确拟定技术规格的项目，招标人可以分两阶段进行招标。

第一阶段，投标人按照招标公告或者投标邀请书的要求提交不带报价的技术建议，招标人根据投标人提交的技术建议确定技术标准和要求，编制招标文件。

第二阶段，招标人向在第一阶段提交技术建议的投标人提供招标文件，投标人按照招标文件的要求提交包括最终技术方案和投标报价的投标文件。

招标人要求投标人提交投标保证金的，应当在第二阶段提出。

第三十一条　招标人终止招标的，应当及时发布公告，或者以书面形式通知被邀请的或者已经获取资格预审文件、招标文件的潜在投标人。已经发售资格预审文件、招标文件或者已经收取投标保证金的，招标人应当及时退还所收取的资格预审文件、招标文件的费用，以及所收取的投标保证金及银行同期存款利息。

第三十二条　招标人不得以不合理的条件限制、排斥潜在投标人或者投标人。

招标人有下列行为之一的，属于以不合理条件限制、排斥潜在投标人或者投标人：

（一）就同一招标项目向潜在投标人或者投标人提供有差别的项目信息；

（二）设定的资格、技术、商务条件与招标项目的具体特点和实际需要不相适应或者与合同履行无关；

（三）依法必须进行招标的项目以特定行政区域或者特定行业的业绩、奖项作为加分条件或者中标条件；

（四）对潜在投标人或者投标人采取不同的资格审查或者评标标准；

（五）限定或者指定特定的专利、商标、品牌、原产地或者供应商；

（六）依法必须进行招标的项目非法限定潜在投标人或者投标人的所有制形式或者组织形式；

（七）以其他不合理条件限制、排斥潜在投标人或者投标人。

第三章 投 标

第三十三条 投标人参加依法必须进行招标的项目的投标，不受地区或者部门的限制，任何单位和个人不得非法干涉。

第三十四条 与招标人存在利害关系可能影响招标公正性的法人、其他组织或者个人，不得参加投标。

单位负责人为同一人或者存在控股、管理关系的不同单位，不得参加同一标段投标或者未划分标段的同一招标项目投标。

违反前两款规定的，相关投标均无效。

第三十五条 投标人撤回已提交的投标文件，应当在投标截止时间前书面通知招标人。招标人已收取投标保证金的，应当自收到投标人书面撤回通知之日起5日内退还。

投标截止后投标人撤销投标文件的，招标人可以不退还投标保证金。

第三十六条 未通过资格预审的申请人提交的投标文件，以及逾期送达或者不按照招标文件要求密封的投标文件，招标人应当拒收。

招标人应当如实记载投标文件的送达时间和密封情况，并存档备查。

第三十七条 招标人应当在资格预审公告、招标公告或者投标邀请书中载明是否接受联合体投标。

招标人接受联合体投标并进行资格预审的，联合体应当在提交资格预审申请文件前组成。资格预审后联合体增减、更换成员的，其投标无效。

联合体各方在同一招标项目中以自己名义单独投标或者参加其他联合体投标的，相关投标均无效。

第三十八条 投标人发生合并、分立、破产等重大变化的，应当及时书面告知招标人。投标人不再具备资格预审文件、招标文件规定的资格条件或者其投标影响招标公正性的，其投标无效。

第三十九条 禁止投标人相互串通投标。

有下列情形之一的，属于投标人相互串通投标：

（一）投标人之间协商投标报价等投标文件的实质性内容；

（二）投标人之间约定中标人；

（三）投标人之间约定部分投标人放弃投标或者中标；

（四）属于同一集团、协会、商会等组织成员的投标人按照该组织要求协同投标；

（五）投标人之间为谋取中标或者排斥特定投标人而采取的其他联合行动。

第四十条 有下列情形之一的，视为投标人相互串通投标：
（一）不同投标人的投标文件由同一单位或者个人编制；
（二）不同投标人委托同一单位或者个人办理投标事宜；
（三）不同投标人的投标文件载明的项目管理成员为同一人；
（四）不同投标人的投标文件异常一致或者投标报价呈规律性差异；
（五）不同投标人的投标文件相互混装；
（六）不同投标人的投标保证金从同一单位或者个人的账户转出。

第四十一条 禁止招标人与投标人串通投标。
有下列情形之一的，属于招标人与投标人串通投标：
（一）招标人在开标前开启投标文件并将有关信息泄露给其他投标人；
（二）招标人直接或者间接向投标人泄露标底、评标委员会成员等信息；
（三）招标人明示或者暗示投标人压低或者抬高投标报价；
（四）招标人授意投标人撤换、修改投标文件；
（五）招标人明示或者暗示投标人为特定投标人中标提供方便；
（六）招标人与投标人为谋求特定投标人中标而采取的其他串通行为。

第四十二条 使用通过受让或者租借等方式获取的资格、资质证书投标的，属于招标投标法第三十三条规定的以他人名义投标。
投标人有下列情形之一的，属于招标投标法第三十三条规定的以其他方式弄虚作假的行为：
（一）使用伪造、变造的许可证件；
（二）提供虚假的财务状况或者业绩；
（三）提供虚假的项目负责人或者主要技术人员简历、劳动关系证明；
（四）提供虚假的信用状况；
（五）其他弄虚作假的行为。

第四十三条 提交资格预审申请文件的申请人应当遵守招标投标法和本条例有关投标人的规定。

第四章 开标、评标和中标

第四十四条 招标人应当按照招标文件规定的时间、地点开标。
投标人少于3个的，不得开标；招标人应当重新招标。
投标人对开标有异议的，应当在开标现场提出，招标人应当当场作出答复，并制作记录。

第四十五条 国家实行统一的评标专家专业分类标准和管理办法。具体标准和办法由国务院发展改革部门会同国务院有关部门制定。
省级人民政府和国务院有关部门应当组建综合评标专家库。

第四十六条 除招标投标法第三十七条第三款规定的特殊招标项目外，依法必须进行招标的项目，其评标委员会的专家成员应当从评标专家库内相关专业的专家名单中以随机抽取方式确定。任何单位和个人不得以明示、暗示等任何方式指定或者变相指定参加评标委员会的专家成员。

依法必须进行招标的项目的招标人非因招标投标法和本条例规定的事由，不得更换依法确定的评标委员会成员。更换评标委员会的专家成员应当依照前款规定进行。

评标委员会成员与投标人有利害关系的，应当主动回避。

有关行政监督部门应当按照规定的职责分工，对评标委员会成员的确定方式、评标专家的抽取和评标活动进行监督。行政监督部门的工作人员不得担任本部门负责监督项目的评标委员会成员。

第四十七条 招标投标法第三十七条第三款所称特殊招标项目，是指技术复杂、专业性强或者国家有特殊要求，采取随机抽取方式确定的专家难以保证胜任评标工作的项目。

第四十八条 招标人应当向评标委员会提供评标所必需的信息，但不得明示或者暗示其倾向或者排斥特定投标人。

招标人应当根据项目规模和技术复杂程度等因素合理确定评标时间。超过三分之一的评标委员会成员认为评标时间不够的，招标人应当适当延长。

评标过程中，评标委员会成员有回避事由、擅离职守或者因健康等原因不能继续评标的，应当及时更换。被更换的评标委员会成员作出的评审结论无效，由更换后的评标委员会成员重新进行评审。

第四十九条 评标委员会成员应当依照招标投标法和本条例的规定，按照招标文件规定的评标标准和方法，客观、公正地对投标文件提出评审意见。招标文件没有规定的评标标准和方法不得作为评标的依据。

评标委员会成员不得私下接触投标人，不得收受投标人给予的财物或者其他好处，不得向招标人征询确定中标人的意向，不得接受任何单位或者个人明示或者暗示提出的倾向或者排斥特定投标人的要求，不得有其他不客观、不公正履行职务的行为。

第五十条 招标项目设有标底的，招标人应当在开标时公布。标底只能作为评标的参考，不得以投标报价是否接近标底作为中标条件，也不得以投标报价超过标底上下浮动范围作为否决投标的条件。

第五十一条 有下列情形之一的，评标委员会应当否决其投标：

（一）投标文件未经投标单位盖章和单位负责人签字；

（二）投标联合体没有提交共同投标协议；

（三）投标人不符合国家或者招标文件规定的资格条件；

（四）同一投标人提交两个以上不同的投标文件或者投标报价，但招标文件要求提交备选投标的除外；

（五）投标报价低于成本或者高于招标文件设定的最高投标限价；

（六）投标文件没有对招标文件的实质性要求和条件作出响应；

（七）投标人有串通投标、弄虚作假、行贿等违法行为。

第五十二条 投标文件中有含义不明确的内容、明显文字或者计算错误，评标委员会认为需要投标人作出必要澄清、说明的，应当书面通知该投标人。投标人的澄清、说明应当采用书面形式，并不得超出投标文件的范围或者改变投标文件的实质性内容。

评标委员会不得暗示或者诱导投标人作出澄清、说明，不得接受投标人主动提出的澄清、说明。

第五十三条 评标完成后，评标委员会应当向招标人提交书面评标报告和中标候选人名单。中标候选人应当不超过3个，并标明排序。

评标报告应当由评标委员会全体成员签字。对评标结果有不同意见的评标委员会成员应当以书面形式说明其不同意见和理由，评标报告应当注明该不同意见。评标委员会成员拒绝在评标报告上签字又不书面说明其不同意见和理由的，视为同意评标结果。

第五十四条 依法必须进行招标的项目，招标人应当自收到评标报告之日起3日内公示中标候选人，公示期不得少于3日。

投标人或者其他利害关系人对依法必须进行招标的项目的评标结果有异议的，应当在中标候选人公示期间提出。招标人应当自收到异议之日起3日内作出答复；作出答复前，应当暂停招标投标活动。

第五十五条 国有资金占控股或者主导地位的依法必须进行招标的项目，招标人应当确定排名第一的中标候选人为中标人。排名第一的中标候选人放弃中标、因不可抗力不能履行合同、不按照招标文件要求提交履约保证金，或者被查实存在影响中标结果的违法行为等情形，不符合中标条件的，招标人可以按照评标委员会提出的中标候选人名单排序依次确定其他中标候选人为中标人，也可以重新招标。

第五十六条 中标候选人的经营、财务状况发生较大变化或者存在违法行为，招标人认为可能影响其履约能力的，应当在发出中标通知书前由原评标委员会按照招标文件规定的标准和方法审查确认。

第五十七条 招标人和中标人应当依照招标投标法和本条例的规定签订书面合同，合同的标的、价款、质量、履行期限等主要条款应当与招标文件和中标人的投标文件的内容一致。招标人和中标人不得再行订立背离合同实质性内容的其他协议。

招标人最迟应当在书面合同签订后5日内向中标人和未中标的投标人退还投标保证金及银行同期存款利息。

第五十八条 招标文件要求中标人提交履约保证金的，中标人应当按照招标文件的要求提交。履约保证金不得超过中标合同金额的10%。

第五十九条 中标人应当按照合同约定履行义务，完成中标项目。中标人不得向他人转让中标项目，也不得将中标项目肢解后分别向他人转让。

中标人按照合同约定或者经招标人同意，可以将中标项目的部分非主体、非关键性工作分包给他人完成。接受分包的人应当具备相应的资格条件，并不得再次分包。

中标人应当就分包项目向招标人负责，接受分包的人就分包项目承担连带责任。

第五章 投诉与处理

第六十条 投标人或者其他利害关系人认为招标投标活动不符合法律、行政法规规定的，可以自知道或者应当知道之日起10日内向有关行政监督部门投诉。投诉应当有明确的请求和必要的证明材料。

就本条例第二十二条、第四十四条、第五十四条规定事项投诉的，应当先向招标人提出异议，异议答复期间不计算在前款规定的期限内。

第六十一条 投诉人就同一事项向两个以上有权受理的行政监督部门投诉的，由最先收到投诉的行政监督部门负责处理。

行政监督部门应当自收到投诉之日起3个工作日内决定是否受理投诉，并自受理投诉之日起 30 个工作日内作出书面处理决定；需要检验、检测、鉴定、专家评审的，所需时间不计算在内。

投诉人捏造事实、伪造材料或者以非法手段取得证明材料进行投诉的，行政监督部门应当予以驳回。

第六十二条 行政监督部门处理投诉，有权查阅、复制有关文件、资料，调查有关情况，相关单位和人员应当予以配合。必要时，行政监督部门可以责令暂停招标投标活动。

行政监督部门的工作人员对监督检查过程中知悉的国家秘密、商业秘密，应当依法予以保密。

第六章 法 律 责 任

第六十三条 招标人有下列限制或者排斥潜在投标人行为之一的，由有关行政监督部门依照招标投标法第五十一条的规定处罚：

（一）依法应当公开招标的项目不按照规定在指定媒介发布资格预审公告或者招标公告；

（二）在不同媒介发布的同一招标项目的资格预审公告或者招标公告的内容不一致，影响潜在投标人申请资格预审或者投标。

依法必须进行招标的项目的招标人不按照规定发布资格预审公告或者招标公告，构成规避招标的，依照招标投标法第四十九条的规定处罚。

第六十四条 招标人有下列情形之一的，由有关行政监督部门责令改正，可以处 10 万元以下的罚款：

（一）依法应当公开招标而采用邀请招标；

（二）招标文件、资格预审文件的发售、澄清、修改的时限，或者确定的提交资格预审申请文件、投标文件的时限不符合招标投标法和本条例规定；

（三）接受未通过资格预审的单位或者个人参加投标；

（四）接受应当拒收的投标文件。

招标人有前款第一项、第三项、第四项所列行为之一的，对单位直接负责的主管人员和其他直接责任人员依法给予处分。

第六十五条 招标代理机构在所代理的招标项目中投标、代理投标或者向该项目投标人提供咨询的，接受委托编制标底的中介机构参加受托编制标底项目的投标或者为该项目的投标人编制投标文件、提供咨询的，依照招标投标法第五十条的规定追究法律责任。

第六十六条 招标人超过本条例规定的比例收取投标保证金、履约保证金或者不按照规定退还投标保证金及银行同期存款利息的，由有关行政监督部门责令改正，可以处 5 万元以下的罚款；给他人造成损失的，依法承担赔偿责任。

第六十七条 投标人相互串通投标或者与招标人串通投标的，投标人向招标人或者评标委员会成员行贿谋取中标的，中标无效；构成犯罪的，依法追究刑事责任；尚不构成犯罪的，依照招标投标法第五十三条的规定处罚。投标人未中标的，对单位的罚款金额按照招标项目合同金额依照招标投标法规定的比例计算。

投标人有下列行为之一的，属于招标投标法第五十三条规定的情节严重行为，由有关行政监督部门取消其1年至2年内参加依法必须进行招标的项目的投标资格：

（一）以行贿谋取中标；

（二）3年内2次以上串通投标；

（三）串通投标行为损害招标人、其他投标人或者国家、集体、公民的合法利益，造成直接经济损失30万元以上；

（四）其他串通投标情节严重的行为。

投标人自本条第二款规定的处罚执行期限届满之日起3年内又有该款所列违法行为之一的，或者串通投标、以行贿谋取中标情节特别严重的，由工商行政管理机关吊销营业执照。法律、行政法规对串通投标报价行为的处罚另有规定的，从其规定。

第六十八条 投标人以他人名义投标或者以其他方式弄虚作假骗取中标的，中标无效；构成犯罪的，依法追究刑事责任；尚不构成犯罪的，依照招标投标法第五十四条的规定处罚。依法必须进行招标的项目的投标人未中标的，对单位的罚款金额按照招标项目合同金额依照招标投标法规定的比例计算。

投标人有下列行为之一的，属于招标投标法第五十四条规定的情节严重行为，由有关行政监督部门取消其1年至3年内参加依法必须进行招标的项目的投标资格：

（一）伪造、变造资格、资质证书或者其他许可证件骗取中标；

（二）3年内2次以上使用他人名义投标；

（三）弄虚作假骗取中标给招标人造成直接经济损失30万元以上；

（四）其他弄虚作假骗取中标情节严重的行为。

投标人自本条第二款规定的处罚执行期限届满之日起3年内又有该款所列违法行为之一的，或者弄虚作假骗取中标情节特别严重的，由工商行政管理机关吊销营业执照。

第六十九条 出让或者出租资格、资质证书供他人投标的，依照法律、行政法规的规定给予行政处罚；构成犯罪的，依法追究刑事责任。

第七十条 依法必须进行招标的项目的招标人不按照规定组建评标委员会，或者确定、更换评标委员会成员违反招标投标法和本条例规定的，由有关行政监督部门责令改正，可以处10万元以下的罚款，对单位直接负责的主管人员和其他直接责任人员依法给予处分；违法确定或者更换的评标委员会成员作出的评审结论无效，依法重新进行评审。

国家工作人员以任何方式非法干涉选取评标委员会成员的，依照本条例第八十一条的规定追究法律责任。

第七十一条 评标委员会成员有下列行为之一的，由有关行政监督部门责令改正；情节严重的，禁止其在一定期限内参加依法必须进行招标的项目的评标；情节特别严重的，取消其担任评标委员会成员的资格：

（一）应当回避而不回避；

（二）擅离职守；

（三）不按照招标文件规定的评标标准和方法评标；

（四）私下接触投标人；

（五）向招标人征询确定中标人的意向或者接受任何单位或者个人明示或者暗示提出的倾向或者排斥特定投标人的要求；

（六）对依法应当否决的投标不提出否决意见；

（七）暗示或者诱导投标人作出澄清、说明或者接受投标人主动提出的澄清、说明；

（八）其他不客观、不公正履行职务的行为。

第七十二条 评标委员会成员收受投标人的财物或者其他好处的，没收收受的财物，处 3000 元以上 5 万元以下的罚款，取消担任评标委员会成员的资格，不得再参加依法必须进行招标的项目的评标；构成犯罪的，依法追究刑事责任。

第七十三条 依法必须进行招标的项目的招标人有下列情形之一的，由有关行政监督部门责令改正，可以处中标项目金额 10‰ 以下的罚款；给他人造成损失的，依法承担赔偿责任；对单位直接负责的主管人员和其他直接责任人员依法给予处分：

（一）无正当理由不发出中标通知书；

（二）不按照规定确定中标人；

（三）中标通知书发出后无正当理由改变中标结果；

（四）无正当理由不与中标人订立合同；

（五）在订立合同时向中标人提出附加条件。

第七十四条 中标人无正当理由不与招标人订立合同，在签订合同时向招标人提出附加条件，或者不按照招标文件要求提交履约保证金的，取消其中标资格，投标保证金不予退还。对依法必须进行招标的项目的中标人，由有关行政监督部门责令改正，可以处中标项目金额 10‰ 以下的罚款。

第七十五条 招标人和中标人不按照招标文件和中标人的投标文件订立合同，合同的主要条款与招标文件、中标人的投标文件的内容不一致，或者招标人、中标人订立背离合同实质性内容的协议的，由有关行政监督部门责令改正，可以处中标项目金额 5‰ 以上 10‰ 以下的罚款。

第七十六条 中标人将中标项目转让给他人的，将中标项目肢解后分别转让给他人的，违反招标投标法和本条例规定将中标项目的部分主体、关键性工作分包给他人的，或者分包人再次分包的，转让、分包无效，处转让、分包项目金额 5‰ 以上 10‰ 以下的罚款；有违法所得的，并处没收违法所得；可以责令停业整顿；情节严重的，由工商行政管理机关吊销营业执照。

第七十七条 投标人或者其他利害关系人捏造事实、伪造材料或者以非法手段取得证明材料进行投诉，给他人造成损失的，依法承担赔偿责任。

招标人不按照规定对异议作出答复，继续进行招标投标活动的，由有关行政监督部门责令改正，拒不改正或者不能改正并影响中标结果的，依照本条例第八十二条的规定处理。

第七十八条 取得招标职业资格的专业人员违反国家有关规定办理招标业务的，责令改正，给予警告；情节严重的，暂停一定期限内从事招标业务；情节特别严重的，取消招标职业资格。

第七十九条 国家建立招标投标信用制度。有关行政监督部门应当依法公告对招标人、招标代理机构、投标人、评标委员会成员等当事人违法行为的行政处理决定。

第八十条 项目审批、核准部门不依法审批、核准项目招标范围、招标方式、招标组织形式的，对单位直接负责的主管人员和其他直接责任人员依法给予处分。

有关行政监督部门不依法履行职责，对违反招标投标法和本条例规定的行为不依法查处，或者不按照规定处理投诉、不依法公告对招标投标当事人违法行为的行政处理决定的，对直接负责的主管人员和其他直接责任人员依法给予处分。

项目审批、核准部门和有关行政监督部门的工作人员徇私舞弊、滥用职权、玩忽职守，构成犯罪的，依法追究刑事责任。

第八十一条 国家工作人员利用职务便利，以直接或者间接、明示或者暗示等任何方式非法干涉招标投标活动，有下列情形之一的，依法给予记过或者记大过处分；情节严重的，依法给予降级或者撤职处分；情节特别严重的，依法给予开除处分；构成犯罪的，依法追究刑事责任：

（一）要求对依法必须进行招标的项目不招标，或者要求对依法应当公开招标的项目不公开招标；

（二）要求评标委员会成员或者招标人以其指定的投标人作为中标候选人或者中标人，或者以其他方式非法干涉评标活动，影响中标结果；

（三）以其他方式非法干涉招标投标活动。

第八十二条 依法必须进行招标的项目的招标投标活动违反招标投标法和本条例的规定，对中标结果造成实质性影响，且不能采取补救措施予以纠正的，招标、投标、中标无效，应当依法重新招标或者评标。

第七章 附 则

第八十三条 招标投标协会按照依法制定的章程开展活动，加强行业自律和服务。

第八十四条 政府采购的法律、行政法规对政府采购货物、服务的招标投标另有规定的，从其规定。

第八十五条 本条例自2012年2月1日起施行。

参 考 文 献

[1] Kumaraswamy M M, Chan D W M. Factors Facilitating Faster Construction [J]. Journal of Construction Procurement, 1999, 5(2): 88-98.
[2] Mochtar Krishna, Arditi David. Pricing Strategy in the US Construction Industry [J]. Construction Management and Economics, 2001, 19(14): 405-415.
[3] 谭德庆. 多维博弈论[M]. 成都: 西南交通大学出版社, 2006: 123-125.
[4] 何佰昭. 建筑工程招标投标市场的发展设想及建议[J]. 山西建筑, 2008, 34(34): 269-271.
[5] 张鹏, 史同杰. 公路工程招标评标采用"最低评标价法"的体会[J]. 黑龙江交通科技, 2005, 28(1): 84.
[6] 冯丽珍. 建筑工程投标策略与技巧之探讨[J]. 山西建筑, 2008, 34(4): 265-266.
[7] 聂重军, 徐晓波, 许百盛. 工程项目投标策略与技巧[J]. 长沙大学学报, 2009, 23(2): 60-62.
[8] 董志坚. 某邀请招标工程投标案例分析[J]. 山西建筑, 2009, 35(10): 267-268.
[9] 杨洁. 浅谈投标技巧[J]. 山西建筑, 2009, 35(9): 260-261.
[10] 史学历. 工程量清单下的投标及报价策略[J]. 内蒙古科技与经济, 2008, (22): 515-517.
[11] 刘志勇. 建筑施工企业工程投标实践略谈[J]. 世界华商经济年鉴: 科学教育家, 2008, (8): 298.
[12] 罗丽华. 建筑工程项目投标策略分析应用探讨[J]. 四川建材, 2008, 34(4): 256-258.
[13] 吕俊民, 张芳娥. 浅谈投标工作策略[J]. 山西建筑, 2008, 34(25): 276-277.
[14] 王文铎, 张爱华. 浅谈公路工程施工投标策略[J]. 黑龙江交通科技, 2008, 31(7): 128.
[15] 杨楠. 工程投标报价策略及编制技巧[J]. 贵州电力技术, 2008, (6): 93-94.
[16] 张浩杰. 论建筑施工企业的投标工作[J]. 河北科技师范学院学报: 社会科学版, 2008, 7(2): 121-123.
[17] 李强. 工程投标策略与技巧[J]. 山西建筑, 2008, 34(15): 253-254.
[18] 马亮, 谢琳琳, 何清华. 施工企业投标策略的案例分析[J]. 建筑管理现代化, 2007, (6): 39-42.
[19] 杨晨浩, 王玉波. 工程招标投标中应注意的几个问题及投标策略分析[J]. 黑龙江交通科技, 2007, 30(10): 62-63.
[20] 李志生, 付冬云. 建筑工程招标投标实务与案例分析[M]. 北京: 机械工业出版社, 2010.
[21] 李志生. 建筑技术经济学[M]. 成都: 西南交通大学出版社, 2009.
[22] 朱宏亮. 建设法规[M]3版. 武汉: 武汉理工大学出版社, 2012.